教育システムと社会変動

大学エリートのポイエーシス

コラム・テーマ別目次

〈エリートの学校　制度と機能〉

〈エリートの学校　文化と紐帯〉

序章

問題と対象

橋本伸也

1 問題としての「エリート」

現代日本とエリート問題

現代日本は、ひょっとすると「エリートの不在」をもって語られるべき社会なのではないか。

近年さまざまの場面を通じて露呈してきた国家と社会の混沌は、そうした印象を人々に抱かせているように思われる。政治と行政、産業と金融の多様な場面で顕在化した自己決定能力の欠如、学歴を通じてはりめぐらされた人的紐帯に依拠し、公共圏と私生活圏とを混同した野放図なふるまい、政策破綻や危機管理上の失態があからさまになった際の責任にたいする意志と能力の欠落などなど、エリートの不在を感じさせる事例は枚挙にいとまがない。かつて、ノブレス・オブリージュとして語られたエリートたる資質は完全に喪失された観がある。しかもそれは、エリートの地位をめぐる競争――実はそれは、すでにゲーム化した競争にすぎないともいわれるのだが――が、学校という舞台ではなんら揺らぐことなく組織され続けたなかでのことなのである。競争が熾烈化すればするほどかえってエリートたる資格が形式化して内実が空洞化するという、パラドキシカルな危機の時代が現代なのであろうか。

そのようなことを念頭に置いてのことであろう、近年、エリートの教育をめぐる社会的関心がいちじるしく高まりをみせているように思われる。文字通り『エリートのつくり方[1]』と銘打った書物が登場したことはまさにその一例であろうし、マスコミやジャーナリズムの世界では、エリート論や指導者論が花盛りである。だが、一連の動向を通覧して感取されるのは、エリートとその養成のあり方への反省は、不祥事を契機に喚起された単なる一過性の関心ではなく、むしろ二一世紀の国家と社会のあり方を展望した政策上の課題として、あるいは近代から現代にいたる学校教育のあり方の検討をすすめる歴史や社会、教育の各分野の理論上の問題として、日本のみならず世界的規模でまさしく「問題」として浮上したのではないか、との印象である。

現代教育改革とエリート問題

現代においてエリート教育が問題化する際のベクトルには、相異なるいくつかの方向があるように思われる。その第一は、八〇年代以降の教育改革のなかで追求されてきたものである。

現代日本の学校教育は、高度成長期以降、その性格を大きく変えた。戦後改革期に「教育を受ける権利」、「教育の機会均等」をかかげて制度的に開放的な単線型システムとされたこの国の学校制度は、この時期、福祉国家的平等理念と「人的資源」確保という経済政策からの要請とが交錯するなか、政策上も国民意識の上でも、国民生活のすみずみにいきわたる制度と化した。戦後改革によって義務教育年限の延長がはかられたのにとどまらず、後期中等教育がなかば義務教育化し、さらに高等教育機会も飛躍的に拡大した。一九八〇年代になると日本の高等教育は、マーチン・トロウのいう「マス段階」から急速に「ユニバーサル段階」に接近した。戦後教育改革期に示された大学教育の目的規定において、戦前期帝国大学の極度のエリート性への嫌悪から「エリート」「選良」といった語の使用をあえて避けて、アメリカ型教養理念に立った「指導的市民」の語が用いられたことは周知のところであろう。たとえば、一九四六年の第一次米国教育使節団報告や大学基準協会の文書などで大学教育は、「将来、社会の指導者たるにふさわしい青年男女」のための教育と言明されていた。(2) しかしここに表明されたのは、大衆化の完成した今日の大学教育から見るならば、まさしく民主化された社会的エリートの謂であったとみるべきであろう。それにたいして現状では、想定されていたはずのエリート教育の場としての大学という観念はすでに過去のものと化したかのようである。こうした趨勢は、アメリカにおいて先導的に経験され、六〇年代から七〇年代を通じて日本やヨーロッパ先進諸国が追随し、さらには国毎の偏差がいちじるしいとはいえ第三世界も含めて世界的規模で進展したものであった(3)。

日本の高等教育のユニバーサル段階への突入が日程に上りはじめた一九八〇年代は、同時に、世界的規模で福祉国家理念が放棄され、新自由主義にもとづく国家と社会の再編が追求された時期でもあった。この再編もまた、日本だけではなく欧米各国でも同様にみられたものであったが、そのなかで、程度の差こそあれいずれの国でも大衆化した中等・高等教育のあり方を見直す際の共通の路線として採用されたのは、教育のプライヴァタイゼーション（私事化と民営化）と市場化を媒介としながら、その「卓越性」の再建をはかることであった。しばしば表明される教育機関の多様化あるいは個性化とは、一方の極に「卓越化」を据えた改革の微温的表現とみなされるべきものなのである。むろん、各国の状況はなお流動的で、事態を正確に把握することは困難であろう。とりわけ、しばらく以前に西欧諸国でみられた保守党から社民＝中道左派への政権交代の波は、福祉国家理念の後退に対する大衆的抵抗を示したものであろう。しかし巨視的に見た場合のトレンドは、今述べたところにあるといってよいように思われる。そしてそれは、平等化を志向することで学校教育を平準化して結果的に質の低下をもたらし、かつ深刻な財政危機をまねいたと断罪されたそれまでの教育政策を見直して、プライバタイゼーションを介して、一方では高等教育にいたる大衆化の進展に対応しつつ、そのなかにエリート養成の仕組みを再構築しようとする意志の表明でもあった。アメリカのレーガン、ブッシュ政権からクリントン政権に継承された新たな教育戦略の探求、イギリスのサッチャー政権下の教育改革と一九八八年教育改革法から一九九二年継続・高等教育法へいたる動きなどはいずれもそうした路線を典型的に具体化したものである。一九八八年のジョスパン法によってそれらとは異なる方向をめざしたフランスの場合も、九〇年代には同様の圧力が強まったという(4)。こうした世界的動向に棹さしつつ、日本でも改革を求める官民あげての大合唱のなかで、中曽根内閣によって設けられた臨時教育審議会以降、教育改革のうねりはまずは大学を起点に、さらに中等教育段階の再編へとおよんでいった。そこで急務とされたひとつは、この改革のイデオローグの言を借りるならば、「智を失った暗闇の中で、目を開かせ指針を与える人材[5]」の育成であった。あからさまなエリート主義的志向の表明、というべきであろう。

教育研究におけるエリート問題

こうした政策次元の動向と並行して、しかしそれとは相対的に区別されるエリート論の動向がある。一方では官僚支配の疲弊とひずみへの反省、他方では教育機会をめぐる形式化され抽象化された競争のもたらす社会病理にたいする批判的視座を内包しつつ、かつての教養エリートを憧憬的に回顧し、現代エリートのあり方を模索しようとする一連の動向がそれである。そのなかでは、「教養の復権」がキーワードとなりつつある。

すでにアメリカでは、アラン・ブルームが人文的古典教養の再活性化を語り、相対主義によって自信喪失に陥ったアメリカ的徳の再生を展望した保守主義に立つ教養教育論を展開していたが[6]、それらからの触発も受けてのことであろうか、日本でも近年、教養教育論を中核に据えたエリート教育論が盛んに語られるようになってきた。筒井清忠をはじめとした社会学者らによって、日本の近代教育を回顧しながら日本的「教養」について論じられているのはその一例である。むろん、社会学者たちの議論は、基本的には分析的・記述的なものであり、新自由主義的政策やエリート意識をむきだしにしたラジカルな保守主義者のイデオロギッシュな議論とは明確に区別されねばならない。しかし、「人文学の再生を孕んだ人文的教養の復権[7]」を語り、あるいは「新しいアンビジョンの時代[8]」に期待をかけるのは、今日の「エリートの不在」、さらに地位をめぐる局部化・微細化した競争に明け暮れつつ、大衆文化に浸食されて内実を空洞化した高等教育のあり方をめぐる警世の辞と受けとめるべきであろう。論壇には、そうしたエリートや指導者のあり方をめぐる言説が満ち溢れている。エリートのエリートたる所以が問われているのである。

これらいわば新たなエリートを求める動向の対極には、もう一つのエリート論の軸が設定されよう。ピエール・ブルデューらの文化的再生産論[9]をはじめとした教育システムや学校文化をめぐる一連の社会学的研究がそれである。ブルデューと並んで、バージル・バーンスティンの言語コード論[10]、ボールズとギンタスによる学校文化と社会階級との対応理論[11]などがこれらの系譜を代表するものであるが、日本でも、それらが精力的に紹介されたのとならんで、かれらの理論に触発された独自の研究が社会学や教育学において数多く見られるにいたった[12]。機会が平等化され、能力や業績にもとづく公正な競争と評価がなされるならば社会的地位の移動がより開放的なものになるとし、まさにその意味で教育機会の拡大は社会の民主化を保障するものだとする信念にもかかわらず、実際にはそれは幻想にすぎず、教育システムの全体を通じて社会的成層構造が保存され、再生産されてきたことをこれらの研究は暴き出してきた。

確かに、かつて階層的に分断されていた教育制度が統一化され、初等教育から中等教育への通路が開かれたのみならず、中等教育からさらには高等教育機会の大衆化も進展するなど、教育機会は平等化したように見える。能力と業績をたのみとした社会的上昇の可能性はすべての人々に開かれた。旧体制的な身分にもとづく排除が消失したのはもとより、より上位の社会的地位に至るルートとしての上級学校が労働者階級をはじめ中下層の人々に対してそもそも門戸を閉ざすということもなくなった。志と能力さえあればそこには道が開ける、というのがメリトクラシーを本旨とする二〇世紀に開発された学校システムの基本的な姿であった。しかしそれにもかかわらず、社会の階層的編成を維持し強化するしくみが頑として機能し続けているというのが、ブルデューをはじめとした一連の研究を通じて明らかにされた現在の教育構造なのである。そこでは、直接的な有形の権力関係に代えて、使用する言語の丁寧さや洗練された趣味、ちょっとしたしぐさの優美さなどといったハビトゥス的なもの、あるいは総じて文化的な差異が支配関係を構成し、人びとの階層的な地位を再生産していくことが明らかにされたのだが、そうしたなかにあって学校は、みずからが提供するカリキュラムとヒドゥン・カリキュラム、あるいは試験制度などによってそうした関係を構造化し、あるいは正統化するものとされたのである。それらは、教育機会の平等にもとづく「エリートの開放性」という現代の神話を解体し、むしろ支配する者とされる者との関係が一定したスタティックな社会像を描き出すこととともなった。エリートに期待された「教養」や資質は、それ自体が社会の流動性を押しとどめ、高度に秩序化された差別的な息苦しい空間を作り出しているというのである。

エリート教育問題の現代的位相

今述べてきた、エリートをめぐる現代的な三つのベクトルをどのように整合的に理解しうるかは、なかなか厄介な問題である。高等教育にまでいたる教育機会の拡大という経験的事実をめぐって、一方ではそれがエリート的人材養成に失敗し、かれらをエリートたらしめる資格の中核をなす教養を空洞化したことが嘆かれ、教育の卓越性をいかに確保するかが論じられながら、他方では、それにもかかわらず支配的秩序の空間構成それ自体は保存され、エリートの地位が自己保存的に継受されていることが明らかにされているからである。むろん前者のような事態は、そもそも教養の内実が不鮮明で、学歴競争への普遍的動員を特徴とする日本に固有の性格を色濃く有しており、近代以来のエリート文化を堅固に維持する社会的装置を教育システム内部に温存してきたヨーロッパ、とりわけフランスを想定したブルデューらの理論と直接対比的に論じることには無理があるという見方も可能であろう。しかし、一九世紀的なエリート主義的教育システムへの回帰を志向したものとは言えないにせよ、平等原理をなじり卓越性を声高に語ろうとする欧米の動向は、そうした反論をある部分無効化するものであろう。むしろ事態は、平等理念のもとでいささか後景に退かされ、願わくば隠蔽せんとされてきた学校の階層性や差別化を制度的次元であからさまに再建する方向に動いているように思われる。問題は、教育機会の拡大と高等教育の大衆化を前提に、そのうえにそびえ立つエリートの復権という、ポスト福祉国家時代の支配構造にかかわる問いとして設定されるべきであろう。

もとより、『近代ヨーロッパの探究④　エリート教育』と題した本書は、こうした一九八〇年代以来の世界的な関心の動向、あるいは現代日本のエリートへの希求にたいして直接なにごとかを語ることを目的としたものではない。そうした課題は、むしろ教育学や社会学、総じて社会諸科学が取り組むべきものであって、「近代ヨーロッパとは何であったのか」を追究せんとする歴史研究の任を超えたものである。だが、「過去への関心が、未来への関心ないし不安の別の表現」(13)であるとするならば、本書もまた、そうした現代的な問題関心といっさい無縁なところに身をおいたものとも言えまい。新たな世紀転換期を迎えて急速に否定されつつあるかに見える二〇世紀的な教育システムはなにを基盤に形成されたのか、世界的な学校制度のモデルを提供したヨーロッパにおいて、近代から現代の移行期にいかなる変化が生じ、それが今日につらなる教育システムにいかなる性格をあたえ、どのような遺産をもたらしてきたのか、ほぼ一〇〇年前の世紀転換期までに形成され展開したシステムに主眼を置いて考察をめぐらすことで、現代的な問題群にもなにがしかの関与をなしえればと思う。

2　本書の対象と課題

一九世紀におけるエリート形成の変貌

ところで、教育機会の拡大と高等教育資格を得たエリートの社会的開放性（それが実際に開放的であったかどうかはかなり疑わしいのだが、そのことはここではおくとして）の進展にともなう社会的な混乱について、あたかも現代のエリートの不在を予見したかのように、早くから警鐘を鳴らしたのがカール・マンハイムである。

すでにナチズムが台頭していた一九三五年にマンハイムは、『再建時代における人間と社会』(14)（後に、『変革期における人間と社会』(15)に所収）を著した。その中で彼は、ワイマール期の自由主義的民主主義が破綻した要因を現代大衆社会の出現に求めている。メリトクラシーをコアとした民主主義的原理にもとづくエリート形成が期待されたようには実現しえず、むしろ少数者の特権として組織された教育システムに大衆が動員されることで知識階級のプロレタリア化が進行するとともに、かえってエリートのエリートたる力能が減耗されて文化的頽廃がもたらされ、それがファシズムにいたる社会的危機を生んだと論じたのである。大衆民主主義の脆弱さを、エリート形成の変貌から論じる点に彼の議論の重心はあった。そしてこの議論は、事態の歴史的性格に対する価値的評価は正反対とはいえ、事柄それ自体についての認識という点では、メリトクラシーにもとづく教育機会の拡大に社会の民主化の可能性を期待するかつて顕著に見られた志向と基本的に同一のものであった。

マンハイムの議論は、あるいは教育機会の拡大に楽観的な期待をかけた人びとの場合もそうなのだが、近代ヨーロッパにおいて一八世紀以降、とりわけ一九世紀を通じて形成され維持されてきたエリートの学校が、世紀転換期前後に下からの挑戦を受けて大規模な構造変動をとげてきたことを背景として生まれてきたものであった。

おおむね一九世紀中頃、あるいは第三・四半世紀頃までの近代ヨーロッパの教育は、多少の誇張をまじえていうならば、少数のエリートのための上級の教育と、民衆を対象とした水準の低い初等教育とに二極分化した構造をとっていた。そのうち前者をめぐっては、ベルリン大学の創設に象徴される近代的大学の成立、大学への準備教育機関としての文法学校の差別化を中核とした中等教育機関の再編と発展、官吏任用と教育資格との接合によるエリートの資格原理としての学歴の浮上、かれらのエリートとしての地位を文化的に正統化する堅固な新人文主義理念の浸透、あるいは卓越性を証明するための社会的装置としての試験制度（とりわけ筆記試験）の導入などがその特徴としてあげられよう。エリートを、国家や社会においてなにがしかの卓越性のゆえに他の社会諸集団に対する支配的諸力（権力や権威、威信、指導性、意志決定等々）を行使しうる権能を有する集団として定義するならば、そうした集団およびそれに属する個人の卓越性を担保するものとして教育資格が定着するとともに、その内容に関する明瞭な観念が形成されたのである。

ところが、一九世紀後半、とりわけ世紀末が近づくにつれてそうしたあり方のある部分が社会的糾弾の的となり、あるいは改革の対象として自覚されるようになる。科学技術の時代の到来に対応して、大学は伝統的な学部構成からより多様な研究・教育領域を有した機構へと転じ、かつての人文的教養の絶対的優位から脱していった。伝統的な四学部（哲学・神学・法学・医学）からなる総合大学に専門化した諸科学を扱う専門学部や部門が設けられるのとならんで、工科大学、商科大学、あるいは高等専門学校が設立されるなど、高等教育の多様化もはじまる。中等教育では、新人文主義的理念に立った古典陶冶の形骸化と無効性が喧伝され、実学的陶冶の優位を語る論調が強まってきた。イギリスのパブリック・スクール―オックスブリッジ、あるいはドイツのギムナジウム―総合大学によって代表された一九世紀的なエリートのための学校システムが、実科系中等学校と多様な専門的高等教育機関からなる、より劣位に位置づけられた教育機関の整備・拡充を前提に、それらからの挑戦を受けるにいたったのである。むろん、伝統的システムを擁護する人々も手をこまねいていたわけでなく、両者のあいだでは激しい攻防戦が繰り広げられる。最終的には、これらの部門間の差異は制度的には廃止されて、法的資格における同格化が達成されることになる。『フランス教育思想史』と銘打ったフランスの社会学者デュルケームの著作は、そうした攻防戦を背景に、同時代の鋭い問題関心に動機づけられながら、中世以来の中等教育・高等教育の歴史をあとづけたものである。それは、一方で形式化した古典陶冶にたいしては破産宣告をし、他方では狭隘な専門化を戒め、新たな科学の時代の教養のあり方を自然と人間に関する認識のなかに求めて再定義しようとする試みであった[16]。この攻防は、マックス・ウェーバーのいう「合理的な官僚制的支配構造[17]」が展開して「教養人型」官僚から「専門人」型官僚へと移行するとともに、二〇世紀的な専門職エートスが成立する歴史的過程を、教育システムの側面から表現したものでもあった[18]。

いま述べたような教育システムの構造変動は、教育機会それ自体の拡大とパラレルなものであった。中産階級の中・下級に属し、かつて中等以上の教育機会から遠ざけられていた人びとのその場への参入が顕著に見られるようになる。国民的義務教育制度の創出に続いて、「統一学校」あるいは「すべての者に中等教育を」との呼び声のもとに、それまで断絶していた初等教育と中等以上の教育との制度的接続も日程にのぼってくる。これらは、従来完全な排除の対象であった労働者階級子弟にも、より上級の教育にアクセスする可能性を開くものとなろう。さらに、中等教育と高等教育はより複雑なシステムへと転成しつつ、量的な拡大を遂げていた。社会と学校教育との関係構造は世紀転換期前後の数十年間に大いに変化し、エリートの産出の仕組みもいちじるしくかわったかのように思われた。マンハイムが問題にしたのは、あるいは楽観論者たちが擁護したのは、そうした社会的な挑戦を受けて改変されてきた二〇世紀的なシステムなのである。

エリート教育の比較社会史のこころみ

これらの変化をたどった研究は、近年、いちじるしい発展を遂げている。と同時に、そこではマンハイムが描いた像――教育機会の拡大による知識階級のプロレタリア化と文化的・社会的危機の招来という像――にたいしては、より厳密な修正が施されているように思われる。各国史的な研究動向については巻末文献解題に譲るとして、ここでは比較史的な試みに限って紹介し、そうした成果の一端を確認しておきたい。

世紀転換期の中等教育のシステム変容をめぐっては、例えば英・独・仏三カ国を対象に国際的な共同研究が組織され、すでに『現代教育システムの形成』としてその成果が世に問われている。[19] そこでは、「一九〇〇年を前後する数十年間に、ドイツと同様にイギリス・フランスにおいても、エリート教育と民衆教育という本質的に二元的パターンが、エリート中等教育、非エリート中等教育、上級初等教育という本質的に三元的構造にとって代わられ、下方へのシステム化進行過程における決定的段階が画され[20]」るとともに、こうした教育諸制度のシステム化と相互作用的に「教育システムと職業システムとの間」の「分野ごとの収斂現象」が進行したことが明らかにされた。中等以上の教育機会への大衆的参入がけっしてその平準化をもたらしたわけではなく、むしろ教育システムの内部的な差異化を通じて社会層の分断を維持したこともあばかれた。こうした「近代階級社会を再生産し正統化しうる、成層化された学校体系の創出[21]」の過程を明るみに出す際の焦点として考察されたのは、エリート教育の中核をなした人文的古典教養にたいする実学的知識の挑戦、古典系中等教育機関と実学系のそれとのあいだでたたかわれた同格化闘争、そしてその後背に控えた社会的地位をめぐる階級間、あるいは中産階級内部の階層間闘争であった。この共同研究の組織者のひとりフリッツ・リンガーは、ドイツとフランスを中心に、イギリスやアメリカも含めた近代の中等・高等教育システムの比較史からさらにすすんで、知識社会全体の構造変動を射程に入れた一連の研究成果を世に問うている。[22] リンガーの一連の著作や上記共同研究に特徴的なのは、ウェーバー的な地位の社会学に依拠し、それに接合してブルデュー的教育社会像を歴史に適用せんとする試みである。そこに結ばれる近代から現代にいたる変化の像は、拡大した教育機会のなかでの差異化と地位の再生産を可能にするシステムの死守、とでもいうべきものであろう。これらに触発された日本での共同研究の成果としては、望田幸男編『国際比較・近代中等教育の構造と機能』（名古屋大学出版会、一九九〇年）がある。

それにたいして高等教育については、教育社会史家ヤーラオシュを中心とした共同研究『高等教育の変貌 一八六〇―一九三〇』が挙げられなければならない[23]。この共同研究は、英・独・露・米四カ国を対象に、これらの国々で一八六〇年から一九三〇年にかけてみられた高等教育の構造変動を「拡張」「多様化」「社会的開放」「専門職化」という四つの指標によって特徴づけようとしたものであった。すなわち、「成熟した産業社会が誕生してくる間に、小規模で等質的なエリート的で専門職化以前の大学が、大規模で多様化した中産階級的で専門職的な高等教育システムに転じた[24]」として、その動態を各国について数量的データなどを駆使して解明したのである。そこでは、高等教育の全体としての巨大化が、システム内部の水平的・垂直的な差異化を随伴したことも明らかにされた。そうして得られた二〇世紀的な大学は、一方で研究機関として技術革新に貢献し、さらに訓練されたマンパワーの育成にあたったが、他方で、伝統的エリートの優位を解消することはなかった。法学や医学といった伝統的に威信の高い専門職では従来通りにエリート主義が温存され、あるいは大学入学の前提として高い威信を付与されてきた古典的教養への愛好も引き続き根強いものとしてあった。それらを指摘する点で、この研究もまたリンガーやあるいはブルデューらと親和的である。高等教育の量的拡大はそれ自体としては社会の民主化を担保するものではなく、むしろ教育システムの編成の変容を媒介としながら、旧来の階層的秩序を保存したという点で近代の「アンビヴァレンス」を表現したものだ、というのである。

ブルデューに示唆を得て、フランスにおいてエリートの社会史を牽引しているのがシャルルである。リンガーらと共通する問題意識に立ちながらも、さらに広い視野からかれは、まず『共和国のエリートたち』『知識人の誕生』などによってフランスの実業エリート・官僚・大学人の再生産構造や「知識人」の社会・政治・文化的特徴、第三共和制期における旧来の指導階級から新共和派エリートへの交代の様相を描き出したが、さらにかれの関心はアカデミック・エリートの国際比較へと広がりをみせた。その成果として得られたのが『一九世紀ヨーロッパの知識人』[25]である。これは、上記四カ国およびオーストリア・イタリア・スペインの知識人と高等教育の比較社会史の試みであり、各国で知識人が出現した際の社会的特徴、知識人概念の文化的特徴、文化人の行う政治的闘争、以上三つの次元からヨーロッパの知識人の何たるかを分析しようとしたものである。

本書の対象と課題

以上を踏まえて、ここで本書の対象と課題を確認しておくこととしよう。

本書はまず、イギリス、フランス、ドイツ、ロシアというヨーロッパの主要国を対象に、近代ヨーロッパの中等教育から高等教育をへてエリートへいたるルートの制度構造を解明することを目標とするが、その際にこれら多国間比較によって近代ヨーロッパを全体として彩った共通性と、それぞれの国ごとの特徴となる差異性とを確認することを第一の課題とした。第Ⅰ部「エリートの学校　制度と機能」において、各国の一九世紀から二〇世紀初頭までの制度的概況を示すことに力を入れたのは、こうした点を改めて明示しておくためである。また、中等教育と高等教育とを串刺しにした研究は各国史としては一般に見られるであろうが、比較研究としてはかならずしも他に例をみないものであり、この点をまず本書の特徴としてあげておきたい。

ところで、先述したように、近代の「エリートの学校」は世紀転換期をはさんで下からの挑戦を受け、中等教育・高等教育の双方で制度構造の変容をこうむると同時に、形式的にはこれら分節化され差異化されたそれぞれの諸分肢間の法制上の同格化を達成していった。それは一見、社会の民主化を達成する条件のようにも思われた。ところがそれにもかかわらず、これらのシステムは社会的成層構造を、部分的な修正をほどこして一定の再編をはかりながらも堅固に維持したのである。メリトクラシーの名の下でより多数の人びとをより上位の学校教育へと動員しながら、同時に、各人の獲得した知識の内容と質、あるいは多様化した専門性のそれぞれに相異なる社会的な地位・威信をあてがうことで整序化されたヒエラルヒー的編成を作り上げるとともに、そうしたヒエラルヒー上のみずからの位置があたかも能力と業績に由来するものであるかのように粉飾して受忍させるという、そういう念の入った教育と社会の構造も編みだされていった。そうした一九世紀的システムから二〇世紀的システムへの変容の過程を明らかにすること、この点に本書の主眼は置かれるであろう。

このように形式的には民主化されたようでありながら、同時に位階的である制度構造のなかでエリートたちは、通過してきた学校教育のなかで得た知識や教養、専門性、人的紐帯、エートスなどを媒介として、みずからの社会的地位を人格のうちにとりこむことになるのであるが、そうした人格化がどのようにしてなされたのか、あるいは、エリートとしての地位や資質を共有しない人々に対してみずからをいかに差異化したのかという問題がある。そうした例としてしばしば引かれるものにトマス・ヒューズが『トム・ブラウンの学校生活』に描いたパブリック・スクール的生活、あるいはドイツの児童文学者ケストナーが『飛ぶ教室』のなかで描いたギムナジウム生徒と実科学校生徒とのあいだの諍いなどがあろうが、総じてこれらは、学校生活や学校文化にかかわる論点ということができる。エリートたちの自己意識と社会的態度を決定するこれら文化的要因を個性記述的に論じること、本書の第Ⅱ部「エリートの学校　文化と紐帯」で特に留意したのはこの点である。

本書では果たしえなかった課題についても指摘しておこう。

第一に、比較史の対象が上記四カ国に限定されている点について述べておかねばならない。これはおそらくは、ヨーロッパの一部の国々の経験を不当に一般化して、近代ヨーロッパが有したであろう豊饒な多様性を抽象したものだとの非難を免れないであろうが、本書の編集にあたった者の立場からいえば、北欧や南欧、あるいは東中欧の多様な地域になかなか目が向かわない日本の教育史や教育社会史の研究の到達水準を反映したものであるように思える。この点、視野の拡大のなかで、研究のさらなる進展がはかられることを期待したい。

第二に、本書において女子教育にほとんど言及のない点についても、ひとこと触れておきたい。これは、前記『現代教育システムの形成』のなかで、討論者であるアルビセッティの語った批判点とも重なる点である。(26) アルビセッティも指摘したように、女子教育あるいは女学校を考察対象に加えた場合、中等・高等教育のシステム変動の時期は微妙にちがった把握をされる可能性があるし、男子教育では西欧モデルの模倣者であったロシアが、この分野ではむしろ先進的位置にあったように、女子教育をも含めた場合、総体としての近現代ヨーロッパの教育システムの図柄はかなり違った像を描く可能性がある。しかし、エリート教育に限った場合、女性が地歩を固めたのは本書の対象とした時期よりもずっと後――ひょっとすると、今日にいたるも「地歩を固めた」とはいえないかもしれない――のことである。むろん、エリートの学校にたいする下からの挑戦という本書のシェマに即していえば、女子中等教育機関の成立と正格化、男女共学の進展や女性への大学の門戸開放などの一連の動きも、この挑戦の重要な一角をなしたものとみるべきものであろう。だが、女性の挑戦に対する対応は、男子部門内でのそれ以上に厳しい制限の内に押さえ込まれたというのが真相であろう。そうした様相の解明は、女子教育史やさらにはジェンダーの教育史とでも呼ぶべき試みとして、別途、追求されてしかるべきものである。近年、欧米では女性史の発展を背景として女子教育史の進境も著しいし、日本でも個別的な研究の成果は挙がりつつあるが、今なお西洋女子教育史のスタンダードなテキストをものするにはいたっていないというのが実情である。この点の克服が急務であることに、本書の執筆者は自覚的であることを表明しておきたい。

扉図　オックスフォード大学シェルドン講堂での学位授与式の様子。出典：安原義仁（第5章担当）撮影。

注

（1）柏倉康夫『エリートのつくり方――グランド・ゼコールの社会学』（ちくま新書）筑摩書房、一九九六年。

（2）例えば、大学基準協会『大学に於ける一般教育――一般教育研究委員会報告』一九五一年などを参照。

（3）P・G・アルトバック著、馬越徹監訳『比較高等教育論――「知」の世界システムと大学』玉川大学出版部、一九九四年、一九～二五頁。

（4）各国の動向については、例えば以下を参照のこと。権藤與志夫編『二一世紀をめざす世界の教育――理念・制度・実践』九州大学出版会、一九九四年。望田研吾『現代イギリスの中等教育改革の研究』九州大学出版会、一九九六年。小林順子編『二一世紀を展望するフランス教育改革――一九八九年教育基本法の論理と展開』東信堂、一九九七年。『岩波講座・現代の教育　一二　世界の教育改革』岩波書店、一九九八年。

（5）加藤寛『教育改革論』（丸善ライブラリー）丸善、一九九六年、一四八頁。

（6）アラン・ブルーム著、菅野盾樹訳『アメリカン・マインドの終焉』みすず書房、一九八八年、一四頁。なお、ブルーム流の保守主義的教養論を批判し、進歩主義的立場からする多文化的でコスモポリタンな教養教育論を展開したものとして例えば、**Martha C. Nussbaum**, ***Cultivating Humanity***, **Harvard University Press**, **1997** がある。

（7）筒井清忠『日本型「教養」の運命――歴史社会学的考察』岩波書店、一九九五年、一七八頁。

（8）竹内洋『立身出世主義――近代日本のロマンと欲望』ＮＨＫ出版、一九九七年、三〇八頁。

（9）ピエール・ブルデュー著、石井洋次郎訳『ディスタンクシオンⅠ・Ⅱ』藤原書店、一九九〇年、ブルデュー／パスロン著、宮島喬訳『再生産』藤原書店、一九九一年、など。

（10）バーンスティン著、萩原元昭他訳『言語社会化論』明治図書、一九八一年。バーンスティン著、萩原元昭他訳『教育伝達の社会学――開かれた学校とは』明治図書、一九八五年。

（11）ボールズ／ギンタス著、宇沢弘文訳『アメリカ資本主義と学校教育――教育改革と経済制度の矛盾Ⅰ・Ⅱ』岩波書店、一九八六・一九八七年。

（12）宮島喬・藤田英典編『文化と社会――差異化・構造化・再生産』有信堂、一九九一年。宮島喬『文化的再生産の社会学――ブルデュー理論からの展開』藤原書店、一九九四年。前出の竹内洋らの教育社会学の動向も、一方ではこうした動向の上に立ったものであり、再生産論は近年の教育社会学の中核的テーマである。

（13）溪内謙『現代史を学ぶ』（岩波新書）岩波書店、一九九五年、一七頁。

（14）Karl Manheim, *Mensch und Geseelschaft im Zeitalter des Umbaus*, A. W. Sijthoff's Uitgeversmaatschappij N. V., Leiden, 1935.

（15）Karl Manheim, *Man and Society in an Age of Reconstruction : Studies in Modern Social Structure*, Routledge & Kegan Paul, 1940. カール・マンハイム著、福永武訳『変革期における人間と社会――現代社会構造の研究』みすず書房、一九六二年。

（16）E・デュルケーム著、小関藤一郎訳『フランス教育思想史』行路社、一九八一年。デュルケーム教育論の歴史的位相をめぐっては、F・K・リンガー著、筒井清忠他訳『知の歴史社会学――フランスとドイツにおける教養　一八九〇～一九二〇』名古屋大学出版会、一九九六年、二七七～三〇七頁を参照。

（17）マックス・ウェーバー著、世良晃志郎訳『支配の社会学Ⅰ』創文社、一九六〇年、一三五頁。

（18）西村稔『文士と官僚――ドイツ教養官僚の淵源』木鐸社、一九九八年、第十三章「文士と教養」を参照。

（19）D. K. Müller/F. Ringer/B. Simon, *The Rise of the Modern Educational System : Structural Change and Social Reproduction 1870-1920*, Maison des Sciences de l'Homme and Cambridge University Press, 1987. ミュラー他編著、望田幸男監訳『国際セミナー・現代教育システムの形成――構造変動と社会的再生産』晃洋書房、一九八九年。

（20）*Ibid.*, pp. 6-7. 前掲訳書、八～九頁。

（21）*Ibid.*, p. 87. 前掲訳書、一一三頁。

（22）Fritz, K. Ringer, *The Decline of German Mandarins : The German Academic Community*, Harvard University Press, 1969. フリッツ・K・リンガー著、西村稔訳『読書人の没落――世紀末から第三帝国までのドイツ知識人』名古屋大学出版会、一九九一年。Fritz K. Ringer, *Education and Society in Modern Europe*, Indiana University Press, 1979. Fritz K. Ringer, *Fields of Knowledge : French Academic Culture in Comparative Perspective*, Cambridge University Press, 1992. F・K・リンガー著、筒井清忠他訳、前掲訳書。

（23）Jaraush, K. H.（eds.）, *The Transformation of Higher Learning, 1860-1930 : Expansion, Diversification, Social Opening, and Professionalization in England, Germany, Russia, and the United States*, The University of Chicago Press, 1983. ヤーラオシュ編著、望田幸男・安原義仁・橋本伸也監訳『高等教育の変貌　一八六〇―一九三〇』昭和堂、

二〇〇〇年。

（24） *Ibid.*, p. 10. 前掲訳書、一二頁。

（25） Charle, Christophe, *Les élites de la République 1880-1900*, Fayard, 1987. Charle, Christophe, *Naissance des «intellectuels» 1880-1900*, Paris, 1990. Charle, Christophe, *Les intellectuels en europe au XIXe siècle*, *Seuil*, 1994.

（26） Cf. D. K. Müller/F. Ringer/B. Simon, *op. cit.*, p. 216. ミュラー他編著、前掲訳書、二九七頁、参照。

第Ⅰ部　エリートの学校　制度と機能

第1章

近代イギリスのエリート教育システム

──パブリック・スクールからオックスブリッジへの学歴経路

藤井　泰

イギリスのエリート学校体系

19世紀前半，中世以来の伝統を有するパブリック・スクールとオックスブリッジは厳しい批判を受けていた。だが，パブリック・スクールは，アーノルドに代表される偉大な校長によってクリスチャン・ジェントルマン理念の唱道，古典語教育の復活，団体スポーツ競技の導入などが行われ，近代社会のエリート教育機関へと大きく変貌を遂げた。またオックスブリッジ両大学も内外からの改革を経て近代的な大学に脱皮した。

1　エリートと学校

イギリスのエリートに関する研究は社会学や歴史学の分野で一定の成果が積み重ねられてきた。たとえば、政治エリートに関するW・ガッツマンの研究、官界エリートについてのR・ケルサルの研究、軍事エリートに関するP・ラゼルの研究などがその代表的なものである。近年、実業エリートについても本格的な研究が見られるようになり、A・ギデンズおよびS・スタンワースあるいはD・ジェレミーのものが注目されている。[1] また社会史家H・パーキンは一九世紀末以降の三二七七人のエリートの社会的背景について調査した画期的な研究業績をまとめた。[2] さらにかれの研究助手をつとめたこともあるW・ルービンステインはパーキンの研究をさらに発展させ、その成果を『近代イギリスにおけるエリートと富裕者』（一九八七年）という書物にまとめ、各界のエリートのリクルートメントについて多くの知見をわれわれに示してきている。[3]

これらの実証的な歴史研究では、個々の分野のエリートたちの社会的出自や学歴について調べられている。エリートの学歴について見ると、かれらの多くがパブリック・スクールの出身者であり、オックスブリッジ（オックスフォードとケンブリッジ両大学の略称）で教育を受けたことが指摘されている。たとえば、インド高等文官（Indian Civil Service, ICS）は高い社会的地位と高収入を誇る大英帝国の高級官僚であったが、一八九二年から一九一四年にかけて採用された者の学歴調査によれば、中等教育ではパブリック・スクール出身者が六〇％であり、高等教育ではオックスフォード出身者が四九％、ケンブリッジ出身者が三〇％を占めていた。[4] また実業家の中でも、一九世紀後半にはシティの銀行家たちがジェントルマンとしてエリート階層に組み込まれるようになった。かれらの社会的上昇を可能にしたのは、学歴であった。実際、一八六一年から八〇年生まれの銀行家の学歴をみると、その六二%の者がパブリック・スクールの、五五%がオックスブリッジの出身者であり、「学歴がそれを享受するエリート階層に共通の価値観を与え、人的ネットワークを形成させた」(5)のである。このようにエリート職に就くための学歴ルートとして、パブリック・スクールからオックスブリッジを経るという教育系統は確かに存在したと言えよう。

では、一九世紀においてエリート養成を担ったパブリック・スクールやオックスブリッジでは、一体どのような教育がなされていたのか。オックスブリッジはともかく、パブリック・スクールと呼ばれるエリート中等学校は何校あったのか。何人ぐらいの生徒や学生が在籍していたか。かれらの社会的出自はどのようなものであったか。卒業後のキャリアも気になるところである。またパブリック・スクールからオックスブリッジへの進学状況はどの程度であったのか。パブリック・スクールやオックスブリッジは学校体系上で、どのように位置づいていたのか。近代イギリスのエリートの養成と学校との関係を論じる場合、このような基本的な事項をまず確認しておくことが必要不可欠の作業と思われる。

そこで本章は、一九世紀におけるパブリック・スクールとオックスブリッジの教育の仕組みや実態に関しておおまかなスケッチを描くことを目的とする。次節ではパブリック・スクールの教育内容の構造に言及した後、学校数の拡大と生徒の社会的出自の変化について検討する。第3節ではオックスブリッジ改革と学生数の動向について取り上げる。第4節では産業化の進展に伴う一九世紀後半における中等・高等教育の構造変動がどのようなものであり、それがエリート教育システムにどのような帰結をもたらしたかについて、「複線型分節化」という視点から論じる。なお論述に当たっては、これまであまり紹介されてこなかった量的な分析に重点をおきたい。

2　パブリック・スクール改革とその発展

「パブリック・スクール」の沿革

パブリック・スクールの由来を論じることはなかなか厄介なことである。だが、一群のパブリック・スクールがどのような経緯でエリート養成の場としてイギリス社会に登場してきたか、簡単に振り返っておきたい。

異説もあるが、一九世紀初頭においてパブリック・スクールと目されたのは次の九校であった。創設順に列挙しておこう。すなわち、ウィンチェスター（一三八二年）、イートン（一四四〇年）、セント・ポール（一五〇九年）、シュルーズベリー（一五五一年）、ウェストミンスター（一五六〇年）、マーチャント・テイラーズ（一五六二年）、ラグビー（一五六七年）、ハロー（一五七一年）、チャーターハウス（一六一一年）である。これら九校がいわば、元祖パブリック・スクールである。なお、セント・ポールとチャーターハウス（両校ともロンドンに位置した）を除き、すべて寄宿制を採用する学校であった。

これらの学校はもともと、比較的貧しいが優秀な男子に主にラテン語を無償で教える学校として発足したものであり、支配者階級であるジェントルマンの子弟の教育の場として特別に創設されたわけではなかった。何らかの寄付による基本財産にもとづき設置されたので基金立グラマー・スクール（文法学校）と呼ばれ、オックスブリッジへの進学準備教育を行い、主に聖職者への道を開いていた。基金立グラマー・スクールは一六世紀中葉から一七世紀中葉にかけて多くの富裕な商人や名望家による寄贈を受け、全国の主要な町々に普及していった。かくしてイギリスが封建社会から近世社会へと移り変わるなかで中層の人々の教育機会は拡大していった。

グラマー・スクールの創設ラッシュが続く一六世紀末頃から上流階級の間にも、家庭教師（チューター）による個人教授に代えて、その子弟を名が知れたグラマー・スクールに「私費生」（授業料を払って学ぶ生徒）として送り始める人々が出てきた。とりわけ地主ジェントルマンの次三男の場合、所領が継げないので、何らかの職で生計を立てる必要があったが、聖職者や法律家などの専門職になる場合、オックスブリッジの学歴が求められるようになり、その進学準備教育としてグラマー・スクールへの入学が選択肢のひとつとなっていった。そこには基金立学校側の事情もあった。すなわち、基本財産の収益だけでは学校経営が財政的に困難になり、裕福な家庭の子弟を「私費生」として積極的に受け入れざるを得なかったのである。

もっとも一八世紀になっても、家庭教師による教育か学校教育かという論争はただちに決着がついたわけではない。このことを、N・ハンスの研究で確認しておこう。すなわち、ハンスはこの時代に生まれた各界のエリート（『英国人名事典』に収録された一六八五年から一七八五年に生まれたイギリス人三五〇〇人を対象）の学歴を調べている。[6] この研究結果によれば、二二％の者が名門九校のパブリック・スクールの出身者であったのに対して、学校教育の経験がない者の割合は二八％にのぼっていた。学校教育を経て、エリートの地位につく者も増加しているが、学校教育に頼らず、家庭教師による個人教授の慣行が依然として根強いことが知られる。

このように一八世紀はジェントルマンの教育の場が廷内の私教育から学校教育へ移行する過渡期として位置づけられるが、さすが一八世紀後半になると、ジェントルマン教育において学校教育支持の声も強くなった。たとえば、「少年は私教育［家庭教師による個人教授］で五年間を要して学ぶであろう以上の本当の知恵をパブリック・スクールでは一年間で学ぶ」[7] という意見に代表されるように、ジェントルマン教育論で学校教育を支持する論調が優勢になっていった。この結果、多くの貴族やジェントリーが学校教育という場でその子弟を教育するようになり、実績のあるグラマー・スクールが選択されるようになった。

図1-1　ウェストミンスター校の寄宿寮（ハウス）の寝室
暖房も十分ではない、このような細長い大部屋に数十人の生徒が寝泊まりしていた。
出典：Hugh Busher, *Education since 1800*, London, 1986, p. 7.

そして言葉の上でも、当初グラマー・スクールと代替可能なものとして発生したパブリック・スクール（場合によっては、グレイトという形容詞を付けていた）という用語は、このような名門グラマー・スクールのみを指して使われることになった。これらの学校が上記の九校であった。一八一〇年に著名なジャーナリストであったS・スミスは、「古くから持続した基本財産をもつ教育の場であり、そこにはジェントルマンの子弟がかなり多数集まり、八、九歳から一八歳まで寄宿し続ける場」と定義づけた[8]。要するに、一九世紀初頭になると、ジェントルマン階級の男子が行く学校（グラマー・スクール）がパブリック・スクールと呼ばれるようになったのである。

一八六〇年代に設けられた王立委員会は、このような世評を公認する形で九校を「パブリック・スクール」として調査対象校に選定した。いわば、これら名門九校は政府のお墨付きを得て、公式にパブリック・スクールという名称が付与されたのである。

アーノルドのラグビー校改革

一八世紀を通じてジェントルマン教育の場として登場したパブリック・スクールはさぞかし理想的な教育を提供していただろうと想像すると、それは事実に反する。一九世紀初頭のパブリック・スクールは生徒指導の面で深刻な教育問題を内包していた。生徒たちは寄宿生活を送っていたが、教師の監督も十分ではなく生徒自治も名ばかりで、学校は「無政府状態」にあった。体罰も日常茶飯事であった。まさにパブリック・スクールは「悪の温床」といった観を呈していた。このような途方もないアナーキーと腐敗という状況に直面し、ラグビー校のトマス・アーノルドが先駆者としてパブリック・スクールの近代化を行ったことは広く知られている。(9) その要点を三点にまとめると、次のとおりである。

第一に、アーノルドが提唱した「クリスチャン・ジェントルマン」はパブリック・スクールの近代化を語る場合、その主導的な教育理念としてもっとも重要なものである。それはアーノルド校長の「第一に宗教的・道徳的規律、第二にジェントルマン的な行動、第三に知的能力である」という言葉に端的に表明されている。税官吏の息子に生まれた中流階級出身のアーノルドは、当時の貴族やジェントリーの上流階級の生き方——自堕落で放埒な生活態度になりがち——に国家体制の危機を鋭く見抜いていた。そこでアーノルドはラグビー校の校長になると、中流階級的な価値観を入れ込む形で、生徒たちにキリスト教主義の道徳観に基づき、「生活に使命感をもち、自分の仕事を遂行するというキリスト者の生き方」を悟らせ、「働くことの意義」に目覚めさせ、「使命感と責任感」を自覚した有意義な人生を送ることの大切さを教えたのである。(10) したがって、この理念は、従来の貴族・ジェントリーといった有閑階級の価値観にも一定の修正を要求するものであると同時に、当然のことながら何らかの職業に従事して生計を立てる中流階級の人々にも受容されるものであった。かくして伝統的なジェントルマンの教育の場であるパブリック・スクールは新たな理念の下に自己変革を計りつつ、新興の中流階級の子弟を取り込むことを可能にしたのである。実際、パブリック・スクールはその後、専門職を中心に上層中流階級の子弟を多く入学させることになる。

古典語教育

第二に、パブリック・スクールのカリキュラムの近代化についてはどうであろうか。当時、一八世紀後半から一九世紀にかけての産業革命を背景にして勃興してきた産業ブルジョワジー層（非国教徒が多い）の間では、産業社会に相応しい実学的な近代的教科（数学、自然科学、近代史、近代外国語など）の必要性が叫ばれていた。だが、パブリック・スクールの改革者アーノルドは、近代的な実学的な科目がジェントルマンの教養＝教育に必要であるとは考えていなかった。このことは、表1－1のラグビー校の教科別時間数を見ても明らかである。表中の一八三四年の欄は、アーノルド校長時代のものであるが、必修科目の総授業時数のうち、六割の時間がラテン語とギリシア語の古典語に配当されていた。しかも歴史そして聖書の授業でも実際には古典語で書かれた教材が用いられていたので、これらを含めると、八割が古典語の学習にあてられていた。

このようなカリキュラム編成のあり方にはひとつの理念があった。その理念とは、ギリシア・ローマの古典を、教養の基礎とするものである。アーノルドもこの立場に立っていた。アーノルドは古典語教育の意義を次のように述べる。

「ギリシア語、ラテン語を学校から締め出すと、今の世代の者の視点を現在および近い先達者に限定してしまい、われわれは、何世紀にもわたる人類の経験を捨て去り、人類があたかも一五世紀に初めて出現したかのような状態に置かれることになる。……ギリシア・ローマの精神は、われわれ自身を築き上げている精神の基本である。それればかりではなく、それは完成の精華にまで達したわれわれ人類の精神でもある。……道徳的・政治的な見解――これらの事項がもっぱら人間の人格を決定する――の点では、われわれとギリシア・ローマ人とは完全に同じである。アリストテレス、プラトン、ツキディデス、キケロ、タキトウスは古代の作家と呼ばれるのに最も似つかわしくない。彼らは本質的に、わが国の同朋であり、同時代人である。[11]」

表1-1　ラグビー校の教科別週当たり時間数

教　科　目	1834	1861	1895
ラテン語	17¾時間	7時間	7時間
ギリシア語		6	6
歴史（ギリシア・ローマ史）	3½	1	1
数　学	2¾	2¾	4
フランス語	2¾	2	2
科　学	0		2
英　語	0	0	2
聖　書	2	2	1
合　計	28¾	20¾	24

注：1861年のフランス語と科学は選択必修で，いずれか2時間である。なおクラスは5年生である。1895年の時間数は古典語コースの4年生のものである。
出典：T. Bamford ed., *Arnold on Education*, Cambridge, 1970, p. 23；*The Clarendon Report*, Vol. 2, 1864, p. 482；*The Bryce Report*, Vol. 9, 1895, pp. 404-405 より作成。

アーノルドはギリシア・ローマの古典が人間形成の上で有効であるという見解を示し、古典こそが人類の文化的遺産であり、生徒たちは必ず教養として学ぶ必要があると主張するのである。

表の教育内容の推移をみてみよう。一八六一年の時間割では、学年やコースが異なるので単純な比較はできないが、ようやく科学が二時間ほどフランス語との選択必修という形で正規のカリキュラムに位置づけられたものの、古典語中心のカリキュラム編成には変更はない。さらに一八九五年に目を移すと、科学の必修化、母国語の英語科の登場、数学の時数の増加などカリキュラム編成に多様化が見られる。だが、これらの近代的教科目は配当時間数が少なく周辺科目に留まっており、依然として、古典語を中核とするパブリッ

図1－2　イートン校でのクリケット試合（1863年）
1860年代に「運動競技がジェントルマンを作る」という教育観が登場し、団体スポーツがパブリック・スクールで全生徒の必修活動となった。
出典：Hugh Busher, *Education since 1800*, London, 1986, p. 9.

ク・スクールのカリキュラムの基本は強固に存続していた。アーノルドの古典語教育論の立場は一九世紀後半になっても支持されていたと言える。要するに、古典語優位の教育内容であった。

課外活動の重視

第三に、団体スポーツ競技が教育活動として重視されようになったこともパブリック・スクール教育の近代化の産物であった。もっともこれはアーノルドの貢献ではなく、次の世代の一群の校長たちが一八五〇年代から六〇年代にかけて導入した教育活動であった。「アスレティシズム」と呼ばれるこの教育理念は「運動競技、わけてもクリケット、フットボール（サッカーとラグビー）、ボートといった集団スポーツを人格陶冶のための有効な教育手段として重要視する態度[12]」を意味した。つまり、「運動競技がジェントルマンを作る」という教育観である。

校長たちは、団体スポーツ競技を教科外活動として正式に位置づけた。週二日ないしは三日間の午後の時間あるいは放課後を使って、生徒たちはいろいろな団体スポーツ競技に汗を流すようになった。教師も積極的に関与してきた。学内の体制も充実し運動場・施設設備も整備され、一八七〇年代ごろから多くの学校において全生徒の必修活動となった。

教師が家族と一緒に住み込み生徒の世話をする寄宿寮制度（ハウス・システム）は、年長者と年少者の間に見られたプリーフェクト＝ファギング制度とともに、生徒たちによるスポーツ活動にも有効に機能したことは注目される。一軍、二軍、三軍などのチームが編成され、学校行事として寄宿寮間の対抗試合が奨励された。また運動場では下級生のファグがボール拾いをする光景が見られるようになった。さらに他の学校との対校試合も盛んになり、それに付随して応援歌や校歌が誕生してくる。これらの対抗戦によって、生徒たちは自分の学校そして寄宿寮への帰属意識やアイデンティティを強く持つようになった。

パブリック・スクールのスポーツ競技で実績をあげた者には、本書第5章で言及されるように、さらに引きつづきオックスブリッジへ進学して運動選手として大いに活躍する場が与えられた。しかもパブリック・スクールを震源地とするスポーツ愛好熱は、社会におけるスポーツ・クラブなどの設立においても大きな原動力となっていった。独仏と比較すると、スポーツをジェントルマンの人格形成の重要な手段として活用したのは、イギリスのエリート教育に見られるひとつの大きな特徴であろう。

さらに一八六〇年代以降、スポーツ競技の制度化に引き続いて、校内誌の刊行、音楽や弁論部など文化系の課外活動も相次いで誕生した。かくしてパブリック・スクールの生徒たちの学校生活はより多彩になっていった。

パブリック・スクール・ブームの到来

一九世紀中葉になると、産業革命による工業化や都市化の進展に伴って、産業ブルジョワジーや専門職などの中流階級が経済的に豊かになり、しかもその数は急増した。とりわけ、中流階級のなかでも富裕な上層の人たちの間で、ジェントルマン教育の場、つまりパブリック・スクールに対する需要が高まった。だが、九校のパブリック・スクールがいくら生徒数を増加させても、量的には自ずと限界があった。

このような中流階級の需要に対応して、一九世紀以前から存在していた既存のローカルな基金立グラマー・スクールにおいても、野心的な校長が赴任してきて、パブリック・スクールをめざした学校づくりを意欲的に行うところも出てきた。かれらはアーノルド校長の訓育方式を導入し古典語教育を充実させて、オックスブリッジへの進学者を増やした。この結果、これらの学校の中には一九世紀後半になると、その地位を向上させパブリック・スクールとみなされるようになったものも少なくなかった。たとえば一八六九年に校長会議《ヘッドマスターズ・コンフェレンス》（有力校の校長が加盟しパブリック・スクールの校長会として認知され現在に至っている）を発足させたスリング校長のアピンガム校、元ラグビー校教師のリー校長のキング・エドワード六世校などがその代表的な例である。

また一八四〇年以降、アーノルドら先駆的な校長による改革でその面目を取り戻しつつあったパブリック・スクールを範にとった寄宿制の学校が続々と新設されたことも重要である。これらの学校は株式によって資金を集めその資金をもとに学校の建設と運営を行う私立学校であり、共同出資立学校と呼ばれた。イートンやハローなど超名門校に比べると授業料は比較的安かった。一八四〇年代に創設ラッシュの第一波があった。一八四一年にはチェルトナム校が開校し、これを皮切りにモールバラ（一八四三年）、ロサル（一八四四年）、ランシング（一八四八年）などの学校が相次いで設立された。第二波は一八六〇年代にあり、クリフトン（一八六二年）、ヘイリベリー（一八六二年）、マルヴァーン（一八六四年）といった学校が設けられた。一八八〇年代に第三波があり、その後、創設件数は漸減していった。T・バムフォードの研究によれば、一九七〇年代半ばにパブリック・スクールと目されていた二〇〇校のうち、実に一三〇校（六五％）が一九世紀に創設されたものであった。[13] パブリック・スクールのルーツは中世にまで遡れるが、実際は、全体の半数以上の学校は一九世紀ヴィクトリア朝期に造られた新設校であったことは注目すべき事実である。

パブリック・スクールの量的拡大

もともと九校のみを数えたパブリック・スクールは、一九世紀末には実際にはどのぐらいの校数になったであろうか。パブリック・スクールは法制度上で規定された学校種ではなかったので、この問いに厳密に答えることは不可能であるとはいえ、この難問に取り組んだ研究者にJ・ハニー教授がいる。(14) かれの方法論は前述したパブリック・スクール教育の特色である課外活動に注目するユニークなものであった。すなわち、一八六〇年代頃からアスレティシズムの興隆にともなって、スポーツの学校間対抗試合が盛んになり、また軍事教練も導入され日頃の成果を披露する全国的な行事が開催されるようになった。こうした行事や大会に参加できるのは、日本の民主的な高校野球とは異なり、特定の学校のみであった。閉ざされたサークル内での競技大会であった。ハニー教授は、このようなスポーツ競技大会（クリケット、ラグビー、ボート、体操、陸上競技、フェンシングなど）や軍事教練などの諸活動での出会いによって学校間のネットワークが形成された事実に着目し、当時の史料を渉猟しそのリストをもとにして一八八〇年から一九〇二年における一群のパブリック・スクールを特定化しようとした（表1-2）。

ハニーは、その出身者が「パブリック・スクール人」であるとみなされる学校は五〇校であり、そのほか若干の疑義はあるもののパブリック・スクールであると呼称できる資格を有する学校がさらに五〇数校ほど存在したと試算している。比喩的に言えば、前者がメジャー・リーグで、後者がマイナー・リーグという区別であろうか。

しかもハニーの研究ではそれぞれのリーグの学校をいくつかのグループに細分化している。まず主要パブリック・スクールの五〇校は課外活動の参加度に応じて、三つにランク分けされる。イートン、ハロー校に匹敵する超名門校が二二校、ランシングやラドリーなどの第二ランクの学校が八校、『チップス先生さようなら』の舞台にな

表1－2　パブリック・スクールのリスト（1880～1902年）

(i)　主要パブリック・スクール

GROUP I (22 schools)		
Bedford (Grammar)	Glenalmond	St Paul's
Bradfield	Haileybury	Sherborne
Charterhouse	Harrow	Tonbridge
Cheltenham	Malvern	Uppingham
Clifton	Marlborough	Wellington
Dulwich	Repton	Westminster
Eton	Rossall	Winchester
	Rugby	
GROUP II (8 schools)		
Blair Lodge	Highgate	Lancing
Eastbourne	Hurstpierpoint	Merchant Taylors'
Felsted		Radley
GROUP III (20 schools)		
Bath College	Cranleigh	Loretto
Bedford Modern	Edinburgh Academy	Merchiston
Berkhamsted	Epsom	Reading
Blundell's	Fettes	Shrewsbury
Brighton	Forest	University Coll. Sch.
Cambridge (The Leys)	Leatherhead (St John's)	Weymouth
Canterbury (King's Sch.)		Whitgift

(ii)　弱小パブリック・スクール

GROUP IV (14 schools)		
Aldenham	Framlingham	South Eastern Coll.
Ardingly	Isle of Man (King William's)	(St Lawrence)
Chigwell	King's Coll. Sch.	Ramsgate
City of London	Oundle	United Services Coll.
Derby	St Edward's, Oxford	(Westward Ho)
Dover		Warwick
GROUP V (40 schools)		
Abingdon	Hereford Cathedral Sch.	Plymouth
Bedford County	Ipswich	Pocklington
Birmingham (King Edward's)	Jersey (Victoria Coll.)	Portsmouth Grammar
Blackheath	Leamington	St Olave's
Brecon (Christ Coll.)	Leeds Grammar	Sedbergh
Bromsgrove	Liverpool Coll.	Stonyhurst
Bury St Edmunds	Llandovery Coll.	Sutton Valence
Cambridge (Perse)	Manchester Grammar	Wakefied (Queen Elizabeth's
Carlisle Crammar	Merchant Taylors', Crosby	Grammar)
Christ's Hospital	Mill Hill	Wellingborough Grammar
Cranbrook	Monmouth	Windsor (St Mark's)
Denstone	Newton (Abbot) Coll.	Worcester (King's Sch.)
Durham	Magdalen Coll. Sch., Oxford	York (St Peter's)
Giggleswick		
Guernsey (Elizabeth Coll.)		

出典：J. Honey, "Tom Brown's Universe : The Nature and Limits of the Victorian Public Schools Community", B. Simon and I. Bradley eds., *The Victorian Public School*, Dublin, 1975, pp. 28-29.

ったケンブリッジのリースなどの第三ランクの学校が二〇校ほどあったとしている。

一方、なんとかパブリック・スクールとして集合アイデンティティを担保していたと判断できる学校として、さらに五〇数校を割り出している。表中の「弱小パブリック・スクール」がそれである。第四ランクの一四校の多くはシティ・オブ・ロンドン・スクールやロンドン大学の付属学校であるキングズ・カレッジなどの通学制の学校である。さらに最下層の第五ランクの学校には、バーミンガムのキング・エドワード四世校などの地方都市の名門校を中心とする四〇校があげられている。後述する非国教徒の学校ミル・ヒルはハニーの区分けでは最下位のグループのひとつであった。

もちろん、ハニーの研究方法には当然のことながら限界もある。スポーツ競技等の課外活動を中心とした学校間の交流という指標は、当時のパブリック・スクール教育の特質に基づくものであるものの、やや恣意的であるという批判も免れない。たとえば、ハニー教授の分類では、名門校のラドリー校は軍事教練の大会に参加していないこともあり、指標の総点が低くなり、第二ランクの学校群に位置づけられている。しかし、同校の学業成績や教員の質を加味すると、第一ランクの学校であると言っても間違いではない。また元祖パブリック・スクールのシュルーズベリー校は運動競技大会など校外活動への参加が少ないので、第三ランクの学校となっているが、その伝統と学業面の観点からすれば、もっと上位のランクにすべきであろう。だが、ハニーはこのような学校は例外的な存在であるので、表1-2の学校リストは当時のパブリック・スクール地図をほぼ正確に示していると反論している。現在の研究状況では一九世紀末にどの学校がパブリック・スクールかを具体的に知るのには、ハニーの研究がもっとも有益な情報ということになる。

なお、一八六九年に発足した校長会議は現在では、パブリック・スクールの校長会として認知されているが、その加盟校の数は一八七一年に五〇校を数え、一八八六年に七九校になり一九〇二年には一〇〇校を超えるまでになったという。校数だけで判断すると、ハニーの研究とほぼ同数ということになる。

このようにみてくると、校長会議加盟校であれハニーの研究であれ、一九世紀末には広義に解釈して一〇〇校程度のパブリック・スクールが存在したことになる。当時、イングランドだけでも、男子の中等学校は二〇〇〇校ほど存在したと言われているので、これで一〇〇校ほどのパブリック・スクールが全体の中等学校でどの程度であったかが分かる。(15)ラフな計算で言えば、パブリック・スクールの数は全体の五％に過ぎなかった。

ちなみに生徒数で見るとクラレンドン委員会の一八六一年の統計では九校のパブリック・スクール全体で二七四一人であった。この二七四一人という数字は、ごくわずかである。ルービンステインの概算によれば、当該年齢層の男子の〇・三％弱であった。中等教育を受けたとされる中流階級（全体の二〇％程度）に限定しても、その割合は一・四％であったが、一九世紀末では七％程度に増えたとされる。(16)パブリック・スクールの数は増加したとはいえ、希少性という点からも依然としてエリート校であり続けた。

生徒の社会的出自

パブリック・スクールとはジェントルマンの子弟が行く学校であったことは先述のとおりであるが、実際の統計で、この点を改めて検討しておきたい。

まず一九世紀前半に限定すると、バムフォードの研究が参考になろう。この研究は、名門八校（イートン、ハロー、ウィンチェスター、ラグビー、シュルーズベリー、チャーターハウス、セント・ポール、ウェストミンスター）を対象校として、それぞれの同窓会名簿を基礎データとして一八〇一年から五〇年までの入学者（二万五九三一人）の社会的出自を調査したものである。

第一に指摘できることは、パブリック・スクールの最大の顧客が貴族やジェントリーといった上流階級の息子たちであったことである。その割合は実に五〇%にのぼっている。進学率は推計に過ぎないが、貴族の息子の場合、おおよそ二人に一人がパブリック・スクールに入学している。土地ジェントリーも、ほぼ半数の者が八校のパブリック・スクールで教育を受けた計算になる。では、パブリック・スクールで学ばなかった者はどこで、ジェントルマン教育を受けたのか。確かに、八校に次ぐ、定評があるグラマー・スクール（たとえば、マンチェスター・グラマー・スクールなど）に行っていた者もいた。だが、これは少数の者であった。ラグビー校の校長に就任する前のアーノルドがそうであったように、聖職者が自宅や牧師館で寄宿制の私塾を開いていたので、近隣の貴族やジェントリーの子弟はそこで教育を受けていたし、また家庭教師による私教育も上流階級の男子教育においてこの時期まで依然として根強い慣行としてあった、とバムフォードは指摘している(17)。

次いで多いのは聖職者や将校などを含めた専門職出身者であった。聖職者が一二%、士官が四%、そのほかの専門職が五%であり、全体で入学者の二一%を占めている。それぞれの職業の男子の進学率は、聖職者が一八%、将校が八%、その他の専門職が三%程度であった。ごくわずかな進学率であったので、一九世紀後半になり、工業化や都市化にともない専門職階層がイギリス社会で重要性を増し、しかもその社会的地位の向上をめざしていくと、上層の専門職の人々のパブリック・スクールを求める潜在的な需要は大きく拡大していくことになる。一八四〇年代から始まるパブリック・スクール・ブームの到来は、このようなニーズへの供給側の対応ということであったと考えられる。いずれにせよ、パブリック・スクールが数字の上からも、こういったジェントルマン層の再生産の場として機能していたことは明らかである。

第三に注目されることは、産業革命の進行につれてひとつの社会的勢力として勃興しつつあった製造業や商人などの中流階級の人々はバムフォードの統計では、三%と意外と少ないことである。推計ではあるが、中流階級の進学率は〇・五%に過ぎなかった。裕福な実業家がパブリック・スクールに息子を行かせ始めるのは一九世紀後半に

表1－3　名門パブリック・スクールの入学者の社会的出目（1840～1895/1900年）

	年　度	地主	専門職	実業家	その他	海外	未詳	総数
イートン	1840	36（37.5）	45（46.9）	15（15.6）	0	0	4	100
	1870	35（34.7）	38（37.6）	27（26.7）	1	0	0	101
	1895/1900	28（28.0）	44（44.0）	22（22.0）	6	0	2	102
ハロー	1840	18（34.0）	21（39.6）	11（20.8）	3	0	7	60
	1870	18（18.6）	36（37.1）	36（37.1）	8	3	3	100
	1895/1900	12（13.0）	35（38.0）	41（44.6）	4	5	3	100
ウィンチェスター	1840	13（23.7）	33（58.9）	8（14.3）	2	0	4	60
	1870	5（ 5.3）	60（63.8）	28（29.8）	1	0	6	100
	1895/1900	8（ 7.0）	62（60.8）	32（31.4）	0	0	0	102
ラグビー	1840	9（16.1）	38（67.9）	8（14.3）	1	0	4	60
	1870	11（14.5）	37（48.7）	23（30.3）	5	0	4	81
	1895/1900	3（ 3.9）	42（55.3）	30（39.5）	1	0	4	80
セント・ポール	1840	1（ 1.6）	48（78.7）	12（19.7）	0	0	0	61
	1870	2（ 2.8）	70（70.4）	16（22.5）	3	0	2	73
	1895/1900	1（ 1.0）	57（57.6）	38（38.4）	3	0	1	100
チェルトナム	1840	7（13.2）	36（67.9）	2（ 3.8）	8	0	7	60
	1870	14（18.7）	46（61.3）	14（18.7）	0	0	5	80
	1895/1900	4（ 5.1）	53（67.1）	19（24.1）	3	0	3	82
ダリッジ	1870	1（ 1.7）	27（45.8）	30（50.8）	1	0	0	60
	1895/1900	0（ 0 ）	36（61 ）	19（32.2）	4	0	0	59
ミル・ヒル	1840	0（ 0 ）	19（33.9）	36（64.3）	0	0	4	60
	1870	2（ 3.6）	21（38.2）	29（52.7）	3	3	2	60
	1895/1900	1（ 1.8）	11（20.0）	42（76.4）	1	0	5	60
合計	1840	84（17.1）	240（48.9）	92（18.7）	14	0	30	521
	1870	88（15.4）	335（58.7）	203（35.6）	22	6	18	595
	1895/1900	57（ 8.6）	340（51.4）	243（36.7）	22	5	18	685

注：「その他」は，死亡証明書などの史料で「ジェントルマン」や「不労所得」などと記載されていた者である。括弧内の数値は，総数から未詳と海外を引いた人数を母数にして出した割合である。

出典：W・ルービンステイン著，藤井泰・平田雅博・村田邦夫・千石好郎訳『衰退しない大英帝国』晃洋書房，1997年，181～183頁。

なってからのことであろうか。この問題については、次に見るルービンステインの研究を紹介する際に検討したい。

最後に言うまでもないことであるが、国民の大多数を占めていた労働者出身者はごくわずかであった。しかも人数は時代が下るにつれて減少している（一八〇一～一〇年の六四人から一八四一～五〇年の一八人へと）。パブリック・スクールへの進学率は当該年齢層の〇・〇〇四％という数字から分かるように、下層階級にとってパブリック・スクールは事実上、無縁の世界であった。

さて、一九世紀後半においてパブリック・スクールが量的に拡大するなかで、入学者の社会的出自にはどのような変化が見られたであろうか。中流階級の動向が気になるところである。

表1-3は八校のパブリック・スクール（五校の伝統校、新設校のチェルトナムとダリッジ、非国教系のミル・ヒル）の生徒の社会的出自を示したものであり、ルービンステインの最近の実証的な研究成果である。サンプル数は同窓会名簿から無作為抽出で選び出された六〇人から一〇〇人であり、入学者の父親のさまざまな職業は「地主」、「専門職」および「実業家」という三つのカテゴリーに分類されている。ルービンステインの研究の特色は、徹底した史料調査を行い未詳の者を最小限にして信頼度の高い情報を提供していることである。この八校は生徒の社会的出自にはかなりの違いがあるようだが、一般的傾向に着目してみよう。

まず貴族やジェントリーである地主階級については、ルービンステインが非常に厳密に地主のカテゴリーを設定しているので、その人数はバムフォードのものより相対的に少なくなっている。最も貴族的な学校であるイートンでも一九世紀後半になると、その絶対数も割合も減少してきている。またハニーの研究で学校間格差が指摘されていたが、表1-3から生徒のリクルートメントという点では学校間の違いが顕著なことが分かる。地主階級はパブリック・スクールといっても、イートンやハローなどのいくつかの特定の学校に集中していた。他方、通学制のセント・ポールや非国教徒の学校であるミル・ヒルの場合、地主階級出身の子弟はほとんどいない。

第二に、ジェントルマンとしての社会的地位を認められていた専門職についてであるが、一九世紀後半を通じてパブリック・スクール入学者の社会的出自では専門職階級の者がもっとも多い。なお例外的な学校としては非国教徒の実業家の息子が全国から入学していた寄宿制のミル・ヒルがあった。

表でもっとも注目すべきは、父親が実業家であるとする入学者が大幅に増加したことである。イートンでは、一八四〇年入学生の一五・六％から一九世紀末になると二二％に増加している。さらにラグビーでは一四・三％から三九・五％へ、ハローでは二〇・八％から四四・六％へ、チェルトナムでは三・八％から二四・一％へと激増している。唯一減少しているのはダリッジである（五〇・八％→三二・二％）が、これは同校の名声が高まるにつれて、専門職出身者を入学させるようになり、パブリック・スクールへと「同化」してきたことによると思われる。八校全体でみると、一九世紀末には実業家出身者の割合は、三六・七％となっている。パブリック・スクールは一九世紀前半に比べると、経済的に力を持ち始めた実業家の子弟に広く開かれるようになったことは確かな事実である。

以上のように一九世紀後半になるとパブリック・スクールの量的拡大（九校から一〇〇校余り）とともに、入学者の社会的出自にも変化が見られ、地主ジェントルマンというより、専門職や実業家などの中流階級出身者が主流を占めるようになった。

生徒の卒業後の進路

では、パブリック・スクール出身者は社会のどのような分野で活躍したのであろうか。入学者の社会的出自と同様、主にバムフォード（ハローとラグビーが調査対象校）[18]とルービンステインの研究成果（前述の八校を対象とした）に依拠しつつ若干の検討を行いたい。

まず、貴族やジェントリーからなる地主であるが、ルービンステインの研究によれば、ハローの場合、一八四〇年の入学生で卒業後地主になった者の割合は一七・三％、一八七〇年が一五・二％、一八九五／一九〇〇年が八・八％となっている。ラグビーでは、それぞれ七・七％、四％、二・七％であった。またもっとも貴族的な学校のイートンでも、三〇・四％→一九・八％→一八・一％となっている。いずれの学校でも、徐々に減少している。

第二に、専門職については一九世紀後半になっても相変らず人気が高い。イートンでは、一八四〇年入学生が六二％、一八七〇年が五七・一％、一八九五／一九〇〇年が六〇・六％となっている。ハローとラグビーの出身者もほぼ同様の割合で専門職の分野に進出している。地主と後に見る実業家というカテゴリーと比較すると、パブリック・スクールを出た者が就く職業としては、専門職が圧倒的に多かったことが知られる。

もっとも専門職の中でも職種によって大きな違いが見られる。著しく減少したのは聖職者である。バムフォードの研究によれば、一八三〇年入学者では三六人（二九％）であったのが、一八八〇年入学者になるとわずか九人（三％）になった。社会の世俗化を反映したものであろう。これに対して、専門職の中でも陸海軍士官、法律家や官僚および政治家は増加傾向にある。とりわけ一九世紀後半の「帝国主義」の時代を迎え、軍人の増加が顕著である。

なおこれらの専門職に比べると、伝統的な専門職といっても医者になった者は一九世紀を通じてごくわずかであった。この点について、村岡健次は「内科医の地位は、支配に関係しないためか、ジェントルマンのプロフェッションの中でももっとも低かった」と指摘している。[19]もっとも、ハローやラグビーのような伝統校よりも新興のパブリック・スクールでは医師という専門職は重要な就職先として登場してくる。

第三に、一九世紀後半には実業家出身の入学者が増加してきたことは前述のとおりであるが、それに比例して就職先としても実業界が大きな位置を占めるようになってきたことが読みとれる。バムフォードの研究では一八三〇年入学生では、七人（三・七％）であったが、一八八〇年では四七人（一六・八％）となった。なおルービンステインの実証研究によってパブリック・スクールに入学した実業家の息子のほぼ七〇%が実業界に入っていたことが明らかされたので、良く知られたM・ウィーナーの「才能の流出」説[20]（成功した産業家の息子がパブリック・スクールに入学した結果、家業を継がず専門職などの優雅なジェントルマンに変身する）にも再検討が迫られていることを付言しておきたい。

このほか、パブリック・スクールの就職先で興味深い点を二点ほど指摘しておこう。ひとつは、一八六〇年入学者から海外で就職する者が目立つようになったことである。ルービンステインの調査の八校の総数でみると、一九人（四・七%）→四二人（六・四%）→六三人（一〇・二%）と増加している。イギリスは帝国主義の時代を迎え、海外雄飛がひとつの人生行路となっていった。これらの海外永住者の多くは実業界で活躍した。オーストラリアのメルボルンの商人、マレーシアのゴム園の大農場主などになるパブリック・スクール出身者も出てきた。

もうひとつは、新興の専門職である科学者や技術者はまだまだその社会的地位が低くて、パブリック・スクール出身者が好んで進む分野にはなっていなかったことである。一九世紀も末になり第二次産業革命が進行するにつれて漸増傾向はあるものの、その絶対数は依然として少なかった。たとえば、ハローとラグビー校の調査では、一八三〇年入学者で一人（〇・八%）、一八八〇年入学生でも九人（四・四%）となったに過ぎない。どちらが原因か結果かは論証できないが、卒業生の進路と教育内容における科学教育の軽視とはパラレルな関係にあったことだけは指摘できよう。科学技術人材の育成はイギリスのジェントルマン教育のアキレスの腱であり、この種の人材は一九世紀後半になり地方工業都市に創設されるユニヴァーシティ・カレッジによって供給されることになる。このことについては最後の節で検討したい。

オックスブリッジへの進学状況

さて、パブリック・スクール出身者のどのくらいの者がオックスブリッジへ進学していたであろうか。従来、意外とこのあたりのことが日本に紹介されてこなかった。

クラレンドン王立委員会の調査によれば、一八六〇年の名門九校のオックスブリッジへの進学者数とその割合は、イートンが六二人（三九％）、ハローが五二人（三七％）、ウィンチェスターが一三人（五四％）、ラグビーが三八人（二九％）であった。以下、ウェストミンスターが一二人（四四％）、シュルーズベリーが一一人（一八％）、チャーターハウスが八人（三二％）、セント・ポールが七（四一％）となっている。最も進学率の低い学校はマーチャント・テイラーズであり、九人（一七％）であった。九校全体では進学率は三五％となり、大学へ進学する者はおおよそ三人に一人の割合であった。[21]

オックスブリッジへの進学率は一九世紀末になってもほぼ横這いの状態で推移した。[22] ルービンステインのサンプル調査の結果は、一八九五・一九〇〇年度の入学者では、イートンが四八％、ハローが四八％、ウィンチェスターが五八％、ラグビー校が四一％、セント・ポール校が二六％という数字を示している。伝統校でもこの程度であったので、一九世紀末になり仲間入りした多くの新興パブリック・スクールの場合、進学率はさらに低かった。たとえば一八五七年に開校したダリッチをみると、一八七〇年入学生で進学者は一六％であり、一八九五・一九〇〇年度でも一七％に過ぎなかった。非国教徒のミル・ヒルの場合、いずれの年度も進学率は一二％であった。

オックスブリッジ以外の高等教育機関に目を転じると、まず将校への道を約束する士官学校をすぐに思いつくが、当時、士官学校を経由することなく公開試験に合格すれば任官できる制度もあり、進学する者はさほど多くなかった。[23] 陸軍士官学校（サンドハースト）に進学した者は一八九五・一九〇〇年度入学者を例にとると、イートン校が六％、ハロー校が五％、ウィンチェスター校が一〇％となっている。

またパブリック・スクールの生徒にとって一九世紀後半に登場する地方ユニヴァーシティ・カレッジは進学先の選択肢として想定すらされていなかったし、実際のところ、パブリック・スクールからの入学者はほとんどいなかった。

進学者との関連で、パブリック・スクール生徒の多数派である非大学組のキャリアにも言及しておこう。たとえば一八九三年にウィンチェスターを出た一〇〇人の生徒の場合、大学進学者（四九人）がもっとも多いとはいえ、非大学進学者の進路をみると専門職（三八人）、軍人（二三人）、実業（一二）、そのほかの職業（一一人）そして不明（二〇人）となっている(24)。

パブリック・スクール学歴だけで多くの者がジェントルマンの職業である専門職や軍人になっていることが分かる。ルービンステインの説明によれば、当時の専門職団体は——したがって親たちも——、学校教育としてはパブリック・スクール学歴で十分であると認識していた。オックスブリッジでは専門職業教育が提供されておらず、専門職になる上で実地経験を重視する伝統が生きていた。したがって、事務弁護士《ソリシター》であれば息子を事務弁護士の道を歩ませようとすると、しかるべき事務所に徒弟に出したのである。またたとえ経済的に余裕があっても実業家であれば、息子には継ぐべき家業を手伝うことを優先し、オックスブリッジで三年間もさらに古典人文学の勉強や遊びに費やすことは贅沢で意味がないことであると考える親も多かったようだ(25)。

このようにオックスブリッジへの進学者は実際のところ、少数派であったことが分かる。パブリック・スクールと対比して論じられる日本の戦前の旧制高等学校の場合、その卒業生はほとんど自動的に帝国大学に進学していた(26)。このことを知っている日本人にとっては、完成機関としてのパブリック・スクールの性格は意外に知られていない事実ではないだろうか。

3 オックスブリッジの再生と学生数の増大

一九世紀のオックスブリッジ改革

一九世紀を通じて両大学は近代的な大学へと大きく変貌していった。(27)

最も画期的なことは中流階級の非国教徒に門徒が開放されたことであろう。産業革命の中で成長した中流階級の急進派や非国教徒は一九世紀初頭にオックスブリッジ批判を展開して、世俗的なロンドン大学を創設し一定の成果を得た。だが、彼らの本当のねらいはエリート教育の本丸への参入であった。工業化の進展にともない、非国教徒でも中流階級の上層部の人たちの間に、ジェントルマン的な生活への志向が高まり、オックスブリッジ改革を求める運動が活発化した。こうした教育熱を背景にして、ようやく一九世紀中期に政府も重い腰を上げ、国家干渉による大学改革を断行した。一八五四年、五六年の両大学法、七一年の大学審査法がそれであった。ここに非国教徒のオックスブリッジへの入学、学位の取得、フェローへの選任が実現したのである。かくしてジェントルマン・エリートの供給源が広く中流階級に拡大された。

第二に、一九世紀改革は大学人の内部改革を伴うものであった。カレッジ制度、チュートリアル・システム、優等学位試験制度、学生課外文化など大学教育の改革も進行して、教育の近代化が成し遂げられた。このことについては、オックスフォード大学を事例に第5章で描かれているので、本章では割愛する。

第三に、大学改革に連動する形で、卒業生の受け皿の改革が行われたことも重要である。一九世紀前半においても、高級官僚や将校への道は、パトロネジ（縁故採用）が支配的であった。この制度によってこうしたジェントル

図1-3 ケンブリッジ大学の風景（1855年）

ケム川の正面にセント・ジョンズ・カレッジ，右手にトリニティ・カレッジのレン図書館が見える。

出典：Laurence and Helen Fowler ed., *Cambridge Commemorated*, Cambridge, 1984, p. 162.

マンの専門職への道は、上流階級の貴族やジェントリーに有利に働いていた。オックスブリッジの学歴よりも、情実の方が優先される人事も少なくなかった。いくら成績優秀であっても、有力なコネがなければ採用されることはなかった。こうした慣行に対して、中流階級から非難の声があがったのも当然である。ようやく一八五〇年代になり国家による改革が開始された。インド高等文官の任用については、一八五三年に東インド会社特許状が改正され、一八五五年には推薦制に代わって公開競争試験が実施された。国内の官僚の採用をめぐる改革も一八五五年から漸進的に進行し、推薦任用制は廃止されるようになった。

公開試験制度が行政職に導入されると、特権的な地位へのコネもない中流階級出身者であっても勤勉で優秀な若者（「奨学金少年」として学校に学んだような）には、高級官僚への道が開かれるようになったのである。

こうしたイギリス社会の大きな変革との関連で再生したオックスブリッジはどのような学生を入学させたのであろうか。ここでは主に学生のプロフィールについて、いくつかの観点から近年の研究で明らかにされたデータに基づいて検討を行いたい。

オックスブリッジへの入学要件

まずはオックスブリッジへの入学要件について述べておこう。

一九世紀のイギリスでは、ドイツのアビトゥアやフランスのバカロレアのような国家試験型の中等学校修了試験は制度化されていなかったので、オックスブリッジへの入学者の選考は基本的に各カレッジで独自に行われていた。平均的な入学年齢は一九歳程度であり、入学にあたっては面接と簡単な学力証明が必要であった。学力の面では、パブリック・スクールで学んだラテン語とギリシア語の知識が求められた。

高額の学費を払って入学する私費生（コモナーと呼ばれていた）の場合、学力のレベルはさほど高くなかったようである。たとえば、オックスブリッジの入学試験に精通しているパブリック・スクールの校長は「あなた方の息子たちは一八歳まで、わずかなラテン語作品とそれより少数のギリシア語作品の一部、いくらかのラテン語とギリシア語の文法およびラテン語作文、そして生かじりの初等数学を学ぶことに時間を費やしている……。これは、我が国の大学が、学生たちの入学を許可する前に必要とし、あるいは試問すると公言さえしているもののすべてなのである」と証言している。(28) 一九世紀後半のオックスフォード大学では、私費で入学してくるコモナーが約七〇％を占めた。もちろんギリシア語という入学要件があるために、たとえ名門パブリック・スクールで学んだ者であっても、ギリシア語が不得意な者は望んでもオックスブリッジへの進学を諦めざるを得なかったようである。たとえば、二〇世紀の大政治家チャーチルはインドから陸軍士官の勤務を終えて帰国してオックスブリッジで勉強しようと思ったが、ギリシア語ができなかったので、入学を断念したというエピソードを残している。

これに対して、もともと聖職者養成を企図して創設されたカレッジには一定数の奨学金が設けられていた。この

表1-4　オックスブリッジ生の出身校（1867年）

学校種など	オックスフォード	ケンブリッジ	両　校
パブリック・スクール（11校）*	487（42%）	207（26%）	694（36%）
基金立グラマー・スクール（139校）	352（31）	295（37）	647（33）
共同出資立学校（43校）	123（11）	108（14）	231（12）
私営学校（31校）	16（ 1）	29（ 4）	45（ 2）
個人教授	123（11）	116（15）	239（12）
スコットランド／アイルランド	30（ 3）	18（ 2）	48（ 2）
植民地，外国など	23（ 1）	22（ 3）	45（ 2）
合　計	1,154人	795人	1,949人

注：＊は，クラレンドン委員会の9校とマールバラおよびチェルトナム校である。なお，この調査に回答した学生数はオックスフォード大生の4分の3，ケンブリッジ大生のほぼ半数である。
出典：*The Taunton Report*, Vol. 1, 1868, p. 161.

入学試験は競争試験でありそれなりに高い学力が求められた。パブリック・スクール側は奨学生として何人合格させるかをめぐって学校間の競争を展開していた。この奨学金には現在のいわゆる推薦入試の指定校制度のような特定のパブリック・スクールに限定されるケースと、誰でも受験できる公開奨学金とがあった。この公開奨学金についてはその数が一九世紀の大学改革のうねりのなかで増加していた。したがって、優秀な若者がこの公開奨学金を経てオックスブリッジに入学を果たし、良い成績で学位試験に合格し、そして高級官僚などのエリートのポストに就く道が確立されていた。

もっとも公開奨学金制度でさえ、一見すると民主的であるようだが、ギリシア語が必修科目に位置付けられていたことはオックスブリッジへの道を狭めるように作用した。というのも中層および下層の中流階級の者が在学している地方の小規模のグラマー・スクールでは、ラテン語は教えられるがギリシア語は教えられなかったからである。労働者階級が通う小学校の場合、ギリシア語はもちろんラテン語の授業もなかったので、オックスブリッジへの道は夢のまた夢であったことは言うまでもない。

入学前の教育歴

実際に、オックスブリッジへ入学してくる学生はどのような教育歴を有

表1－5　オックスブリッジ入学者の出身校（1902～05年）

学校種など	オックスフォード	ケンブリッジ
パブリック・スクール（50校）	1,392（53.6%）	1,412（52.3%）
（準）パブリック・スクール（52校）	319（12.3）	364（13.5）
その他の国内の学校	471（18.1）	547（20.2）
個人教授	97（ 3.8）	119（ 4.4）
国内の大学	98（ 3.8）	65（ 2.4）
植民地	75（ 2.9）	137（ 5.1）
外　国	142（ 5.5）	55（ 2.0）
合　　計	2,596人	2,699人

注：オックスフォード大は1902～05年の入学生，ケンブリッジ大は1902～04年の入学生である。
出典：J. Honey and M. Curthoys, "Oxford and Schooling" (draft), 1998, M. Brock and M. Curthoys eds., *The History of the University of Oxford*, Vol. VII, Oxford, Forthcoming より作成。

していたか。またパブリック・スクールの出身者の比率はどのようなものであったろうか。

まず一八六〇年代の状況をみておこう。表1－4は一八六七年当時のオックスブリッジ両校の在学生の教育歴を示したものである。この調査では、マールバラ校とチェルトナム校を含む一一校をパブリック・スクールとみなしているがこれら一一校の出身者だけでオックスブリッジ在校生の三六%（六九四人）にのぼっている。次いで一三九校の基金立グラマー・スクール出身者が三三%（六四七人）であった。さらにパブリック・スクールをモデルにして一九世紀前半に創設された共同出資立学校四三校もオックスブリッジの学生の一二%（一二三人）を占めていた。もっとも、私営学校を含めてこれらの学校の場合、若干名しか卒業生を送り込んでいない学校が圧倒的に多かった（二名が四三校、一名のみが八九校）。

このように一八六〇年代ではオックスブリッジへの入学者はパブリック・スクールに独占されていたわけではない。その人数はさておき、オックスブリッジへ卒業生を送り込んだ学校は二二〇校余りあったので、リクルート先の学校数は比較的多かったとも言える。

だが、一九世紀末になると事情が変わってきた。これらの学校は一九世紀後半になると、パブリック・スクールと非パブリック・スクールへと二極分化していったからである。一定数の入学者を毎年オックスブリッジへ入学させた学校のみがパブリック・スクールへと昇格を果たしていくことになり、パブリック・スクールの校数自体が一九世紀末にはおおよそ一〇〇校になったことは先述のとおりである。

これにともなって、表1-5のようにパブリック・スクールの独占率は必然的に大きくなった。世紀転換期にはパブリック・スクールの量的拡大を背景にオックスブリッジの学生のほぼ七割がパブリック・スクール出身者となるに至った。学生のリクルートの観点からも、一九世紀も終わりに近づくにつれてパブリック・スクール↔オックスブリッジの接続関係はますます強化されたのである。また

表1-6　オックスフォード入学生上位10校（1895～98年）

1	イートン	193
2	ウィンチェスター	115
3	ラグビー	103
4	チャーターハウス	84
5	ハロー	80
6	マールバラ	78
7	セント・ポール	54
8	チェルトナム	49
9	シュルーズベリー	42
10	ヘイリベリー	40
10	ラドリー	40
	⋮	
合　計		2,523人

出典：表1-5前掲書。

表1-6は、オックスフォード入学生上位一〇校のリストである。いずれも有名校が上位を占めている。

なお、家庭教師による個人教授を経てオックスブリッジへ入学するという教育慣行はさすが一九世紀末になるとすたれ、そうした伝統的なルートを経て入学する学生の割合は三％程度になっていた。

学生数の増大と学位取得者の推移

オックスブリッジと並び称されるだけあって、両校の入学者の数はほぼ同じである。入学者の推移を見ると、いずれも一八一〇～二〇年代に一つの増加のカーブがあり、一五〇人程度の入学者数はこの一九世紀初頭の二〇年間でほぼ三倍程度増えている。そして再び一八六〇年代に急激な上昇カーブに転じた(29)。

オックスフォード大学の場合を見ると、一八五〇年代の平均入学者数は三八九人であったが、一八九〇年代には二倍になって八〇〇人をこえ、今世紀の初頭には九〇〇人台へと増大した。ケンブリッジ大学も一八六〇年代にオ

ックスフォードとほぼ歩調を合わせるかのように同様の増加傾向を示した。ケンブリッジ大学は入学者の数で一八八〇年代にオックスフォード大学を若干上回るようになり、二〇世紀になると、毎年約一〇〇〇人程度の学生が入学するようになった。このような一九世紀後半の入学生の拡大は、先に述べたパブリック・スクールの発展に連動した現象であった。

さて、一九世紀後半に増大した入学生はどのような専攻で学位を取得したのであろうか。オックスフォード大学の事例を取り上げてみたい。図1-4は、一八六五年以降における同校の優等学位取得状況の推移を示したものである（五年間毎の人数の推移）。

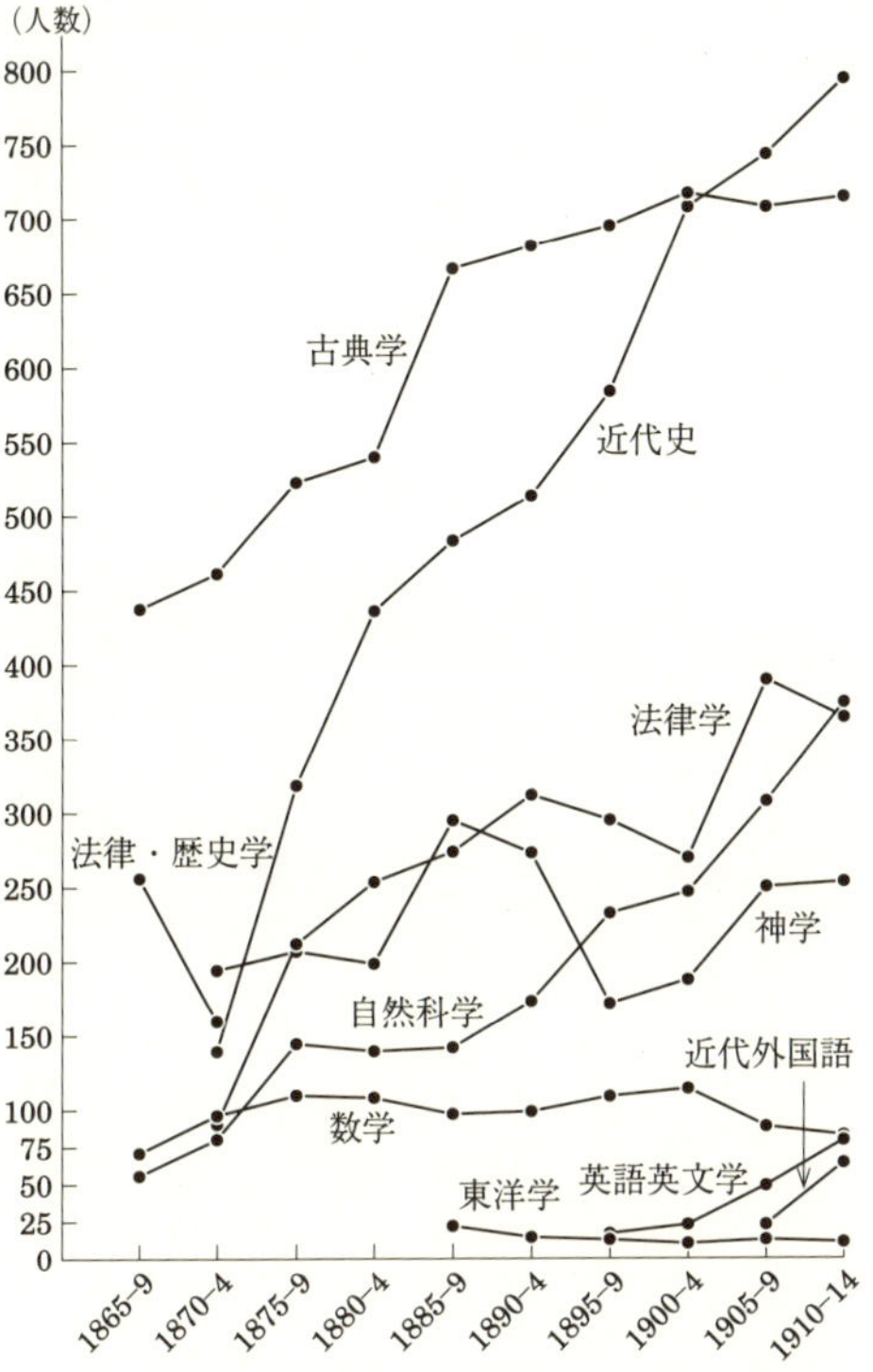

図1-4　オックスフォード大学の専攻別の優等学位取得者数の推移（1865〜1914年）

出典：M. Brock and M. Curtoys eds., *The History of the University of Oxford*, Vol. VI, Oxford, 1997, p. 361.

まず伝統的な古典学であるが、順調に増加しており一九世紀後半になっても人気のあるオナー・スクール（優等学位に至る課程はオナー・スクールと呼ばれた）であり続けた。古典学に次ぐ二番手は近代史スクールであった。一八七二年にスタートした近代史スクール専攻の学生の急増ぶりは目を見張るものがある。そして一九世紀末には一位と二位が逆転し近代史が最大規模の優等学位スクールとなった。

法律学スクールの履修者も順調にその数を伸ばしていた。一九〇五年後に急増カーブを描いているが、これはローズ奨学金による海外からの留学生たちがこのスクールを履修したからであると、M・カートイスは指摘している。[30]一八七〇年開設の神学スクールは当初は増加していたが、一八九〇年代になり大幅に減少していった。一八八六年に開始された東洋学スクールは年間で平均五人程度であったが、その後減少して常に最も学生の少ない弱小スクールであり続けた。英語英文学および近代外国語の二つのスクールはようやく世紀転換期に新設されたが、学生数の増加の傾向は指摘できるものの、一九一四年まではその学位取得者は依然として少なかった。

古典学について付言すると、学生数の点では一八九八年に後発の近代史（古典学に比べる楽勝スクールとされた）に抜かれたが、今世紀に入っても最も優秀な学生を引きつけ、その学問的威信は揺るがなかった。一九一三年の同大学のハンドブックは、「古典学スクールはもはや最大規模の学部ではないが、その威信と重要性においては筆頭スクール」であると述べている。[31]

次いで理数系の学問領域を見てみよう。すでに一八〇七年には数学・物理学優等学位スクールが登場したが、古典学に比べるとその人数はさほど多くはなかった。一九世紀後半になっても、全体の学生数は急増したのにもかかわらず、数学を専攻する者はほぼ横這いの停滞状況であった。これに対して一八五〇年に発足した自然科学スクールは一八七〇年代に早くも数学を抜きさり、とくに一八八〇年代後半からは大幅に増加している。医者を目指す者がアンダーグラデュエイト段階で自然科学を履修したことがその理由のひとつのようである。数学の学問的伝統があるケンブリッジ大学に比べると自然科学スクールの学生数の伸びは低いとの見方もあるとはいえ、一九一四年頃には三番目に多くの学生を数える学位スクールに躍進していた。[32]

また理系と文系の学位取得者とを比較してみると、文系の学問を専攻する学生が圧倒的に多かったので、よく言われるようにオックスフォード大学の学問上の強みは、古典学、歴史学、法律学など代表される人文科学にあったことは間違いない。一九世紀後半こういった学問分野を学んだオックスフォード大学の出身者は聖職者、高級官僚、法律家、教職、大学教師職などに進出し高い地位を得ていったのである。

また教師陣の専攻分野について補足しておくと、一八七〇年では、古典学のフェローが一四五人、数学が二八人、法律学および近代史が二五人、自然科学が四人となっている。古典学専攻のフェローは実に全体の七一・七%を占めていた。これに対して自然科学の教師は二%に過ぎなかった。増加したとはいえ、一九〇〇年になっても一一%であった。なお、一八七〇年のケンブリッジ大学の場合、フェローの人数は数学専攻フェローがもっとも多く一〇二人であった。次いで古典学専攻者が六七人であった。法律学および近代史が二人で、自然科学が三人であった[33]。

表1-7　19世紀後半～20世紀初頭のオックスフォード大学入学者の社会的出自（1870～1910年）

	1870	1891	1910
貴族・ジェントリー	40%	21%	15%
聖職者	28	24	17
専門職	21	27	31
法律家	7	12	9
医　師	5	4	6
教　師	1	2	6
建築家	0	0	0
官　僚	1	3	5
陸海軍士官・警察	5	4	4
芸術家・出版業者	2	2	1
実業家	7	19	21
トレイズマン・商店主	2	6	7
事務員	0	2	2
労働者	0	0	1
不　明	2	1	5
総　数	418人	669人	1,030人

出典：L. Stone ed., *The University in Society*, Vol. 1, Princeton, 1974, p. 103 より作成。

学生の社会的出自

表1-7は一八七〇年から一九一〇年にかけてのオックスフォード大学入学登録者の社会的出自を示したものである。一八七〇年時点では入学者に占める貴族・ジェントリー出身者は四〇%であった。次いで多いのが聖職者出身者であり、二八%であった。さらにそのほかの専門職出身者が二一%であった。ほぼ九〇%の者がジェントルマン階級出身者であったことにな

る。これに対して実業家出身者は七％に過ぎなかった。下層中流階級の商店主などは二％であり、労働者階級出身者に至ってはほぼ皆無であった。

一九世紀末から二〇世紀初頭にかけての変化を見ると、一八九一年で貴族・ジェントリー出身者の割合は二一％となり、一九一〇年には一五％と激減している。また聖職者出身者も二八％から一七％へと減少傾向にあるのに対して、そのほかの専門職出身者は二一％から三一％へと増大している。

この時期の変化でもっとも注目されるのは、実業家出身者の割合である。一八七〇年の七％から一八九一年には一九％となり、一八七〇年代から八〇年代にかけての二〇年間に急増したことが分かる。先にみたように一九世紀後半になるとパブリック・スクールへ入学する実業家の子弟が急増していったが、オックスブリッジの改革によって宗派的な差別が撤廃されると、ますます多くの者がジェントルマン教育の最高学府であるオックスフォードに進出していったのである。この結果、一九一〇年には実業家出身の学生は貴族・ジェントリーや聖職者出身者を追い抜き、全体の二一％を占めるまでになった。

なおケンブリッジ大学についてはオックスフォード調査に対応するような研究は見あたらない。ただ一七五七年から一八八六年にかけての入学生の父親の職業を調べた調査結果によれば、貴族・ジェントリー出身者が三七・七％であり、聖職者出身者が三二・六％であった。これに対して実業家を父親に持つ者は九・四％に過ぎなかった。時代は大幅に下がるが、一九三七／八年度の学部生調査をみると、父親が「商業」に従事していると答えた学生は三二・五％へと増加している。一方、聖職者出身者は八・二％に激減しており、しかも「貴族」や「ジェントリー」というカテゴリー自体がなくなっている。[(34)] このように一九世紀末にはオックスブリッジの大学生の社会的構成に大きな変化が見られるようになった。

4　中等・高等教育システムの構造変動とその帰結

エリート学校体系の成立

図1-5は、一九世紀末における学校体系の概要を示したものである。極めてラフなスケッチではあるが、学校体系と関連してリクルート先の社会階層と卒業後の進路の経路も付記している。まず、エリート学校体系の形成に着目しておきたい。

一九世紀前半と比較して、エリート教育システムで注目されるのは初等段階に私営のプレパラトリー・スクールという新しい学校群が登場したことである（コラムを参照）。一八六〇年代に議会に設けられた二つの王立委員会は相次いで、上級生からのいじめの防止や学習指導の面での「年少者への特別な世話と指導の必要性」の観点からパブリック・スクールの下級部（ロワー・スクール）の廃止を勧告した。これを受けてパブリック・スクールが入学年齢の引き上げ（一三歳ぐらい）の措置を講じた結果、一八七〇年代以降プレパラトリー・スクールと呼ばれる私立初等学校が広く普及していった。寄宿制が主流で、入学年齢は七歳から八歳であった。一八九二年にはパブリック・スクールとの接続関係が強固な学校は「プレパラトリー・スクール校長協会」を結成し、一八九九年にはその加盟校は二二八校にのぼった(35)。またプレパラトリー・スクールの誕生に先駆けて、一九世紀中期にパブリック・スクールやオックスブリッジの近代化がスタートしていたことはすでに述べたとおりである。

かくして一八七〇年代には学校体系上プレパラトリー・スクール↓パブリック・スクール↓オックスブリッジという完結したエリート教育システムが成立することになる。エリート教育の理念はジェントルマン教育であり続け

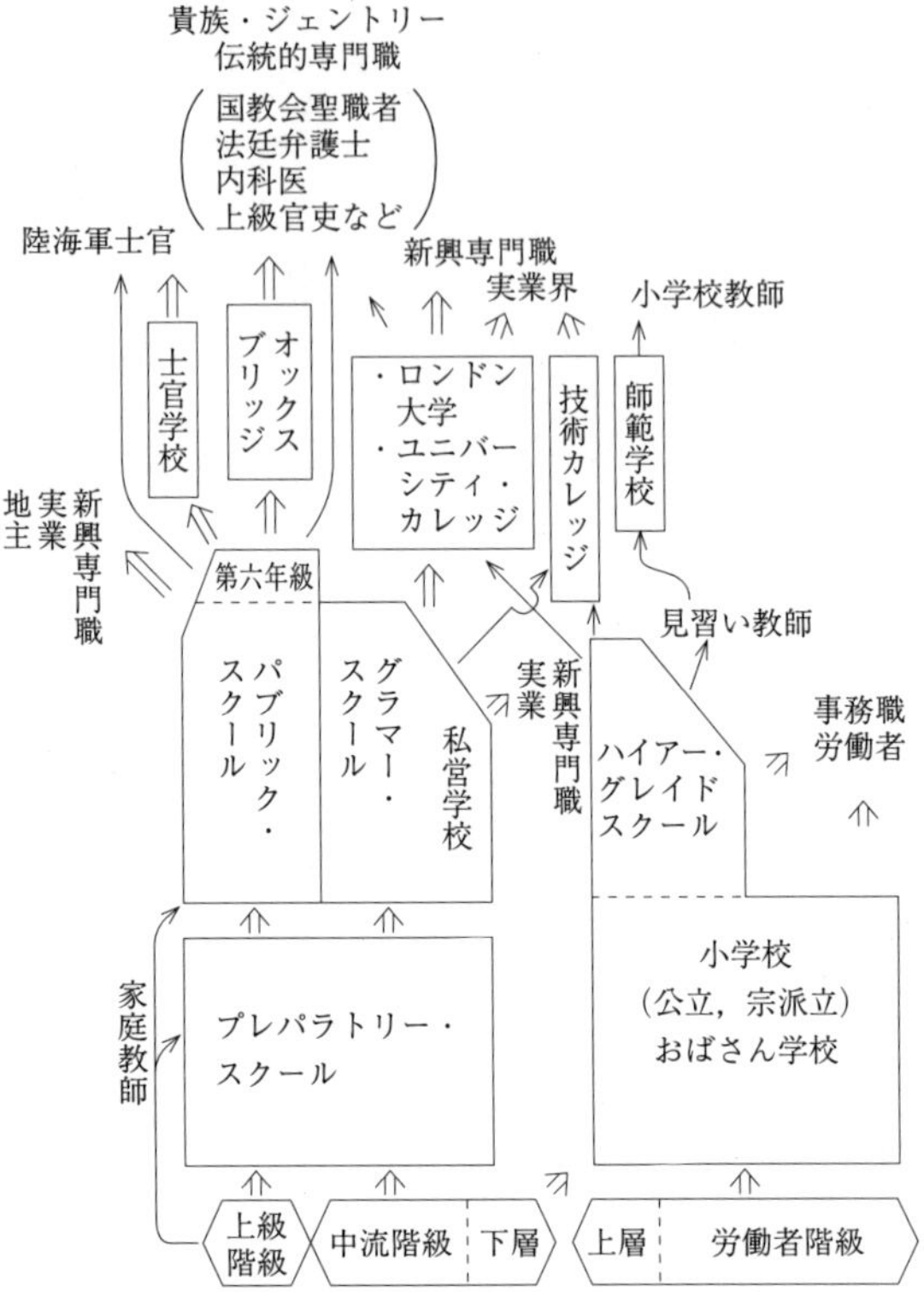

図1－5　19世紀末イングランドの学校体系の概略

た。そこで提供される教育内容は、教養教育が中心で専門職業教育は排除されていた。したがって、図には明記していないが、たとえば内科医の場合、オックスブリッジ卒業後に病院付属の医学校で実際的な臨床教育を受けていたし、法廷弁護士になる者はロンドンの法学院《インズ・オブ・コート》で専門職としての開業資格の取得を目指したのである。

一方、一九世紀後半になると教育システム内部に構造変動が起こった。前史としては、一八二〇年代に首都ロンドンに大学が創設され、ようやく高等教育におけるオックスブリッジ独占体制への挑戦が始まった。ダラム大学もできた。さらに新たな高等教育機関としては、一八五一年には科学技術教育の振興のために、政府立の鉱山学校が設立された。

市民カレッジの誕生

一九世紀後半にこの構造変動は本格的に展開した。震源地は勃興しつつあった地方の産業都市に創設された一群の市民カレッジであった。一八五一年にイギリス第二の都市マンチェスターにオーエンズ・カレッジが開校し、これを皮切りにサウサンプトン（一八六二年）、ニューカースル（一八七一年）、リーズ（一八七四年）、ブリストル（一八七六年）、シェフィールド（一八七九年）、バーミンガム（一八八〇年）、リヴァプール（一八八一年）、レディング（一八九二年）に新たに市民カレッジが誕生した。個々のカレッジの創設事情について紙幅の都合で省かざるを得ないが、その創設に当たっては地元の実業家たちが大きな役割を果たした[36]。実際、資金提供者の名前を冠したオウエンズ・カレッジのジョン・オウエンズは木綿紡績業者であったし、バーミンガムのメイソン・カレッジのジョサイア・メイソンはペン先製造業者であった。またシェフィールドのファース・カレッジのマーク・ファースは鉄鋼業者であった。これらのカレッジは人文系の教育もしていたが、もっぱらオックスブリッジが軽視してきた科学・技術教育などの実学的な専門職業教育を中心に提供した。また地方都市の公共病院に付属する形で設けられていた既存の医学校も、一九世紀後半にこれらのカレッジに統合され医学教育はますます発展していった。

市民カレッジは通学制であり、地元の学生が自宅通学していた。授業料はオックスブリッジに比べるとはるかに安価であった。学生の社会的出自をみると、中層以下の中流階級が中心であったが、熟練労働者の家庭の子どもも入学していた。たとえば、一八九三年のメイソン・カレッジの学生では、専門職が九九人、大製造業者や商人が四五人、商店主および専門技能者《スペシャル・スキル》が五六人、事務員などのホワイト・カラーが三五人、そして職人が三五人であった[37]。

当初はパートタイムの学生が主流であったが、次第にフルタイムの学生も増加していった。学生数も急速に増加していった。一八六一年には総数で五六〇人であったが、七一年には一四七〇人、一八八一年には四九六三人、一八九一年には九四六三人、一九〇一年には一万八〇九人、一九一一年には一万四〇四二人と増えていった。一八六一年から一八九一年の三〇年間に、約一七倍ほど増加し学生数の拡大は目を見張るばかりであった[38]。

卒業生の多くは地元の産業界に就職していた。その割合は一九〇〇年代になると、カレッジによって異なるが、おおよそ三〇％から五〇％の者が製造業に進んだ[39]。一九〇六年のオックスフォード大学の学生の進路調査によれば、

コラム　エリートの学校　制度と機能1

チャーチルの小学校時代
――プレパラトリー・スクールの世界

公爵の孫チャーチルは七歳になると、競馬で有名なアスコットにあるセント・ジョージ校に入学した。一八八二年のことであった。キナースレイという牧師が校長をつとめるこの学校はパブリック・スクール・ブームに少し遅れて一八七〇年代に起こったプレパラトリー・スクール・ブームのなか設けられた寄宿制の私立小学校であった。プレパラトリー・スクールとはパブリック・スクール進学のための予備学校という意味であるが、セント・ジョージ校も、イートン校など有名パブリック・スクールへ進学させることを目指して設立されたもので、寄宿生として七歳から一四歳までの四〇人ぐらいの子どもが在籍していた。授業料は高額（一学期が五五ポンド）であったので、生徒たちはチャーチルのような貴族や地主ジェントリー、そして富裕な中流階級の出身者であった。

プレパラトリー・スクールの教育は、パブリック・スクールをモデルにしており、ラテン語やギリシア語の古典語が中心で、課外活動としては団体スポーツが盛んであった。また体罰も日常茶飯事で行われていた。キナースレイ校長も例外ではなく、規律にとりわけ厳しい人であったようで、イートン校の流儀にならって規律違反者を樺の木でむち打ったりした。もちろん腕白坊主のチャーチルも体罰の洗礼を受けた。ある生徒は次のよう回顧している。「日曜日の朝、校長の全力をこめた鞭打ちが行われ、二、三回でいたる所に血の滴《したたり》ができた。一五回ないし二〇回も続くと、哀れな少年の尻は血のかたまりであった。」チャーチルは「恐ろしい学校」であったと述懐している。

プレパラトリー・スクール時代のチャーチル（右）。中央に立っているのは、弟のジャック。
出典：R. Churchill, *Winston S. Churchill*, Vol. 1, London, 1966.

休暇で帰った時、むち打ちの痕が分かり、かれは二年間でその学校を退学した。厳しい体罰にアメリカ人の母親が我慢できなかったからだ。そこでチャーチルは保養地で良く知られているブライトンの別の学校に転校した。この学校は未婚のトムソン姉妹が二人で経営していた。ラテン語やギリシア語（チャーチルは古典語が不得意だった）のほかに、フランス語、歴史、図工そして多くの詩の暗誦などがあり、好きな乗馬や水泳も習った。一一歳の時、この寄宿制の学校で肺炎という大病を患ったこともある。だが先生の優しい心遣いもあり、チャーチルは前の学校とは対照的に数多くの楽しい思い出を残したようだ。

一三歳になると、健康上の理由で先祖代々のイートン校（沼地にある）ではなく、丘の上にあるハロー校へ進学する。入学試験にはトムソン先生が付き添ってくれた。古典語の試験は散々なものであったが、ウェルドン校長の配慮のお陰でなんとか入学を果たした。

参考文献：D. Leinster-Mackay, *The Rise of The English Prep School*, London, 1984；サンズ著、河合秀和訳『少年チャーチルの戦い』集英社、一九九八年。

実業界の仕事についた者はわずかで七％に過ぎないので、オックスブリッジと市民大学の卒業生のキャリアの違いは顕著であったことが分かる。

中等教育の改革

高等教育レベルでは、新たな教育機関が誕生し量的に拡大し構造変動を経験しつつあったが、この改革と時を同じくして、中等教育レベルの改革も進行していた。一八六九年に発足した基金立学校委員会という中央行政機関が七〇〇校を数えた基金立グラマー・スクールの再編成に取り組んだことは画期的であった。その際、スティードマンの実証的な研究で明らかなように、既存の基金立学校を、上層中流階級のための第一級校（離学年齢一八歳、ラテン語とギリシア語必修）、中層中流階級のための第二級学校（離学年齢一六歳、ラテン語必修、ギリシア語選択）、下層中流階級のための第三級学校（離学年齢一四歳、古典語なし）といった形で階層分化させることが目指された[40]。第一級校は、先に見たようにパブリック・スクールとみなされるようになった。

一九世紀末になると労働者階級のための学校も発展し、中流階級の教育と重なる部分ができてきたことも注目される。たとえば、一八八〇年代には学務委員会のイニシアティブで公立小学校から上に伸びていったハイアー・グレイド・スクール（高等小学校、科学・技術教育中心）が整備されてきた。下層中流階級を主な顧客として第三級の基金立グラマー・スクールと競合する場面も見られてきた。ハイアー・グレイド・スクールの生徒は学校を出るとすぐに実業界に進んでいたが、仕事をしながらパートタイムのさまざまな技術カレッジで学んだり、見習い教師を経た後に奨学金試験に合格して師範学校に進む者もいたし、少数ながらユニヴァーシティ・カレッジに行く者も出てきた。

階層的教育システムへの道

では、一九世紀後半における中等・高等教育の構造変動はどのような帰結をもたらしつつあったか。その構造変動のプロセスは、新たな階層的な教育システム（複線型分節化システム）の形成へ向けての確かな歩みであった。すなわち、第一級校はパブリック・スクールの範疇に組み入れられ、オックスブリッジへの進学準備教育を担うことになり、エリート校となった。これに対して、量的には多かったがランクを下げて指定された非エリート校の第二級校は、新興の高等教育機関であるユニヴァーシティ・カレッジに接続するという形でシステム化が図られ始めた。実際、一九世紀末のユニヴァーシティ・カレッジへの入学年齢上の資格を調査してみると、一六歳以上というのがほとんどであり、この年齢は第二級学校の離学年齢と符合していた。

一九世紀末から世紀転換期にかけて、ユニヴァーシティ・カレッジは学位授与権を有する大学に正式に昇格していき、一群の市民大学へと脱皮していった。また大学への昇格の過程で、オックスブリッジ・モデルの影響を受けて文学や歴史などの人文系の教育も充実していった。さらに新しい学問分野も導入され、たとえば、一九〇〇年にはバーミンガム大学に商学の学位コースがイギリスで初めて開設された。中等教育レベルでは、基金立グラマー・スクールの再編成に続いて、一九〇二年教育法の下、公立中等学校が成立して、量的にもさらに整備されてゆくが、市民大学はこれらの新制中等学校の卒業生の受け皿ともなっていった。

このようにみてくると、この時期おける教育改革はエリート教育機関の一新についてというより、むしろ第二ランクの部門の構想と構造およびそのなかでの科学技術教育の役割をめぐるものであった。社会の産業化に対応して激しい変動に見舞われたのは、第二ランクの地方グラマー・スクールと市民大学であった。R・ロウ教授は、一九世紀後半の中等・高等教育の構造変動の帰結について次のように述べている。「こうして第一次世界大戦の頃には、分化した社会の必要により良く役立つように、さまざまなレベルで複線的に分節化された、ひとつの教育システムの画像が浮かび上がってくる。異なる類型の中等学校が、高等教育のヒエラルキー・システムにそれぞれ違った方法で連結されたのであった。一九世紀末の急速な発展と変転がこれらの［エリート教育を頂点とする］ヒエラルキーに挑戦したのはほんのしばらくのことであった。今世紀初頭の調整は単にそれら［ヒエラルキー］を強化するのに役立ったに過ぎなかった。(41)」

F・リンガー流にいえば、パブリック・スクールからオックスブリッジにいたるエリート教育を頂点とする「複線型分節化」した階層的な構造をもつ教育システムが形成されたのである。この再編劇のなかで、すでに再生を果たしつつあったパブリック・スクールとオックスブリッジという二つのエリート教育機関は、一九世紀も後半になって教育システム内部に生起した大きな構造変動からは一定の距離を保ち、ほぼ無傷のまま二〇世紀を迎えたと言えよう。

扉図　イートンでは生徒の父母も参加する壮大な野外パーティが六月四日に開催される。遠景に見えるのがウィンザー城である。出典：Hugh Busher, *Education since 1800*, London, 1986, p. 5.

注

（1）W. Guttsman, *The British Political Elite*, London, 1963; R. Kelsall, *Higher Civil Servants in Britain: from 1870 to the present day*, London, 1955; P. Razzell, "Social Origins of Officers in the Indian and British Home Army, 1758-1962", *British Journal of Sociology*, Vol. 14 No. 3, 1963; P. Stanworth and A. Giddens eds., *Elites and Power in British Society*, Cambridge, 1974; D. Jeremy, *Capitalists and Christians: Business Leaders and the Churches in Britain, 1900-1960*, Oxford, 1990; Y. Cassis, *City Bankers, 1890-1914*, Cambridge, 1994 など。

（2）H. Perkin, "the Recruitment of Elites in British Society since 1800", *Journal of Social History*, Vol. 7 No. 2, 1978; *The Rise of Professional Society England since 1880*, London, 1989.

（3） W. Rubinstein, *Elites and the Wealthy in Modern British History*, Sussex, 1987.

（4） Takehiko Honda, "Indian Civil Servants, 1892-1937 : An Age of Transition", Unpublished Ph. D. thesis, University of Oxford, 1996, pp. 11-15. オックスブリッジ以外の大学出身者は、エディンバラ大学（五％）、トリニティ・カレッジ（ダブリン）（四％）、王立アイルランド大学（二％）、ロンドン大学（二％）、グラスゴー大学（二％）となっており、ごくわずかであった。なお浜渦哲雄『英国紳士の植民地統治』（中公新書）中央公論新社、一九九一年、八三～一一三頁も参照。

（5） 松本純「一九世紀末イギリスにおける高等教育とビジネス」川口浩編『大学の社会経済史』創文社、二〇〇〇年、一七八～一七九頁。P・ケイン／A・ホプキンズ著、竹内幸雄・秋田茂訳『ジェントルマン資本主義の帝国Ⅰ』名古屋大学出版会、一九九七年、二三～二八頁。なお、銀行家と比べると、製造業に従事する実業家の場合、パブリック・スクールないしはオックスブリッジを出た者の割合は少なかった。たとえば、製造業を中心とする大企業の会長（一九〇〇年から一九一九年にかけて）の学歴調査によれば、パブリック・スクール出が三一％であり、オックスブリッジ出身者になると九％に過ぎなかった（W. Rubinstein, *op. cit.*, p. 200）。実業エリートの供給において、シティ銀行家と電機・化学・自動車などの「新産業企業家」とでは学歴ルートが異なっていたことについては、松本論文を参照。

（6） N. Hans, *New Trends in Education in the Eighteenth Century*, London, 1951.

（7） O. Goldsmith, *The Bee*, No. 6, 1759, qtd. in Board of Education, *The Public Schools and the General Education System*, London, 1944, p. 114.

（8） *Edinburgh Review*, XXXII, p. 327, *Ibid.*, p. 120.

（9） この項は拙稿「パブリック・スクール」村岡健次他編『帝国社会の諸相』研究社、一九九六年の記述にもとづく。

（10） 村岡健次「『アスレティシズム』とジェントルマン」村岡健次他編『ジェントルマン・その周辺とイギリス近代』ミネルヴァ書房、一九八七年、二三九頁。

（11） T. Arnold, "Rugby School", *Quartery Journal of Education*, Vol. 7 No. 16, 1834, qtd. in T. Bamford ed., *Thomas Arnold on Education*, Cambridge, 1970, pp. 106-107. また拙著『イギリス中等教育制度史研究』風間書房、一九九五年、二九頁。

（12） 村岡健次他編、前掲書（一九八七年）、二二八頁。

（13） 竹内洋『パブリック・スクール――英国式受験とエリート』講談社、一九九三年、九八頁。

(14) J. Honey, *Tom Brown's Universe*, London, 1977, pp. 238-295.
(15) *Ibid*., p. 252.
(16) T. Bamford, "Public Schools and Social Class, 1801-1850", *British Journal of Sociology*, Vo. 12, 1961, p. 232.
(17) W・ルービンステイン著、藤井泰・平田雅博・村田邦夫・千石好郎訳『衰退しない大英帝国』晃洋書房、一九九七年、一七五～一七六頁。
(18) ハローとラグビー校出身者の就職先に関するバムフォードの研究については、村岡健次『ヴィクトリア時代の政治と社会』ミネルヴァ書房、一九八〇年、一四一頁を参照。
(19) 同書、一四二頁。
(20) M・ウィーナー著、原剛訳『英国産業精神の衰退』勁草書房、一九八四年。
(21) J. Roach, *A History of Secondary Education in England, 1800-1870*, London, 1986, p. 254.
(22) W. Rubinstein, "Numbers from Public School Samples Attending Oxbridge or Sandhurst"（memo）, 1998. ルービンステイン教授に未刊行のメモ書きを送付していただいた。
(23) 村岡健次「イギリス陸軍士官の教育」『甲南大学紀要文学編』一〇二号、一九九七年、一六～一七頁。
(24) W. Reader, *Professional men*, London, 1966, p. 214.
(25) W・ルービンステイン著、前掲書、二二二頁。
(26) 竹内洋『学歴貴族の栄光と挫折』中央公論新社、一九九九年、七四～七六頁。
(27) V・H・H・グリーン著、安原義仁・成定薫訳『イギリスの大学――その歴史と生態』法政大学出版局、一九九四年、五二～八二頁および鈴木利章「一九世紀中葉のオックスブリッジ改革と歴史教育――近世的大学から近代的大学へ」『文化学年報』第三号、一九八四年など。また、この時期のエリート教育改革の社会的背景については、村岡健次、前掲書（一九八〇年）および谷川稔・村岡健次他編『近代ヨーロッパの情熱と苦悩』中央公論新社、一九九九年が示唆に富む。
(28) D・ミューラー他編著、望田幸男監訳『現代教育システムの形成』晃洋書房、一九八九年、二三八頁。
(29) M. Brock and M. Curthoys eds., *The History of The University of Oxford*, Vol. VI, Oxford, 1997, p. 481.
(30) *Ibid*., p. 360.
(31) *Ibid*., p. 362.
(32) J. Howarth, "Science Education in late-Victorian Oxford: a Curious Case of Failure?", *English Historical Review*,

Vol. 102, 1987.

（33） G. Roderick and M. Stephens, *Scientific and Technical Education in Nineteenth-Century England*, Devon, 1972, p. 30.

（34） W・ルービンステイン著、前掲書、二一三頁。

（35） D. Leinster-Mackay, *The Rise of the English Prep School*, London, 1984.

（36） 安原義仁「英国市民大学の成立事情――旧市民大学の場合」『大学史研究』第六号、一九九〇年。

（37） M. Sanderson, *The Universities and British Industry 1850-1970*, London, 1972, p. 98.

（38） K. Jarausch ed., *The Transformation of Higher Learning 1860-1930*, Chicago, 1983, pp. 44-47. 望田幸男・安原義仁・橋本伸也監訳『高等教育の変貌』昭和堂、二〇〇〇年、三八～四〇頁。

（39） D. Jeremy, *op. cit.*, p. 48.

（40） D・ミューラー他編著、前掲書、一四七～一八三頁。

（41） 同書、二四五～二四六頁。またエリート教育の次の文献も参照されたい。R. Lowe, "English Elite Education in the Late Nineteenth and Early Twentieth Centuries", W. Conze and J. Koka, *Bildungsbürgertrum im 19, Jahrhundert*, Stuttgart, 1985; R. Anderson, *Universities and Elites in Britain since 1800*, London, 1992.

第2章

近代フランス中等教育におけるエリートの養成
——リセについて

渡辺和行

エリート養成の苗床リセ

近代フランスの中等教育において，エリートの養成を担当したのはリセである。リセ生徒の同世代人口に占める割合は2％でしかないが，彼らこそがフランス社会の階梯を上昇移動したエリート予備軍であった。本章では，19世紀のリセを通時的に描く中から，リセの実態と生徒の出自，産業化と民主化に応じた改革の要請等を，ラテン語というエリート教育の中身をめぐる攻防と絡めて，エリート養成の歴史社会学を呈示したい。

1　選別装置としての学校

エリートの学校

学校は、個々人の進路をふるいにかける選別装置として機能している。近代産業社会では教育資格と職業資格とが結びつく結果、家庭に加えて学校が選別機能を果たす装置として浮上した。[1] 学級《クラス》は階級《クラス》分類を行う場となり、エリート（指導的人材）が生み出されていく。フランスにあっては、フランス革命がエリート養成原理の変更をもたらした。血統にもとづく身分制原理が優位な旧体制の社会から、能力主義原理が優位となる社会へと移行した。一九世紀以降の社会は、階級ヒエラルヒーと並んで学歴ヒエラルヒーが社会の機軸を構成する重要な因子として現れた。エリートを養成する学校が注目されるゆえんだ。

フランスの中等教育は、初めからエリート養成を使命としてきた。フランス革命期の教育改革論議の中でもそれが表明された。一八九五年に、教育改革に尽力するアレクサンドル・リボーが中等教育の役割を「統治エリートの養成」に求め、高等師範学校の校長ジョルジュ・ペローも「エリートをリクルートすることがわれわれの務めだ」と述べた。ナポレオンの帝国大学局《ユニヴェルシテ》が中等以上の教育に重点を置いたのも、エリート養成が目的であった。一九世紀の視学総監数（名誉視学総監も含む）においても中等が一貫して多くて年平均一六名、高等視学総監は一桁で七月王政期の一二年間は任命されておらず、初等視学総監に至っては一八四六年に初めて二名が任命され一八七七年まで年一〇名を越えなかったことも、中等教育が重視されていたことの傍証になるだろう。[2] この時期の初等と中等の生徒数の比が、約三〇対一（四四〇万対一四万）であることに鑑みると、視学総監数のアンバランスは注目に値する。

　このような教育課程の比重の相違は、フランス教育制度における「複線型分節化」（リンガー）の表れであり、民衆の初等教育とエリート中等教育の間には深い溝があった。異なる階層には異なる教育課程が提供されたのである。教育的差異は既存の地位の維持と強化につながった。こうした階層化の弊害を是正すべく、リセ初等科の廃止や中等教育の無償化の要求を掲げた「統一学校」運動が展開されるのは第一次大戦後でしかない。

　フランスのエリート教育を担ったのは男子リセである。というのも、一八八〇年代まで女子中等公教育は存在しなかった上に、第一次大戦まで女子リセでは古典語は教えられておらず、女子リセを修了してもバカロレアの受験資格を得ることはできなかったからである。一一～一二歳の第六学級から始まる七年制の国立リセのみが、中等教育の履修課程のフルコースを備え、バカロレアを通して高等教育ともつながっていた。中等教育修了証かつ大学入学資格でもあるバカロレアは、復古王政以来、自由業や多くの公職に就く必須の資格となっていた。また、グランド・ゼコールと呼ばれる国立エリート校への受験生をもっぱら輩出していたのもリセである。一八六四年に、理工科学校や陸軍士官学校《サン・シール》や高等工業学校《エコール・サントラル》に入学した学生の八割がリセ出身であり、その半数は名門リセの出であった。法科や医科の六割もリセ出身者が占めた[3]。医者や法曹希望者が進学する医科や法科大学を除けば、フランスでは、リセからグランド・ゼコールに至る道がスーパー・エリートの歩む道であった。土地所有者やブルジョア、自由業や官僚や教授の子弟に提供された課程が一九世紀のエリート養成コースであり、第三共和政下で民衆の子弟にもエリートへの道は開かれるが、その門は非常に狭かった。

　本章ではエリート養成の苗床となったリセを中心に、その制度理念と制度の実態、第三共和政下の改革をも合わせて検討しよう。

2　リセの実態

リセの誕生

リセは、一八〇二年五月の公教育一般法によって誕生した(4)。リセは控訴院管区ごとに一校ずつ設立され、六四〇〇名の寄宿生が国費で養育されることになっていた。このうちの二四〇〇名は、軍人や公務員および新たにフランスに併合された諸県のブルジョアの子弟に割り当てられた。この特別枠制度に、官職の世襲による再生産という旧体制の職業観を窺うことができる。定員六四〇〇名の残り四〇〇〇名は、競争試験をとおして政府に推薦された。これら国費給費生の五分の一は、リセ卒業後、グランド・ゼコールにおいても無償で勉学を続けることができた。もちろん、リセは有償の寄宿生や通学生も受け入れることになっていた。これが一九世紀初頭のエリート養成プランであった。

リセの授業科目ではラテン語と数学、つまり古典教育と自然科学が強調された。ところが一八〇九年九月の法改正で、文法学級（第五～第四学級）、人文学級（第三～第二学級）、修辞学級が復活し、哲学級（数学専攻科を含む）もほどなくして加えられた。学級名にあるように、自然科学の地位が相対的に低下し人文主義的なカリキュラム編成が強まる。古典教育は、道徳や人文主義的価値を教え、精神を鍛錬し、批判的思考や弁論術を養うものと位置づけられた。復古王政はこの方針を押し進め、最上級での科学教育を取りやめ、それに代えて一八一八年に歴史を置いた。しかし実際にはラテン語による哲学の授業が行われた。このように一八二九年まで、リセ（王立コレージュ）や公立コレージュにはギリシア・ラテンの人文学にもとづく古典教育しかなかったのである。それは、リセの文系と理系科目の授業時間数に如実に表れている。数学専攻科を除いた第六学級から哲学級までの授業時間数は、一八〇九年に文系科目が八八時間、理系科目が一六時間であり、一八三〇年ではそれぞれ一二二時間と二二時間であった。理系科目の授業時間数は文系科目の五分の一以下である。イエズス会の伝統を継承する古典カリキュラムでは、ラテン語・古代史・哲学が主流教科であった。したがって、英独の近代語や実学的科目はなかなか広まらず、一八四二年の時点でその授業を実施していたのは、五つのリセと五一のコレージュで一一九一名の生徒が受講していたにすぎない。「エリートたらんとして受けた教育は、実社会で何の役にも立たない」(『ジェローム・パチュロ』一八四二年)ことは周知の事柄であった[5]。

こうして誕生したリセであるが、初期工業化段階の社会ではいまだ教育の社会職業的効用が十分に認識されていなかったことや、自由主義派にとってはリセの軍隊的規律や修道院的生活が敬遠されたこと、保守派にとっては逆に宗教教育の不十分さが不満を与えたことなどのため、有償の寄宿生の集まりが悪かった。一八〇六年に、二九校のリセは五七四四名の生徒を受け入れ、このうちの二五九〇名が給費生、私費寄宿生が一四二八名、通学生が一七二六名であった。この頃のリセは、全中等生徒の七%しか受け入れていない。一八〇八年の時点で活動していたリセは、予定された四五校のうちの三六校である。教育財政の赤字を減らすために、ナポレオンは、全額支給の給費生数の削減や空席となった副校長や教授ポストの不補充などの対策を打ち出す。したがって、一八〇八年に寄宿料の全額ないし一部の給費を受けた生徒の数は、軍人の子弟が一三七八名、裁判官の子息が三六一名、官僚の子息が一三〇一名、試験による者が八八四名であった。合計した生徒数は三九二四名にしかならず、法が予定した六四〇〇名の寄宿生は画餅に帰した。

図2－1　歴史家ミシュレが教鞭を執ったコレージュ・サント－バルブ（1822年）

出典：Paul Gerbod, *La vie quotidienne dans les lycées et collèges au XIXe Siècle*, Paris, 1968.

リセの日常生活

制度としての学校は軍隊や修道院をモデルとして形成された。リセでも、ミリタリー調の制服を着た寄宿生は二五名の小隊に分けられ、小隊には優等生から選ばれた軍曹と四名の伍長がいたように軍隊式に編成された。この小隊が日常生活の基本単位となり、太鼓の合図によって行動は律せられた[6]。二列縦隊の行進や教練など軍隊調の生活が待っていた。午前五時三〇分に起床し、午後九時に就寝するまでの間、四時間四五分の授業と四時間半の自習があった。生徒たちは、中庭や廊下の移動時には沈黙を強いられ、口笛や歌はもちろんのこと食堂や共同寝室での会話も厳禁であった。さらに、散歩以外の外出は禁止され、散歩時の買物にも教師の許可がいった。手紙は両親か両親の代理人との間でのみ許された。

一八〇二年の政教協約によって、リセは宗教教育を担当する司祭を置かねばならなかった。宗教的儀式への参加が強制される。リセに礼拝堂司祭が配属され、朝夕の祈禱と日曜の礼拝が定められた。司祭は一八三〇年まで敷地内で無料で食事と住居が保証され、副校長として目を光らせた[7]。宗教色や規律が強まる。アルフォンス・ドーデは、起床から就寝まで鐘の合図で行われる一八五〇年代のリセの生活を「規律の勝利」と描写している[8]。規律システムの要は罰として課される居残り宿題であり、それは日常茶飯事であった。規律に対する生徒の反発や不満が生徒監

表2-1　19世紀中等教育の生徒数の推移

	1820	1831	1842	1854	1865	1876	1887	1898
国立リセ	11,981	14,451	18,697	21,623	32,630	40,995	53,816	52,372
公立コレージュ	21,781	25,348	26,584	24,817	33,038	38,636	36,086	33,712
国公立合計	33,762	39,795	45,281	46,440	65,668	79,231	89,902	86,084
世俗私立校				42,462	43,009	31,249	20,174	9,725
修道会系私立校				21,195	34,897	46,816	50,085	67,643
私立合計	19,513	24,568	31,316	63,657	77,906	78,065	70,259	77,368
国公立私立合計	50,573	60,432	70,531	107,109	140,253	154,673	158,238	163,452

注：最下欄の合計が合わないのは，私立寄宿生かつ公立通学生というカテゴリーを上欄では別々に数えたためである。
出典：Antoine Prost, *Histoire de l'enseignement en France 1800-1967*, Paris, 1968, p. 45 より作成。

督とのトラブルにもなったことは、ドーデの自伝的小説に描かれているとおりである。一八一九年一月には規律への不満から、ルイ・ル・グランで生徒の反乱が起き、校長が五〇名の憲兵隊を導入して建物を封鎖したこともあった。スパルタ教育的な規律の厳しさゆえに、リセは「兵営」だとか「監獄」だと世論から非難された。「営倉送り」や学生牢が廃止されたのは、一八六三年のことである。

とまれ、一九世紀のリセの基本形はここに作り出された。この後世紀末までリセは大きな改変を被ることもない。日常的に規律を強い、ギリシア・ラテンの古典語を重視してグランド・ゼコールの受験をめざすリセこそが、中等教育におけるエリート養成システムとして屹立《きつりつ》していたのである。一八六〇年代に見られた実学志向の特別中等教育と女子中等教育を導入する試みは、時代の要請に応えようとしたものであるが、古典中心のリセの支配を突き崩すことはなかった。

生徒数の推移

表2-1は、一九世紀中等教育の生徒数の推移を示したものである。一九世紀のフランスには四種類の中等学校があった。その中でも都会に位置するリセが最も威信が高く、完全な課程とカリキュラムを持っていた。中流ブルジョアジーを養成する公立コレージュは、地方都市にあり不完全な

課程しか持っていない。私立校の多くも前期三年の課程しか持っていなかった。したがって、コレージュや私立の生徒が上級学校をめざすとすれば、リセに編入学せざるをえない。表から、一九世紀中等教育の三つの時期を読み取ることができる。一八四〇年までの回復期、一八四〇～七五年までの拡大期、一八七五～一九〇〇年までの停滞期の三期である。一七八九年の大革命前のコレージュには七万二〇〇〇名の中等生徒がいたが、革命と戦争の混乱によって生徒数は減少した。一八二〇年に約五万名まで回復したが、大革命前の生徒数を取り戻すのに一八四二年までかかった。第二期に生徒数は倍増する。この理由として、産業の発達や官僚の増加がバカロレアの需要を高めたこと、経済の繁栄によって子息の教育に投資できる階層が増えたことを指摘できる。

　生徒数の表から、国公立と私立との生徒数はほぼ拮抗していること、国公立ではリセが、私立ではカトリック校の生徒数が経年的に増加していることが分かる。とくにリセの生徒数の増加率が高い。私立学校の生徒数が一八四二年から一八五四年にかけて倍増したのは、カトリック校を優遇した一八五〇年のファルー法の影響である[9]。私学教育に占めるカトリックのシェアは、一八五四年で四割、一八七六年に六割、一八九八年には九割に達している[10]。カトリック校の生徒数が増えた理由として、中等までで学業を終えるブルジョア子弟が多かったこと、教会の社会的役割が大きかった時代には、比較的安価な上に「規範的教育機関」（スティードマン）の伝統を持つカトリック校を選択する親が多かったことを指摘しうるだろう。国公立の生徒数が一八五四年から一八六五年にかけて二万人ほど増えたのは、実学系の特別中等教育の導入に負っている。

　中等教育の生徒数が漸増しているとはいえ、同世代の人口に占めるリセの生徒数の割合に大きな変化はない。リセの生徒数が一一歳から一七歳の男子人口に占める割合は、一八四三年に一・〇八％、一八五〇年に一・三五％、一八六〇年で一・五四％と、第二帝政まで二％を切っていた。その後一八八一年に二・三五％を占めるが、一九二〇年まで三％を超えることはない。就学率は県ごとで異なり、パリがあるセーヌ県は高くて一八四二年で一一分の

表2-2　リセの拡大

年	1808	1820	1831	1842	1854	1865	1876	1887
学校数	36	38	39	46	64	77	81	100

出典：Craig S. Zwerling, *The Emergence of the Ecole Normale Supérieure as a Center of Scientific Education in Nineteenth-Century France*, New York, 1990, p. 190.

表2-3　4リセの生徒の社会的出自（1864～1908年）

（単位：%）

父の職業	アンジェ・ディジョン1864	シャルルマーニュ 1864	コンドルセ 1864	コンドルセ 1907/08
医師・弁護士	17	9	8	17
他の自由業	3	2	4	8
高級官僚	14	2	4	4
教授・教師	6	7	4	4
小計（知的職業）	40	20	21	33
将　校	2	3	4	2
農　業	10	4	—	—
土地所有者・金利生活者	20	20	33	9
企業家・技師	21	30	17	39
商店主・職人	4	14	21	5
従業員・事務員	3	7	4	12
下級公務員	2	4		—
職業判明生徒数（100%）	122	272	1,200	867
職業不明生徒数	6	33	—	（12）
全体合計	128	305	1,200	（879）

出典：Fritz K. Ringer, *Education and Society in Modern Europe*, Bloomington, 1979, p. 161.

一である。貧しい県や僻遠の県では、八三分の一にまで下がっている。アルプス地方や中央山塊地方がその例であり、カトリックの強いブルターニュ地方も低かった(11)。

生徒数の増加とともに学校も増える（表2-2）。一八四二年にリセは四六校を数え、四六校の総収入は八六〇万フランである。同年のリセ一校あたりの平均生徒数は四〇六名、四割強が寄宿生だ。ちなみに同年の公立コレージュ三一二校の平均生徒数は八五名、一〇一六の私立校一校あたりの平均生徒数は四三名である(12)。名門リセに通う生徒はリセの生徒全体の三分の一に当たった。一八四二年のリセの寄宿費は平均七〇五フラン、公立と私立校で三五〇フランを要した。通学生でもリセで一〇〇フラン、コレージュで七〇フランかかった。当時の小学校教師の年収が五〇〇フラン以下、コレージュ教師で一二〇〇〜二〇〇〇フランであったことを勘合すると、リセに通う社会層が浮き彫りになってくる[13]。

生徒の出自

表2-3は、一八六四年のリセ生徒の社会的出自の数値である。アンジェとディジョンという地方リセと、シャルルマーニュとコンドルセというパリのリセの比較が可能だ。コンドルセについては、一八六四年と二〇世紀初めの経年的変化を知ることもできる。全体の特徴は、教養ある上層中産階級の子弟が多いことである。自由業という学歴エリートと土地所有者・金利生活者という伝統的エリート、それに企業家・技師という産業エリートの子弟が多かった。地方では、名望家層が生徒の主な供給源である。地方とパリのリセの相違点は、地方には自由業や上級官吏や農民の出身者が多いこと、パリのリセでは商店主や職人が地方より多いことである。都市と農村の産業構造の相違の表れだろう。一八六〇年代の地方リセとコレージュの生徒の四割は、農民や小ブルジョアなどの下層中産階級出身であり、これらの学校は、実学的で授業料も安く通学生が多かった。パリのリセの数は、中等学校全体の一％、国公立の三％を占めるのでしかない[14]。数量的には微々たるものであるが、影響力や威信という点ではパリのリセは他を圧倒していた。一八六四年の名門リセの生徒の三分の二から四分の三は、上層中産階級の出身である。リセに通う生徒の親の社会職業的構成は、高等教育にもストレートに反映されるだろう。

リセ・コンドルセの時系列的変化として指摘すべき点は、医者や法曹の自由業と企業家・技師が倍増したこと、土地所有者と商店主が約四分の一に減ったことだ。労働者の子弟はいない。この経年的変化に、一九世紀中葉から世紀末にかけての政治エリートの交替、すなわち、貴族や大ブルジョアから中小ブルジョアへの覇権の移行ないし分有という状況を重ね合わせることも可能である[15]。経済ヒエラルヒーと学歴ヒエラルヒーのズレ、ないし経済資本と文化資本の分離や新たな融合を示唆するものである。

リセの教師と校舎

各県にリセが置かれるのは一八五三年のことだ。この年第二帝政は、七〇万フランを計上して公立コレージュのリセへの昇格を推進した。リセの増加とともに教職員の数も増加する。一八四〇年のリセの教授数は六七〇名、復習教師や管理職を含めると同年のリセには四五〇〇名の教師がいた。一八七七年には七五〇〇名、一八八七年には一万名に増える。

一九世紀前半の初等教師は副業がなければ生活できなかったが、中等教師の給与はどうであったのだろうか。[16] 一八四二年の給与は、生徒監督の初任給が三〇〇フラン（食住つき）、一般教師は一〇〇〇フラン以下であった。労働者より少し多い程度の俸給である。アカデミック・エリートの地位の低さを反映している。同年の平均給与はコレージュで一二〇〇フラン、リセで二六〇〇フラン、一八八七年にはコレージュで一九五〇フラン、リセで二八〇〇フランと、コレージュの伸びが大きかった。リセでも、地方よりはパリが、同一リセでも下級クラス担当者より上級クラス担当者が高給取りであることは言うまでもない。それでも一八四六年に、フランスの教授給与はヨーロッパで最低だと言われ、一八五三年にも、視学総監が教員の給与は一八〇八年とほとんど変わっていないと指摘せざるをえない状況にあった。[17] 取得学位によっても給与は異なったが、学位の取得状況は次のようである。一八二九年三月の王令で、復習教師にはバカロレアの取得が、校長と副校長には学士たることが要求された。一八四二年の四六校のリセに勤める一二一六名の教職員のうち、三二四名が文学士、五二名が文学博士、一一六名が理学士、二七名が理学博士、三八五名がアグレジェ（教授資格者）、残りの三一二名はバシュリエ（バカロレア取得者）であった。四分の三がいわゆる大卒以上の学歴であることが分かる。

つぎにリセの環境を記そう。教育が価値のある文化資本として認識されていなかった一九世紀前半には、学校施設は初等から高等に至るまで劣悪であった。一八六〇年代に大規模な学校生活実態調査が行われたこと自体、教育に対する眼差しの変化を示すものである。まず校舎から始めよう。一八六三年のポワティエのリセは、狭い上に遠回りの道の奥にあり、黒く汚れた壁に囲まれた病院か監獄のような不潔な環境にあった。(18) 当然、校舎の内部も老朽化していた。果てしなく続く薄暗い廊下、煤けた自習室、狭くて何もない教室、冷え切った寝室、炊事場から漂う不快な臭気、生気のない面会所、照明や暖房の不備、これらが共通に指摘された点である。一八六七年の調査では、七七校のうち衛生状態が良好なリセは一三校、残りは立地条件が悪いか校舎が狭いか古いかであった。修理や増改築が必要なリセが多かったが、一八八〇年七月にリセ金融公庫が定められるまで、それもかなわなかった。一八八〇～八七年に、一億フラン以上が校舎の修繕に費やされることになる。

校庭はどうであったのだろうか。一八六七年の七七校のデータから見ると、広い運動場を持っていたリセはごく少数であり、大多数は敷地内にある校庭であった。一八校は狭くて場所が悪かったり、一六校はいつも湿っていて暗かったり、四〇校は陽あたりが悪かった。生徒たちは舞い上がる土埃にも悩まされた。体操が必修になったのは一八五三年のことであるが、一三のリセはそのための屋内体操場を持っていなかった。この時代は、いまだ衛生やスポーツなどという身体規範が育っていなかった時代である。大半のリセでは月一回しか入浴機会はなかった。保健室があったのは、七七校のうちの一三校でしかない。それでも、第二帝政下のリセ生徒の健康状態はよかったと言いうる。というのも、一八六二～六七年のリセ寄宿生の死亡率〇・二%は、一〇～一五歳児の平均死亡率〇・五四%より低かったからである。医師が定期的に生徒たちを診察していた上に、豊かな階層の子弟が通うリセでは、食糧事情も一般よりよかったのだろう。当時は、結核菌やコレラ菌などの細菌も発見されておらず、コレラやチフスなどに間欠的に襲われていた時代であった。

3 リセの改革

分岐制の導入

第二帝政は、経済や外交（戦争）を重視し教育の優先順位は低かった。とりわけ理科教育は貧弱であった。理科教育の充実をめざして産業界と自然科学者から古典批判の声が挙がる。すでに一八四三年に、サン‐シモン主義者のミシェル・シュヴァリエは「ラテン語学習にもとづく教育は中世であれば完全に理解できる」が、現代の学生は「観察と応用の学問」を学ぶべきだと語っていた。このような声に押されて、一八五二年八月、イポリット・フォルトゥル公教育大臣が文系と理系の進路選択制（分岐制）を導入した。[19] 金属と化学の重工業の発達が背景にはあった。ともに自然科学の研究と直結する分野だ。

分岐制の導入には、フォルトゥルのブレーンのジャン‐バチスト・デュマの力が大きくあずかっている。デュマは、化学者でパリ理科大学の学部長経験者でもあり、一八四七年に教育改革報告書を作成していた。その中で彼は、理系の授業が少なく中身も貧弱だとフランスの科学教育の現状を批判し、文学を第四学級で終了させ、後の三年を理系科目に専念するコースにあてることを主張した。彼は、科学が農工商業にとっても有用だと科学の社会的効用を説き、文学同様に科学も教育的価値を持つことを強調する。フォルトゥルも「新しい大学局《ユニヴェルシテ》は、自己の生活を科学教育のより徹底した組織化によって近代社会の生活と結びつけるだろう。科学教育は諸国民の富と政治的優越の源泉である」と考えていた。[20] 二人の発言は、科学教育の振興をめざすものであった。

分岐制は、リセの第三学級以上の学年を理系と文系の二つに分けることを意味した。生徒は、第四学級の一三〜

一四歳のときに文理の間で進路の選択を迫られたが、最終学年の論理学級（旧哲学級）で両コースは再び統合された。一八五二年八月三〇日省令に示された分岐制課程の履修科目表によると、第七学級からラテン語が、第六学級からギリシア語が始まり、第四学級ではラテン語詩が加わる。第五学級まで数学の分野では計算の授業しか行われておらず、第四学級で幾何がつけ加わった程度だ。理科の科目は皆無である。文系と理系に分かれる第三学級で、やっと理科らしい科目にお目にかかることになる。理系のコースに、物理・科学・博物史が登場する。文系と理系に分かれても、共通科目としてフランス語・ラテン語・地理・歴史・近代外国語が課せられている(21)。理系でもラテン語が共通科目として位置づけられていることに注意しよう。分岐制導入後でも、人文系のカリキュラムが重視されていたことが分かる。

新設の理系では、グランド・ゼコールの進学に備える数学中心のカリキュラムが用意され、かつ古典中心の文系と同等の資格が与えられた。この措置は、産業革命段階に突入した商工ブルジョアの要求に応えるものであり、一八五〇年代まで理系の人気も上々であった。分岐制導入一年で六〇のリセのうちの四五校で、理系生徒数が文系生徒数を凌駕した。理系は、パリ以外では、軍港や軍事的伝統をもつ北部や東部の都市（ブレスト、ナンシー、メッス）のリセで優位に立っていた。人文学を重視するカトリック校との競争上、分岐制を導入して理科教育に力を入れたレンヌやアヴィニョンのリセもあった。

分岐制への批判

分岐制導入に対して修辞学教授や守旧派から批判の声が挙がった。分岐制は「教育の圧殺」（ブランキ）だとか、「知的衰弱システム」（ルナン）だとか、「精神の自由を涵養し強壮にする文学教育をかなり歪める」ものと指弾された。正統王朝派は、ラテン語という「数世紀にわたってフランス人の才能を錬磨し強化してきた高貴な科目」が免除されることを嘆いた。分岐制によって、ラテン語の作文力や読解力が低下したと批判された。改革が古典の地位を脅かすと見なされたのである。最上級学年の哲学級が廃止され論理学級に変えられたため、哲学教授の反対もかまびすしかった。改革が、教授にガウン着用を義務づけ、口ひげと顎ひげを禁止するなどの規律の強化をともなっていたことも、分岐制反対の一因となった[22]。

一八五四年に一司教が、バカロレアのカリキュラムにヴォルテールの歴史書やデカルトの『方法叙説』などの禁書が含まれていることに不満をこぼしたように、宗教界から教育への介入があった時代であることを忘れてはならない。当時の教会首脳にとって、物質を研究する学問は唯物論を意味し、唯物論は社会主義と同義であった。一八五〇年代の保守派にとって、「科学」は唾棄すべき言葉となる。改革はフランスの魂を傷つけ、さもしい唯物論へとフランスを引きずり込むと批判された。保守紙も「フランスでは物質主義が、知性と文学的栄光の犠牲の上に発達している」と嘆いた。流行中の「算術精神は、もはや金銭にしか関心をもたない」と、古典語の放棄が知性と精神の堕落につながると主張された。古典語を維持するカトリックの私立校は、「文系科目のアジール」となることが期待された。理系科目や近代語を強化しようとするフォルトゥルの分岐制は、教会から唯物論的と非難されたように反教権的側面を有した。それに、一八六〇年の皇帝のイタリア政策がローマ教皇領を脅かしていたことは、カトリックの反感を買っていた。権威帝政は、あくまでも国家を教会の上に置くのである[23]。

医科大学の入学に際して、一八五二年に一旦は不要となった文学バカロレアが六年後にふたたび必要とされるようになり、生徒の理系離れが始まった。その理由は、医者の中に「無教養で無学な者」が入り込むことを医者たちが恐れたからである。このように医者自身がラテン語の威信に囚われていたことこそ、リセに自然科学教育が根づかなかった主因だろう。古典語は階層的差異の表象であった。理系離れはバカロレア合格者数に如実に表れている。一八五五年のバカロレア合格者数は、文系が二〇五五名に対して理系が二一二三名であったが、一八六一年には文理で逆転し、文系二八七二名、理系二一〇三名となった。理科バカロレアの合格者数は二〇名の減でしかないが、文系の四割増はやはり刮目に価する。

さらに、理系には怠け者や粗忽者、語学嫌いなどの芳しくない生徒が集まったこと、リセで優秀な理科教師が不足していたことも、理系への不満がつのった理由として指摘できるだろう。それゆえ、パストゥールが一八五七年に高等師範学校の理学科長に指名され、理科教師の育成が図られた。この結果、リセにおける理科の教授有資格者数は一八五〇年から一八六五年の間で五二％増えた。一八六五年のリセ教師一三〇六名のうちの六〇三名は理科と近代語の教師である。半数近い教師が非古典学の担当であったことは時代の変化を予感させたが、これらの科目はマージナルな教科と見なされていた。

このように、一八五二年の改革は現場教師の反対に直面した。デュリュイ公教育大臣は、一八六三年九月に分岐制の開始学年を一年遅らせて第二学級からとしたが、翌年一二月には制度そのものが廃止された。カリキュラムから抹消された哲学も復活し、論理学級から哲学級へと名称も旧に復した。グランド・ゼコール受験生用の数学特別コースを持った哲学級という一八五二年以前のリセが復活した。一八六六年から出始めた『一九世紀ラルース』も、「分岐制」の項目を「既成秩序の完全な転覆」と悲観的に叙述している(24)。フォルトゥル改革は、文系の伝統的コースに変更をもたらさなかった。古典を重視するカリキュラムこそが、人文的教養を持った学歴エリートを製造するツールであった。

リセのカリキュラム

つぎに、争点となったリセのカリキュラムを一瞥しよう。ラテン語の負担が多かったことは、歴史家かつ改革派の教育行政官で、一九〇四～一九年まで高等師範の校長を務めたエルネスト・ラヴィスの回想録にも記されている。

彼は、一八五二～五八年までパリ北東ランのコレージュとパリのリセ・シャルルマーニュで中等教育を体験していた。ラヴィスは、一〇歳からラテン語を重視して自然科学を無視ないし蔑視したランのカリキュラムを、「大いなる非常識」と断罪し、六年間その理由も目的も分からずギリシア語やラテン語の仏訳と仏文羅訳、ラテン語とフランス語の小論文および作文、ラテン語詩の勉強をしてきたことを回顧した。彼は、「私の記憶には倦怠しか残っていない」と語り、「失敗した教育の思い出」を綴った。すでに一八三八年に、英語とドイツ語の近代語がリセで教えられることに決められ、一八四五年から近代語はバカロレアの試験科目にもなっていたが、近代語よりも「死語」を話すことに情熱が注がれたのである。(25)

このような中でデュリュイは、近代語を重視した大臣でもあった。一八五二年以来、英語とドイツ語は第三学級から三年間の必修授業となっていたが、一八六三年に大臣は、近代語を第六学級から三年間の必修授業とし、その後は選択とした。翌年には、一一年ぶりに近代語のアグレガシオンを復活させてもいる。しかし、彼も近代語を実用の見地から重視したのであって、外国文学が古典と同様の人格陶冶という教育的価値を持つとは考えていなかった。デュリュイが導入した実学的な特別中等教育も、古典中等教育と初等教育に架橋する目的があったとはいえ、他方では伝統的な古典教育をエリート候補生に保つ手段でもあった。事実一八六四年に、彼は「古典リセに理論を」任せ、「特別コレージュには応用を」委ねると発言している。デュリュイといえども教育の機会均等を考えているのではなくて、官僚・学者のリセと工場主や商人の特別中等教育、労働者の初等教育という階層化を前提としていた。したがって、彼が古典教育に加えた改良はごくわずかであり、ギリシア語作文を廃止しただけであった。彼が一八六八年に提出した改革草案は、ラテン語詩の選択制やバカロレアの選択制、上級でのギリシア語の選択、授業時間を二時間から九〇分に変更することなどを含んでいたが、翌年の大臣解任でほとんど実現を見なかった。(26)

コラム　エリートの学校　制度と機能2

マルセルのリセ

マルセルとは、映画『マルセルの夏』や『マルセルのお城』で、わが国でも人口に膾炙したマルセル・パニョルのことだ。一八九五年生まれの彼は、第一次大戦前にマルセイユやモンペリエで学生生活を送り、リセの教師から文筆家に転じて、一九四六年にアカデミー・フランセーズ入りした国民的作家である。マルセル家の物語から、第三共和政前期の立身出世や、学校を回路とした再生産構造、および「共和国の司祭」としての教師が垣間見えてくる。

祖父アンドレは、南仏の石工棟梁であった。腕のいい職人で、普仏戦争で破損したパリ市役所の修復メンバーに選ばれてもいた。彼は、字も読め、自分の名前も書けたが、学歴はなかった。そのことを恥じた祖父は、「血の汗を流す」ように働いて六人の子供たちを学校にやった。こうして師範学校を終えた父親は、小学校教師となる。

師範学校は、農民や労働者の子息が大半を占めた民衆の学校だ。一八七〇年生まれの父が通っていた時代の師範学校は、教会と王権とアルコールという「三悪」に対する闘争が呼びかけられ、反教権的な教育が行われていた。父親も戦闘的な反教権主義者として成長する。それは、マルセルの回想録の随所に出てくるカトリック教徒の叔父と父との間の宗教や政治をめぐる議論に表れている。第三共和政前期には、教育をめぐって共和国と教会が覇権争いを繰り広げていたのである。

奨学生としてリセの半寄宿生になったマルセルは、「今までとはまったく別の世界」「リセという兵営」へと足を踏み入れた。巨大な校舎に驚き、一五分おきに鳴る大時計と太鼓によるチャイムに「時間までも厳格に監視されている」ことを悟った。勉学・秩序・規律が強調される。午前七時四五分から午後七時までのハードな日課と、行列による教室の移動が待っていた。リセの通学生に豊かなブルジョアが多くおり、彼らは、革鞄や万年筆などの高価なものを持ち、毎朝パンの両面にバターを塗ることができる階層であった。豊かな通学生の中には、半寄宿生を百姓、給費生を乞食同然だと見なす者もいた。

生徒監督、クラス別の校庭、生徒同士の喧嘩や教師への悪ふざけ等、二〇世紀初めのリセにも二世代前のアルフォンス・ドーデのリセと同じ学校文化が流れていた。悪ふざけや喧嘩の主犯は、特別自習室での謹慎や居残り学習、日曜と木曜の休日登校の処分があった。喧嘩や悪ふざけをしたマルセルも、危うく処分を食らうところであった。

参考文献：マルセル・パニョル著、佐藤房吉訳『少年時代』全四巻、評論社、一九七四～七八年。

マルセルの家族

右端がマルセル

出典：Raymond Castans, *Marcel Pagnol*, Éditions J.-C. Lattès, 1987.

図2-2　公教育大臣ヴィクトル・クーザン
出典：Maurice Gontard, *L'enseignement secondaire en France* 1750-1850, La Calade, 1984, p. 186.

バカロレア

バカロレアは、能吏養成のためにナポレオンが一八〇六年三月に制度化したものである。フランスでは、個々の中等教育機関が修了証を出すのではなくて、文科大学と理科大学が実施するバカロレア試験に合格して認証された。バカロレアの取得は、エリートの第一の要諦であり、教養ある上層中産階級に所属する指標でもあった(27)。ジェネラリストの学位である法学士号より、バカロレアのほうが威信と名誉があった。一八九〇年代まで、バカロレア取得者は大学入学者より多い。つまり、バカロレアを取得して就職した学生が多かったのである。文科や理科大学には正規の学生がおらず、医・法・神の大学以外で進学希望者に開かれていたのはグランド・ゼコールしかない。しかし、グランド・ゼコールの定員は非常に少なかった。理工科学校で一三〇～一八〇名、高等師範学校で三〇～三五名、高等工業学校で一〇〇～一五〇名、陸軍士官学校で二五〇～三〇〇名だ。したがって、多くのフランス人にとってバカロレアは最終学位と見なされてきたのである。

それでは、バカロレア試験はどういうものであったのだろうか。試験には、受験料として二四フラン、免状交付手数料として三六フランの計六〇フランが必要であった。初期の試験は、三〇分から四五分の修辞学と哲学についての口頭試問だけである。初期には受験生も少なく、一八一〇～一四年にパリ文科大学がバカロレアを授与した数は六七〜一六四名（年平均で九八名）であり、パリ理科大学は一年当たり約一〇名であった。当時は、神・法・医の大学に進む者のみがバカロレアを必要とし、理工科学校などのグランド・ゼコールの入学には必要ではなかった。それゆえ受験生が集まらなかったのだろう。第二の科学革命が始まり、サン＝シモンによって「産業社会」という言葉が使われ始めた時代であるが、資格社会はいまだ到来していなかった。

試験形態は口述のままであるが、一八二〇年には試験科目として新たにギリシア語を含む人文学がつけ加わった。翌年には歴史と地理、数学や物理も導入された。一八二三年には、哲学の試験がラテン語で行われるようになる。一九世紀前半には、理科（数学）バカロレアを受験するためには、文学バカロレアを取得する必要があった。一八三〇年に筆記試験が導入される。一八四〇年にヴィクトル・クーザン公教育大臣が、バカロレア試験を次のように改正した。二時間の羅文仏訳の筆記試験と、口述試験として四五分ずつの解釈と試問があった。解釈は、ギリシア語・ラテン語・フランス語から出題され、試問は、哲学・文学・歴史・数学・物理から出題された。フランス語の試験としてフランス古典文学が初めて取り上げられたとはいえ、試験の中心はラテン語であった。

一八四一年にクーザンが合否判定基準の統一を図った。なぜなら、リセと大学の教授が兼任のことも多く、バカロレアの試験委員として自分の生徒に甘い評点を出す教授もいたからである。不正をなくすために、試験問題も出題された問題群の中からくじ引きで決定された。一八四〇年に、リセの校長や副校長が試験委員会のメンバーから除かれ、大学区視学官と差し替えられた。七年後には、リセの先生が試験委員になることができなくなり、試験の公正を保とうとした。試験委員に国立リセの教員のみが選ばれるのは、私学にとって不利であったからである。この時期に文・理の大学が新設されたのは、リセの教員に代わる試験委員を確保するためでもあった。かくして大学はバカロレアの試験機関と化す。一八七八年のソルボンヌ（パリ大学）では年二八五日の勤務日のうち、一三一日も博士号・学士号・バカロレアなどの試験に費やさざるをえない教授も出てきた(28)。

分岐制の導入によって、一八五二年に理科バカロレアが文学バカロレアと対等の学位として制度化された。新設の理科バカロレアは、医科大学や理系のグランド・ゼコールへの入学に必要となった。理科バカロレアにも羅文仏訳の筆記試験が課せられた。理系でもラテン語授業が一貫してあったことを想起しよう。一八六四年の通達で甘い採点をする教授が譴責され、バカロレア用学習マニュアルとくじ引きによる出題が廃止された。なぜなら、試験問題は五〇〇題と出題範囲が定められていたため、予備校のような受験講座や受験参考書などの受験産業が幅をきかせるようになって、暗記に走る受験技術の弊害があらわになったからである。記述試験の分量が増やされ、哲学の小論文は必修となった。(29)

一八四〇～四二年に毎年約五〇〇〇名がバカロレアを受験するが、合格者は三〇〇〇名に満たない。この時期の合格者の出身校の内訳は、リセが四七％、公立コレージュが二六％、家庭学習組が二二％、私立学校は六％以下であった。一九世紀前半の私立学校の多くは前期中等課程に特化しており、バカロレアをめざすにはやはり七年課程の国立リセが有利な仕組みになっていた。それでもイエズス会の有力校は例外であり、バカロレア合格率は一八九六年で八六％もあった。この年の合格率の全国平均は四五％であったことを考え合わせると、イエズス会系の合格率の高さには瞠目すべきものがある。イエズス会の学校が、古典カリキュラムを重視し、国公立が導入した近代語カリキュラムを拒否した点が合格率の高さとなって表れたのだろう。後述するように国公立と私立との対立は、「反教権対教権」だけでなく近代語と古典語の対抗とも重なっていた。ラテン語はずっと教会の言語であり、古典学はイエズス会の人文主義教育の要であった。

一八四六年にバカロレア合格者は四〇〇〇名を越え、一八六九年に六〇〇〇名に達し、一八九一年に七〇〇〇名、一九〇四年に八〇〇〇名、一九一九年に一万の大台に乗った。合格率は約五割だ。それでも、一九世紀後半のバカロレア合格者の一七歳人口に占める割合は一％に満たない。一八八五～一九一八年までの合格者の累計は二〇万名となる。バカロレア合格者こそが、大学とグランド・ゼコールをめざすエリート予備軍であった。

4 古典課程と近代課程

中等教育改革の始動

前期第三共和政の中等教育論議は、古典中等教育と実学的な特別中等教育の問題に収斂した。それは、古典擁護派と近代語と自然科学を振興しようとする改革派との対立として表れた。改革派は、カリキュラムの多様化を主張し、古典教育が知性よりも記憶を重視し、事実の分析や洞察よりも言葉の操作に専念していると批判を加えた。彼らは、修辞より批判や説明の能力を強調するのである。しかし改革派といえども、古典語の全面的廃止を唱える者はいなかった。彼らの多くも、自由業志望者などには古典教育を望んだ。

コレージュ・ド・フランスの教授ミシェル・ブレアルは、一八七二年に出版した『フランス公教育提要』の中で古典教育に傾斜しがちなリセの教育を次のように激しく批判した。リセは「書く技法」をのみ目的としている。それは思考の技法とはいえ、「事実を発見し観察する技法、真理を理解し点検する技法」ではない。彼は、ラテン語学習に用いられる皮相かつ機械的方法を拒絶し、仏文羅訳は「イエズス派の遺産」であり、ラテン語詩は「古代を理解する能力をラテン語の操作能力に代えてしまう悪しき古典教育の付属品」だと非難した。ブレアルは、公教育大臣ジュール・シモンのブレーンの一人だ。(30)

シモンが一八七二年九月二七日にリセの校長宛に通達を発したのも、ブレアルと同様の意図にもとづいていた。最大の問題点は、人文主義的な古典コースと工業化の要求に見合う近代コースとの融和であった。彼は、偉大な教育とは兵士や司祭の教育ではなくて万人に必要かつ共通なものであり、子供を育て成人にすることは理性を啓発し意志を堅固にすることだと述べて通達の精神を語るのである。[31]一八項目の改革提言からなるシモン通達の半数以上が古典教育の改革に当てられていた。通達の目的は、「古典語学習をより容易かつ効果的にするための改訂」にあった。改革の原理は、「近代語は話すため、死語は読むために学ぶ」ことであった。とくに、ラテン語詩・仏文羅訳・ラテン語小論文・ラテン語作文などの「話す」ことを目的とする授業を廃止ないし縮小して、フランス語の授業に代えることと、英独の近代語能力を高める授業が主張された。廃止の対象となったラテン語詩の授業は年に二〇〇時間もあった。フランス語が強調された背景には、普仏戦争後のナショナリズムの高揚という理由だけでなく、一八六三年の統計にあったように三万七五一〇の市町村のうちの八三八一の市町村でフランス語がまったく話されていなかったという切実な理由を指摘できる。実に四分の一の「国民」にとって、フランス語は外国語に等しかった。フランス語を話せるが書けない者を含めると、この数値はもっと上がる。[32]「国語」としてのフランス語を教える教師の必要性が痛感されたのである。

フェリーの改革

シモンやブレアルは、古典学者や保守派から「公教育をゲルマン化」しようとする輩であり、シモン改革とは「古典学の埋葬」だと激しく非難された。改革案は、教会内の古典擁護の第一人者でオルレアン司教のフェリックス・デュパンルーや後継大臣からすら反対され、ただちには実現しなかった。デュパンルーは、通達は「犯罪」であり「フランスにおける古典学の破滅と知的な高等教育の決定的崩壊」につながると糾弾し、「国民教育とフランス精神に致命的な一撃をもたらした」のはシモンだと告発した。こうした批判の高まりの前で、シモンも古典語の廃止や縮小は「真の犯罪的行為」だと声明せざるをえなかった。それでも、共和政が政治的安定を見た一八七〇年代末には流れも変わる。ジュール・フェリーが一八七九年に公教育大臣に就任し、翌年には公教育高等評議会のメンバーから宗教界の代表をはずすことに成功した[33]。

フェリーの中等教育改革が始まる。一八八〇年に彼は、リセの課程を初等部（三年）、文法部（三年）、高等部（四年）に区分し、初等と文法部から古典語をなくしたり削減したりした。批判の多かったラテン語詩は廃止された[34]。ラテン語は、リセの初等部の第八学級から第六学級に繰り上げられ、ギリシア語は第三学級から始めることとされた。この措置によって、公立小学校や私立中学の初等クラスからリセへの進学もスムーズに行くようになった。なぜなら、それまでのリセの初等部にはラテン語授業があり、ラテン語のない公立小学校出身者にはリセへの編入は不利であったからである。初等部のラテン語に代わって増えたのがフランス語と科学であった。それでも、文法部以上のクラスの授業の三分の一はなお古典語が占めていた[35]。

表 2 - 4　7 年制古典中等学校における週授業時間数の配分（1880～90年）

教科	1880	1885	1890
フランス語	21	17	18
ラテン語	39	39	59
ギリシア語	20	20	
近代語	18	13	10
歴史・地理	24	20	17¼
自然科学	28	23	16½
図画	14	14	10
哲学	8	8	6¾
合計	172	154	137½

出典：D. K. Müller/F. Ringer/B. Simon, *The Rise of the Modern Educational System*, Cambridge, 1987, p. 78.

しかし一八八四年には、ギリシア語が二年繰り下がって第五学級から始められることになり、フェリー改革は一歩後退した。また一八八四年と一八九〇年に、授業科目の加重負担や詰め込み教育が生徒の健康と発達に有害だという理由で授業の総時間数が減らされた。表2-4によれば、近代語の時間数が一八時間から一〇時間へ、自然科学が二八時間から一六・五時間へとほぼ半減したのに対して、ラテン語・ギリシア語の古典語は五九時間と現状を維持した。つまり、一八八四年と一八九〇年の改革の受益者は古典語であった。一八九〇年にラテン語作文の科目が廃止されたとはいえ、保守派の圧力の前で古典教育は優位を回復した。アドリアン・デュピュイが、フランスの古典教育は「大学局《ユニヴェルシテ》の夜毎の悩みの種」だと記したのは一八九〇年のことである。彼は、古典派の攻勢に対して、フランスにはラテン語を知らない立派な女流作家がいること、フランス語の作文コンクールの勝者がラテン語のない特別中等教育課程の生徒であったことを指摘し、ラテン語能力とフランス語能力が無関係なことを主張した(36)。

一八六三～六五年にかけて、デュリュイが導入した実用的で職業的な特別中等教育は、一八八一年八月に近代教育課程となって実学性を薄めていく。実学的な特別中等教育に対して、一八六五年にディジョンの市議会はリセを庶民的俗悪さで染めるものだと非難していた。一八六九年にリセの生徒の一九％、公立コレージュの三分の一がこのコースに登録していたけれども、実用的なものは貶価されたのである。一八七七年に、法科大学の経済学の科目を必修にするデクレが出されたが一八九二年まで実施されなかったところにも、プラクティカルなものへの抵抗を窺うことができる。ルナンも一八七一年に、「知性を強化しない空虚な修辞学」を否定するが、「国家は職人仕事の応用に専念する必要はない」と述べていた。一八八六年八月に、近代教育課程は五年から六年に延長されるが、古典課程よりなお一年短かった。このときまでに、近代教育課程から応用科学や実験・実習の科目は姿を消し、古典語のない古典課程に近づいていった。一八九一年六月の改革で特別中等教育は、教養志向を強め近代中等教育の名称を持つに至る(37)。

レイグの改革

一八九九年一一月にアレクサンドル・リボーを委員長とする下院教育委員会が、県議会や商業会議所、教育界や有識者へのアンケートや一九六名の証言にもとづいて、中等教育の改革提言を打ち出した(38)。リボーは中等教育の混乱の理由として次の五点を指摘した。第一に、教育熱の高まりにもかかわらず、伝統的教養がこれら新参者の要求に見合っていないという社会的理由、第二に、科学の発達にともない競争に勝ち抜くための実証的知識の必要性が高まったという知的理由、第三に、教育の自由が国家と教会に教育界を占有させ個人のイニシアチブを押さえ込んだという政治的理由、第四に、寄宿制度・試験・バカロレア・選抜方法の問題という教育的理由、第五に、民主的制度と伝統的心性の対照に由来する心理的理由である。リボーは、改革の指針が「学習の多様性と校内での統一」だとして、リセに財政的自治を付与し、校長の権威を回復し、復習教師の待遇を改善して彼らに研究者としての自覚を促すことを訴えた。

近代教育課程についてリボーは、商業会議所やコレージュを満足させる方策を考案すべきことを述べ、近代課程が古典課程のさえない模倣に終わらず、名実ともに近代的であること、「科学的精神こそ近代教育の神髄たるべきこと」を主張した。ガブリエル・モノーが第四学級からの三コース制（理科・古典語・実学的職業教育）を提案したことに示されるように、委員会は、教育の多様化や古典課程と近代課程の同格化、両課程に共通授業を導入すること、実用的教育、高等小学校からも両課程に進学できる道を確保することなどを提言していた。両課程の同格化や高等小学校からの進学可能性は、民衆教育とエリート教育の溝をいくらかでも埋めようという趣旨であった。

こうして一九〇二年五月のレイグ改革が誕生する。フォルトゥルの分岐制導入から半世紀が経過していた。一九世紀末の教育論議にピリオドが打たれ、二〇世紀前半の中等教育の枠組みが確立された。レイグ改革の目玉は、古典課程と近代課程の同格化であった。ライバル意識を煽るだけの「古典」や「近代」の名称は捨てられ、中等教育課程に一本化された。四年間の初等科の上に一一歳から始まる中等教育は、前期課程四年の二コース（ラテン語必修のA科とラテン語なしのB科）、後期課程三年の四コース（A＝ラテン語・ギリシア語、B＝ラテン語・近代語、C＝ラテン語・科学、D＝科学・近代語）に再編された。後期課程の第三年次は、哲学級（A・B）と数学級（C・D）に再統合された。四コースは同等であった。ラテン語のないDコースが特別中等教育の到達点だ。古典中等教育との同格化をめざした特別中等教育の闘いの中に、逆に教養志向の根強さと古典教育の威信の高さを読み取ることができるだろう。それでも、ナポレオン以来の修辞学級の名称が消えたことは、新しい教育への姿勢を示すものであった。しかし、近代課程は古典課程との同等を獲得したものの、近代文学やフランス語の授業は不十分なままであり、この意味で近代教育課程は中途半端な勝利に終わったと言いうる。しかもラテン語のないDコース出身者は、アグレガシオンや理工科学校や高等師範学校の入試では古典語未履修の不利益を被ったのである。なおレイグ改革によって、前期課程修了証が設けられ中途退学者の就職にも道が開かれた。

バカロレアの統一

中等教育の「多様性の中の統一」を打ち出したレイグ改革は、バカロレアの統一をもたらす[39]。それは、以下のプロセスを経て実現された。まず、一八七四年に文学バカロレアが二分された。同年のシモンの著書の中で触れられていたように、最終学年に進級する前に第一次バカロレア試験があり、最終学年の哲学級ないし数学級で第二次バカロレア試験の準備をすることになった[40]。一八八〇年にフェリーは、教養理念にもとづき文系と理系の調和に努め、文学バカロレアの第一次試験からラテン語作文をはずした。一八九〇年に、文学バカロレアと理科バカロレアとが中等教育バカロレアに一本化された。一六歳で受験する第一次バカロレアは全員共通であり、第一次合格後一年して受ける第二次バカロレアで、哲学と数学の二つに分かれた。

古典派からの反対はあったが、一八八二年七月に古典語の試験のない特別中等教育バカロレアが認められていた。これによって特別中等教育コースの生徒にも、理科大学への進学の道が開かれたが、特別バカロレアは地位の低いバカロレアとして扱われた。一八八六年には、特別バカロレアの取得者に公務員への門戸が開かれ地位の向上が見られる。一八九一年のデクレで特別バカロレアは、近代中等教育バカロレアとなった。しかし理工科学校は、一八六〇年から文学バカロレア取得者を優遇する試験方法を導入していた。このため、一八六〇～八〇年の理工科学校入学者の四分の三が文学バカロレアの合格者であった。[41] 一八八七年から特別バカロレア取得者の受験も可能になるが、理工科学校の優遇策は続く。第一次文学バカロレア取得者には五〇点、第二次文学バカロレア合格者にはさらに二五点の追加点が与えられたのに、近代教育バカロレア取得者には認められなかった。古典語の修得を入学要件とする法科と医科の大学にも、近代教育バカロレア取得者は進学できなかった。一八九八年のバカロレア合格者の二二%は古典語のない近代教育課程の卒業者であったにもかかわらず、バカロレアごとの威信の相違が根強く存続したのである。

かかる弊害の前で、一八九六年にバカロレアの廃止がエミール・コンブ大臣から提案され論議を呼んだ。結局一九〇二年にバカロレアは一本化され、旧特別中等教育は古典中等教育との同格を獲得した。一八七九年のセーヌ県の七校のリセと、一八六五~八〇年のパリ大学区の特別課程に在籍する生徒の社会的出自のデータによれば、古典課程では特別課程よりも自由業と公務員（二九%）が多く、逆に特別課程には商工農業の従事者（五七・二%）の子弟が多いことが分かる。[42] 特別課程の生徒の進路においても、四四・一%が商工農業に進んだ。その後特別中等教育が古典中等教育との同格化を進めるにつれて、特別課程生徒の出身階層のホワイトカラー化が進むとはいえ、特別課程には下層中産階級の出身者が多かった。したがって、古典語と近代語の争いとは中産階級の上層と下層の争いでもあった。法的には対等の資格を得たけれども、近代教育課程は二流のコースと見なされ、上層の子弟を引きつけず、古典バカロレア取得者より就業機会も恵まれていなかった。

5　一九世紀末の新旧論争

古典派の立場

一九世紀末の中等教育改革をめぐる論議で際立ったのは古典カリキュラムと近代カリキュラムの争いであった。それは、一七世紀末から一八世紀初頭にかけて行われた古代人と近代人の作家の優劣に関する新旧論争（古代・近代人論争）の再現といってよかった。一九世紀末の新旧論争は一九〇二年のレイグ改革に示されたように、双方の主張がそれぞれ取り入れられて白黒の決着がつかなかった点でも、二世紀前の新旧論争と似ていた。古典派にとって古典カリキュラムへの攻撃は、古典教育がエリートの属性に関わるだけに座視しえない重要性を持った。それは、エリートが持つべき知性や教養の理念と関わっていた。それでは、エリートに必要な教育という観点から新旧論争を検討しよう。リボー委員会に提出された調書等から、古典派と近代派の議論の態様を見ることにする。[43]

改革派が進める教育システムへの保守的反応は、すでにモーリス・バレスの『根こぎにされた人々』（一八九八年）や、アンリ・ベランジェの「フランスの知的プロレタリア」に表れていた。古典カリキュラムを擁護し、近代中等教育との同格化に否定的なアカデミック・エリートには、アンリ・ベルクソン（コレージュ・ド・フランス教授）、エミール・ブトルー（パリ大学文学部教授、哲学）、高等師範の校長で考古学者のジョルジュ・ペロー、パリ大学文学部長でギリシア語教授のアルフレッド・クロワゼたちがいた。クロワゼは保守的な改革派でもあった。彼らは、ラテン文化とフランス文明との連続性を強調し、古典を学ぶことによる生徒の精神と知性の鍛錬や人格の陶冶を語った。古典はエリートのための高級な文学的教養と位置づけられた。

それでは古典派の議論を見てみよう。一八九一年に公教育高等評議会委員に選出されたアンリ・ベルネスは、古典語が全大学と上級学校の入学要件だと主張し、「古典語のみがわれわれを国民性の伝統の中に保つ」と述べた。古典研究が「フランス精神に特別の恵みをもたらしている」（ベルクソン）とか、フランスは「アテネ的国家であり、経済の領域においてすら、優雅さや繊細さや卓越性や洗練といった資質からその優越性を引き出している」（ポール・ルロワ－ボーリュー、コレージュ・ド・フランス教授、経済学）とか、「われわれの文学・哲学・公私の道徳は古典主義の影響を受けている。……古典的なものは、いわばわれわれの血と髄の中に染み込んでいる。……われわれの市民道徳の四分の三は……アテネとローマから伝えられた」（クロワゼ）、と語られた。ルネサンス以来の方法が現実に合っていないことを認めつつも、クロワゼはリボー委員会に対して第二学級からの分岐制導入を主張し、文系には従来通りのカリキュラムと理系にはギリシア語の廃止とラテン語の継続を述べていた。彼はさらに、中等教育を五年間の実学的なAコース（多少のラテン語を含む）と、七年間の大学進学コース（一五歳から分岐制）に二分することを提案し、古典語の継続を訴えた(44)。

ブトルーは、古典的精神の遺産は「均質性の原理」であるのに、今では「多様性の原理」が好まれ、「教育における多様性の過度の強調」は「社会的紐帯の弛緩」をもたらしかねないとカリキュラムの多様性を批判する。そして、古典学習によってこそ「フランスは自己の魂を維持する」ことができると説いて、古典に基礎を置く一元的な中等教育を要求した。パリ大学医学部の構成員三四名のうち、近代教育の古典教育への吸収に賛成したのは二名であったと報告しつつ、医学部長のポール・ブルアルデルは、自分たちが学生の頃はホラティウスを読むことができたと語り、古典カリキュラムのみが「精神の鍛錬」に役立ち、古典的教養は開業医にとっても患者に「優越する教養」であり、それなくして患者に対する「不可欠な影響力」を維持することはできないとすら述べた。ブルアルデルは、はからずも知が権力的関係をもたらすこと、身分や階層的な差異の記号と化すことを率直に語るのである。

保守派の経済学者ポール・ルヴァスール（コレージュ・ド・フランス教授）は、異なる階級には異なるカリキュラムが必要なことを露骨に述べる。彼は（古典）教育が必要な一三〇万の支配階級と、初等以上の（職業）教育が必要な五〇〇万の人々と、初等教育で満足すべき労働者という三種類の教育について語った。P・ルロワ－ボーリューも、古典教育向きの資質と資力に恵まれた階層があることを語る。またパリ大学医学部のシャルル・ブシャールは、学校の選択が「家族の資産量」によって決まると断言し、「カリキュラム間の生徒の移動を容易にするのではなくて、事物の本性によって課せられたカリキュラムの分離を維持しよう」と訴えた。学士院会員で哲学者のアルフレッド・フイエも、「多様な社会層や社会環境を軽々しく混交しないでおこう。……尊重すべき自然で自発的な階級分類が存在するのだ」とか、「虚構の平準化を追求する代わりに、自然的ヒエラルヒーを維持」しようと述べる。同時に、彼は依然として人々の間で威信があり知的かつ芸術的であり、金銭や権力と無縁なものとして「古典学習」を位置づけ、「古典精神」こそが「国民精神」であり、古典教育に反対することは反フランス的だとすら記した。

このように、古典擁護論者の中には貴族主義的で露骨な階級文化の保持者もいた。近代派のセニョボスが、「わが中等教育は旧制度の要素を最も多く保持している」と非難したのも、中等教育に残るカースト的な貴族原理を指していた。保守派にとって憂慮すべきことは、エリート内部の不統一であってエリートと大衆の間の不統一ではなかった。[45] エリート内部の統一の可視的シンボルの一つが、ギリシア・ラテンの古典教育であった。それだけに古典教育は、近代派にとって伝統社会を防御する悪しき道具と映ったのである。

近代派の立場

次に改革派の立論を検討しよう。[46] 急進共和派に近い大学人や教育行政官がその代表的人物である。パリ大学文学部のエルネスト・ラヴィス（歴史学）、同ギュスターヴ・ランソン（文学史）、同アルフォンス・オラール（歴史学）、同シャルル・セニョボス（歴史学）、パリ大学理学部長のガストン・ダルブー、高等師範のシャルル・アンドラー（哲学）、コレージュ・ド・フランスの化学教授で元大臣のマルスラン・ベルトロ、急進党のレオン・ブルジョア元大臣、フェルディナン・ビュイッソン元初等教育局長で現パリ大学文学部の教育学教授、独立派の社会主義者ジャン・ジョレスなどがいた。彼らの立場は、思想・学校・人物・事物の「多様性」の擁護である。改革派は古典派との対抗上、フランス文学（「国文学」）やフランス語（「国語」）を擁護する形で論陣を張った。

改革派の立場はラヴィスの意見に集約される。ラヴィスは、すでに一八九四年に現在の教育方法は現状に合っておらず、「新しい教育は現代社会が必要とする自由な活動を保証する」ことだという認識を示していた。彼は、「近代的古典」カリキュラムが存在し、それはギリシア・ローマの古典カリキュラムと同等の価値と資格があること、一七～一八世紀のフランス古典文学は、古典古代文学と同じく生徒たちに古典的で知的で道徳的な教養を与えることができると主張する。「ラ・ロシュフーコーはラテン語を知らなかった」と。そしてラヴィスは、生徒の「天職」を八～九歳で見抜くことはできず、その天職も「民主主義国においては、両親の富によってのみ決定される」べきではないと続ける。以上の主張に、近代中等課程の質的向上と、中等教育の初級段階に存在する階層的分裂状況の緩和への期待を窺うことができる。

古典を少数者に留保しつつもベルトロは、教育の経済的側面に言及した数少ない改革派の一人であった。彼は、科学的教養と文学的教養の同等性を主張し、古い文学教育は産業には不向きであり、その結果公務員への殺到を招いていると語った。これは、「大卒者の過剰生産」による自由業や公務員への殺到を憂慮するアンリ・ベランジェの「知的プロレタリア」論や「公務員第一主義の危機」論を意識した議論である。(47) またベルトロは、近代課程と古典課程の等価性を主張しつつ、近代中等教育が科学性を放棄して教養志向を強め、古典カリキュラムの亜流に堕したことを批判する。彼は、近代教育課程が科学的な人文主義教育に変わることを望んだ。ランソンが、近代教育課程は科学的かつ実用的であらねばならず、自然科学も応用科学へと開かれているべきだと主張したのも同様のトーンである。ダルブーは、理学部が満場一致で古典課程と近代課程の対等な資格を望んでいると主張して分岐制の復活を唱え、それによって「科学教育が改善されることに疑問の余地はなく、逆に文学教育が失うものは何もない」と語った。これら自然科学者の発言には、フランスの自然科学の地位向上という期待が込められていた。自然科学者の意見は、レイグ改革のCコース（ラテン語・科学）へと集約されていった。

ビュイッソンの立場は、中等教育は万人に開かれているべきであり、人為的な障壁が立ちはだかってはならないというものであった。彼は、多様な中等教育プログラムを要求し、画一的なエリートではなくて広い範囲に人材を求め、多様な才能を持ったエリート養成の必要性を語った。ランソンは「中等教育の危機」を指摘する。(48) 彼は、科学と歴史学が重要性を増したことによって、文学を中心にした中等教育のカリキュラムにひずみが生じ、古典研究の信用が失墜したという現状認識を示し、今や、批判的科学的方法を重視する科学や歴史学や近代語がそれに取って代わることを訴え、古典文学と外国文学と国文学の同等性を述べた。

レオン・ブルジョア元大臣は、実用的教育の面で初等と中等を架橋する必要性と、バカロレアに代えて「学習修了証」を発行する提案をした。彼は、古典語の威信の不滅性とエリートの高級文化を維持する必要性に同意し、近代課程が古典課程のコピーになり果てたことを失敗と捉えた。彼は、近代カリキュラムを教える教師が誕生した暁には古典との同等性が期待できると述べるが、レオン・ブルジョアの両義的立場は作家のジュール・ルメートルにも見られた。古典不要論には古典を受容する能力のない者、「ふさわしくない者」を排除するというエリート主義的発想もあったのである。ルメートルは、この立場から四年間の中等前期課程には古典語の授業を避けることを提案した。その後、就職する者、上級の実業学校や大学やグランド・ゼコールへと進む者に分かれ、後者には古典カリキュラムを施すというのである。つまり、ルメートルの主張は、中等教育の前期課程では統合を認めるが、後期課程では現行の複線型分節化を維持しようというものであり、保守派の主張に接近していった。近代派にもルメートルからジョレス（古典カリキュラムは「知的支配の特権」を意味すると弾劾）までの幅があったが、古典派の主張よりは民主的であった。近代派は、中等教育の問題が社会問題にほかならず、階級を固定する教育の弊害を認識していた。両派の対立は、第一次大戦までくすぶり続けるだろう。

新旧論争の意味

以上、古典派と近代派の意見を見てきた。両派の対立は、表層的には論者の専門領域の対立ないしカリキュラムの対立として表れたが、深層においては社会におけるエリートのあり方の問題であった。論争の中心テーマは、未来のエリートにふさわしい学問や教養とは何かということであった。司祭と貴顕紳士を主要に養成してきた古典中心の教育と、市民を育成するための古典と近代科目を含む教育とが対立したのである。一九〇七年に学士号の改革があり、古典語はさらに後退した。一八八六年に導入されていた近代語学士号が、文学士・哲学士・史学士と対等の学位であることが再確認され、羅文仏訳は維持されたとはいえ、古典語中心の学士号共通試験（ラテン語作文、仏語作文、ギリシア語・ラテン語・フランス語の説明問題）が廃止されたのである。(49)

一九世紀末の新旧論争は、フランス中産階級の社会経済的重要性が増大したことの反映であった。それは、社会経済的には大ブルジョアと中小ブルジョアとの論争、政治的には保守派と急進共和派との争いであった。古典派も近代派も一枚岩ではなくて、それぞれの陣営内部に相手の主張の全否定から部分否定の立場まで抱えていた。それでも古典派も近代派も、アカデミックな中等教育の価値を「知性の陶冶」や「教養」に見た点で共通していた。論争の当事者には、エリート中のエリートたる高等師範の出身者が多かった。高等師範は、教養を重視していたグランド・ゼコールである。

6 エリートの多様化

メリトクラシーの出現

一九世紀フランスの中等教育は、中央集権主義とエリート主義、古典教育の重視と技術教育の軽視、乏しい教育予算などによって特徴づけられる。このため教育環境は、教える側と教えられる側の双方にとって劣悪であった。それが教育の惨状をよぎなくした。教育改革の必要性をフランス人に痛感させたのは、普仏戦争の敗北であった。エルネスト・ルナンが「教育制度の抜本的改革」を求めたのは、敗戦直後の一八七一年である[50]。しかしリセの改革は世紀末まで遷延された。なぜなら、エリートの品質を証明する古典語の威信が高かったからである。

リセのエリート養成とは、古典を中心とした人文主義教育のことであった。一八七〇年から第一次世界大戦の時期は、ドイツにおいて『読書人の没落』（リンガー）が語られるように、フランスにおいても古典の教養にもとづくエリートから、近代科学や近代語も含めた多様な分野において秀でたエリートへとエリート観の転換が刻まれた時代である。それを示したのが世紀末の新旧論争であった。新旧論争は、政教分離が行われ、カトリックから教育権を奪い取る改革の時期と重なった。改革期（一八八九〜一九〇六年）の閣僚の五〜七割がフリーメーソンであり、彼らは教育を未開から文明への進歩という文脈で理解した。したがって、カースト的な不平等には敏感な彼らも知のヒエラルヒーには素朴な信頼を寄せていた[51]。メリトクラシーの社会が出現した。実態においては制限されたメリトクラシーであったが、レイグ改革が出された翌一九〇三年に、立身出世主義を意味するアリヴィスム

（arrivisme）が用いられたことは時代を象徴している。

一九世紀は、作家やジャーナリストなどの「新しい社会的地位を求めて」獅子奮迅する帽子屋パチュロや、教育がないことを「恥」と感じて独学で政治家になった石工のマルタン・ナドに典型的なように、教育の社会的効用や上昇移動の夢が中産階級のみならず、労働者の世界にも受け入れられていった時代である。セルフ・ビルディングとネーション・ビルディングが重ね合わされた時代、それがこの時代であった。このような時代の大転換の中で古典の優位は一気には崩れなかったが、自然科学に対する要望の高まりは一九〇二年の改革に棹さすことになる。フランスの教育システムも近代産業の要請に応えざるをえない。かくして、学校を回路とした個人の社会的上昇と、第三共和政の帝国主義的発展とが同一視され、「競争型エリート主義民主政」（デヴィッド・ヘルド）がもたらされる。エリートを培養する組織となったのがリセであった。

扉図　第三共和政期ルーアンのリセの授業図景。出典：Michelle Perrot ed., *A History of Private Life*, vol. 4, Harvard U. P., 1990, p. 216.

注

（1）家庭、すなわち社会的出自の影響力が決して低下したわけではない。ブルデュー、パスロン著、石井洋二郎監訳『遺産相続者たち』藤原書店、一九九七年、一二四頁。

（2）以上、Martine Jey, *La littérature au lycée : Invention d'une discipline 1880-1925*, Paris, 1998, p. 184 ; *Le Centenaire de l'École normale 1795-1895*, Paris, 1895, p. XLV ; Theodore Zeldin, *France 1848-1945*, vol. 2, Oxford, 1977, p. 291 ; François Huguet, *Les inspecteurs généraux de l'instruction publique 1802-1914*, Paris, 1988, pp. 11-14.

（3）Patrick J. Harrigan, *Mobility, Elites, and Education in French Society of the Second Empire*, Waterloo, 1980, pp. 69-70.

（4）以下、Ferdinand Buisson, *Dictionnaire de pédagogie et d'instruction primaire*, t. 1-2, Paris, 1888, pp. 1742-1750 ; Maurice Gontard, *L'enseignement secondaire en France de la fin de l'Ancien régime à la loi Falloux 1750-1850*, La Calade, 1984, pp. 69-72, 79. 梅根悟監修『世界教育史大系９　フランス教育史』講談社、一九七五年、三〇四～三一一頁。堀内達夫「フランス近代中等教育の成立と展開」望田幸男編『国際比較・近代中等教育の構造と機能』名古屋大学出版会、一九九〇年、一五六～一六〇頁。

（5）以上、Clément Falcucci, *L'humanisme dans l'enseignement secondaire en France au XIXe siècle*, Toulouse, 1939, p. 157 ; Paul Gerbod, *La vie quotidienne dans les lycées et collèges au XIXe siècle*, Paris, 1968, pp. 107, 128. ルイ・レーボー著、高木勇夫訳『帽子屋パチュロの冒険』ユニテ、一九九七年、六九頁。

（6）Gontard, *op. cit.*, pp. 69-73. 一八一五年に、合図の手段は太鼓から鐘に変えられる。

（7）Gerbod, *op. cit.*, pp. 32, 101-104.

（8）A・ドーデ著、原千代海訳『プチ・ショーズ』（岩波文庫）岩波書店、一九五七年、九九頁。

（9）ファルー法は公立コレージュに大学局《ユニヴェルシテ》からの離脱と私立への移行を促した。このため、コレージュは一八五〇年の三〇七校が一八五九年には二三二校へと減り、減少分の大半がカトリック校となった。ファルー法も、リセについては触れるところがない。R. D. Anderson, *Education in France 1848-1870*, Oxford, 1975, p. 49.

（10）Fritz K. Ringer, *Education and Society in Modern Europe*, Bloomington, 1979, p. 136.

（11）Zeldin, *op. cit.*, p. 292 ; Gerbod, *op. cit.*, p. 97.

（12）Pamela M. Pilbeam, *The Middle Classes in Europe 1789-1914, France, Germany, Italy and Russia*, London, 1990, pp. 180-181.

（13）Antoine Prost, *Histoire de l'enseignement en France 1800-1967*, Paris, 1968, p. 34. 一八六五年の各種中等学校の一年間の寄宿費は、リセで七三九フラン、コレージュで六四九フラン、私立のカトリック校で六三〇フラン、イエズス会系の学校で七六四フランであった。第二帝政初期の腕の立つパリの大工職人の年収でも一三〇〇フラン、いわんや一般労働者の年収（九〇〇～一二〇〇フラン）では子弟に中等教育を受けさせることはむずかしかった（Harrigan, *op. cit.*, p. 9 ; Zeldin, *op. cit.*, pp. 279, 304）。

（14）Harrigan, *op. cit.*, pp. 14, 20-21.

（15）Jean Charlot, "Les élites politiques en France de la IIIe à la Ve République", *Archives européennes de sociologie*, t.

14, 1973, p. 79.

（16） Anderson, *op. cit.*, p. 81 ; Zeldin, *op. cit.*, pp. 303-304 ; Gerbod, *op. cit.*, pp. 76-79.

（17） 一八〇八年の給与は、校長三〇〇〇フラン、副校長と一級教授が一五〇〇フラン、二級教授が一二〇〇フラン、三級教授が一〇〇〇フラン、復習教師が七〇〇フランであった。

（18） Gerbod, *op. cit.*, pp. 14-19.

（19） Anderson, *op. cit.*, pp. 67-73, 97-107, 114, 172-176 ; Zeldin, *op. cit.*, pp. 247-251.

（20） Falcucci, *op. cit.*, pp. 208-220 ; Gontard, *op. cit.*, pp. 206-207 ; Paul Raphael/Maurice Gontard, *Hippolyte Fortoul 1851-1856, Un ministre de l'instruction publique sous l'empire autoritaire*, Paris, 1975, p. 115 ; Craig S. Zwerling, *The Emergence of the Ecole Normale Supérieure as a Center of Scientific Education in Nineteenth-Century France*, New York, 1990, pp. 192-193 ; Fritz K. Ringer, *Fields of Knowledge, French Academic Culture in Comparative Perspective 1890-1920*, Cambridge, 1992, p. 79. 筒井清忠他訳『知の歴史社会学』名古屋大学出版会、一九九六年、七四頁。

（21） 堀内達夫、前掲論文、一五九頁。第八～第七学級におかれた聖史の授業は、カトリック勢力が権力ブロックを構成し、教育の場のヘゲモニーを分有してきた結果だろう。

（22） Nicole Hulin-Jung, *L'Organisation de l'enseignement des sciences*, Paris, 1989, p. 272 ; Gerbod, *op. cit.*, p. 49.

（23） Raphael/Gontard, *op. cit.*, pp. 123-127. 小山勉『教育闘争と知のヘゲモニー』御茶の水書房、一九九八年、二〇九～二一二頁。

（24） Pierre Larousse, *Grand dictionnaire universel du XIXe siècle*, t. 2, Paris, 1867, pp. 724-725.

（25） Ernest Lavisse, *Souvenirs*, Paris, 1988, pp. 158-160, 212 ; Lavisse, Croiset, Seignobos, *L'éducation de la démocratie*, Paris, 1907, pp. 5-7 ; Félix Ponteil, *Histoire de l'enseignement en France*, Tours, 1966, p. 177.

（26） 以上、Paul Gerbod, *La condition universitaire en France au XIXe siècle*, Paris, 1965, p. 431 ; Hulin-Jung, *op. cit.*, p. 294 ; Ferdinand Buisson, *Dictionnaire de pédagogie et d'instruction primaire*, t. 1-1, Paris, 1887, pp. 1075-1076 ; Anderson, *op. cit.*, pp. 180-182.

（27） 以下、Octave Gréard, *Éducation et instruction*, Paris, 1887, pp. 151-190 ; Zeldin, *op. cit.*, pp. 269-272 ; Ringer, *Education and Society in Modern Europe*, pp. 132-133, 137-138, 147 ; Ponteil, *op. cit.*, pp. 180-184. 宮脇陽三『フラン

ス大学入学資格試験制度史』風間書房、一九八一年、六四～六九、九二～九五、一一〇～一一一頁。

(28) Albert Duruy, "La statistique de l'enseignement supérieur", *Revue des deux mondes*, 1er avril 1879, pp. 581-583.

(29) Sandra Horvath-Peterson, *Victor Duruy and French Education*, Baton Rouge, 1984, pp. 126-127. 宮脇陽三、前掲書、一二〇～一二三頁。

(30) Michel Bréal, *Quelques mots sur l'instruction publique en France*, 2[e]éd., Paris, 1872, pp. 158-159, 202, 221-222 ; Ponteil, *op. cit.*, pp. 291-293 ; Paul Gerbod, *La condition universitaire en France au XIXe siècle*, pp. 528-529. 梅根悟監修『世界教育史大系25　中等教育史Ⅱ』講談社、一九七六年、一三四～一三八頁。

(31) Jules Simon, *La réforme de l'enseignement secondaire*, Paris, 1874, pp. 5-11, 399-430.

(32) Eugen Weber, *Peasants into Frenchmen, The Modernization of Rural France 1870-1914*, Stanford, 1976, pp. 67-69.

(33) Falcucci, *op. cit.*, pp. 315-319 ; Gerbod, *La condition universitaire en France au XIXe siècle*, pp. 531-532 ; Philip A. Bertocci, *Jules Simon : Republican Anticlericalism and Cultural Politics in France 1848-1886*, Columbia, 1978, pp. 178-179 ; Harrigan, "French Catholics and Classical Education after the Falloux Law", *French Historical Studies*, vol. 8-2, 1973, pp. 272-273.

(34) 高等師範の入試科目からラテン語詩が除かれたのは一八八六年である。Pierre Jeannin, *École Normale Supérieure*, Paris, 1963, p. 88.

(35) Falcucci, *op. cit.*, pp. 341-342. 堀内達夫、前掲論文、一六七～一六九頁。

(36) Adrien Dupuy, *L'État et l'Université ou la vraie réforme de l'enseignement secondaire*, Paris, 1890, pp. 39, 44, 50.

(37) D. K. Müller/F. Ringer/B. Simon, *The Rise of the Modern Educational System*, Cambridge, 1987, pp. 72-87. 望田幸男監訳『現代教育システムの形成』晃洋書房、一九八九年。Jey, *op. cit.*, pp. 169-175, 194-198 ; Anderson, *op. cit.*, p. 213 ; Pilbeam, *op. cit.*, p. 183 ; Guy Chaussinand-Nogaret, *Histoire des élites en France du XVIe au XXe siècle*, Éditions Tallandier, 1991, p. 447 ; Ernest Renan, *La réforme intellectuelle et morale*, Bruxelles, 1990, rpt., p. 101.

(38) 以下、Falcucci, *op. cit.*, pp. 482-489 ; Ringer, *Education and Society in Modern Europe*, p. 121 ; Hulin-Jung, *op. cit.*, p. 300. 宮脇陽三、前掲書、二七〇～二八七頁。

(39) 以下、Ponteil, *op. cit.*, pp. 300-305, 326-329 ; Prost, *op. cit.*, p. 251.

（40） Simon, *op. cit.*, p. 78.

（41） Terry Shinn, *L'École polytechnique 1794-1914*, Paris, 1980, pp. 50-51, 107-110.

（42） 堀内達夫、前掲論文、一六五頁。Harrigan, *Mobility, Elites, and Education in French Society of the Second Empire*, pp. 25-30, 67.

（43） Falcucci, *op. cit.*, p. 451 ; Ringer, *Fields of Knowledge*, pp. 141-160. 邦訳、一三六～一五五頁。Jey, *op. cit.*, pp. 182-191 ; G. de Lamarzelle, *La crise universitaire d'après l'enquête de la chambre des députés*, Paris, 1900, pp. 71-81, 112-113, 168-170.

（44） Hulin-Jung, *op. cit.*, pp. 298-300 ; Croiset, Devinat, Boitel et al., *Enseignement et Démocratie*, Paris, 1905, pp. 20-21 ; Lavisse, Croiset, Seignobos, *op. cit.*, pp. 190-197.

（45） 以上、ウィリアム・ローグ著、南充彦他訳『フランス自由主義の展開』ミネルヴァ書房、一九九八年、一五一頁。Lavisse, Croiset, Seignobos, *op. cit.*, p. 116.

（46） 以下、Falcucci, *op. cit.*, pp. 453-455, 458-460, 465-467, 497 ; Ringer, *Fields of Knowledge*, pp. 160-189. 邦訳、一五六～一七一頁。Hulin-Jung, *op. cit.*, pp. 300-301 ; Lamarzelle, *op. cit.*, pp. 150-215 ; Pierre Albertini, "La réforme de 1903", in J.-F. Sirinelli dir., *Ecole normale supérieure*, Paris, 1994, pp. 52-57.

（47） Henri Bérenger/Paul Pottier et al., *Les prolétaires intellectuels en France*, Paris, 1901.

（48） Croiset, Devinat, Boitel, *op. cit.*, pp. 190-192 ; Lavisse, Croiset, Seignobos, *op. cit.*, pp. 158-159 ; Claire-Françoise Bompaire-Evesque, *Un débat sur l'université au temps de la Troisième République, la lutte contre la nouvelle Sorbonne*, Paris, 1988, p. 31.

（49） Harrigan, *Mobility, Elites, and Education in French Society of the Second Empire*, p. 116 ; Prost, *op. cit.*, p. 232 ; Bompaire-Evesque, *op. cit.*, p. 33.

（50） Renan, *op. cit.*, p. 95.

（51） 彼らは、社会進歩の手段として試験の苦行を説きさえした。Jean Estèbe, *Les ministres de la République 1871-1914*, Paris, 1982, pp. 210-213, 220.

第3章

近代ドイツのエリート教育

――「エリート」をめぐる教育改革の一〇〇年

進藤修一

学校改革にみるエリート像

近代ドイツでは，教育資格と職業資格とが結合する「資格社会」が形成された。そして，ギムナジウムや総合大学がエリート教育機関として，この資格社会を支える装置となった。しかしながら，世紀後半にドイツが経験した急激な近代化・工業化は，教育機会の拡大をもたらし，そのエリート概念の再検討をうながすこととなる。その結果教育をめぐるさまざまなせめぎあいがみられ，エリート教育は時代の影響に翻弄されていった。

1　はじめに——課題の設定

本章では、一九世紀プロイセン＝ドイツのエリート教育機関であったギムナジウムと総合大学をめぐる改革の動きに焦点をあてる。プロイセン＝ドイツの一九世紀とは、血統にもとづく身分制原理から、学歴と職業資格の結合した資格原理への転換が見られた時代である。そして、学校と職業が資格という絆で結び付けられたことは、能力主義的《メリトクラティック》な社会における職業生活の理想像を教育の現場ではぐくむべく、学校に要求が寄せられるようになったことを意味する。つまり、このような社会においては、エリート学校に対しても常に社会生活の「エリート像」を具現することが求められているはずである。

ギムナジウムや総合大学がエリート教育機関としての地位を確立したのは一九世紀初頭のことである。この段階では、古典文化の教授を通じた人格の陶冶に重点をおいた新人文主義的要素が強く反映され、身分制原理を打破する新しい思想としての新人文主義が学校教育に取り入れられた。そして、この思想に応じたエリートが教育の現場で育成されることとなった。ところが一九世紀後半になると、ドイツ社会は二つの大きな変化に直面した。ひとつは国内における急速な近代化であり、これはギムナジウムや総合大学への通学者増大、あるいはその学生層の社会的出自の変化をもたらした。ここから教養層予備軍の過剰供給を論じる「教育過剰論争」が生まれることとなった。すなわち、それまでのエリート選抜の方法がここで問題視されるようになり、そもそも「エリート」とはなにかという解釈をめぐる議論がなされたのである。第二の変化とは、ヨーロッパ諸国の帝国主義的拡張による国際競争であり、ドイツのエリート観もこれに大きく影響された。すなわち、国際競争に勝ち抜くための「有用な」教育を促進するよう、改革への要求が強まったのである。これは人文主義的教育の改革と同時に、従来の教育体系でエリート教育からは一線を画され劣等視されていた実科系教育の評価を再考しなければならないことを意味したのである。

　本章では、こうして急激な社会変化のもとあらわれた教育論議が、あたらしいドイツ・エリート像の構築を模索する運動であったと措定し、この「エリート教育」改革をめぐる動きを素描していきたい。

2　中等学校

一九世紀前半の中等学校

　一八世紀末から一九世紀初頭にかけて、プロイセンでは明確な規定ができないほど種々雑多な学校群がみられた。一七八七年には高等学務委員会という組織が設立され、これを機にプロイセンではあいまいな学校形態が一定の方向へまとめられることとなった。そのなかで、ギムナジウムと称された学校にエリート育成学校としての特権的地位が与えられることになった。一九世紀に入り、言語学者にして政治家であったヴィルヘルム・フォン・フンボルトが、一八世紀的啓蒙主義に対して一大文化運動として展開された新人文主義的思想に基づいた教育改革をおこなった。フンボルトに代表される当時の新人文主義思想は、「特定の職業のみを目指した準備教育ではなく、『多面的教育』を、そして『自ら思想する人間』の教育[1]」という考えをその中核におき、この理想を実現すべき場としてギムナジウム・総合大学が考えられたのである。しかし、フンボルトが文教局長に在職したのはわずか一年間であったことや、政府内での保守勢力の反対、ナポレオン戦争後のプロイセンの財政危機等のさまざまな要因のため、新人文主義的な教育改革は部分的にしか成功をおさめなかった。教育学者ヤイスマンは、このような限定条件のもと

図3-1　ヴィルヘルム・フォン・フンボルト

出典：Lundgreen, Peter, "Universität und Hochschule", in : *Deutschland*, Bd. 5, Gütersloh, 1985, S. 59.

に成立したギムナジウムを「新人文主義的ギムナジウム」というよりは「プロイセン型ギムナジウム」と理解すべきだと主張している[2]。そして、この時代のギムナジウムがプロイセン型コンセプトで形成されたことは、その後ギムナジウムがとる運命を定めたともいえる。とりわけ、一八一二年にだされた規程は、ギムナジウムの修了試験であるアビトゥーアに次のような位置づけを与えた。すなわち、ギムナジウムの試験は「将来大学において奨学金受給を希望するものか、官吏の試験を希望するものだけ[3]」に必須とされたのである。ここでは、アビトゥーアに官吏採用試験の第一段階としての明確な地位があたえられている。この時点では、まだアビトゥーア取得者が独占的に大学へ進学できるとは定められていなかったが、アビトゥーアを授与できる学校の標準化は促進された。つまり、ここでアビトゥーア試験に必要な科目が定められ、ギムナジウムの教授内容においてギリシア語・ラテン語両古典語の優位が定められるとともに、古典語を中心に据えた教育と官吏任用とが結びつけられた。この事実は、高級官吏が社会的威信を有したプロイセンで、ギムナジウム＝アビトゥーアのエリート性を決定づける出来事であった。すなわち、古典語教養をもつことがエリートの資格として制度的に確立されたのである。このようなギムナジウムの圧倒的優位の体制は、この後二〇世紀にいたるまで続くであろう。

他方、ギムナジウムと認定されなかったラテン語学校やその他の学校はその後どのような経過をたどったのであろうか。これらの学校は大学へ生徒を進学させる資格を与えられなかったが、ギムナジウムの教科課程を模倣することによってその地位を向上させようとした。一八三二年に公布された高等市民学校および実科学校規則では、修了試験にラテン語が必須とはされていなかった。にもかかわらずこの時点でラテン語を導入した諸学校もあり、これらが一八五九年には九年制の第一種実科学校（一八八二年以降は実科ギムナジウムへ名称変更）へと改組された。第二種実科学校に分類された学校群は、第一種実科学校にみられるラテン語の導入などさまざまな条件を満たせなかったものである。このラテン語を教授せず第二種とされた中等学校には複数の類型がある。その一つは、一八二〇年代以降技術者の専門学校として設立された国立の州産業学校である。この学校は独自の下級段階をもたない中級段階のみの学校であったが、一八七八年に六年制の下級段階が整備されることにより、従来からある部分はそれに接続する上級三学年という位置づけを得た。こうして九年制の中等学校へと改組され、同時に名称も「高等実科学校」となった。もう一つは都市立の実業学校で、州産業学校とは逆に上級段階を構築することにより（一八七四・七七年に）九年制へと拡張したものである。これがのちに第二種実科学校と呼ばれるようになったものである。これら以外にも、普墺戦争（一八六六年）の結果プロイセンに併合された地域の諸学校（ラテン語を教授せず、修学期間もまちまち）や、一八七四年以降高等市民学校と呼ばれた中間学校などもあった。これらのラテン語を教授しない学校群は一八八二年の教科課程で整理統合され、九年制の高等実科学校、七年制の実科学校、六年制の高等市民学校となった(4)。ギムナジウムと第一種実科学校とには、それぞれが担うべき異なる役割が想定されていた。そのことは、「実科学校・高等市民学校は、大学進学を必要とはしない程度の上級職業のための学術的予備教育を施

図3-2　19世紀のギムナジウムの様子

出典：Lundgreen, Peter, Pädagogik und Schule, in : *Deutschland*, Bd. 5, Gütersloh, 1985, S. 26.

すことが使命とされる」(5)という当時の認識にもうかがわれる。すなわち「ギムナジウムと実科学校の間には根本的対立ではなく、相互補完する関係が存在する。中等教育全体で、さまざまな職業のための基盤をつくるという共通目的をもっているが、このなかで両学校形態はそれぞれに担うべき役割が配置されているのである」(6)と考えられている。ギムナジウムは理念上あくまでも高等教育へ接続し、大学卒資格を必要とする職業を目標とする生徒が進学する学校であり、大学進学を予定しない第一種実科学校とは当初からその目的が違うことがここで明確化されている。また、第二種実科学校は、第一種実科学校と比較して職業資格付与の点で劣位に立たされた。

社会の近代化と教育改革

しかし、第二帝政期に入って急速に近代化が進行するとともに、その変化に適合した教育がもとめられるようになった。一八七〇年代以降の教育改革議論は、既存の教育制度を、いかにして急激に変化する社会に対応させるかを主題としたのである。工業化の進展とともに、実科教育に対する工業界からの要請も高まってきていた。イギリスなどの先進工業国よりもかなり遅れたドイツの工業化は、ここにきて急速に先発諸国に追いつく勢いを見せていた。その中心分野となったのは鉄鋼や化学などであり、これらの分野では工学上の学術的発見と工業発展が連携を見せはじめていたのである。一九世紀を通じて発展が著しかった医学分野でも、医学部進学者をギムナジウムからのみ受け入れることには固執したものの[7]、「ドイツ自然科学者・医師連盟」の決議に見られるように、古典語を重視するギムナジウムの教授内容が医学部進学者の準備教育として不適当だと考える意見も提出されはじめていた[8]。また、ギムナジウムから工科大学へ進学する者も少なくなかったことから、ギムナジウムで自然科学の授業を強化すべきであるという意見も見られるようになっていた。このような状況のもと、職業資格制度も急速に変化の圧力をうけることとなった。教育資格と職業資格が結合したドイツでは、これは教育制度改革への圧力をも意味した。こうした一連の圧力をうけて、古典語中心のカリキュラムをもつギムナジウムを近代社会に適合するように改革すべきという議論がおこってきた。この議論のなかでギムナジウム批判者たちは、改革が「時代の要求」であることを繰り返し主張したのである[9]。その根底にはドイツ帝国が国際競争に勝ち残るために「有用な教育」こそが必要とされているという思想があった。

このように、ギムナジウムも時代の風を受けて大きな変化を求められたのであるが、この風は同時に前小見出しでみた実科学校にとっては追い風として作用した。実用的な知識を与える実科学校がじりじりとその地位と社会的威信を上昇させたのである。そのことの象徴的事件が、三系列（ギムナジウム・実科ギムナジウム・高等実科学校）からなる中等教育を制度化した一八八二年の教授課程改革である。もっともこれは学校制度や資格制度に手を加えることなく改革の圧力をやりすごそうとした苦肉の策であった[10]。三系列の各学校ではそれ以前には、表3-1のようなカリキュラムで授業が運営されていたが、一八八二年の教科課程ではこれがどのように変更されたのかを

表3-1　1850年代の中等学校三系列の授業時間数（9年間の週当たり時間の合計）

	ギムナジウム	第一種実科学校（1859年）	第二種実科学校（1859年・ベルリン）
宗教	20	20	20
ドイツ語	20	29	38
ラテン語	86	44	—
ギリシア語	42	—	—
フランス語	17	34	46
英語	—	20	20
地理・歴史	25	30	30
算術・数学	32	47	65
地学	8	—	—
物理	6	—	—
自然科学	—	34	35
鉱物学	—	—	4
実験	—	—	4
自由製図	—	—	18
幾何製図	—	—	8
綴り方	6	7	10
図画	6	20	—
計	268	285	298

出典：Jeismann, Karl-Ernst, "Das höhere Knabenschulwesen", in: ders/Lundgreen, Peter (Hrsg.), *Handbuch der deutschen Bildungsgeschichte Bd. III*, München, 1987, S. 173ff. から作成。

表3-2　1882年の中等学校三系列の授業時間数（9年間の週当たり時間の合計）

	ギムナジウム	実科ギムナジウム	高等実科学校
宗教	19	19	19
ドイツ語	21	27	30
ラテン語	77	54	—
ギリシア語	40	—	—
フランス語	21	34	56
英語	—	20	26
地理・歴史	28	30	30
算術・数学	34	44	49
地学	10	12	13
物理	8	12	14
化学	—	6	9
綴り方	4	4	6
図画	6	18	24
計	268	280	276

出典：Albisetti, James/Lundgreen, Peter, "Höhere Knabenschulen", in: Berg, Christa (Hrsg.), *Handbuch der deutschen Bildungsgeschichte Bd. IV*, München, 1991, S. 276 より作成。

見てみよう。ギムナジウムでは古典語の時間数が減少し（ラテン語八六↓七七時間、ギリシア語四二↓四〇時間）、逆に自然科学系の時間数が増加した（算術・数学三二↓三四時間、地学八↓一〇時間、物理六↓八時間）。第一種実科学校ではラテン語が増加し（四四↓五四時間）、算術・数学は減少した（四七↓四四時間）。ギムナジウムが実学への譲歩をし、他方実科ギムナジウムがギムナジウムへの接近をこころみて、地位の上昇をはかろうとしていたことが読み取れるであろう。

教育関係団体の結成と運動

中等学校教授課程改革に前後して、ギムナジウム改革論議を追い風に、実科系教育機関関係者によるものをはじめとする、さまざまな団体が学校改革運動を積極的に展開するようになった。その結果、中等教育段階において旧来からの人文主義的教養の優位を墨守しようとするギムナジウム関係者・教養層と、実科教育関係者・商工業層との間に紛争がおこった。これが当時「人文—実科論争」と呼ばれたものである。一八七六年には、デュースブルクの実科ギムナジウム校長シュタインバルトを会長とする「全ドイツ実科学校教師連盟」が結成された[11]。この団体はギムナジウムと実科ギムナジウムの同格化を目指していた。会員は当初一七〇〇名ほどであったが、そのうち六〇〇名は教員であった。この団体は一八九〇年には約三二〇〇名もの会員を集めた。シュタインバルトは地元である工業都市デュースブルク市の支援も受けていた。これに対して古典語教育をあくまでも守り通そうという勢力は、ハイデルベルクにあるギムナジウムの校長ウーリヒのもとに結集して防御策を講じはじめたが、その動きはけっしてすばやいものではなかった。ようやく一八九〇年に「ギムナジウム同盟」が結成され、機関誌『人文主義ギムナジウム』が創刊された。この集団の核となったのはギムナジウム教師以外には大学教師、そして法学部出身者や医学部出身者の団体であり、その通奏低音は「学校改革による影響から自らの身分を防衛すること[12]」であった。大学関係者の意識動向はここに明白である。

このほかにも、一八八九年に設立された「ドイツ統一学校協会」があった。この団体は、時代の要請に適応する形でギムナジウムを改革するという目的をもっていた。設立の最初のきっかけは、総合大学で現代語を教える教師たちの苦情であった。彼らは、ギムナジウム改革によって、現代語学習に適した教育を受けてきた学生が必要だと主張する一方で、実科ギムナジウムのカリキュラムは現代語学習には不適だと断罪した。ここにも現代語を教授しながらも、実科ギムナジウムを劣等視して貶める大学教師の意識がうかがわれる。この時期には、実科ギムナジウムを中途半端な存在であるとして、廃止を求める風潮も高まったが、それにはこのような状況が背景にあった。(13)

さらに過激な学校改革を主張する論者は「テークリッヒェ・ルントシャウ」紙発行人のフリードリヒ・ランゲであった。彼は「学校改革協会」を設立し、統一学校協会よりさらに過激な改革を主張した。これは六年制の実科学校までもギムナジウムと統合させてしまおうという意見であった。(14)このランゲは一八八七年から八八年にかけて二万二〇〇〇もの署名（商業分野四〇〇〇名、技術分野二四〇〇名、学校関係者二三〇〇名、銀行家と工場主二〇〇〇名、医師一四七〇名(15)）を集め、プロイセン文部省に学校会議の招集を陳情した。注目すべきはギムナジウムの独占的地位を脅かすランゲの提案に賛成した署名者のほぼ七〇％がいわゆる大学卒業者であったことである。(16)このように、学校改革の議論は社会のさまざまな階層を巻き込む一大論争となっていった。

一八九〇年学校会議の開催

こうして学校改革の論議が高まるにつれて、政府もこの事態を傍観してはいられなくなり、一八九〇年と一九〇〇年の二度にわたり中等学校の問題を解決するための「学校会議」が招集された。一八九〇年の学校会議の趣旨は、文部大臣ゴスラーによれば人文主義と実科主義という「意見の異なる陣営の代表者が平和的に意見交換をおこなう」[17]ためとされていた。しかし、当時実科ギムナジウムを擁護していたベルリン大学教授パウルゼンは、会議の参加者の顔ぶれを評して、「異なった意見の代表者の集まりとはとんでもない。ランゲ〔統一学校案を主張する前述のフリードリヒ・ランゲ――著者注〕の過激な統一学校案を代表するものは一人もいなかったし、実科ギムナジウム擁護の代表者も多くなかった。多数を占めたのはギムナジウム擁護者だった」[18]と批判的であった。パウルゼンによれば、この学校会議は「政府が実科学校関係者の要求を拒絶するために、投票の形式をとって正当化しようとした」[19]ものなのである。

確かにゴスラーは保守的なギムナジウム擁護の立場にあり、大きな改革は最初から念頭になかった[20]。しかし、この学校会議の議題の主たるものは中等学校の構成・拡張の問題、修了試験と資格制度、授業の義務時間数や教員養成であり、教育制度の全般にかかわるものであった。そのなかでも中等学校を将来的に二系列（ギムナジウムと高等実科学校）に改革するかどうかという問題がこの学校会議の大目的であった。これは、社会の近代化の要請による教育制度改革圧力、すなわちギムナジウム批判をかわして、あくまでも旧来のエリート教育のスタイルを守り、同時に九年制以外の学校への資格付与の問題や、教養層が大きな関心を抱いていた教育過剰などさまざまな問題に対応しようとしたものであった。この時点ではまだギムナジウムを擁護する勢力は優位にたっていた。

この学校会議の席上では、実科ギムナジウムを将来廃止し、中等学校としてはギムナジウムと高等実科学校の二種類だけが存続されるべきという決議がなされたが[21]、これは人文・実科の純粋な複線型への移行を考えていたものと思われる。人文主義・実科主義の双方から見て中途半端な形の実科ギムナジウムは姿を消すべきだと主張されたのである。さらには、学校制度の整理を進めるにあたって、それまで普通に見られた「中途離学者」を各学校から排除する動きも見られる。そこで、九年制の中等学校は完全な就学を目指す生徒のみのものとし、七年制の中間的な学校（プロギムナジウム、実科プロギムナジウム、実科学校など）が、従来九年制の学校から中途離学した者を受け入れる学校形態として整備が目指されることとなった。

一八九〇年学校会議の帰結

こうして一八九〇年学校会議によって、理念的にも形態的にも学校制度全体の整理が計られたが、その実施過程では行政側の意図とは異なった動きが多く見られた。行政側が定めた方針が、学校現場の意図や現状と大きくずれていたためである。そこには行政側の圧力と、各学校の実状や思惑のせめぎあいが見られるのである。

一八九〇年の学校会議が終了した直後に、プロイセン全体の中等学校改革計画が立案され、各州の州学務委員会委員長は「州内の学校設置状況を、学校会議の結果に照らし合わせて査定する」ことを指示された[22]。さらに学校会議決定をうけて一八九一年には中等学校の再編を目的とした「中等学校改革表」が作成された。これは各州内の中等学校の実状を調査した上で、学校数を「適正」なものに変更しようとするものであった。調査の結果によっては学校が他形態へ改組させられる可能性もあった。ここで当局は、各学校のもつべき性格や、修了目標を標準化しようとしたのである。この計画でもっとも負担を強いられることとなったのが、実科ギムナジウムと七年制の中間学校である。他方、ギムナジウムはその三分の二がまったく影響を受けず、一四・五%が付設の実科コースの改革を指摘されるに留まった[23]。それに対して、ギムナジウムと同じ教科課程をもちながら上級段階を欠く七年制プロギムナジウムは大きな改革の必要性を示唆され、約半数のプロギムナジウムが実科学校へと改組するように勧告されている[24]。しかしながら、勧告を受けた一四校のプロギムナジウムのうち、二校はプロギムナジウムの形態に留まり、一二校がギムナジウムに改組した。プロギムナジウムは、実科学校へのシフトを拒否してギムナジウムへと転換したのであった。また、学校会議で将来の廃止が決議された実科ギムナジウムは、もっとも厳しい計画案を突きつけられた。九〇校の実科ギムナジウムのうち、改革の対象とならなかったのはわずか三校で、三四校が高等実科学校

表3－3　1892年の中等学校三系列の授業時間数（9年間の週当たり時間の合計）

	ギムナジウム	実科ギムナジウム	高等実科学校
宗　教	19	19	19
ドイツ語（小説含む）	26	28	34
ラテン語	62	43	—
ギリシア語	36	—	—
フランス語	19	31	47
英　語	—	18	25
地理・歴史	26	28	28
算術・数学	34	42	47
地　学	8	12	12
物　理	—	12	13
物理・化学基礎・鉱物学	10	—	—
化学・鉱物学	—	6	11
綴り方	4	4	6
図　画	8	16	16
計	252	259	258

出典：Albisetti, James/Lundgreen, Peter, "Höhere Knabenschulen", in: Berg, Christa (Hrsg.), *Handbuch der deutschen Bildungsgeschichte Bd. IV*, München, 1991, S. 277 より作成。

に、四〇校が実科学校に改組を求められ、逆にギムナジウムへの改組を指示されたのはわずか八校であった。しかし、実際に高等実科学校へ改組したのはわずか三校、実科学校へ改組したのもわずか四校であった。

また、一八九〇年会議の結果を反映したとされているのが、一八九二年に出された教科課程である。これによりギムナジウムの基幹をなす教科課程はもっとも大きい変更をうけた。古典語の授業時間が従来より削減され、ラテン語が約二〇%、ギリシア語が一〇%減となった。また、大学の入学資格試験からはラテン語作文がはずされるなど、あきらかに従来の古典語重視の傾向を逆転させる改革内容であった。これは、ギムナジウム擁護派がその優位を守るために大幅な譲歩をしたと見るのが適当であろう。

一九〇〇年の学校会議

他方、実科系学校の必要性はますます高まってきていた。一八九八年にはそれをうけて、ドイツ技術者協会が実科系学校とギムナジウムとの同格化に賛意を表明した。また同年、ドイツ実科学校連盟は、実科ギムナジウム卒業生への医学部進学資格の付与を要求した。ドイツ自然科学者・医師協会は、第七一回大会でやはり中等学校の同格化を支援した。さらに注目すべきは、フランクフルト市長アディッケスが提出した同様の趣旨の嘆願書である。この嘆願書にフランクフルト市の都市参事会員以外に四六名の法律家も名を連ねていた。ここでは実科ギムナジウム卒業生の法学部進学を許可することが訴えられていた[25]。これらの活動が結集したのが、一九〇〇年三月にベルリンで行われた「ギムナジウム独占に反対する決起集会」である。これらギムナジウム優位に反対する勢力の目論見は必ずしも同じであったわけではないが、いまや「反ギムナジウム独占」の旗のもとに結集したのであった。もはや、小手先の改革では近代化の波に抗することができないところにまで事態は進んでいた。

このような動きを背景として、一九〇〇年七月に再び学校会議が開かれた。この会議には三四名が招聘されたが、そのうちギムナジウム関係者はわずか三名であった。学術関係者の多いことが今回の会議の特徴である。その顔ぶれは、古代史学者テオドーア・モムゼン、古典文献学者ヴィラモヴィッツ＝メーレンドルフ、医学者ルドルフ・フィルヒョウ、神学者アドルフ・ハルナック、哲学者ヴィルヘルム・ディルタイ、数学者フェリックス・クライン、化学者エミール・フィッシャー[26]といった面々である。ちなみに、ここに挙げた研究者のほとんどがフリードリヒ・アルトホーフと密接な関係をもつ者ばかりであった。アルトホーフは一官吏でありながら世紀末のプロイセン文部学術行政に決定的な影響力をもち、文部省で絶大な権力を振るっていた[27]。彼と関係の深い人物たちがこの会議に招聘されたことは、学校会議でアルトホーフが決定的な影響力をもっていたであろうことをうかがわせる[28]。

アルトホーフは一八九七年にすでに中等教育改革の私案を練っている。そのなかでとりわけ重要と思われる言及は次の諸点である[29]。

(1)　ギムナジウムを基準としてあらたな統一学校を設立する。

(2)　フランクフルト方式（ギムナジウムと実科ギムナジウムを併設する方式）を模範として、ギムナジウムと高等実科学校のための統一下級段階を設置する。

(3) ギムナジウムのギリシア語授業に相当する時間数の英語を修めた実科ギムナジウム卒業生に、従来通り大学で近代語、数学・自然科学を学ぶことを許可し、さらに法学部と医学部進学許可も視野に入れる。

(4) 高等実科学校の卒業生に従来通り数学・自然科学分野での大学進学を許可するかどうかは問題がある。高等実科学校の生徒には古典語の知識がまったくなく、大学の雰囲気になじまないという大学教師の報告も受けている。

(5) ラテン語はギムナジウムにおいて引き続き主要科目にとどめるべきである。少なくとも一つの古典語を修得していることは、アカデミックな職業につくものには重要である。

中等学校政策におけるアルトホーフの基本的立場はギムナジウム擁護であり、この私案のなかで目指したのは、実科主義の攻勢のなかでいかにギムナジウムの威信を存続させるかということであった[30]。そのためにまず私案のなかにある統一学校を計画した。しかし、これは最終的に学校関係者の同意を得ることができず、実現にはいたらなかった。そして、この統一学校案が実現不可能となった時点で、アルトホーフは別の方策を考えなければならなかった。その別案が三系列の同格化であった。なんらかの方法で実科主義を標榜する他系列の中等学校とギムナジウムを同格化しない限り、ギムナジウム自身も生き延びる道がなくなると考えていた彼は、高まる実科的教育への要求が、ギムナジウムの人文的教育そのものを脇へと押しやってしまい、エリート学校としての性格そのものが消滅してしまう恐れがあると判断したのである[31]。学校会議に招聘されていた強硬なギムナジウム擁護者のイェーガーもアルトホーフと同意見であった。彼もまたギムナジウムの従来の性格を存続させるために、同格化に賛成したのである[32]。

この一九〇〇年の学校会議はわずか三日間で終了した。一八九〇年の会議は一一日間だったが、今回はそのわず

コラム　エリートの学校　制度と機能3

ギムナジウムの下宿生

エーリヒ・ケストナーの名作『飛ぶ教室』は、キルヒベルクという町にあるヨハン・ジギスムントギムナジウムが舞台とされています。イギリスのパブリックスクールに見られたような全寮制のギムナジウムは、ごく一部の例外を除いては存在していませんでしたが、学校によっては生徒の三割から半数ほどが、所在地から遠く離れた土地からやってきた生徒ということもありました。当時のドイツでは、大学生がひとつの大学に留まらずにあちらこちらと移動して学ぶことも多く、したがって下宿生活が中心となっていました。「自由」で「放埒」な大学生の下宿生活は、いまもむかしもあまりかわりなく、しばしば戯画で風刺されたものでした。このように、大学にかんしては、いろいろなことがあきらかなのですが、遠い町のギムナジウムへやってきた生徒たちがどのような下宿生活をすごしていたかは、まだよくわかっていません。『飛ぶ教室』のヨーニーやマティアスのように寄宿生活を送った子達もいたでしょう。例えば、マックス・ハルベという文芸家（一八六五年生まれ）は、一〇歳の時に実家から離れたギムナジウムへと送られ、生徒用の下宿で過ごしたということがわかっています。ギムナジウムの下宿生については、このように小説や

第二帝政期のギムナジウム生徒
学帽・眼鏡は典型的いでたちであった。
出典：*Die gute alte Zeit im Bild*, Gütersloh, 1974, S. 118.

自伝の断片からほんのわずかの手がかりだけしかつかめない状態なのです。

一九世紀も末になると学童をもつ親にはいろいろな情報が入ってきました。現在の日本でも進学の際に、卒業生の就職状況がひとつの目安とされますが、当時のドイツでもやはり「就職ガイド」のような本が発行されていました。現在と同様に、親はわが子の進学の選択でさまざまな考えをめぐらせていたのだと思います。ただでさえ費用のかかるギムナジウムに、さらに下宿や寄宿をしてまで学ぶ子たちは、ハルベ氏のようにわずか一〇歳程度で親から離れて孤独に耐え、勉学にいそしんでいたのです。『飛ぶ教室』では親が失業してしまい、クリスマスには飛んで帰りたい親元に帰省できなくなってしまった子が登場します。

「愛するマルチン！　ほんとにかなしい手紙になります。なんと書きはじめてよいかわかりません。ねえ、マルチン、こんどはおまえに旅費として八マークおくることができないからです。どうくめんしてもたりないのです。おとうさんに収入のないことは、おまえも知っているとおりです。クリスマスにおまえが学校にのこっていなければならないことをかんがえると、おかあさんはまったくみじめなきもちになります。わたしはいろいろとかんがえぬきました。エンマおばさんのところにもいきましたが、だめでした。おとうさんは昔の同僚のところにかけつけましたが、よぶんのお金は一ペニヒもありませんでした。」

（エーリヒ・ケストナー著、高橋健二訳『飛ぶ教室』偕成社、一九七八年、一八二頁）

けなげな子たちはこうして寂しさをこらえ、親の期待を一身に担って、その投資にみあうだけの結果を勝ち取ろうとしていたのです。

ヴェストファーレンにおける学校所在地以外の遠隔地出身の生徒（学校に隣接している地域を除く）

ヘキスター	82.6%
ギュータースロー	81.0%
ブリロン	56.7%
パダーボーン	56.5%

注：これらの都市は，特段有名な都市でも，また人口が多い都市でもない。なぜ，これらの都市にあるギムナジウムに，遠隔地から生徒が集まったのかは，それゆえ定かではない。「就職ガイド」と同様な「進学ガイド」のようなものがあったのかも知れない。

出典：Herrmann, Ulrich G., *Sozialgeschichte des Bildungswesens als Regionalanalyse*, Köln / Weimar / Wien, 1991, S. 555 より抜粋。

表3-4　複数の中等学校を選択する可能性のある都市，プロイセン（1900年）

進学の際選択できる学校の形態	都市数			
	総計	9年制	9年制および7(6)年制	7(6)年制
ギムナジウム 実科ギムナジウム ラテン語を教授しない中等学校	32	20	12	—
ギムナジウム 実科ギムナジウム	27	19	4	4
ギムナジウム ラテン語を教授しない中等学校	55	11	37	7
実科ギムナジウム ラテン語を教授しない中等学校	6	—	5	1
総計	120	50	58	12

出典：Albisetti, James/Lundgreen, Peter, "Höhere Knabenschulen", in: Berg, Christa (Hrsg.), *Handbuch der deutschen Bildungsgeschichte Bd. IV*, München, 1991, S. 274.

か三分の一であった。一般的には、この会議上で話し合われるべき問題とその解決方法があまりにも明確であり、長時間を必要とはしなかったといわれている。[33] この会議終了後、一九〇〇年一一月二六日に皇帝の布告が出された。その布告は厳密に言えば三系列の「同格化」宣言ではなく、三系列の機関すべてがギムナジウムと「同様」に人格教育を施す機関だとされたのみであった。[34] 総合大学進学にかんする最終的な三系列同格化は、一九〇二年四月に定められた。

中等学校をめぐる地方の現実――複線同居型学校

ドイツにおいて各種の中等学校が同一地域に分立し、生徒が学校種別を選択できる環境が実現されたのは、一九世紀もかなり遅い段階であった。前述した中等学校改革表では、あくまでも複数の学校種別が併存することを前提にして、プロイセン全体の学校システムを適正化することが想定されている。しかし、複数の学校経営が成り立たない地方においては、この圧力は、大都市とは異なった形であらわれることとなった。

ドイツでは都市化の進行が非常にゆっくりと進んだため、プロイセンでも一八八〇年代まで複数のギムナジウムをもつ都市はわずか八都市であった。複数のタイプの学校を選択できる可能性のある都市もごく少数である。表3-4は一九〇〇年の時点で、プロイセン各都市でどのような学校類型を選択する可能性があるかを示したものである。これによると一二〇都市のうち、ギムナジウムと実科ギムナジウム、ラテン語を教授しない学校（高等実科学校はこの範疇にふくまれる）の三類型すべてを選択可能な都市はわずか三二（二五％）である。逆にギムナジウムか、ラテン語を教授しない学校しか選択できない都市は五五（四五％）となっている。プロイセンでは、一八八〇年代中葉までに三系列の中等学校とその短期型学校（中等学校の上級段階を欠く七年制学校）はザクセン、ライン州、ヘッセン＝ナッサウの三地域のみに見られ、これらの地域以外で学校類型選択の可能性があったのはベルリンその他のわずかな都市に過ぎない。

表3-5　プロイセンにおける複線同居型学校（1885年）

複線同居型の形態	校数
実科ギムナジウム＋ギムナジウム	18
実科学校＋実科ギムナジウム	1
実科プロギムナジウム（7年制）＋ギムナジウム	15
実科プロギムナジウム（6年制）＋ギムナジウム	1
高等市民学校＋実科ギムナジウム	1

出典：Müller, Detlev K. /Zymek, Bernd, *Sozialgeschichte und Statistik des Schulsystems in den Staaten des deutschen Reichs 1800-1945*, Göttingen, 1987, S. 66 より作成。

　このようななか、複数の種類の学校を供給できない地域では、異なる類型の教育課程を一つの教育機関のなかに併設する「複線同居型学校」とでも呼ぶべきものが見られた。この学校形態は一八六〇年頃から見られるようになり、大まかには以下のように分類できる。すなわち、(a)第一種実科学校を併設したギムナジウム、(b)第二種実科学校を併設したギムナジウム、(c)高等市民学校を併設したギムナジウム、(d)実科学級を併設したプロギムナジウム、(e)プロギムナジウム、あるいはそれに相当する学級を併設した第一種実科学校、(f)実業学校を併設した第一種実科学校、の六種である。[35]

　一八七三年にはこの複線同居型学校の問題を討議するために学校代表者会議が開催されたが、そこでデュッセルドルフの実科学校校長オステンドルフはひとつの提案を行った。それは同一の教育機関に併置された複数の教育課程に対して、ラテン語を教授しない共通の下級段階（三年制）を設けるというものであった。[36]これを受

表3－6　プロイセンにおける複線同居型学校（1911年）

複線同居型の形態	校数
実科ギムナジウム＋ギムナジウム	20
高等実科学校＋ギムナジウム	6
高等実科学校＋実科ギムナジウム	2
実科プロギムナジウム（6年制）＋ギムナジウム	7
実科プロギムナジウム（6年制）＋高等実科学校	1
実科学校＋ギムナジウム	19
実科学校＋プロギムナジウム（6年制）	25
実科学校＋プロギムナジウム（6年制）	4
実科学校＋実科プロギムナジウム（6年制）	12
農業学校＋高等実科学校	1
農業学校＋実科学校	2

出典：Müller, Detlev K. /Zymek, Bernd, *Sozialgeschichte und Statistik des Schulsystems in den Staaten des deutschen Reichs 1800-1945*, Göttingen, 1987, S. 66 より作成。

けて、プロイセン文部省は一八七八年にアルトナ方式を正式に認可した。これは一八七一年以来ハンブルク郊外アルトナ市で始められていた新たな試みで、ラテン語の授業を行う第一種実科学校と第二種実科学校を併置するが、当初の三学年は共通の課程を設置し、その後それぞれの二課程に別れるというものであった。一八九一年にはギムナジウムと実科ギムナジウムを併設するフランクフルト・アム・マインの案が認可され、一八九六年にはギムナジウムと高等実科学校からなる組み合わせがベルリンでも見られた。同年、プロイセンでは二五七校のギムナジウム（九年制）が設置されていたが、複線同居型学校のなかでギムナジウム課程をもつものは三四校で、ギムナジウム全体の一三%を占めていた。

一九一一年時点で、プロイセンには三四二校のギムナジウム（九年制）があったが、このうち複線同居型学校でギムナジウム課程を持つものは五二校で、全体の一五%を占めている。このように、中等教育改革圧力をうけて学校システムの標準化が進む一方で、それに適応できない地方では、このような混合型の学校形態が見られたのである。

3　高等教育

総合大学

ドイツの総合大学は、一九世紀に量的かつ質的に大きな変化を経験した。旧来は神学部・法学部・医学部の基本三学部の体制であったが、かつてはこの三学部の準備教育をおこなっていた哲学部が独立して四学部の構成となった。これらの学部では、フンボルト以来導入された学問の自由に立脚する「研究と教育の統一」というコンセプトが普及した。この新しい研究のスタイルはアメリカや日本など次第に世界各国にひろまり、この事実が世界における「ドイツ的研究方法の優位」を示していた。そのため、ドイツの大学は各国エリートが詣でるメッカとなる。一九一一・一二年の学期にはドイツ帝国の大学に四五八九名の外国籍の学生が在籍した。これは当時のドイツにおける全大学生の八・二七％にものぼるものである(37)。

このようにドイツの大学は、研究機関としての性格に加えて専門職資格のための準備段階という性格をも同時にもっていた。これはドイツにおいては教育資格が職業資格と結合するいわゆる「資格社会化」が進展し(38)、大学もこのしくみのなかに完全にとりこまれたためである。そのため、フンボルト的概念では不純な目標とされた「パンのための学問」、これを排除する大学の姿勢は、資格社会化の発展とともに有名無実化されていった。しかも、大学自体の規模が拡大し、学生数が急増するなかで、研究と教育は次第に分業化されていった。ベルリン大学では一八七〇年以後の四〇年間に、正教授職のポストは二・二九倍の伸びを見せたのに対し、正教授以外の員外教授や私講師のポストは三・二八倍に増加した。そして、一九一〇年の段階で全教員数にしめる私講師の割合は五一・三％に

図3-3　ベルリン大学

出典：Lundgreen, Peter, "Universität und Hochschule", in : *Deutschland*, Bd. 5, Gütersloh, 1985, S. 59.

まで上昇した[39]。これは正教授が研究を主たる任務とし、教育はもっぱら正教授以外の教師が担当するようになっていった結果である。

ところで、総合大学の学生数は第二帝政末期にとりわけ大きな伸びをしめしていた。これは、いうまでもなくエリートへの道である総合大学の人気が高かったことによるが、それとともに、総合大学に独占的に接続していたギムナジウムに中等学校生徒が集中していたことも原因のひとつであったと考えられる。一八九〇年に、プロイセンで中等教育の第一学年に在籍した生徒は一万七二七四名おり、その内訳はギムナジウム一万二〇五一名（六九・八%）、実科ギムナジウム四三一五名（二五%）、ラテン語を教授しない学校（高等実科学校）九〇八名（五・二%）であった。これらの生徒が九年間通学した後には、ギムナジウム四九二八名（八二・二%）、実科ギムナジウム八二六名（一三・八%）、ラテン語を教授しない学校二四三名（四%）となる。中等学校生徒の大部分がギムナジウムに集中しただけではなく、中途離学者の割合も他の二系

表3－7　ドイツ大学教員の増加と構造（1864〜1910年）

教　員	1864	1910	増加率（％）
正教授	723	1,236	70
員外教授	277	762	175
私講師	364	1,111	205
その他	92	236	156
計	1,456	3,345	130

出典：ペーター・ルントグレーン著，望田幸男監訳『ドイツ学校社会史概観』晃洋書房，1995年，98頁より抜粋。

表3－8　プロイセン中等学校三系列の新入生（1890年）と同学年の9年後（最終学年・1898年）生徒数

	ギムナジウム	実科ギムナジウム	高等実科学校	中等学校計
1890年	12,051	4,315	908	17,274
1899年	4,928	826	243	5,997

出典：Müller, Detlev K. /Zymek, Bernd, *Sozialgeschichte und Statistik des Schulsystems in den Staaten des deutschen Reichs 1800-1945*, Göttingen, 1987, S. 202ff, S. 228ff, S. 254ff.

列が上回っているのが特徴的現象であった。この理由には、ギムナジウムのアビトゥーアが、総合大学進学や一年志願兵資格など魅力ある資格に結合していたため、他の二系列に比較して中途離学する生徒が少なかったことが考えられる。

近代化による教育機会の拡大と社会流動化

このように、一九世紀後半になるとギムナジウム進学者の増加がみられるとともに、そこから供給された総合大学の学生集団もすでに均一な社会階層から構成された従来の状態を脱し、さまざまな社会層出身の学生が見られるようになる。また、教育機会の拡大によってある程度の社会階層間の流動化が可能になった。そのために、子の出世を願う親たちの教育熱が異常に高まったのであった。

一世代で社会的上昇が不可能な場合でも、二世代・三世代かけて上昇していく事例が見られる。典型的な例は下級教師から上級教師、そして高級官僚というルートであるが、非常に少数とはいえ農民出身の大学教授（前述のベルリン大学教授パウルゼンなど）もあらわれるようになった。教育に対する親の熱意はますます強くなり、近在にギムナジウムのない地域の親は、息子を遠方のギムナジウムへと送り出した。

このような進学熱の高まりが、一九世紀末に見られた総合大学学生の出身階層構成の変化にも影響をあたえていることがわかる。表3-9は教養層出身の学生を指標として、一八八八年時点の大学・学部にみる開放・閉鎖性を示したものである。社会でもっとも威信の高い職業であった高級官吏へのルートである法学部は、教養層を出自とする学生がもっとも大きい部分を占めており、もっとも排他的なマールブルク大学で四九・一二％が教養層出身、もっとも開放的なケーニヒスベルク大学で三四・六六％が教養層出身である。しかし、このことは逆に法学部においても五〇％から七〇％が教養層以外の出身となっていたことを示しており、上に述べた変化を裏付けているのである。ここにはしばしばドイツ社会に特徴的なエリート階層である「教養市民層」が、世紀末にむかって流動化し、教養市民という概念や、「エリート」の概念も揺らぎを見せていたことを意味するのである。こうした揺らぎがもたらされたのは、ひとつには従来からの伝統的な大学の学問とは別個のディシプリンと考えられてきた技術学の勃興によって、ふたつには「エリート」階層そのものの構成の変化によってである。とりわけ、後者の点は、社会不安をもたらしかねないものとしてうけとめられたように、より重要な意味を有するものである。前者については後述するとして、ここではこの点についていま少し触れておきたい。

今述べたように、進学熱の高まりはギムナジウムへの生徒の集中をもたらし、これはアビトゥーア取得者の増加、さらには大学進学者の増加を意味するものであった。職業資格試験と学歴が結合していたドイツでは、このことはそのまま就職の際の競争激化を招くことになる。こうして採用試験に落第し就職先のない学生が大量にあらわれることが予想された。おりしも一九世紀後半に台頭してきた社会主義・労働運動への上流階層の恐怖とこの問題が関連づけられ、行き場を失った大学卒業者がプロレタリアート（「アカデミック・プロレタリアート」）化するのではないかという危機感が生まれたのである。また、大学進学者が人口増加をはるかにしのぐ勢いで急増することで、

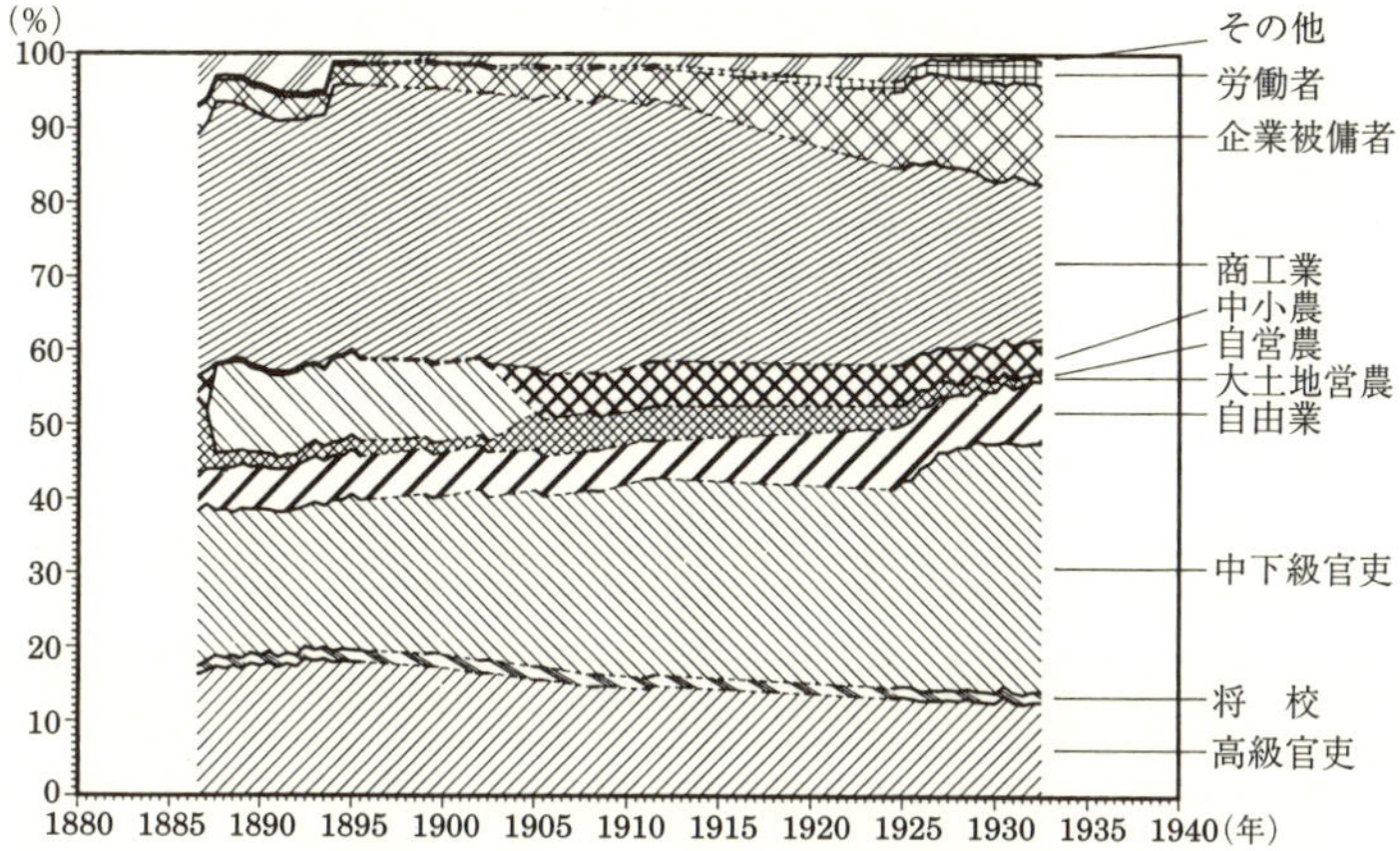

図3-4　プロイセン大学生の社会的出自

出典：Titze, Hartmut, *Das Hochschulstudium in Preußen und Deutschland 1820-1944*, Göttingen, 1987, S. 228.

表3-9　大学や学部にみる教養層出身者（プロイセン1887/88年）

（単位：%）

学　部				大学の性格				
				開放的 ←→ 閉鎖的				
				ケーニヒスベルク	ブレスラウ	…	ゲッティンゲン	マールブルク
			教養層出身者（%）	20.25	18.89	…	31.36	34.20
学部の性格	開放的↑	神学(旧)	3.75	—	0.95	…	—	—
		哲学	22.17	11.95	18.35	…	24.79	31.95
		神学(新)	26.12	17.06	18.96	…	25.57	29.85
		医学	23.27	22.97	19.95	…	34.88	33.61
	閉鎖的↓	法学	38.02	34.66	32.72	…	51.80	49.12
			学部の地域密着度	92.3	72.9		67.6	45.5

出典：Titze, Hartmut, *Der Akademikerzyklus*, Göttingen, 1985, S. 118.

それまでは進学に縁のなかった中下級階層出身の大学生があらわれるようになった。こうした状況が旧来の教養層に不安をいやますこととなった。まず、大卒の諸資格保持者が増加することによって、大卒資格の価値が下落し、教養層の自己認識のひとつの核であった大学卒という権威そのものが失墜するのではないかという不安が生まれた。それは自分たちが上流・教養階層から転落するという恐怖に転化した。さらに、教養層以外出身の大学生が、のちのち社会主義運動や労働運動の指導者となっていくのではないかという恐怖感がもたれるようになった。国家学者レクシスが政府に出した答申があるが、彼は当時の教育状況を評して、「重要な職業階層（大卒者）すべてがプロレタリア化に陥る[40]」危機を警告していた。このように教養層のもつ危機感は高まっていった。そんな時に出版されたのが、国家学者コンラートによって著された『ドイツにおける過去五〇年間の大学進学について[41]』である。同書において彼は一八八〇年代の教養階層の過剰供給について述べ、教育政策を次のような二つに分類できると主張した。その一つは「民主主義的」教育政策と呼べるもので、すべての人間が中等教育を受けられるようにすることこそが文化政策の主要目的とする考えであった。第二には「貴族主義的」とでも呼べる教育政策があり、それは社会の大多数の人間には初等教育のみで充分であり、その意味で初等教育の整備は急務ではあるが、中等教育を不適格な人間に施すことはかえって問題を生じさせる可能性がある、とした[42]。コンラートはこの著作のなかであきらかに貴族主義的教育改革擁護の立場に立ち、「この貴族主義的教育改革というものの、近代統計的・国民経済学的手法で理論武装した合理的な証明[43]」を行おうとしたのである。この書物は教養市民の間でベストセラーとなり、コンラートはその後二〇年間「教育過剰論の権威」として過ごすことになる。この事実は、コンラートが教養市民の意見を代弁していたことを示している。教養市民の間では、ギムナジウム・大学進学者の急増による「教育・教養という看板」の価値下落を防ぐことが最重要課題の一つとして考えられていたのである。このように、総合大学の学生数の拡大によってもたらされた学生層の構造変化は「エリートとしての大学生」あるいは「エリートとしての教養層」という意識自体に重大な脅威となったのである。教養エリートという概念自体の検討がせまられる。

一九世紀前半の実科系高等教育機関

ドイツの教育界に見られた新人文主義的思想の優位は、一九世紀を通じて高等教育の発展にも大きな影響を与えていた。すなわち実学的な「パンのための学問」を忌避する風潮の中、実科系の教育機関は社会的認知を得るのに長く苦しい闘争を強いられたのである。実科系高等教育機関が従来の総合大学と学制上の同格化を実現するのは、二〇世紀に入る直前のことであった。プロイセンでは技術高等教育機関は、一八世紀末ころから一九世紀初頭にかけて設立され、それらのうち、鉱山アカデミー（一七七〇年）と建築アカデミー（一七九九年）は技術官吏の養成機関と考えられていた。私企業の技術職を育成することに主眼を置いていたのは実業インスティテュート（一八二一年）であった。だが、これらの教育機関はいずれも総合大学に匹敵する地位を得ることはなく、あくまでも劣位に位置づけられつづけたのである。

また、一八三四年以降総合大学とギムナジウムとのあいだに独占的な接続が形成されたのに対し、技術系の上級教育機関へは、技術系中等学校からの接続が存在しなかった。むろん、両者の接続を果たそうとする試みがいっさいなかったわけではない。たとえば、一九世紀前半にプロイセン高級官吏ボイト(44)は、州産業学校と実業インスティテュートという二種の学校を創設した。ボイトの構想では、前者は小自営技術職にたずさわる者のための実地の技術教育を目的とし、後者は工場などにおける指導的技術職育成という性格づけが与えられていた。しかも、この両者はそれぞれ分野に応じた役割を分担する機関としての性格があたえられただけではなく、州産業学校は実業インスティテュートに接続する位置づけもなされていたのである。しかし、この接続は、ボイトが思い描いたようには機能しなかった。国家の技術官吏への道を目指すものには「ラテン語を教授する」学校で七学年修了（七年間在籍）の卒業資格が必要であり、一八四九年からはアビトゥーアが必要となった。そのため、官吏志望者が実業インスティテュートへ進学することはなかった。彼らはギムナジウムを経て養成されたのである。逆に、民間の技術職を目指すものがラテン語を教授する学校へ進学するのも非常にまれで、この道を選んだものは州産業学校を卒業後すぐに就職したのである。このような事情で州産業学校と実業インスティテュートの接続はうまく機能しなかったのである。さらに、工業化が本格的に始動していない一九世紀前半において実業インスティテュートの存在意義がそれほど大きくないという事情も付記しておこう。

このように、一九世紀前半のいわゆる「初期工業化」の時代には、純粋な技術教育を教授する機関と高等教育機関の間の接続はあいまいであったのである。しかし、一八七〇年以降の「後期・高度工業化」の時代に入ると、技術教育機関においてもさまざまな変化が見られるようになる。高等教育では、学術的知識をもつ技術者養成の場として工科大学が整備されたことが特徴的である。かつての鉱山・建築アカデミーや実業インスティテュート、またはプロイセン以外の邦に設置されていた工業専門学校などが、修学期間の延長や、教授内容の高度化によって実質的な高等教育・研究機関に発展したのである。これらは一八七〇年頃から高等教育機関としての自負をこめて「工科大学《テヒニッシェホッホシューレ》」と名乗るようになった。

技術教育をめぐる状況――一九世紀後半

このように、建築アカデミーや実業インスティテュートをはじめとするドイツ各地のさまざまな工科系教育機関の研究・教育が次第に水準を向上させた結果、これらは世界的にも第一級のものになりつつあった。それに反してドイツ国内での社会的認知度は依然として低かった。その理由の根底には、旧来の学問体系からみた技術学に対する認識があった。すなわち、エリートの資格として人文的教養を重視する観点からすれば、これらは野卑な「パンのための学問」に他ならなかったのである。そのためドイツでは総合大学に工学系学部が設置されることはなく、工科大学という独立の教育機関で教育が行われた。しかも、工科大学には総合大学に付与されていた特権（教授・学習の自由、学長選出権、博士号授与権）が与えられていなかった。化学分野を例に取れば、国際的に見たドイツ化学の実力と国内の評価がいちじるしく異なっていた事実があきらかになる。イギリスでは、アーネスト・ウィリアムス著作のベストセラー『メード・イン・ジャーマニー』のなかで「ドイツの恐怖」がまことしやかに語られ、ドイツ技術教育制度の優秀さが認められていた。他方で、ドイツの総合大学関係者は化学分野の同僚を蔑視していた。著名な学者トライチュケは化学者を「薬屋と肥の運搬人」と呼んだし、古代研究者のモムゼンは「猟犬をけしかけてもいいくらいの野蛮人」と言った(45)。

この不均衡状態を解消し、国内でも同様の声望をえるために、工科大学が総合大学と同等の高等教育機関としての特権を獲得することが一番の近道だと考えられた。その正当化の戦略としては以下の二つがあった。一つはドイツで高度工業化が進展したことにより、一定数の学術教育を受けた技術者への需要が生じ、それによって技術学が社会において次第に重要性を獲得しはじめた、と主張することである。すなわち工業化を担う技術者は、世界経済のなかで国家利益を保全する集団であると主張することによって、その重要性を、ひいては工科大学が高等教育機関としての資格を取得する正当性を主張したのである。ベルリンの実業インスティテュートの卒業生が中心となって一八五六年に創設したドイツ技術者連盟もこの同格化運動に積極的に関与したが、そのスローガンは「社会における技術者身分の向上」であった。第二の戦略は、あくまでもその実力と評価の落差を生めるためには、社会における既存の権威を模倣し、のっとることであった。この戦略で工科大学と総合大学との同格化を主張する際に根拠としたのが、研究・教育内容の「学術化」であった。総合大学では、「研究と教育の統合」という原則が確立していたが、工科大学もこの原則を模倣し、単なる実地的技術を伝達する形態から、知の体系として「技術知」を確立する方向を目指したのである。一八六四年には、ドイツ技術者連盟会長グラスホーフが工科大学に対して博士号授与権をはじめとする諸権利を要求する演説を行い、これが工科大学の学術化推進の宣言となった(46)。

しかし、このような形で工科大学の学術化が充実すればするほど、技術教育体系内での中等・高等教育の接続が問題となった。前述の州産業学校以外にも、中級技術者養成を主眼とした中間学校が存在し、「技術学校」などの呼称をもっていた。しかし、これらの学校が工科大学へ接続する地位を得ることはなかった。実際には、ギムナジウムや実科ギムナジウムの卒業生や中途離学者が工科大学へ進学していたのである。ようやく一八七八年以降になると、高等実科学校からも工科大学への接続がみられるようになった。高等実科学校は、ラテン語を教授せず、近代語や自然科学に重点をおいているという意味では「実科主義」に立脚しているとはいえ、この時期には、前身である州実業学校が以前もっていた純粋な技術伝達を目的とした教授内容を行う専門学校としての性格を捨て、そのほとんどが非古典語的な一般教育を施す中等教育機関へと転換をしてしまっていた。したがって純粋に実地的な技術教育を行う学校が工科大学に接続することはなかったのである。むしろ、工科大学自身が「技術知」の社会的認知を追求しながらも、高等教育機関としての地位を確たるものにするためには、既存の古典語教養を重視する中等学校からの接続を歓迎したのである。

しかし、工科大学がとったこうした戦略による学術化志向は、工業界が必要とした範囲を超えてしまっていた。労働市場の観点からいえば、国家が中下級技術職を中心とした現業部門（郵政・鉄道）をかかえていたことによって、技術系中間学校が教育する技術者に対する需要の方が、工科大学卒の技術者に対するそれよりも大きくなっていたのである。そして、この労働市場の拡大を受けて、この中間学校を志望する学生は、一八九〇年から一九一〇年までの二〇年間で二〇〇〇人から一万一〇〇〇人に増加した(47)。他方工科大学でも学術化による内容の充実により、やはり進学者が異常な増加を示した（図3-5）。工科大学進学者はその内容的転換を終えた一八八〇年代より増加の一歩をたどり、博士号授与権を獲得した一八九九年には一万人の大台に乗ってからは第一次大戦勃発までその水準を保ちつづけた。しかし、この学生増は、労働市場が必要とするよりもはるかに多くの工科大卒の技術者を生産するものであった。こうして、それぞれの学校の卒業生が激増し、本来の職種につけない工科大卒技術者と、技術中間学校卒技術者が雇用をめぐる競争を引き起こすことになった。一九一四年以前には、工科大卒技術者が薄給や長時間労働に甘んじたり、あるいは製図や、職工に近い単純労働の職種に従事することも希ではなかった。(48)

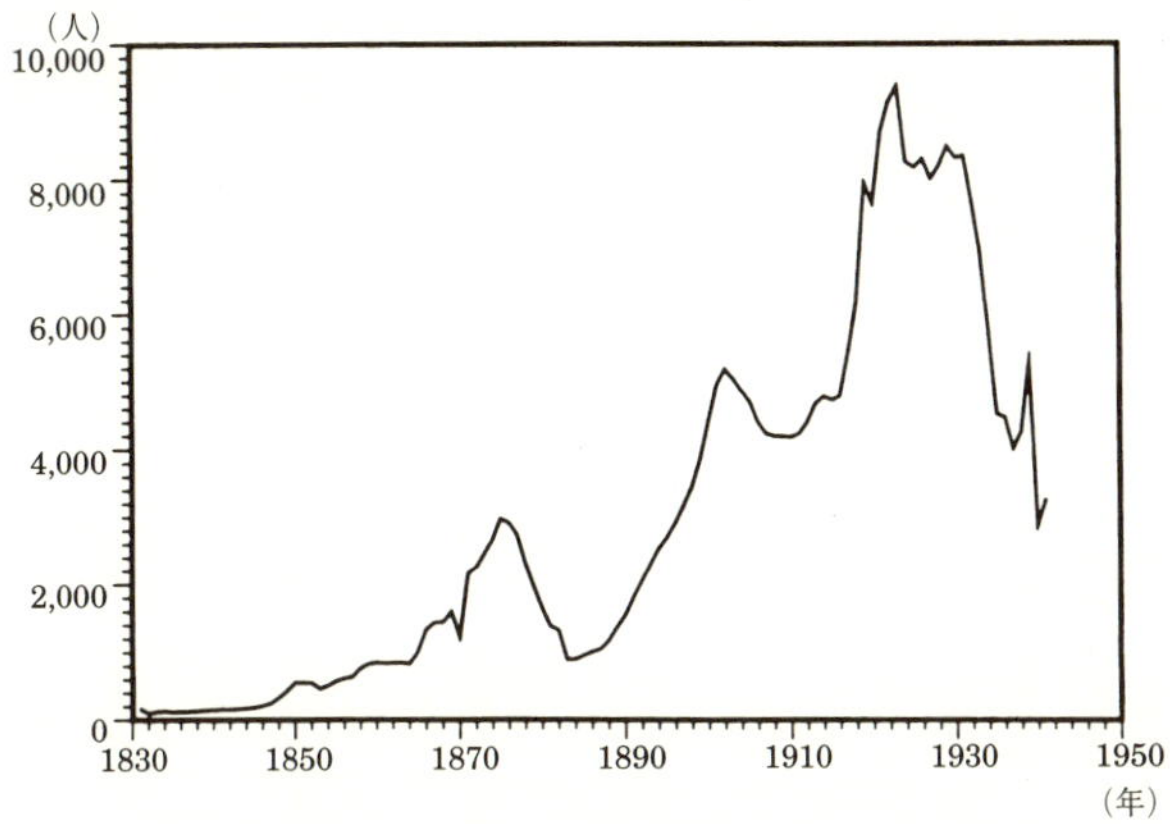

図3－5　プロイセン工科大学学生数

出典：Titze, Hartmut, *Das Hochschulstudium in Preußen und Deutschland 1820-1944*, Göttingen, 1987, S. 45.

近代のドイツで発展した専門職社会は、「職業資格」=「教育資格プラス国家試験」という構図が基本であった。しかし技術系専門職の場合、一部の例外を除いて国家試験を欠いていた。特に一九世紀になってから本格的に形成された技術専門職は、この専門職化を完成させるためにさまざまな努力を払った。例えば化学専門職においては、化学が総合大学と工科大学双方において修学が可能であったことから、工科大学で応用科学を学び、その後、総合大学で博士号を取得するという事例も見られた。(49)このように、完全な形での専門職化が完成していなかった技術者はさまざまな形でアイデンティティの拠り所を模索していたのである。そのアイデンティティのひとつとして編み出されたのが「学術的技術者」という自己像であったが、これも雇用に対して過剰な卒業生が供給されはじめると無効化し、工科大学出身者はあらたなアイデンティティを模索せねばならなかった。中級技術者の養成制度が整えられてくるに従い、雇用側の企業では、年長で融通のきかない工科大学出身者よりも、工科系の専門学校出身者を歓迎する風潮が高まったのであった。一八八〇年代以降に、現代にまで受け継がれている技術教育制度の二元主義（工科大学と工科専門学校の二系列）が確立したこともあって、ここであらためて「技術者エリート」概念の確立が求められはじめていたのであった。このような状況のなか、工科大学の博士号授与権獲得は是非とも実現しなければならないものであった。エリートの条件は確実に変化しつつあったものの、新参者にとって安定した地位にたどりつくには、なお多大の障害が待ち受けていたのである。

扉図　正装したギムナジウム学生。出典：Hochhuth, Rolf/Koch, H.H., *Die Kaiserzeit*, München, 1985, S. 216.

注

（1）Jeismann, Karl-Ernst, "Das höhere Knabenschulwesen", in : ders/Lundgreen, Peter（Hrsg.）, *Handbuch der deutschen Bildungsgeschichte Bd. III*, München, 1987, S. 154.
（2）Vgl., Jeismann, Karl-Ernst, *Das preußische Gymnasium Bd. 1*, Stuttgart, 1996.
（3）Jeismann, Ernst, "Das höhere Knabenschulwesen", S. 155.
（4）これらラテン語を教授しない学校のさらに詳しい発展史は Vgl., Müller, Detlev K./Zymek, Bernd, *Sozialgeschichte und Statistik des Schulsystems in den Staaten des deutschen Reichs 1800–1945*, Göttingen, 1987, S. 40ff.
（5）Albisetti, James/Lundgreen, Peter, "Höhere Knabenschulen", in : Berg, Christa（Hrsg.）, *Handbuch der deutschen Bildungsgeschichte Bd. IV*, München, 1991, S. 240.
（6）*Ibid.*, S. 240.
（7）服部伸「医師資格の制度と機能」望田幸男編『近代ドイツ＝「資格社会」の制度と機能』名古屋大学出版会、一九九五年、二一〇頁参照。
（8）Vgl., *Verhandlungen über Fragen des höheren Unterrichts*, Berlin, 1890, S. 83.

（9） Vgl., Albisetti/Lundgreen, *op. cit.*, S. 229.

（10） Vgl., *ibid.*, S. 235.

（11） Vgl., Herlitz, Hans-Georg, u. a., *Deutsche Schulgeschichte seit 1800*, Weinheim/München, 1993, S. 71.

（12） *Ibid.*, S. 73.

（13） M・クラウル著、望田幸男監訳『ドイツ・ギムナジウム二〇〇年史』ミネルヴァ書房、一九八六年、一〇〇頁参照。

（14） Vgl., Paulsen, Friedrich, *Geschichte des gelehrten Unterrichts, Bd. 2*, Berlin, 1921, unveränderter Nachdruch, Berlin, 1965, S. 594.

（15） Vgl., Führ, Christoph, “Die preußischen Schulkonferenzen von 1890 und 1900”, in : Baumgart, Peter, *Bildungspolitik in Preußen zur Zeit des Kaiserreichs*, Stuttgart, 1980, S. 195.

（16） Vgl., Paulsen, *op. cit.*, S. 594.

（17） *Ibid.*, S. 595.

（18） *Ibid.*, S. 596.

（19） *Ibid.*, S. 597.

（20） Albisetti/Lundgreen, *op. cit.*, S. 235.

（21） Vgl., Führ, *op. cit.*, S. 202.

（22） Vgl., Herrmann, Ulrich G, “Bildungsgesamtplanung und Schulreform in Preußen”, in : Historische Kommision der DGfE（Hrsg.）, *Jahrbuch für historische Bildungsforschung, Bd. 3*, Weinheim/München, 1996, S. 291.

（23） ヴェストファーレン地方では、ギムナジウムのなかに、実科ギムナジウム的要素をもつ実科コースを付設しているものがあった。

（24） Vgl., Herrmann, *op. cit.*, S. 313.

（25） Vgl., Führ, *op. cit.*, S. 206.

（26） Vgl., Paulsen, *op. cit.*, S. 736.

（27） アルトホーフについては潮木守一『ドイツ近代科学を支えた官吏』（中公新書）中央公論新社、一九九三年を参照のこと。

（28） Vgl., Führ, *op. cit.*, S. 209.

(29) Vgl., Althoff, Marie (zusammengestellt), *Aus Friedrich Althoffs Berliner Zeit*, Jena, 1918, S. 74ff.
(30) Vgl., *ibid.*, S. 82.
(31) Vgl., *ibid.*, S. 82.
(32) Vgl., Führ, *op. cit.*, S. 210.
(33) Vgl., *ibid.*, S. 210.
(34) Vgl., Althoff, *op. cit.*, S. 83.
(35) Muller/Zymek *op. cit.*, S. 59.
(36) Vgl., *ibid.*, S. 64.
(37) Jarausch, Konrad, "Universität und Hochschule", in : Berg, Christa (Hrsg.), *Handbuch der deutschen Bildungsgeschichte Bd. IV*, München, 1991, S. 314.
(38) 詳しくは望田幸男編『近代ドイツ＝「資格社会」の構造と機能』名古屋大学出版会、一九九五年を参照のこと。
(39) Vgl., Jarausch, *op. cit.*, S. 329.
(40) Müller, D.K., *Sozialstruktur und Schulsystem*, Göttingen, 1981, S. 197.
(41) Conrad, Johannes, *Das Universitätsstudium in Deutschland während der letzten fünfzig Jahren*, Jena, 1884.
(42) Vgl., Müller, *op. cit.*, S. 17.
(43) Müller, *op. cit.*, S. 17.
(44) ボイトと彼のプロイセンの工業振興政策にかんしては高橋秀行『近代ドイツ工業政策史』有斐閣、一九八六年を参照のこと。
(45) Vgl., Radkau, Joachim, *Technik in Deutschland*, Frankfurt/M., 1989, S. 159.
(46) Vgl., Wehler, Hans-Ulrich, *Deutsche Gesellschaftsgeschichte, Bd. III*, München, 1995, S. 415.
(47) Vgl., Gispen, Kees, "Interessenkonflikte und Organisationsbildung bei den deutschen Ingenieuren, 1890-1933", in : Lundgreen, Peter/Andre Grelon (Hrsg.), *Ingenieure in Deutschland*, Frankfurt/New York, 1994, S. 321.
(48) Vgl., Gispen, *op. cit.*, S. 321.
(49) 詳しくは進藤修一「化学専門職における『未完』の職業資格」望田幸男編『近代ドイツ＝「資格社会」の制度と機能』名古屋大学出版会所収、一九九五年参照。

第4章 一九世紀ロシアのエリートの学校
——身分制原理から専門職者養成へ

橋本伸也

教育システムと社会変動

18世紀初頭のピョートル大帝の時代以降，本格的な整備の開始されたロシアのエリート教育機関は，19世紀前半にかけて貴族特権を本旨とする身分制原理を主たる特徴とした。他方，クリミア戦争敗北を契機に社会の全般的近代化が志向された19世紀後半以降は，身分制原理は次第に後景に退き，身分にとらわれない専門職的エリートの養成を目的とした多様な高等教育機関が誕生し，中等教育の編成も大規模な変動を体験した。

序——課題の設定

ロシアにおいて国家エリートのための教育の整備が本格的に進められたのは一八世紀初頭、ピョートル大帝の治世以降のことである。「朕は切に学ぶことを望む者であり、朕にものを教うる者を求める」[1]と書いたピョートル大帝は、貴族に勤務義務とその前提として就学義務を課し、各種の世俗的学校の設立を行ったのである。

むろん、ピョートルのめざした教育ある貴族官僚にになわれた国家体制づくりはかならずしも順調に実現されたわけではない。かれの没した直後から貴族たちは、子弟を学校に送り勤務に就かせることを忌避し、あるいは消極的態度を取ったからである。かれらが好んだのは、外国人教師による家庭教育や私塾的な寄宿学校（パンシオン）であった。そうした雰囲気がその後も根強く残ったことは、ほぼ一世紀を経てアレクサンドル一世の下で諸改革を指導したスペランスキーのつとに指摘したところであった[2]。しかしそれでも、一八世紀を通じて高度の教育を貴族エリートの要件として捉える心性が次第に定着した。一九世紀に入るとそうした観念はさらに普及し、エリート養成にあたる各種の教育機関が多様な官庁の下に設けられた。軍の管下に設けられた教育機関、文官養成のための特権的学校などがその例である。西欧型モデルに倣ったギムナジア—大学の本格的な整備も開始された。他方、一九世紀後半になると中等教育では西欧と似た古典系と実科系からなる複線型システムが確立し、高等教育では各種の高等専門学校網の拡充が見られた。ロシアでも一九世紀は、急速な教育拡大の時代であった。

本章では、こうして誕生したロシアのエリートの教育の場が、一九世紀から一九一七年までのおよそ一世紀のあいだにたどった変化を通覧することを課題とする。エリート形成にあたった中等教育・高等教育機関をできるだけ網羅的に取り上げながら、それらの織りなしたシステムとしての特徴を析出することがここでの目標である。

1
教育の身分制原理とエリートの学校

教育の身分制原理

帝制期ロシア、とりわけ一九世紀前半までの教育システムを考える場合、教育システムと身分制との結合関係に着目しておかねばならない。[3]ピョートル改革以来設けられてきた各種の教育機関は、この国に固有の身分制との深いつながりのなかで編成されたからである。一八世紀に形成された学校システムの特徴について、法制史家ヴラヂミルスキー＝ブダーノフは「ロシアの身分は主として職業陶冶に関する立法を通じて組織された[4]」と主張し、教育史家ロジェストヴェンスキーは「一八世紀中頃の貴族たちの身分制的なものの見方において、身分的訓育と陶冶の理念は、『貴族としての資格』のすべてを規定する基本的条件としていちじるしく重要な役割を果たしていた[5]」と語っていた。前者が強調したのは、貴族に限らずより下位にいたる多様な身分的職業集団が、各集団で必須とされる知識や技能、態度の育成にあずかる教育機関の設立を介して形成されたということである。事例としてあげられたのは、貴族のための軍事教育機関、聖職者のための神学校や神学アカデミー（神学大学）、鉱山で働く者の子弟の学校、下級武官（郷士）子弟のための守備隊学校等々である。他方後者は、貴族の身分特権としての上級教育の確立に主眼をおいて、他身分が排除されて身分ごとに分断された教育システムが成立したことを語っていた。一七五五年創立のモスクワ大学に設けられた附属ギムナジアが貴族ギムナジアと「雑階級人」向けのそれに区分され、あるいはエカテリーナ二世の設けたスモーリヌィ女学院でも身分別の二部門制が取られて、教育内容等でも異なった性格を与えられていたことは、身分的に編成された教育システムのあり方をよく物語っている。

図4－1　モスクワ大学の創立者ミハイル・ロモノーソフ（1711～65年）

ロシア人最初の科学アカデミー会員に選ばれたかれは，1755年，シュヴァーロフとともにモスクワ大学を創立した。

出典：*Пономарева. В. В. и др.* Университет для России, М., 1997, с. 71.

このように、一八世紀には教育の身分制原理とでも称されるべきものが支配的なものとなったのであるが、こうした事情は一九世紀になっても維持されたばかりでなく、さらに整然としたものへと整備された。一九世紀前半にも教育の身分制原理が、この国の教育システムを特徴づける基調として存在したのである。しかし他方で、一九世紀初頭に整備が開始された国民教育省管下教育機関では、こうした基調からはみ出した部分が見られたという事実がある。以下本節では、一九世紀前半にエリート養成に関与した各種の教育機関について概観しながら、この時期の教育の編成原理としての身分制原理の実際のあり方について素描を試みたい(6)。

特権的軍事教育機関

一九世紀前半に国家エリートの養成にあたった貴族子弟のための特権的学校は、大きく区分すると武官―将校養成を行う軍事教育機関と文官養成を目的としたものとに区分可能であるが、時系列的には、ピョートル期以来の伝統を持ち、貴族の威信や名誉と結合した軍の学校が先行し、一九世紀になって文官養成機関の設立が相次ぐという経過をたどった。それに倣ってまず軍事教育機関について瞥見するならば、この部門にはピョートル以来の伝統を直接引いて「もっとも貴族的《アリストクラティック》な教育機関のひとつ」[7]と目された海軍兵学校、ピョートル没後の一七三二年にその最初の例を見、一九世紀になって軍事教育機関の基本類型として発展した陸軍幼年学校、陸軍幼年学校のひとつだが、皇室と深いつながりをもち、近衛将校への任官で優遇された近習学校、近衛騎兵将校養成を目的として近習学校に次ぐ高い威信を誇った近衛特務曹長・騎兵士官学校、貴族連隊、さらに工兵・砲兵などの兵科別の将校養成にあたるものなど各種の学校が存在した。このうち海軍兵学校や近習学校は世襲貴族中でも有爵者や古くからの家門、あるいは軍と国家の高官の子弟にのみ入学が許されたぬきんでて特権的な学校であり、高額の授業料を課した近衛特務曹長・騎兵士官学校も、負担に耐えられる名門子弟しか入学しえないものであった。これらの学校を卒業した者の多くは、一九世紀を通じて国家と軍の枢要なる地位を占めていた。

他方、陸軍幼年学校はすでに一八世紀に「ロシア・エリートのその後の発展にとって多大な影響力を有するもの」[8]となっていたが、とりわけナポレオン戦争後に量的

図4－2　1840年代後半の幼年学校生徒

出典：*Волков С. В.* Русский офицерский корпус, М., 1993, с. 120.

にも拡大・成長を遂げた。陸軍幼年学校は、サンクト・ペテルブルグとモスクワの両首都のみならず地方都市にも設けられ、地方貴族の教育への願望を満たす場となっていたのである。一八一七年にはすでに幼年学校とそれに類する学校計八校の生徒定数合計は五二七二名におよび[9]、一八三四年には一六校、六〇〇〇名弱まで成長した[10]。一八五四年には学校数が二二校、生徒定数が八二八八名、実際の在籍数は七七五一名であった[11]。この数字は、後に見るギムナジアの貴族出身の生徒数と比べて三〇年代半ばに拮抗、五〇年代でも二分の一に達しており、貴族子弟にとっての魅力のほどがうかがわれる。

一八三〇年の規程によれば、この学校は予備課程（二年制）、一般教養課程（四年制）、専門課程（三年制）の三つの課程からなり（一八三六年以降は計八年制）、普通教育課程と専門課程の双方を有する第一類幼年学校と普通教育を主とした第二類幼年学校の区別があった。また、教授科目はロシア語・ロシア文学、ドイツ語・フランス語、算術、代数学、幾何学、三角法、解析幾何、機械学、自然史、物理学、化学、世界史・ロシア史・世界地理・ロシア地理、法学、統計学、砲術、築城術、戦術論、軍事地形学、製図と多岐におよんでいた[12]。しかしその教育の本旨が、こうした一般教養と専門的知識の習得よりも、むしろ行軍訓練や兵営式生徒管理による「貴族的な気風と忠誠心の涵養[13]」に置かれたことは再論するまでもない。

特権的文官養成教育機関

文官養成にあずかった特権的教育機関としては、「国家勤務の枢要なる部署に就くことを特に予定された若者の陶冶[14]」（学則第一条）を目的とするツァールスコエセロー・リツェイ（一八一一年創立、後サンクト・ペテルブルグに移転してアレクサンドル・リツェイに改称）や「国家司法における勤務のために『貴族の若者』を養成[15]」することを目的に司法省の管下に設けられた帝立法学校（一八三五年創立）があった。いずれも名門貴族や顕官子弟に限って入学を認めた中等・高等段階の一体となった寄宿制学校であり、成績に応じて卒業生に任官時の優遇を与えていた。卒業生の多くはこの優遇を得て九等官から主として文官としての勤務を開始し（大学卒業の場合は、一二等官ないし一四等官が通例）、官界上位への昇進を果たしていた。

ツァールスコエセロー・リツェイの教育課程は下級課程三年、上級課程三年からなり、下級課程ではロシア語・フランス語・ドイツ語・ラテン語などの語学、神学と道徳哲学、論理学基礎などの道徳・哲学系科目、数学・物理学や歴史・地理といった一般教育科目に加えて、ダンス、フェンシング、乗馬、水泳なども教授された。これらは、すぐれて貴族的な身体文化を表現したものである。上級課程では法学や政治経済学などの国家エリートに必須の、大学教育に匹敵する科目が用意された。ツァールスコエセローでは宮殿横に学舎が置かれ（章扉図参照）、皇室・宮廷とも深い紐帯を結び、明示的な教育内容にとどまらず全寮制の閉鎖空間に形作られた学校文化の隅々にいたるまで、エリートとしてのエートスとハビトゥス、社会的紐帯を形成する装置として機能した(16)。

他方、法学校の教育課程は当初は六年制、後七年制で、他のエリート教育機関と同様、下級課程は一般教育、上級課程は専門教育を中心に編成された。一般教育には神学、地理学・統計学、世界史・ロシア史、自然史、物理学、ロシア語・スラヴ語、ラテン語、ドイツ語、フランス語、論理学・心理学など、また専門課程では、司法専門教育の場にふさわしく教会法・ローマ法・民法・商法・刑法・公法・民事訴訟法・刑事訴訟法・ローマ法制史・法学概論などからなる主要科目と、国際法・法医学・警察法・政治経済学・財政法・宗教史・哲学史（特に法哲学史）等の補助科目が教授された。これらは、大学法学部やリツェイと比べて法律実務に傾斜した実学志向の強いものであった(17)。さらに、芸術系科目として習字、描画、製図、唱歌、ダンスと体操等があった。リツェイ同様、閉鎖的空間の訓育作用が多大な意義を有しており、「正義と法を熱烈に擁護し、玉座と祖国への忠実な僕(18)」たらんとする精神のもと、在校生・卒業生にはきわめて濃密な親近感と紐帯が醸成された。

図4－3　創立直後のモスクワ大学のおかれた中央薬事局の建物

出典：*Кириллов В. В.* Университетский дом на Моховой, М., 1997, с. 10.

大学とギムナジア

国民教育省管下の大学・ギムナジアの整備が進展するのは、啓蒙精神溢れるアレクサンドル一世治世初期、一八〇三年の国民教育予備規則ならびにその前後に制定された一連の大学令・大学管下諸学校令による学制施行以降のことである。予備規則は全国を六教育管区に分けてそれぞれに大学を設置した上で、教区学校（各教区に一校以上、一年制）—郡学校（県都・郡都に各一校以上、二年制）—ギムナジア（県都に各一校以上、四年制）—大学という階梯的学校体系を定めていた。[19] 学校階梯間は相互に接続し、下位の学校での履修が進学条件とされ、いずれの学校も身分的開放性を原則とした。他方、大学の整備も順次進められ、一七五五年創立のモスクワ大学、ロシア帝国併合以前からの伝統を引くデルプト大学の復興とヴィリノ大学改組に加えて、一八〇四年にはハリコフ大学とカザン大学が新設され、一八一九年には高等師範学校を改組してペテルブルグ大学が置かれた。大学の目的は、臨時規則では「高度の学問の教授」[20]とされ、一八〇四年の諸大学令では「若者を国家勤務のさまざまの職務へと参入させるべく準備する」[21]ものとされた。大学には、原則として道徳政治学部（後の法学部）、物理数学部、医学部、文学部（後の歴史文献学部）を置くものとされた。他方ギムナジアは、郡学校と大学に接続する身分的に開放的で、教育内容では「百科全書」的性格を有する中等教育機関として設立された。

このように大学は当初、身分制原理とは無縁とされたが、早くからその修正を狙った措置が重ねられた。必ずしも大学を好まない貴族を吸引するために「文官昇進規則と学業試験に関する件」（一八〇九年）[22]によって勤務・昇

図 4－4　ヴィリノ大学前広場と古書室（左上）

ヴィリノ大学（現リトアニア・ヴィリニュス大学）は1579年に創立されたイエズス会アカデミーに淵源を持ち，18世紀にはポーランド国民教育委員会の設けた中央学校に改組され，ポーランド分割を経て1803年にロシアの帝国大学に編入されたものである。この大学はリトアニア・ベラルーシ地域のポーランド・カトリック文化の中心であったが，1831年のポーランド蜂起を理由に閉鎖された。

出典：*Vilnius Universiteto Istorija 1579 - 1994*, Vilnius, 1994.

図4－5　デルプト大学本館（19世紀中頃）と初代「副学長」（実質上の学長）パロット

デルプト大学（現エストニア・タルト大学）は，1632年に当時この地を支配したスウェーデン王グスタフ二世・アドルフが創建したアカデミア・ドルパテンシス（通称アカデミア・グスタヴィアーナ）を起源とする。これは北方戦争によるロシア帝国編入を機に自然消滅したが，1802年にその記憶を保ったバルト・ドイツ人貴族たちによってロシアの帝国大学として復活させられた。デルプト大学は19世紀末の「ロシア化」までは，ドイツ語を教授語とする「ロシアのなかのドイツ大学」であった。

出典：Koostanud Karl Siilivask, *Tartu Ülikooli Ajalugu, II 1798-1918*, Tallin, 1982.

進上の特典を大学卒業生に与え、あるいは貴族子弟のための寄宿学校（パンシオン）を大学に併設するなどの方途が採用された。一八二七年には農奴身分からの入学が明文的に禁止されたほか、授業料値上げなど中下層の進学抑制策も採られた。ただし昇進規則は「貴族の勤務上の昇進を身分制的伝統とはまったく無縁の教育資格という条件にしたがわせる」[23]ものとなり、貴族からは不興を買うこととなった。また、貴族以外からの入学が明文的に禁止されることもなかった。

他方、ギムナジアは、一八二八年の大学管下諸学校令改正により下級学校との制度的接続が断たれて七年制学校に改編され、主として貴族・官吏等の特権的身分を対象とする教育機関としての性格が濃厚になった。大学の場合同様、中下層からの入学抑制策が採られたほか、附属貴族パンシオンの設置が奨励され、そこから改組されて貴族学院と称される特権的身分学校の生まれた例もあった。一八四五年には、第二・第三ギルド商人および町人子弟にたいしてギムナジア入学に際し所属身分団体からの離脱証明の提出を義務づけたが[24]、これも身分的排除策のひとつであった。ただしそれにもかかわらず、大学同様、貴族独占が制度的に明文化されることはなかった[25]。中下層出身者のギムナジア課程からの排除や地域の産業的要請などを動機に古典系とは区別される、実学系をはじめとした諸類型の課程も準備された。

このように国民教育省管下の大学・ギムナジアでは、貴族優遇と他身分の入学抑制が政策的に追求されながらも、制度上は身分制原理が貫徹することがなかったが、実際の就学状況はどうであったのだろうか。表4-1には一九世紀前半の大学別学生数の推移を示したが、ポーランド一一月蜂起にともなうヴィリノ大学閉鎖（一八三二年）による学生減や、四〇年代末以降ニコライ一世によって学生数削減がなされた時期を除いて、安定的成長を遂げたことがわかる。貴族出身学生比率について包括的統計資料はないが、モスクワ大学では四〇年代に世襲貴族子弟が約半数、一代貴族・官吏・聖職者等を含めても全体の七割程度であった[26]。その他も含めた大学全体では、四〇年代末

表 4-1　大学生数（1808～55年）

	1808年	1824年	1834年	1839年	1844年	1848年	1855年
ペテルブルグ	（102）	51	230	400	627	731	399
モスクワ	135	820	456	798	835	1,165	1,203
ハリコフ	82	337	389	391	441	525	483
カザン	40	118	238	225	406	325	340
デルプト	193	365	524	525	562	604	618
ヴィルノ	525	976	—	—	—	—	—
聖ヴラヂーミル	—	—	62	126	403	655	616
合　計	975 （1,087）	2,667	1,899	2,465	3,274	4,005	4,127

備考：1808年のペテルブルグは高等師範学校であり（　）を付した。合計欄の（　）内数は高等師範学校を含めた数である。1839年の聖ヴラヂーミル大学（キエフ大学）は一時閉鎖と学生の退学処分により前年度より半減。1838年の学生数は259名であった。

出典：*Кеппен, П.* Материалы для истории просвещения в России, №II., СПб., 1826, с. 418,（1808, 1824）. «ЖМНП», ч. 6, отд. III, 1835, с. 243-253,（1834）. «ЖМНП», ч. 26, отд. III, 1840, с. 67-96,（1939）. «ЖМНП», ч. 46, отд. III, 1845, с. 1-32,（1844）. «ЖМНП», ч. 62, отд. III, 1849, с. 1-30（1848）. «ЖМНП», ч. 90, отд. III, 1856, с. 59,（1855）.

表 4-2　ギムナジア生徒の身分構成（1826～63年）

	1826年	1833年	1843年	1853年	1863年
生徒総数	6,533（100.0）	7,495（100.0）	12,784（100.0）	15,070（100.0）	23,693（100.0）
貴族・官吏	4,750（ 72.7）	5,910（ 78.9）	10,066（ 78.7）	12,007（ 79.7）	17,320（ 73.1）
聖職者	203（ 3.1）	159（ 2.1）	218（ 1.7）	343（ 2.3）	666（ 2.8）
担税身分	1,580（ 24.2）	1,426（ 19.0）	2,500（ 19.6）	2,719（ 18.0）	5,707（ 24.1）

注：（　）内は%。

備考・出典：1826年は *Алешинцев, К.* Сословный вопрос и политика в истории наших гимназий в XIX век（Исторический очерк), СПб., 1908 с. 26 所収の表より作成。この年の貴族・官吏には下級宮廷勤務者子弟35名を含む。その他は Материалы для истории и статистики наших гимназий, «ЖМНП» 1864, ч. CXXI, №2, отд. 2, с. 376-378 より作成。ここに示されたのは，生徒の身分構成が判明している学校についてのみであり，身分構成が不明の学校も加えた生徒数は，1843年が1万7330名，1853年が1万9207名，1863年が2万9524名である。

で貴族・官吏比率は六割程度と推定される。[27] その意味では、ロジェストヴェンスキーの表現を借りるならば、「貴族の若者がどれほど大学入学を奨励され、非特権階級のための高等教育への道がどれほど制約されようとも、大学は門戸を広く開き続けており、……社会諸勢力が下から上に注がれていった」[28] のである。

ギムナジアの生徒数・身分構成の推移は表4-2に示したが、ここでは大学と比べて貴族・官吏独占が徹底したことがわかる。世紀初頭に三割程度に過ぎなかった貴族・官吏子弟比率が急上昇し、二〇年代にはすでに七割を超えたのである。だが、それでも八割を超えることはなく、二割強が他身分から供給された生徒であった。

このように国民教育省管下では貴族以外からの入学者の完全な排除が達成されず、教育の身分制原理は実質上も貫徹しえなかった。これは、ひとつには貴族にとってより魅力ある特権的教育機関が他に用意されて、国民教育省管下教育機関の位置が相対的に低かったという事情に加えて、貴族身分自体が教育資格および国家勤務のキャリアによって取得可能な開放的なものであったこと、さらに世紀前半に進展した官僚機構の整備・拡充に対応して、しかるべき知識や能力を備えた官吏要員を確保する上で、教育機関を介した下方からのリクルートの道を残しておく必要があったことなどによるものである。

2　一九世紀後半の大学とギムナジア——改革と「反改革」

大改革の時代

クリミア戦争（一八五三〜五六年）敗北を契機に、農奴制的国家体制に起因する後進性を克服し近代化をはかる必要性を自覚したツァーリの政府は、五〇年代末から六〇年代前半に「上からの改革」に着手した。その最頂点に位置したのは、一八六一年の農奴解放と付随する土地改革や農民共同体の再編であったが、それとならんで信用制度、通貨・財政・税制、さらに軍制、司法、検閲、地方行政等々、国制全般におよぶ多方面の改革が試みられた。この時代が「大改革」の時代といわれる所以である。身分制それ自体の廃棄はなされなかったが、法の下の平等を追求して身分的障壁を緩和し、単一の「国民」形成をはかる政策的措置もめざされた。全国民的司法制度に向かおうとする司法改革や全身分的皆兵制度をめざした軍制改革はその例である。(29) 一連の改革を生み出した時代精神の高揚を、ロシア教育史を著したカープテレフは次のように描き出している。

偉大な抜本的改革に続いて、同じ精神のもとでその他の改革も企図された。司法や地方制度の改革である。公開性が拡大され、暴露文学がみられるようになる。社会諸階層間の人為的障壁がくずれおち、公共性や社会の創意、個人の幅広い自立性といったイデーが生まれた。一言でいって、ロシア社会全体の再生がなされたのである。(30)

カープテレフの評言が過度の美化や過大評価を含むことは否めないが、ともかくこうした雰囲気のなかで教育システムの改革も着手された。わけても国民教育省管下教育機関の改革は、他部門以上に抜本的な性格をもち、身分という「人為的障壁」に依拠した従来のシステムの改編が企てられることとなる。

大改革期の教育改革

ニコライ一世が死去しアレクサンドル二世が即位した翌年に、国民教育大臣ノーロフはニコライ的学校システムの全般的見直しを提起した。「無力で弱気(31)」なこの大臣のもとで提案がただちに実行されることはなかったが、これを起点に一八六四年にいたる教育改革論議が開始されたのである。その際の最重要な論点のひとつは、ギムナジアにおいて「すべての身分的、宗派的、民族的制限を撤廃する」[32]点に設定された。すでに一八五六年に、国家勤務の条件として教育資格の有する意味が再確認される一方で、昇進に際して貴族身分に与えられた優遇が廃止されており[33]、そのことも教育改革案を考える際の与件の一つであった。改革論議では、公開性を重視してひろく内外の公論に訴える手法を採用し、表明された社会の要求に相応の配慮を払いつつ改革案を練り上げていった。むろん幾多の逆流もみられたし、立法者総体の意思は、身分的システムを完全に解体して農民にいたる全身分の教育上の平等を実現するところにあったわけでもない[34]。それにもかかわらず、「ギムナジア・プロギムナジアで学ぶ者は、門地や宗派の別なくすべての身分の子弟とする（五三条[35]）」と明記して、農民を含むすべての身分の入学資格を承認した一八六四年ギムナジア令、入学要件を一七歳以上の男子でギムナジア課程を優れた成績をおさめて修了した者、または試験によりそれに相当する証明を得た者と定め（八五条）、身分要件にはいっさい触れていない一八六三年大学令[36]が、上述の時代精神の反映であったことは間違いない。それは同時に、農奴解放にともなう地主貴族の経済的窮状の深刻化と国家勤務依存の進行や聖職者の身分的解放の動きなど、旧来の身分制秩序が動揺し再編を要していた状況に対応し、他方で、その未成熟が問題視された商工業者等の中間階級の育成を必要とした時代の課題を、教育システムの面で引き受けようとするものでもあった。身分制そのものは温存しながらも、旧来とは異なる階層的秩序への転換をはかり、専制体制を護持しながら経済発展を達成しうる新たな形式の社会秩序の形成がめざされたのである。この点については第八章で論ずることとなるが、国民教育省管下教育機関、とりわけ中等教育機関であるギムナジアで教育機会の身分的制限が撤廃されたことは、この後のロシアの教育社会の変動につながる重要な意味を有したのである。

大改革の時代にもたらされた成果は、それだけではなかった。大学では、新大学令制定以前にすでに、ニコライ末期の大学への抑圧的政策を撤廃する一連の措置がとられていたが、六三年大学令では、まず講座数の大幅増がは

図4－6　ネヴァ河岸通りから見たサンクト・ペテルブルグ大学（1860年代）

サンクト・ペテルブルグ大学は従来，1819年に高等師範学校を改組・設立されたとされてきたが，近年，1724年の科学アカデミー附属大学設立を起源として主張し，モスクワ大学とのあいだで緊張をよんだ。

出典：275 Лет: Санкт-Петербургский Государственный Университет Летопись 1724-1999, СПб., 1999.

かられて新たな学問分野が登場し、教授ポストの拡大もなされた。こうした条件整備の進展と、この時期に叢生した各種学術団体の活動とがあいまって、爾後、ロシアの学問はめざましい前進を遂げていくのである。一八三五年大学令で奪われた自治権が認められたのも、六三年大学令の重要な改正点であった。学長や学部長の選考に関する教授団自治が条件づきながら認められ、大学内部の管理運営に関する評議会や教授団の権限も定められた。また、学生に対しては奨学制度の充実等により学修条件の整備がはかられる一方で、激化していた学生運動への対抗として、同郷団体や学術サークルも含めて学生団体がいっさい禁止された。

他方ギムナジアでは、二古典語または一古典語（ラテン語のみ）を教授する二種類の古典ギムナジアと、古典語を教授せず実学系科目を重視した実科ギムナジアとの二部門三類型の制度への転換が図られた。古典ギムナジア卒業生には大学進学資格が与えられ、実科ギムナジアには高等専門学校への進学権のみが認められた。ギムナジアの下級段階のみをもつプロギムナジアも制度化された。かつて貴族特権としての意味を持ったギムナジア附属パンシオンは、農奴解放以降の貴族の経済的窮状を反映した資金不足のためにすでに減少傾向をみせていたが[37]、ギムナジア令では下級生を対象とした寄宿舎として位置づけ直されて、かつての特権的意味を喪失した。

「反改革」

このように大改革期に大幅な改革を受けた大学とギムナジアであるが、その後の歩みはけっして単純なものではなかった。一八六六年のアレクサンドル二世暗殺未遂事件とドミトリー・トルストイの国民教育大臣就任を契機に、改革の原則にかかわる逆流が始まるのである。

ギムナジアについては、六〇年代後半に早くも制定後間もない六四年ギムナジア令の見直しが開始され、一八七一年のギムナジア令と七二年の実科学校令が制定された。これにより、古典系と実科系とが制度上分離され、古典ギムナジアを優位においた完全な複線型システムに移行することになった。この試みは、第8章で見るように、必ずしも六〇年代改革からの逆流とは言えないが、同時代の人々や後世の歴史家からはそうしたものとして受け止められた。また、この時期に高まりをみせた革命運動に生徒が多く加わっていたことに衝撃を受けた政府は、「ギムナジア生徒規則」（一八七一年）、「ギムナジア・プロギムナジア生徒懲戒規則」（一八七四年）など抑圧的規則を整備するとともに、寄宿舎（パンシオン）を活用した訓育や生徒への監視強化もはかっていた。

大学に対しても、六〇年代後半以降、新大学令を無効化する個別的措置によって実質改悪をはかるとともに、一八七二年には正式に大学令見直しに着手した。そこでは自治権剥奪や講義内容への統制、あるいは学生への監視の強化などがめざされた[38]。ただし大学令改正は大学側の抵抗やトルストイの更迭、後任の二人の大臣の態度などもあって暫時中断し、改正の実行にはデリャーノフの国民教育大臣就任と六〇年代改革に対するところの八〇年代「反改革」の時代をまたねばならなかった。こうしてもたらされたのが一八八四年大学令である。

八四年大学令の特徴は、六三年大学令で限定つきながらも認められた大学自治を否定し、教学や管理運営の詳細にわたるすべてを国民教育省に従属させて、「大学の内部生活に対するこの上なく完璧な行政的統制[39]」を作り上げた点にあった。大学の慢性的病弊と目された学生運動に対抗して、警察的監視や学生生活の細部に及ぶ規制も著しく強化された。

また、「反改革」の時代に向かうなかで焦点となったのは、一八六四年ギムナジア令が「門地・宗派の別なくすべての身分の子弟」の入学を認め、これが七一年ギムナジア令や七二年実科学校令でも踏襲されていたことであった。デリャーノフにしたがうならば、「親の生活状態から見た場合、ギムナジアにおける中等教育やさらには大学レベルの高等教育をめざすべきではない」者がギムナジアや大学に殺到して社会秩序の不安定化をもたらし、それがこの時代の大学紛争や革命運動の高揚等々、「学びつつある若者たちの道徳的訓育に関する問題[40]」をめぐって危機的事態をもたらす原因になったというのである。

事実、六〇年代改革はかつて農奴であった者にも門戸を開くことによって、学歴獲得に対する都市中下層身分の野心を喚起し、就学行動の変化と社会の構造転換を準備しつつあった。解放農奴あがりの商人を父にもつ作家チェーホフが幾多の困難をかいくぐってモスクワ大学に進学し、医師資格を取得したのはその典型例である[41]。デリャーノフ的認識は、革命運動参加者が必ずしも中下層出身学生だったわけではない以上、正鵠を射たものとは言いがたいが、学歴を介した社会移動がもたらしかねない旧来の秩序の不安定化への危惧という点では的を射たものだったのである。それゆえかれは、下層からのギムナジア入学の通路であった予備級の募集停止や授業料値上げなどの間接的措置に加えて、特定の社会集団を排除する方向を強めた。まず、一八八七年四月一一日に「賤業従事者」（娼婦など）子弟のギムナジア入学禁止を秘密通達として告示、さらにギムナジア・プロギムナジアへの入学を第二ギルド商人以上の身分に限るあからさまな身分的制限策さえ取ろうとした。しかしこれにはアレクサンドル三世が「時宜を失しており不適当だ[42]」として反対し、それに代えて「料理人の子弟に関する通達」として有名な六月一八日付秘密通達が出された。これは、御者、従僕、洗濯女、小商店主など町人身分に属する都市下層からのギムナジア入学を禁止せんとするものである。ただしそこには、並外れた能力を有するものは除外するとの例外規定が付されていた。七月一〇日には、中等・高等教育機関におけるユダヤ人学生・生徒比率制限も定められた。これらがかつての身分制原理の延長上にあるのは明らかだが、それにもかかわらず、身分による入学制限を明示的に行うことをせず、上のような意味深長な秘密通達になった点に注目しておきたい。

一九世紀末から二〇世紀初頭にかけて、「反改革」政策は見直しを余儀なくされた。資本主義化の進行や中等・高等教育の拡大によってもたらされた知識社会の成長が、そうした政策の継続を認めず変更をせまったからである。引き続き激しさを保っていた学生運動は、運動参加者に対する懲罰的軍役の法制化など政府の弾圧策の強化と、それへの報復である教育大臣狙撃暗殺事件(一九〇一年)という陰惨な展開をもたらす一方で、政府の融和的態度も引き出していた。八四年大学令の見直しも開始された。高等教育をめぐる論壇の関心も沸騰し、抑圧的体制への批判が繰り返し語られるようにもなった。しかし、一九〇五年革命とその敗北、ストルイピン反動改革から第一次大戦へといたるなかで、タイプを異にする国民教育大臣が相次いで交代したことは、対極的な路線のいずれをも確定したものとする条件を与えなかった。この間、国民教育省の大学政策は短期間にきわめて大きな振幅を繰り返すのである。そうしたなか、検討されたプランはいずれも実行されることなく葬り去られた。

中等教育でも、九〇年代にはトルストイ的教育システムへの批判が立場を超えて広範にみられるとともに、西欧諸国の場合と同様に、初等教育と中等教育とが接続する統一学校による国民教育の創出を求める動きも顕在化する。また、抑圧的で極端な形式陶冶主義にたち、生徒に過重負担を強いる学校体制を全面否定し、子どもの個性と自由を無条件に尊重する極端な学校改革論も姿を現すなど、同時期の西欧の教育改革動向に敏感に反応した傾向が随所に見られるようになった。官立中心のギムナジアに私立校が多数みられるようになったのも、この時期の大きな変

図４－７　モスクワ大学本館全景（1819年建立）

出典：*В. В. Кириллов,* указ. соч., с. 35.

化である。[43] 教育に対する社会の圧力がいちじるしく強まりを見せたのである。しかし政策面では、古典語の授業時数の削減など若干の部分的措置が取られたものの、大学の場合同様、全体状況の度重なる変転と大臣の交代のなか、数次にわたる改革案の提示にもかかわらず抜本的改革のなされぬままに推移した。

大学の停滞と発展

以上のような政策的推移は、一九世紀後半から一九一七年革命までの大学のあり方にどう作用したのだろうか。

学生運動の頻発などの「思想穏健の欠如」への警戒心にとらわれた政府は、一貫して大学拡張に積極的ではなかった。それは、ツァーリ自身が共有した信念でもあった。ニコライ二世は、第一次世界大戦開戦を間近に控えた一九一二年にいたってなお、「ロシアは工業系高等教育機関とそれにもまして中等レベルの工業学校、農業学校を必要としているが、既存の大学については これで十分だと朕は考える[44]」と述べていたのである。そのためロシアの大学は校数の点で著しい停滞を示し、一九世紀末で九校、一九一七年にも一一校に過ぎない。かくして大学は、時代の要請から立ち遅れた「深刻な危機の状態」[45]にたちいたったとされている。

学部構成の面でも大学は、旧態依然たるままに新しい世紀を迎えていた。一九世紀初頭に定められ、一八六三年大学令で再確認された四学部（法学・医学・歴史文献学・物理数学の各学部）体制がその後も一貫して保持され、新たなタイプの学部の創設は試みられなかった。学科制導入など部分的修正がなされたものの、従来からの構成は変わることがなく、技術系科目の導入や工学部設置を求める商工業界の要求は、教育省の保守的政策と功利を排し純粋学問を擁護する古典的学問論や大学論に立った大学教授たちの抵抗の前に一蹴された。時代の要請に応えた新タイプの官立大学設立計画が本格化するのは、第一次大戦中の一九一六年のことである。

こうしたなかでもロシアの大学は着実な発展を遂げていた。後述するように、こうした停滞と危機にもかかわらず、またときどきの政治情勢に左右されながらも、学生数は確実に増加を遂げていた。学問研究の前進も見逃せない。反動とみなされたトルストイ文政期にも、その庇護のもとで個別大学毎の学術団体の結成が進み、全国規模の学界形成も促されるなど、学問振興策が積極的に取られたのである。一八六七年以降、政府の認可を得て数次にわたって開催された自然科学者大会、各大学で結成された自然科学や人類学、民族学等の研究団体はその例である。数学会や考古学会、法学会等々も設立され、一八七二年には二三の学術団体が活動していた[46]。そのなかから、周期律表の発見で知られるメンデレーエフをはじめ、科学史に名をとどめる多くの傑出した学者が登場し、従来外国、特にドイツに依存してきたロシアに学問の自立的発展の条件をもたらした[47]。同時に、学問の発展に裏づけを得た大学教授たちの成長は、社会的影響力を有する知識社会の形成を意味するものでもあろう。かれらの試みた社会啓蒙活動は国家による学校設立と並んで、ロシアにおける教育普及の原動力となった。

むろんこうした学術振興策は、社会の安定化や専制体制の護持と繁栄をめざしたトルストイ文政の総路線の枠内にあった。優秀な保守官僚であると同時に学者としての顔も併せもっていたかれがめざした路線は、学術の開花と高等教育の発展による国家威信の称揚にあったのである。それゆえ学術・高等教育振興はあくまで国家統制の枠内にとどまるもので、上述の抑圧的政策とも親和的なものであった。こうしたなか学者たちは一方で庇護を受けつつも、他方では反発を重ねていた。専制と大学との関係は、すぐれてアンビヴァレントだったのである。

3　特権的教育機関の再編と自己保存

軍事教育機関の場合

一九世紀前半の教育の身分制原理を体現した特権的教育機関は、この時期いかなる展開を遂げたのだろうか。特権的セクターでもっとも大きな改革を経験したのは陸軍幼年学校である。改革派官僚の領袖の一人、ドミトリー・ミリューチンが大臣を務めた陸軍省は、大改革期に近代的軍制への転換をめざして大規模な軍制改革を断行したが、その一環として一八六三年に幼年学校改革が実行された。[48] その要点は、近習学校など一部を除いて幼年学校を廃止し、下級段階を国民教育省ギムナジアを模した普通教育機関の軍ギムナジア（六年制、後七年制）に改組するとともに、上級の軍事専門課程は軍事専門教育機関である三校の軍学校（二年制）に統合するというものであった。志願兵から将校に昇任した者や、国民教育省ギムナジアなどの一般の中等教育機関を卒業後任官して将校をめざす者を対象に士官候補生学校（二年制）も設けられた。軍学校には軍ギムナジア出身者だけでなく、少数ながら一般の中等・高等教育機関からの入学も予定された。[49] さらに軍事教育機関では、次第に兵科別の高等教育機関（陸軍大学《アカデミー》）も整備され、将校団の専門化への対応もはかられた。

幼年学校は一部を除いて世襲貴族のための特権的教育の場であったが、この改革では軍学校、軍ギムナジアはともに制度上身分的に開放的なものにかえられた。士官候補生学校はそもそもそれが想定した生徒からしても、非貴族的性格を色濃く持っていた。これらは、全身分的義務兵役制度の導入をにらみながら、貴族以外から教育資格を得て将校に任官する道を開くものであった。もっとも、一八世紀以来定着してきた幼年学校の伝統は重く、実際には軍ギムナジアは従来通り貴族的性格を根強く保持し続けたが、貴族以外の出身者も二割近くまで上昇した(50)。軍学校には、軍ギムナジア以外からの入学者もいたから、後者よりも非貴族出身者比率が高かった。

八〇年代になって「反改革」の時代を迎えると、軍事教育機関は再度改編された。一八八二年に軍ギムナジアが旧称である幼年学校に戻され、軍事教育機関としての性格を再度強め(51)、あわせて貴族以外からの入学が制約されて、「貴族による狭隘な身分制的生徒構成(52)」を取ることとなった。入学規則には現役将校子弟や将校の遺児の入学上の優遇が定められ、武官の子弟のための教育機関としての性格が明確化した。他方、軍学校はそのまま軍事専門教育機関として残され、士官候補生学校の改組などにより若干の校数の増大をみた。

図4－8　1890年代の近習学校の学生

出典：*Волков*, указ. соч., с. 114.

その結果、一八八〇年代から一九一〇年代までの幼年学校生徒の身分構成は、一貫して貴族・官吏・将校の子弟がほぼ九割を占め、他身分からの入学は困難であった(53)。ただし、他身分出身者でも将校に昇進した者は一代貴族または世襲貴族身分を取得しえた点に注意が必要である。伝統的貴族家系以外の出身者も父親がこの条件を満たした場合、ここでいう貴族に含まれたのである。実際、貴族出身者が九割を占めたといっても、世襲貴族子弟比率は一八八一年の約七〇％から一九一二年の六〇％まで低下し、その分一代貴族・将校・官吏子弟の比率が増加していた。幼年学校は単に伝統的貴族の特権的教育機関であっただけでなく、むしろ入学規則の示したとおり、親の代に将校団に参入した者も含めて職業軍人集団の自己再生産の場としての性格を次第に強めたのである。他方、もっとも特権的な地位にあった近習学校はそもそも改革の枠外におかれて従来の形をそのままとどめ、特権的性格を維持し続けていた。対照的に、士官候補生学校では貴族等の比率は一八八〇年代には六〇％を占めたが、年々後退し、二〇世紀初頭に四割前後まで低下した。

文官養成機関の場合

文官エリートの養成を目的としたアレクサンドル・リツェイと法学校は、大改革期以降、入学資格を世襲貴族子弟という一般的要件に変更し[54]、教育課程も数次にわたる修正を行ったものの、軍事教育機関の場合のような大規模な再編をこうむることもなく、従来通り閉鎖的な特権的教育機関としての性格をとどめていた。高い家門の子弟に皇室への忠誠心のなかで教育を行い、文官勤務に必須の法学を中心にした専門教育に加えてダンスや音楽、フェンシングなど貴族的文化を重視した両校は、ロシアの保守的貴族層のなかでいちじるしい人気を得[55]、高等教育機関を席巻した学生運動や革命運動とも無縁であった。社会の全般的状況から途絶した閉鎖的環境のなかで、政府にとってもっとも信頼するにたる思想穏健な少数の高級官吏の養成を続けた両校の卒業生の多くは、引き続き各種官庁に有利な地位で任官して、高官にまで昇りつめていたのである。

特権的教育の分野の新機軸として挙げられるのは、右翼知識人ミハイル・カトコーフらがトルストイ教育相の支援を得て一八六八年モスクワに設けた皇太子ニコライ記念リツェイ（通称カトコーフ・リツェイ）である。これは、「(1)ロシアの若者の徹底した陶冶の確立を促し、(2)実地の試みを通じてロシアにおける自立的な教育事業の発展を促進して、その基礎・手法・方法を実際に開発すること[56]」を目的に、保守的立場からの教育実験の場として設けられたものであった。アレクサンドル・リツェイなどと同様に中等段階の一般教育課程と大学学部レベルの専門課程を結合した編成を取り、教育課程では古典陶冶を重視、あわせてイギリスのオックスブリッジ流のチューター制度を取り入れるなど、西欧のエリート教育を模倣して新たなエリート教育の可能性を探ろうとしたのである。注目されるのは、他の特権的教育機関とは異なり身分や民族、宗派を入学要件とせず、イスラム教徒やユダヤ教徒の入学

図4－9　アレクサンドル・リツェイ（元ツァールスコエセロー・リツェイ）の生徒たち。学校近くのプーシキンの胸像の前で

出典：Ivoshnikov, M. P., *Before the Revolution : St. Petersburg in Photographs, 1890-1914*, New York, 1991, p. 243.

した例も見られたことである。身分や宗派要件に代えて高額の授業料にたえうる財産資格を入学条件としたのである。また、モスクワの大ブルジョアジーが資金援助を与えて、その子弟が貴族・官吏子弟と並んで教育を受けていた。商人身分の生徒数は一九一〇年に生徒総数一四四名中三七名で、約四分の一であった。[57]「この教育機関は、専制と大ブルジョアジーの同盟を体現していた[58]」といわれる所以である。

4 高等専門学校の成長

大学と高等専門学校

先述したように、ツァーリをはじめとしたロシア官界は総合大学の設置には消極的態度を示したが、対照的に高等専門学校には積極的とは言わぬまでも比較的寛容ではあった。先に引いたニコライ二世の発言の前段は、そうした態度をよく示したものである。一九世紀末以降の工業化や近代的農業技術の開発・普及、あるいは商業の近代化が課題となるなかで、新たな分野の専門職者の創出と拡大が急務となり、そうした課題に応える場として工業・農業・商業・芸術等々の多様な高等教育機関の設置や拡充がめざされたのである。大学進学権を与えられず劣位にとどめられた実科学校や商業学校等の中等教育機関からの進学圧力の強まりは、[59]古典語に辟易し、大学の伝統的学問よりもむしろ実学的知識に野心を託した古典ギムナジア生徒の流入と一体となって、こうした趨勢を後押しした。ここでは、これら大学以外の高等教育機関を総称して高等専門学校と呼ぶことにしよう。

高等専門学校の役割は大学とは異なるものとして理解されていた。帝制末期に刊行された受験案内では、大学の目的は「若者に学問的陶冶を与えること」にあり、実際には法律家・医師・中等教員等の専門職者の養成にあたっているにもかかわらず、理念上は「学問的で同時に一般陶冶的な機関」とされ、「学生が将来の実生活のなかで就く専門職の選択を促すようなものではない」と断じられたのにたいして、高等専門学校は実務的法律家、技師、技術者等々の専門職者にとって実践的に必要となる「知識と習熟」を与える場とされた(60)。大学の理論的・学問的雰囲気を思想と道徳の混乱の原因とみなした官界の多くは、むしろ功利的判断から高等専門学校には親和的態度をとっていた。むろん、高等専門学校の提供する教育が実践的であり、それゆえ思想的・道徳的に信頼しうるというかれらの理解はすぐれて観念的なもので、現実とは大きくずれていた。学生運動の高揚期には、大学と並んで高等専門学校でも、学生たちの活動の高まりが見られたのである。

高等専門学校は、大学の学部に相当しあるいはそれと類似した課程を提供するものと、大学に設けられていない新たな専門職分野の養成にあたるそれとに分類が可能である。前者には、リツェイや法学校などの法学系教育機関や軍医科大学、中等教員養成を目的とした歴史文献学院や高等師範学校に加えて、外務省や帝国周縁部に勤務する官吏の養成を行う東洋語学系の高等教育機関があった。また後者には、伝統的な身分的教育機関の神学大学や軍の高等教育機関に加えて、工業技術、農林、獣医学、商業さらに芸術系の多岐にわたる教育機関があった。

政府部内で高等専門学校の設立に特に積極的だったのは大蔵省である。工業化をめざした技術革新の必要に迫られるなか、技術系専門職要員の育成に着手したのである。農業教育でも、新たな農業技術の開発・普及や大改革期に設けられた地方自治機関であるゼムストヴォによる農業指導、農業経営近代化のための要員育成の必要に応える高度の教育が求められたが、これは主として農業・国有財産省の管轄のもとにあった。その他の分野でも、諸官庁がそれぞれの必要に応じて、あるいは狭隘な省益を動機に、時に反目を重ねながらも高等教育機関の設置を行っており、二〇世紀には高等教育機関を管轄する官庁は一二省庁におよんだ(61)。一九一七年には帝国大学が一一校であったのに対して、諸官庁に管轄された官立高等専門学校の数は大小取り混ぜて五四校に達していた。同時に、これら多岐にわたる専門分野に対応して国家の手で試験制度や資格・称号の整備が進められるとともに、官等表上の位置づけも明確化されて国家勤務上の特権も付与された[62]。

一九〇五年の第一次革命による「ブルジョア社会に対する専制の疑いようのない譲歩[63]」のなかでは、私的セクターによる高等教育機関設立もひときわ盛んになった。その中核をなしたのは、教職や医療系を除いて官立高等教育機関から閉め出された女子のための高等専門学校であり、あるいは共学の多様な分野のそれであった。さらに、学歴資格を問わず、広く都市民衆を対象とした人民大学なる新たな形態の高等教育も生まれてきた。こうした動きを支えたのは、一九世紀後半に成長した大学教授ら知識社会のイニシアティヴである。かくして、二〇世紀になるとロシアでは、従前からの特権的教育機関、国民教育省管下の総合大学（帝国大学）、多様な官庁の設けた官立高等専門学校、私人や社会団体のイニシアティヴで設けられ、女子を主対象とした私立高等専門学校等々からなる多元的でこみいった高等教育網が構成されたのである。

工業系高等専門学校

世紀転換期に急成長を遂げたのが工業技術系の高等専門学校である。表4-3に示したように、この範疇に属する学校には、すでに一八世紀後半から一九世紀前半にかけてペテルブルグ鉱山高等専門学校やペテルブルグ交通技師専門学校などがあったが、これらは近代的な専門職者養成というよりも、当該分野を世襲的職業として継承する一部貴族子弟を対象とした身分的な特権的教育機関として設けられたものであった[64]。それに対して、大改革期以降は全身分的な高等専門学校が設けられるようになるが、それらがもっとも多く設けられたのは一八八〇年代後半以降、とりわけ九〇年代にヴィッテ蔵相の工業化政策のもとで技術者養成を目的に技術教育の振興がはかられるなかでのことであった[65]。ヴィッテ自身、「この事業に熱中[66]」したことを回想録のなかで強調している。

表4-3 官立工業技術系高等専門学校一覧（1917年）

学　校　名	創立年	管轄官庁	学部・学科等
ペテルブルグ鉱山高等専門学校	1773	通産省	鉱山科，工場科
ペテルブルグ交通技師高等専門学校	1810	交通省	
ペテルブルグ技術高等専門学校	1828	国民教育省（大蔵省）	機械科・化学科
モスクワ高等技術学校	1830	国民教育省（マリア皇后庁）	機械科・化学科
土木技師高等専門学校（ペテルブルグ）	1842	（内務省）	建築科，建設科，道路科
リガ総合技術高等専門学校	1862	国民教育省（大蔵省）	機械学部，化学部，技師部，建設学部，商学部
ハリコフ技術高等専門学校	1885	国民教育省	機械科・化学科
電気技術高等専門学校（ペテルブルグ）	1886	内務省	電気科，電気機械科，電信電話科
モスクワ交通技師高等専門学校	1896	交通省	
ワルシャワ総合技術高等専門学校	1898	通産省（大蔵省）	機械科，化学科，建設技師科，鉱山科
キエフ総合技術高等専門学校	1898	通産省（大蔵省）	機械科，化学科，技師科，農業科
エカテリノスラフ鉱山高等専門学校	1899	通産省	鉱山科，工場科
トムスク工学高等専門学校	1900	国民教育省	機械科，化学科
ペテルブルグ総合技術高等専門学校	1902	通産省（大蔵省）	機械学部，建設技師学部，電気機械学部，金属学部，造船学部，経済学部
ドン総合技術高等専門学校（ノヴォチェルカスク）	1907	通産省	機械学部，化学部，鉱山学部，農学部

備考：管轄官庁欄は1917年時点，（　）内は設立時。

出典：*Иванов, А. Е.,* Высшая школа России в конце XIX-начале XX века, М., 1991, с. 358-359 ; *Небол-син. А. Г.,* Историко-статистический очерк общего и специального образования в России, СПб., 1884 ; *Воротинцев, Н. И.* (сост.), Полный сборник правил прием и программ высших, средних, и низших, общеобразовательных и специальных и профессиональных учебных заведений России, мужских и женских правительственных и частных, Издание IV-ое, Пг., 1915 より作成。

ここで注目されるのは、官界内部に根強く存在した反対を押さえて、従来からの機械・化学の二部門構成あるいは単科の構成をとる伝統的工業技術系高等専門学校とは異なり、地域の産業的条件に応じて幅広い分野をカバーする総合技術高等専門学校《ポリテフニーチェスキィ・インスティチュート》を設けた点であった。その最初の例は、一八六二年、バルト・ドイツ人の支配するリガでドイツやスイスに倣って当地の商人団が出資して設けた学校であるが、これを範として九〇年代末以降ワルシャワ、キエフ、ペテルブルグにも同様の学校が設けられた。リガ校やペテルブルグ校には、工業技術系の学部のみならず新しい学問分野である商学部・経済学部も置かれた。これらの学部は大学にはおかれていない。また、このタイプの学校の多様な専攻に合わせて、卒業生に与えられる技師称号も多様化した。ただし、経済成長の原動力として期待を集めたこの新しいタイプの学校も、一九〇三年から一〇年にかけてみられた不況期にはヴィッテの失脚や日露戦争と第一次革命による混乱、官立高等教育機関抑制政策への復帰もあって、新設はわずか一校（ノヴォチェルカスク）に後退した。第一次大戦期には数校の設立案が検討されたが、それも実現することはなかった。

図4－10　サンクト・ペテルブルグ総合技術高等専門学校
出典：Iroshnikov, M. P., *Before the Revolution, St. Petersburg in Photographs, 1890-1914*, New York, 1991, p. 246.

私立高等専門学校の拡大

国家による高等専門学校設立が後退した一九〇五年革命から第一次大戦にかけて、社会団体や個人の発意による私立高等教育機関の設立が活発化した。高等教育卒業資格をもつ要員への需要の拡大と高等教育機会を求める圧力の強まりにもかかわらず、官立機関でそれにみあった養成がなされないなか、都市の知識社会や商工業者らが知恵と資金を出し合って、みずからの力で高等教育機関の創設に踏み切ったのである。これらは、形式上はいずれかの官庁の管轄下におかれていたが、ごく一部を除いて補助金を得ることもなく、社会団体や篤志家の寄付と生徒から徴収する授業料で運営されていた。その数は、一九〇五年段階で一四校であったものが、一九〇七年には三六校まで拡大し、さらに一九一三年までに二六校の新設、第一次大戦下でも一二校が設けられた(67)。

私立高等教育機関の特徴は、それが、官立の大学や高等専門学校によってカバーされない分野に、いわば間隙をぬって設けられた点にある。そのことは、女子医専と女子高等師範を除いて官立部門から閉め出された女子を対象としたものが大半を占めたところにもっともよく示されていた。帝国大学に倣った課程を設けた女子高等課程が多く設けられたのに加え、女子医学高等専門学校、女性教員養成のための学校などの比率が高かった。また、特筆す

図４－11　心理神経学高等専門学校

世界的に著名な生理学者で精神医学者のベフテレフが1907年に設立した学校。ユニークな組織形態や教育課程を持ち，短期間に急速な成長を遂げて，1916年には4500名もの学生が在学した。

出典：*Иванов, А. Е.* Студенчество России конца XIX-начала XX века: Социально-историческая судьба, М., 1999.

コラム　エリートの学校　制度と機能4

ロシアの女性と高等教育

ヨーロッパの後進国ロシアは、女子教育でも他国の後塵を拝していたという漠然とした印象があるかもしれない。だが、これは誤りである。家父長権を讃え、婦徳を説いたドモストロイ（家庭訓）的イメージで近代ロシアの女性の地位を論じては、現実を見誤ることになる。一九世紀後半から二〇世紀初頭にかけてロシアの女子教育は、西欧と比して先進的地位を誇ったのであり、一八五八年の女子ギムナジアの制度化と、六〇年代初頭にほんの一時期開かれた大学教育機会によって高等教育への志向をかき立てられた女性たちは、みずからの思いを実現するための苦闘を繰り返し、一歩一歩その機会をかちとっていたのである。

ロシアの女性の高等教育機会は、外国留学と高等教育機関創設運動というふたつのベクトルを通じて拡大された。六〇年代以来、偽装結婚などの策を駆使して異国の地に新たな地平を開拓した女性のなかには世界で最初の女性医学博士であるナデージダ・スースロヴァ、日本でも野上弥生子訳による『ソーニャ・コヴァレフスカヤ』（岩波文庫）で知られる数学者のソフィア・コヴァレフスカヤなどがいた。彼女らの先駆的な努力は若い女性たちの熱き思いをさらにかき立て、ヨーロッパの各大学の女子学生の大半はロ

サンクト・ペテルブルグ（ベストゥージェフ）女子高等課程の女子学生たち。中央は著名な文化史家のオプシャンニコ＝クルコフスキー。

出典：Очерки по истории Ленинградского университета, т. V, Л., 1984.

シア人女性によって占められた。例えば、一八八九年のパリの女子学生一五二名中一〇七名、一九〇四年のスイスの各大学の女子学生一二〇〇名のうち三分の二がロシアからの留学生だった。この頃、やっと女性にも開かれた西欧の高等教育機会を縦横無尽に活用したのはロシアの女性だったのである。一九一〇年に刊行された女子のための受験案内書には、ベルリン、ハイデルベルク、パリ、ジュネーブ、チューリヒ工科、ウィーン、ケンブリッジ等々数十校の名が見える。あまりの殺到ぶりに、ドイツでは制限策を講じたともいう。ただ注意しておかなくてはならないのは、当時ロシア帝国に支配された非ロシア人地域から自由の地を求めて留学した者もこのなかに含まれたということである。一八九一年、ワルシャワ発の四等車でパリをめざしたマリア・スクロドフスカもその一人であった。後に二度にわたってノーベル賞を得たマリー・キュリーである。

上述の受験案内書には、受験資格等とならんで、各都市の生活状況やロシア人のための施設の有無なども丁寧に紹介されていた。例えばハイデルベルクでは、月の平均生活費が一八～三〇マルク、ロシア人食堂があって割安の八〇ペニヒほどで食事ができたという。また、ロシア人図書室もあって、勉学条件が整えられていた。ロシア人学生の相互扶助組織が各地に存在したのである。

他方、ロシア国内の女子高等教育要求運動は一八六〇年代から七〇年代に高揚をみせ、七〇年代末までにサンクト・ペテルブルグ、モスクワ、カザン、キエフの四校の女子高等課程と女子医学専門学校などが相次いで創立された。女学生数は八〇年代初頭の合計で二五〇〇名程度。男子大学生の三分の一に迫る数である。女子高等教育機関の整備の背景のひとつには、外国留学者の多くが革命思想に「感染」したことを危惧する政府の方針があった。一八七三年には、チューリヒの女子学生に対して翌年一月一日までの帰国命令が出されている。政府の目の行き届くところに高等教育の場を設けて、灯された志望を吸収しようというのである。だが、こうして設けられた女子高等教育機関にも時代精神は浸透し、革命運動に加わる女子学生の数は少なくなかった。このため、「反改革期」にペテルブルグを除いて閉校の憂き目にあうことになる。それがまた、外国留学者の増加をもたらすことにもなった。

ロシアで再度女子高等教育機関の設立が活発化するのは世紀転換期のことである。一八九五年に女子医専が再開されたのを皮切りに、各種女子高等教育機関が続々と設立された。一九一七年には私立高等教育機関五九校のうち女子校が三〇校、残り二九校も女子の入学を認めていた。一七年以前に閉鎖されたものも含めると私立教育機関は八〇校に及んだが、その大半が女子校または共学であった。他方、官立高等教育機関のうち女子校は女子医専・女子高等師範・女子高等神学師範の三校だけであった。分野的には医療（医学・歯学・薬学）・教職など女性にふさわしいとみなされたものに加えて、法学、経済・商学、工業系や農業系など多岐にわたる学校が設立された。一九一七年の農業系の女子学生数は三七〇〇名弱、工業系は二三〇〇名強であった。女子学生の総数は確定しがたいが、一九一七年に七万人を超えた私立高等教育機関学生のかなりが女子であったことは間違いない。中等段階で女子ギムナジアの生徒数が男子のそれを凌駕したことも想起すべきであろう。一九〇五年の革命以降は、官立学校での教授権、年金、国庫補助、学位取得などで男女間の同格化が進展した。たとえば一九〇七年には「農学者」称号が女性にも与えられて、農業専門職への女性の進出の道も開かれたが、これはストルイピンの農業改革のなかで農事指導者として女性の活用がもくろまれたことを示すものであった。

かつて、ソビエトにおける女性への教育機会の開放と社会進出をもって社会主義の優位が語られたことがあったが、そうした基盤は、むしろ近代化の遅れた帝制期ロシアで醸成されていたことに注目しておく必要があるだろう。

べきこととして、法科や農業、総合技術等の女子高等専門学校が設けられ、世界的に広くみられた医療や教育だけでなく、官界や産業技術にかかわる要員としても女性に期待がかけられた点があろう（コラム参照）。

リガやペテルブルグの総合技術高等専門学校を除いて官立高等教育機関にみられなかった経済・商業教育が比較的高い比重を占めたのも私立高等専門学校の特徴である。大蔵省や通商産業省の管轄におかれた商業高等専門学校は、各地の商人団など商工業者の発意と財政的支援のもとに設けられ、対外貿易を含む交易、産業、銀行・保険等の業務に要員を供給するもので、教員や卒業者には官立学校の場合と同様の資格・特権が与えられた。商業高等専門学校は、一九〇六年以降に開設あるいは高等教育機関に改組された例が多く、その数は一九一三年には一五校を数えたが、一七年には六校まで減少していた。戦時下に閉鎖された多くは私人が設けたものであった(68)。

さらに私立高等専門学校には、ユダヤ学に関する学校や有名な生理学者ベフテレフによって設けられた心理神経学高等専門学校(69)、考古学や古文書学の専門家養成を目的とした考古学院のようなユニークで実験的な高等教育の事例もみられた。伝統的分野をはみ出た諸領域が私的イニシアティヴのもとで高等教育の一部門に取り上げられたのである。有名なモスクワやペテルブルグの音楽院等の芸術系教育機関もこの範疇に含まれた。

5 就学構造の転換とその要因

中等教育の就学構造

以上、大改革期以降の世俗中等・高等教育機関について概観を試みたが、こうした一連の経緯のなかでロシアのエリート学校システムはいかなる転換を遂げたのであろうか。

表4－4　ギムナジア・実科学校の学校数・生徒数（1863～1913年）

	ギムナジア		実科学校	
	校数	生徒数	校数	生徒数
1863	90	29,524	—	—
1870	146	37,321	—	—
1872	148	43,693	7	1,752
1874	172	43,654	34	6,496
1876	184	47,639	56	10,880
1880	199	56,108	61	13,200
1885	—	72,592	—	20,517
1891	207	52,969	102	22,084
1895	225	64,700	—	26,000
1904	257	101,900	—	46,400
1907	304	110,400	—	55,500
1913	470	152,150	284	80,800

備考：ギムナジアにはプロギムナジアを含む。1863年および1870年のギムナジアには実科ギムナジアを含む。

出典：Материалы для истории и статистики наших гимназий, «ЖМНП», ч. CXXI, 1864, отд. 2, с. 365, (1863); Историко-статистический очерк общего и специального образования в России, СПб., 1884, с. 89, 94, (1870, 1876); Статистический временник Российской империи, серия II, вып. 16, СПб., 1879, с. 52-53, (1872, 1874); Статистика Российской Империи III, университеты и средние учебные заведения, СПб., 1888, (1880); *Милюков, П. Н.* Очерки по истории русской культуры, 2-II, М., 1994, с. 319, (1885); Hans, N., *History of Russian Educational Policy* (1701-1917), Russel & Russel, 1964, (1891); *Рашин, А.* Грамотность и народное образование в России, «Исторические Записки», т. 37, 1951, с. 70-75, (1895, 1904, 1907).; Россия 1913 года: Статистическо-документальный справочник, СПб., 1995, с. 331, (1913).

表4－4は、大改革期以降の国民教育省管下中等教育機関（ギムナジアと実科学校）の量的推移をたどったものである。一八六〇年代前半に三万名程度であったギムナジア生徒数が、ほぼ二〇年後の一八八〇年代初頭には倍増、半世紀をへた第一次大戦前夜には五倍に及ぶ拡大を遂げたことをこの表は示している。ちなみに、同時期のヨーロッパ・ロシア五〇県の人口増加は二倍弱、帝国全体でも二・二倍であった。実科学校も加えた普通中等教育全体では、二〇世紀初頭には一〇万人の大台にのり、一九一三年には二三万人を超えて、六〇年代前半からみると七倍以上に達している。最終的に到達した規模は、人口や国土の広大さでロシアに遠く及ばぬプロイセンの中等学校生徒数とさほど変わらずけっして大きなものではないが、成長速度ではプロイセンをはるかに上回っており、その急成長ぶりは正当に評価されるべきものである[70]。こうした成長は、中等教育需要の一般的な高まりに加えて、軍制改革のなかで就学者に兵役免除等の特権が与えられたことにも帰因する[71]。

それに対して、同じく中等段階に位置づけられる改革後の軍ギムナジア（幼年学校）の生徒定数は一八七一年に計一二校で三七八二名、第一次世界大戦初期には二九校に一万一六一八名で、伸び率は三倍程度であった。[72] 修学年限の違いなどがあり単純な比較はできないが、幼年学校（軍ギムナジア）とギムナジア（および実科学校）の生徒数の比は、一八五〇年代前半にはほぼ一対二・五程度（貴族子弟に限っては一対二）、七〇年代初頭で一対一〇、第一次大戦開戦時ではほぼ一対二〇である。中等教育においてギムナジアと実科学校が比重を高め、幼年学校の位置が大きく低下したことがわかる。

また、アレクサンドル・リツェイなどの特権的学校の生徒数はごく少数で、たとえば一八八七年に同校の中等教育段階に相当する下級三学年と一八八〇年に設けられた予備クラスを合わせた生徒数は一〇五名、高等教育に相当する上級段階を加えた全体でも一六四名に過ぎなかった。[73] 法学校の規模も同程度であったから、中等部門全体にしめる比重は著しく小さいものであった。その後の推移も同様である。一八六〇年代に新たに設けられたカトコーフ・リツェイを加えても、この部門の生徒数はさほど大きなものとはならないであろう。[74] したがって、中等教育全体のなかで特権的機関のしめる量的な比重は著しく低下したとみなければならない。

次に、ギムナジアと実科学校の生徒の身分構成の変化を示したのが表４－５および表４－６である。ここには、規模の拡大に並行して貴族・官吏身分出身者の比重の低下が進行したことが示されているが、それとあわせて、「反改革」によってギムナジアの貴族・官吏占有率がほぼ二〇年前の水準まで押し戻されたことも示唆されている。またここには明示的ではないが、後掲表４－７の大学生の身分構成の変化から類推するに、反改革からもっとも大きな被害を受けたのは、都市身分中の下位に属する町人・職人身分であった。デリャーノフの意図は、短期的には著しい効果を生んだのである。しかし、それも九〇年代後半から二〇世紀初頭にかけて、六〇年代以来の趨勢に復帰して貴族・官吏比率の下落が再現している。反改革期以前に成長したのが町人・商人など都市身分であっ

表4-5　ギムナジア生徒の身分構成（1863～1914年）

	1863	1871	1876	1881	1894	1904	1907	1914
貴族・官吏	73.1	59.5	49.8	47.5	56.4	45.5	39.6	32.5
聖職者	2.8	4.6	4.6	5.2	3.4	4.5	5.0	5.6
都市身分		27.8	34.0	37.2	31.6	36.7	38.9	36.8
農村身分	24.1	5.7	7.1	8.0	6.0	11.4	13.5	22.0
その他		1.1	1.5	2.1	2.6	1.9	3.2	3.3

出典：Материалы для истории и статистики наших гимназий, «ЖМНП», ч. CXXI, 1864, отд. 2, с. 377 ; *Рашин* указ. соч., с. 72-74.

表4-6　実科学校生徒の身分構成（1876～1914年）

	1876	1882	1895	1904	1914
貴族・官吏	51.4	41.2	37.4	32.3	22.6
聖職者	2.8	2.5	0.8	1.5	2.9
都市身分	35.5	40.4	43.8	43.8	39.1
農村身分	7.6	11.8	11.8	19.3	32.1
その他	2.7	4.1	6.5	3.1	3.3

出典：*Рашин* указ. соч., с. 75.

たのに対して、二〇世紀になると農民身分が顕著な前進を遂げていることも特徴的である。むろん、ここでいう農民は法的身分におけるそれであって、その多数は実際の農業従事者よりはむしろ、一八九七年にすでに都市人口の四割近くを占めた農村身分に属する都市居住者であったと考えるのが妥当であろう。[75] そこには、農村から都市への人口移動がかれらの就学行動の変化を随伴し、学歴取得による階層移動へと帰結したことが示唆されている。

もう一点指摘すべきことは、ギムナジアの貴族・官吏比率と実科学校のそれとを比べた場合、反改革期までは両者の差はさほど大きくなかったということである。その後、反改革によって前者の貴族占有率が回復することで差は二〇%程度まで広がり、身分的性格の違いが印象づけられたが、その後は、実科学校における貴族出身者比率の変化をギムナジアが後追いし、しかも両者の差はしだいに縮まっていったことがわかる。一九一四年には差は一〇%まで縮小した。このことは、ギムナジアが貴族・官吏を主たる顧客としながら大学にいたる通路を独占したのに対して、実

表4-7　大学生数と身分構成（1864〜1916年）

	1864	1880	1895	1900	1906	1907	1908	1914	1916
学生数	4,084	8,193	11,333	15,490	24,454	31,768	35,329	35,695	25,625
貴　族	67.2	46.7	45.3	51.8	48.4	45.1	41.2	36.0	34.0
世襲貴族	—	23.2	—	—	11.8	—	9.3	7.7	5.0
一代貴族・官吏	—	23.5	—	—	36.6	—	31.9	28.3	29.0
聖職者	9.5	23.4	4.9	9.1	8.2	11.2	12.7	10.3	10.0
都市身分	8.9	21.5	40.9	31.5	35.5	34.4	34.8	35.2	37.0
名誉市民・商人	—	9.1	7.8	11.8	11.2	11.6	11.2	10.9	12.0
町人・職人	—	12.4	33.1	19.7	24.3	22.8	23.6	24.3	25.0
農村身分	14.0	3.2	6.8	5.3	6.2	6.9	8.8	13.3	14.0
農　民	—	—	—	—	5.4	—	8.1	13.3	13.0
コサック	—	—	—	—	0.8	—	0.7	—	1.0
その他	0.4	5.2	2.1	1.6	1.7	2.4	2.5	5.0	4.0
外国人	0.4	—	2.1	1.6	1.5	—	1.1	—	1.0
その他	—	—	—	—	0.2	—	1.4	—	3.0

出典：*Рашин* указ. соч., с. 78, (1864, 1880, 1907, 1914)；*Лейкина-Свирская* Интеллигенция в России, М., 1971, с. 62-64, (1900)；*Иванов* указ. соч., с. 268, (1895, 1906, 1908, 1916).

科学校は「ブルジョア層出身者」を対象に高等専門学校へと生徒を誘導したとする通念[76]の修正を求めるものである。通念が描く像はあくまで反改革期にもたらされた一時的なものであり、それもかなりの誇張をもってはじめて成立しうるものであった。その前後を含めて通覧した場合、ギムナジアと実科学校との複線化は、身分を規準とした階層的差異化を意味するものではなかったのである。

高等教育の就学構造

表4-7は大改革期から一九一七年までの帝国大学の学生数と身分構成の推移をたどったものであり、表4-8は世紀転換期から一九一七年までの官立・私立のすべての高等教育機関の分野別の学生数の推移を示している。

これら二つの表からはまず、中等教育の拡大を上回るスピードで大学生数が増大していることがわかる。大改革期に四〇〇〇名強であった学生数が「反改革」期に一万人を超えて、一九世紀末には一万五〇〇〇人、一九一〇年前後には三万五〇〇〇名に達したのである。帝制期の学生数の最大値は一九〇九年の三万八四四〇人である[77]。ただし、先に示したニコライ二世の言にみられるとおり、大学の成長を好まなかったツァーリの政府は、一九一〇年を境にまたもや学生数抑制にのりだし、第一次世界大戦開戦直前には三万五〇〇〇名まで後退したし、第一次大戦中には戦争の影響で著しい減少を呈した。とはいえ、六〇年代と比べて、一九世紀末の時点で約三・七倍、大戦前夜には一〇倍近くまで拡大していたのである。

他方、高等専門教育機関をみると、官立男子で一八九七年の約一万一〇〇〇人から開戦前夜の三万二〇〇〇人に増加し、三倍の成長を示していた。これは、同時期の大学の成長率（二倍）をかなり上回るものである。種別ではいずれの分野も増加傾向を示しているが、ヴィッテのもとで増設された工業技術系が他を圧して四倍近い伸びを示しているのが目を引く。官立高等専門学校の伸びのかなりの部分は工業技術系学校によってもたらされたのである。農業系高等専門学校の成長も著しい。対照的に、特権的教育機関や神学大学、軍の高等教育機関などの伝統的な身分的教育機関の伸びは緩慢である。医学系や教職（中等教員）系の場合もそうである。

次に、私立高等教育機関に目を転じると商業系高等専門学校の進境が著しいことがわかる。工業技術系は規模自体が小さく、官立の成長と対照的な像を呈している。女子高等教育学生数の躍進については言を俟たない。

こうした大学や高等専門学校の学生数の増大は、学生の身分構成における「民主化」、すなわち貴族・官吏身分出身者比率の後退と他身分から高等教育に参入する機会のいっそうの拡大をともなった。

大学は、一九世紀前半にも身分的性格が比較的弱く、貴族にとって必ずしも魅力的な教育機関とはいいがたかったが、表4-7に示したとおり六〇年代以降、貴族・官吏比率はさらに低下して、一八八〇年までに五〇%以下まで低下したのである。その後、八〇年代「反改革」によるギムナジア生徒中の貴族・官吏比率の回復を反映して、九〇年代から二〇世紀初頭にかけて大学でも貴族・官吏比率の回復がみられ、他方、町人・職人比率が一八九五年の三三%から一九〇〇年の二〇%弱まで下落する。この五年間の大学入学者は、八〇年代末から九〇年代初頭にギ

表 4 - 8　帝制末期高等教育機関の学生数（1897～1917年）

		1897/98			1907/08			1913/14			1917		
		絶対数	%	指数	絶対数	%	指数	絶対数	%	指数	絶対数	%	指数
官立男子高等教育機関	帝国大学	17,725	61.5	1.0	36,382	61.3	2.05	36,339	52.7	2.05	33,578	54.5	1.89
	特権的機関	239	0.8	1.0	335	0.6	1.40	392	0.5	1.34	503	0.8	2.10
	東洋学系	43	0.1	1.0	226	0.4	5.26	270	0.4	6.28	289	0.4	6.72
	医学系	760	2.6	1.0	854	1.4	1.12	970	1.4	1.28	—	—	—
	教職系	182	0.6	1.0	236	0.4	1.30	327	0.4	1.80	316	0.5	1.74
	軍事系	598	2.1	1.0	866	1.5	1.45	1,182	1.7	1.98	1,241	2.0	2.08
	神学系	765	2.7	1.0	922	1.6	1.21	1,085	1.6	1.42	1,065	1.7	1.39
	工業技術系	6,071	21.1	1.0	15,982	26.9	2.63	23,329	33.8	3.84	19,678	31.9	3.24
	農業系	1,347	4.7	1.0	2,076	3.5	1.54	3,307	4.8	2.46	3,208	5.2	2.38
	獣医師系	1,098	3.8	1.0	1,435	2.4	1.31	1,729	2.5	1.57	1,725	2.8	1.57
	男子合計	28,828	100	1.0	59,314	100	2.06	68,930	100	2.39	61,603	100	2.14
官共立学	美術・建築	290	—	1.0	361	—	1.24	260	—	0.90	387	—	1.33
官立女子高等教育機関	女子医専	188	100	1.0	1,953	79.2	10.39	1,622	74.1	8.63	2,065	76.1	10.98
	女子高等師範	—	—	1.0	512	20.8	—	567	12.9	—	650	23.9	—
	女子合計	188	100	1.0	2,465	100	13.11	2,189	100	11.64	2,715	100	14.44
私立高等教育機関	団体立女子高等課程				14,702	48.0	1.00	20,440	39.2	1.39	23,796	33.9	1.62
	私立女子高等課程				2,542	8.3	1.00	3,094	5.9	1.22	3,919	5.6	1.54
	女子医学系				2,431	7.9	1.00	1,254	2.4	0.52	5,829	8.3	2.40
	共学高等課程				1,805	5.9	1.00	6,133	11.8	3.40	11,120	15.8	6.16
	共学考古学系				843	2.7	1.00	1,526	2.9	1.81	1,255	1.8	1.49
	教職系				1,411	4.6	1.00	1,237	2.4	0.88	529	0.8	0.37
	芸術系				2,924	9.5	1.00	7,189	13.8	2.46	4,941	7.0	1.69
	商業系				3,035	9.9	1.00	8,364	16.0	2.76	12,867	18.3	4.24
	女子農業系				729	2.4	1.00	2,274	4.4	3.12	3,673	5.2	5.04
	工業技術系				235	0.8	1.00	642	1.2	2.73	2,331	3.3	9.92
	私立合計				30,657	100	1.00	52,153	100	1.70	70,260	100	2.29
総　　計		—	—	—	92,797	—	—	123,532	—	—	134,965	—	—

備考：1907/08年欄のうち団体立女子高等課程，私立女子高等課程は1908/09学年度，女子医学系は1909/10学年度，工業技術系は1905/06学年度の数値である。一部の学校で学生数不明の年度があり，実際の数値は上記よりも若干大きい。

出典：*Иванов* указ. соч., таблица 1-19.

表4-9　工業系高等専門学校学生の身分構成（1895～1916年）

	1895年		1898年		1901年		1906年		1914年		1916年	
	絶対数	%	絶対数	%	絶対数	%	絶対数	%	絶対数	%	絶対数	%
世襲貴族	1,291	40.5	1,312	37.0	1,816	36.1	890	11.9	947	9.8	741	7.6
一代貴族と官吏							1,259	16.9	1,436	14.8	1,365	14.0
聖職者出身	63	2.0	69	1.9	108	2.1	125	1.7	232	2.4	213	2.2
名誉市民と商人	323	10.1	401	11.3	1,087	21.6	1,472	19.7	1,367	14.1	1,412	14.5
都市身分（町人，職人）	1,108	34.7	1,287	36.3	1,275	25.4	2,460	33.0	3,420	35.2	3,792	38.9
農　民	301	9.4	349	9.8	593	11.8	1,101	14.8	2,176	22.4	2,158	22.2
外国人	106	3.3	132	3.7	151	3.0	151	2.0	126	1.3	59	0.6
合　計	3,192	100	3,550	100	5,030	100	7,458	100	9,704	100	9,740	100

注：サンクト・ペテルブルグ，トムスク，ハリコフの各技術高専，リガ総合技術高専，モスクワ高等技術学校の学生の合計。
出典：*Иванов* указ. соч., с. 272.

ムナジアに入学した世代、つまりデリャーノフ反改革の申し子である。しかし、二〇世紀に入るとかつての趨勢に回帰し、第一次革命を経て第一次大戦前夜には大学生中の貴族・官吏子弟比率は三六％まで下落、都市身分（名誉市民・商人・職人・町人等）がそれに拮抗するところまで比重を高めた。

表4-9は工業技術系高等専門学校のうちの数校の身分構成を示したものであるが、そこでも大学の場合と同様の傾向が看取される。ただし、ここで注目すべきは身分構成の民主化ではなく、むしろ貴族・官吏と都市身分とが伝統的な大学と「ブルジョア的」な高等専門学校とのあいだで棲み分けしたわけではけっしてない、という点であろう。貴族・官吏たちは、特権的教育機関以外に大学と高等専門学校をともに教育上の手段として活用したのである。農民身分からの入学者が、工業技術系学校でいち早く増加している点も特徴的である。ここには、農民身分からの階層移動の手段として、農業系高等専門学校と並んで技術系のそれが選ばれたことが示されている。

ところで、大学について確認された「民主化」は単純に貴族・官吏と都市身分や農村身分との平等化や地位の交代を意味するものではない。まず第一に、貴族・官吏身分出身学生も絶対数では増加を続けており、身分別人口比を勘案した進学機会比（学生総数中で各身分出身学生の占める比率を身分別人口比率で除して得られる）では、貴族・官吏出身者は町人身分や農民身分に比して圧倒的優位（一九一四年に町人二一・六、農民等〇・二にたいして貴族・官吏は二一・六）を保持したのである。また、貴族と並んで高い値を示したのは、身分としてそれに次ぐ特権的地位を与えられた名誉市民・商人身分（同二五）であった。このことは、大学生中の比重低下にもかかわらず、貴族・官吏およびそれに次ぐ特権身分出身者にとって進学機会が広く開かれ、それより下位に身を置いた者にとっては、いささか門戸が広がったにしても「狭き門」であり続けていたことを示している。(78)

他方、貴族・官吏として一括してカテゴリー化された集団のうち世襲貴族の比率がいちじるしく低下し、絶対数でも停滞したのに対して、一代貴族・官吏層の増が顕著であったことも重要である。(79) 官僚制の整備と拡大のなかで他身分から社会移動を遂げて官界に進出してきた階層が、大学の「実質的受益者」(80) として登場したことをこのことは示唆しているからである。その意味では、この層の拡大は、都市身分や農村身分の比重の高まりの延長上にあるものと解することができる。いわば、一九世紀前半以来進展した官界の「学歴社会」化のなかで、学歴を介した中間身分からの身分移動によって成長した官僚貴族子弟が、都市身分出身者やごく一部の農民身分出身者と合流し、大学教育を基礎資格とした専門職的官吏階層へと転身をはかったことがうかがわれるのである。

高等教育の就学構造の規定要因

高等教育の拡張は、まず第一に、中等教育拡大による進学圧力の強まりとともに生じたものであった。むろん、中等教育に参入したすべてが大学や高等専門学校への進学を志したわけではない。中小商人子弟の中等教育への参入は、大学にいたる立身をめざした野心の結果というよりは、むしろ中等教育修了者への兵役免除等の特権付与を動機としたものであったし、(81) 中等学校の最終学年まで達して高等教育への進学資格を取得した者は中等教育に参入した生徒の全体からすればごく一部に過ぎず、中途退学者や学業不振を理由に退学処分になった者も少なからず存在した。ギムナジア、とりわけそこで課された難解な古典語学習は、大学進学者を選抜するためのフィルターとしての機能を果たしていたのである。しかし、生徒数の拡大は、国家と社会における高等教育資格を得た専門職者の比重の高まりと一体となって、高等教育進学への志望者を増大させた。七二年改革以降着実に成長を遂げた実科学校も、大学への無試験入学特権を有するにもかかわらず大学に向かわず、高等専門学校に参入しようとする一部のギムナジア生徒と競合しながら、高等専門学校への学生供給源として機能した[82]。

中等学校生徒にとって、高等教育が純粋な学問的志向の対象でもなければ、いわんや「ニヒリスト」の揺籃でもなく、むしろ有利な生活条件を得るための手段として把握された点も重要である。むろん、こうした態度自体はいつも存在するが、それをことさらに醸成し野心を喚起する社会的装置がロシアでも開発された点に注目したい。世紀転換期前後から大学進学志望者を対象とした進学案内が数多く刊行され始めたのはその一例である[83]。

現代は、世界的規模で産業が発達しつつある時代である。科学が学者の研究室から市場へともたらされている。現在では科学は自己満足的な目的でもなければ学者の特権物でもなく、生存闘争のなかで勝利者となるための手段となっている。科学は贅沢品ではなく、女性をふくめて万人の必需品なのである[84]。

これは、一九一〇年にペテルブルグで刊行された女子の高等教育受験案内書の冒頭の一節であるが、ここにあからさまに表明された学問の現世的効用という観念は、こうした態度を嫌い、純粋学問を擁護した大学教授たちの思いにもかかわらず、高等教育志望を加熱させる重要な要因だったのである。

他方、ロシアにおいて高等教育の拡大と停滞は国家の全般的意思やときどきの政策判断、さらに国家機構の改編などによって直接・間接に左右されていた。ツァーリの政府が高等教育の拡大には必ずしも積極的ではなく、大学設立に抑制的な態度をとっていたことはすでに述べた。大学や高等専門学校の設立を求める請願に、財源その他の理由を挙げてしばしば否定的な扱いをしたことは、政府のそうした態度を直接に示したものであるが、それが特に露骨に現れたのは一九一〇年代である。この時期に大学生数が停滞から減少に転じ、官立高等教育機関の学生数も停滞するようになるが、これは大学拡張を嫌ったニコライ二世の政策の直接の帰結だったのである。逆に、蔵相ヴィッテが工業化政策の成功の鍵として技術教育の推進を掲げ、総合技術高等専門学校を相次いで設立したことは、この分野の学生の急増の直接の条件となっていた。また、一九〇五年から一九〇七年にかけて大学生数が急増するが、これは第一次革命を受けた政府の政策変更のなかで、ギムナジア以外の中等学校（実科学校、神学校、商業学校）生徒にも条件つきで大学の門戸を開放したことによってもたらされたものであった。なお、この時期にはそれまで大学入学を制限され、あるいは認められずにきたユダヤ人や女性の入学（正規学生または聴講生）が一時的に容認されたことを付言しておこう。

高等教育資格を有する人材への需要が主として国家的なものであったことも、高等教育の動態を規定する重要な要因であった。文武の国家エリート養成を目的とした軍事教育機関やリツェイなどの特権的教育機関の卒業生が国家勤務に就いて高位に達するのを通例としたのは言うにおよばず、例えば、一九世紀後半の大学拡張も、主として国家官僚機構の拡大や地方自治機関であるゼムストヴォの設置によって生じた知的専門職者に対する需要充足の必要を条件に生じたものであった。一八五一年から二〇世紀初頭までに国家官吏数はほぼ五倍化し、官吏一人あたり国民数は九二九名から三三五名まで減少したのである。むろん、増大した官吏のすべてが高等教育を受けていたわけではなく、官吏全体でいえば一九世紀末の時点でも高等教育を修了して任官した者はむしろ少数であった。[85]しかし、一九世紀後半を通じて高級官吏の高学歴化が趨勢であり、[86]これら上級の教育を受けた上位官吏の増大には、特権的教育機関からの安定的供給に加えて大学とりわけ法学部の拡張が与っていた。また、官立中等教育網の整備は、大学の歴史文献学部と物理数学部出身の教員の増加をもたらした。加えて、ヨーロッパ・ロシアに設けられたゼムストヴォも、教育・保健・統計・農事指導などの業務の拡大を通じて医師・法律家・教師・農学者・統計専門家など、多くの専門職者群を必要とした(87)。

世紀転換期をはさんで急成長した実業系高等教育機関、特に工業系の卒業生の場合には工場や鉄道など私企業に技師として勤務した者が多くみられたが、それと並んで教育職を含む国家や地方の公的セクターで勤務に就く者も少なからずいたこともロシアの特徴である。たとえば、ペテルブルグ技術高等専門学校の卒業生の調査結果によれば、製造業に就職したものは一八九三年で三九・九％、一九〇二年で五一・八％であり、教職や官庁の官吏、官営鉄道会社などの国家セクターに就職した者が残りのかなりを占めたことが示されている(88)。

さらに、大学のみならず私立高専も含む高等教育機関卒業者のすべてに国家試験が義務づけられるとともに、資格・称号制度が整備されて官等表上の扱いも明確化され、国家勤務上の特権と結合されたことも重要である。これは、一九世紀前半以来の教育資格と国家勤務とのつながりが、その後も一貫して枠を広げながら維持されたことを示すとともに、高等専門学校学生の国家勤務志向を刺激するものであった。実際、一八九八年から一九一六年に大学を含む高等教育機関を卒業した者のうち経済・産業界に進路を得た者は二六％に過ぎず、多くは教育職や技術職を含む官吏として国家や公的セクターに任官したのである(89)。大学・高等専門学校で養成された専門職者が国家勤務志向を色濃く保ったことは、アングロサクソン的な自律的で自由な社会集団としての専門職者とは趣を異にする、「国家およびその官僚機構を母体とする職業集団(90)」としての専門職者群をもたらすこととなろう。

結びにかえて

大改革期を画期として帝制期ロシアの教育システムは、身分制原理に立ったエリート教育システムからの脱却をはかっていった。六〇年代改革で法制上の原則とされた教育上の全身分の平等は、幾多の条件づきながらギムナジアや大学の学生・生徒構成の量的拡大と「民主化」を進展させた。これは中下層身分からの教育機会の拡大を意味したのみならず、むしろ従来貴族・官吏としてくくられてきた伝統的な身分的エリート集団を、教育機会の拡大を捉えて立身をはかった一部中下層身分出身者と合流させて、あらたなエリート階層集団へと転身するよう促すものであった。ロシアでは非貴族身分出身者がギムナジアから大学を経て官界に達し、身分移動を遂げた例はそれ以前から少なからずみられたが、大改革期以降の学校システムの量的な拡大はこうした移動の可能性を飛躍的に増大させるとともに、かつて官界への人材供給源であった聖職者以外により多様な人びとを誘《いざな》ったのである。しかもそこでは、ギムナジアにおける多数の中途退学者の存在が示すように、「能力」による淘汰が作動しはじめていた。こうした選抜装置をかいくぐって大学に到達し、さらに国家あるいは地方の専門職エリートとして勤務について者たちは、統計上は従来どおり貴族・官吏として扱われたが、その性格は明らかに従来とは異なっていた。学歴獲得と社会移動を実現させた少なからぬ数の新参者が登場したのであり、身分という体裁こそ残されたものの、旧来の貴族制的なエリート編成原理は後退し、実質的な再編が進行しつつあったのである。

この新しいエリート集団の性格を考える際にもう一点重要なことは、資本主義経済の拡大と工業化の進展、農業改革の必要などを背景に、他方では中等教育人口拡大によってもたらされた進学圧力に押されて、世紀転換期前後に急速な拡大を遂げた高等専門学校の卒業生からなる工業・商業・農業などの多様な新たな分野の専門職者をこの集団が含みこんだという事情である。かれらは、大学では講じられない新分野の知識・技術を修得して、私企業での技術専門家のみならず、主として学校を設立した官庁の官吏として任官し、旧来の官吏や医師、あるいは中等教員などとともに国家あるいはそれに類する機関の専門的職務をになう要員となったのである。

かくして、教育の身分制原理の後退は、社会の身分的編成そのものの空洞化と専門職社会への移行を示すものとして進展したのであるが、しかしそれにもかかわらず、従来の貴族特権が消失し身分制的秩序が完全に解体したわけではなかった点にはやはり注意が必要であろう。軍の幼年学校などで一定の変化が進展したが、その性格は身分制原理の完全放棄ではなく身分的編成の再編という面をともなった。他方、アレクサンドル・リツェイや法学校、近習学校といった一九世紀前半以来の貴族的《アリストクラティック》な特権的教育機関は、他部門の急速な拡大によって量的比重をいちじるしく下げたとはいえ、さしたる改革を受けることもなく従前の体制や性格を維持しており、引き続き自己保存的に国家エリート中枢に人材を送り続けていた。エリート形成における身分制原理の後退は一九世紀後半以降の趨勢であったとはいえ、その頂点で貴族のための特権的な身分的教育機関が堅固に維持されたことによって、なお限定的なものにとどまらざるをえなかったのである。

扉図　ツァールスコエセロー・リツェイ（一八二二年、ア・ア・トーン画）。出典：*Грот К. Я.* Пушкинский Лицей, СПб., 1998.

注

（1）*Ключевский, В. О.* Курс русской истории, часть IV, в кн. Василий Осипович Ключевский : Сочинения в девяти томах, т. IV, М., 1989, с. 21.

（2）*Сперанский, М. М.* Об усовершении общего народного просвещения, в кн. *Рождественский, С. В.*（сост.）Материалы для истории учебных реформ в России в XVIII-XIX веках, СПб., 1910, с. 374-379.

（3）一九世紀前半については、拙稿「一九世紀前半ロシアにおける教育の身分制原理とエリート学校」『京都府立大学学術報告　人文・社会』第五一号、一九九九年、で詳論した。

(4) *Владимирский-Буданов, М.* Государство и народное образование в России XVIII века, ч. 1, Ярославль, 1874, с. 142.

(5) *Рождественский, С. В.* Очерки по истории систем народного просвещения в России в XVIII-XIX веках, т. 1, СПб., 1912., с. 353.

(6) 教育の身分制原理に関しては前掲拙稿に加えて、拙稿「帝制期ロシア女子教育の編成原理とその変容」『京都府立大学学術報告』第四八号、一九九六年所収、および同「帝制期ロシアの教育システム」『ロシア史研究』第六〇号、一九九七年所収を参照されたい。

(7) *Волков, С. В.* Русский офицерский корпус, М., 1993, с. 139.

(8) Raeff, M., *Origins of the Russian Intelligentsia: The Eighteenth-Century Nobility*, Harcourt Brace & Company, 1966, p. 68.

(9) *Лалаев, М. С.* (сост.) Исторический очерк военно-учебных заведений, подведомственных Главному их управлению, 1700-1880, СПб., 1880, часть 1 (1700-1825), с. 136.

(10) Известия о ученых и учебных заведениях в России, «Журнал Министерства Народного Просвещения» (в след. «ЖМНП»), 1837, ч. 14, отд. III, с. 72-73.

(11) *Лалаев* (сост.) указ. соч., часть 2 (1825-1880), с. 90.

(12) Там же, часть 2, с. 69.

(13) 高橋一彦「ミリューチン軍制改革(1)——ロシアの軍法会議と軍事法制　序論」『社会科學研究』第四三巻第六号、一九九二年、八六頁。

(14) Постановление о Лицее, СПб., 1810, с. 5.

(15) Учреждение Императорского Училища правоведения в С.-Петербурге, «ЖМНП», ч. 6, отд. VI, 1835, с. 565-566.

(16) Sinel, A. A., "The Socialization of the Russian Bureaucratic Elite, 1811-1917: Life at the Tsarskoe Selo Lyceum and the School of Jurisprudence", *Russian History*, 3, Pt. 1, 1976.

(17) 高橋一彦「帝政ロシアの弁護士法制」『社会科學研究』第四一巻第五・六号、一九九〇年、参照。

(18) Памятная книжка Императорского Училища правоведения к столетию со дня его основания 1835-1935,

Париж (Paris), 1935, с. 27.

(19) Предварительная правила народного просвещения, Полное Собрание Законов, (в след. ПСЗ), собр. 1, т. 27 (1802-1803), №20.597, с. 438-439.

(20) ПСЗ, собр. 1, т. 27 (1802-1803), №20.597, с. 438.

(21) ПСЗ, собр. 1, т. 28 (1804-1805), №21.498, с. 571, №21.499, с. 589, №21.500, с. 607.

(22) О правилах производства в чины по гражданской службе и об испытаниях в науках, для производства в Коллежские Ассесоры и Статские Советники, ПСЗ, собр. 1, т. 30 (1808-1809), №23.771, с. 1054-1057.

(23) *Рождественский, С. В.* Сословный вопрос в русских университетах в первой четверти XIX века, «ЖМНП», новая серия ч. IX, 1907, отд. 2, с. 94.

(24) Цирклярное предложение о требовании от поступающих в Гимназии детей купцев двух последних гильдий и мещан увольнительных свидетельств от тех обществ, к которым они принадлежат, «ЖМНП» ч. XLVII, 1845, отд. 1, с. 40.

(25) 塚本智宏「一九世紀ロシア身分制的学校制度の展開とその再編」『稚内北星学園短期大学紀要』第七・八号、一九九五年、所収参照。

(26) *Рябикова, Т. Б.* Численный и Сословный Состав Студентов Московского Университета, «Вестник Московского Университета» Серия IX, История, №5, 1974, с. 65.

(27) О назначении русских университетов и участии их в общественном образовании, «Современник» т. XIV-1, 1849, с. 45.

(28) *Рождественский, С. В.* указ. стат., с. 108.

(29) 竹中浩「大改革の時代における貴族及び貴族主義」『ロシア史研究』第五五号、一九九四年、四四～四八頁、高橋一彦「『司法反改革』攷」神戸市外国語大学外国学研究所『研究年報』第三五号、一九九八年、四九～五一頁、などを参照。

(30) *Каптерев, П. Ф.* История русской педагогии, СПб., 1910, с. 228.

(31) *Алешинцев, И.* Сословный вопрос и политика в истории наших гимназий в XIX веке, СПб., 1908, с. 60.

(32) Там же, с. 59.

(33) *Еврейнов, В. А.* Гражданское чинопроизводство в России, СПб., 1887, с. 52-53.

（34） 塚本前掲論文、三二～三三頁。

（35） Устав гимназий и прогимназий ведомства Министерства народного просвещения, «ЖМНП», ч. CXXIV, 1864, отд. 1, с. 56.

（36） Общий устав Императорских российских университетов, «ЖМНП», ч. CXIX, 1863, отд. 1, с. 47.

（37） *Головнин, А. В.* Записки для немногих. «Вопросы Истории», 1997, №3, с. 83-84.

（38） *Воробьев, В. А.* К истории наших университетских уставов, «Русская Мысль», 1905, т. 26, №12, ч. 2, с. 6-7.

（39） Там же, с. 8.

（40） *Рождественский, С. В.* Исторический обзор деятельности Министерства народного просвещения, СПб., 1902, с. 640.

（41） 拙稿「一九世紀後半ロシアの学校——アントン・チェーホフの小品を手がかりとして」中内敏夫他編『人間形成の全体史——比較発達社会史への道』大月書店、一九九八年所収参照。

（42） *Рождественский* указ. соч., с. 641. *Алешинцев* указ. соч., с. 85.

（43） 一九一二年に男子ギムナジア計四一七校中私立ギムナジアが一〇五校、実科学校では二九二校中七四校が私立であった。Список учебных заведений ведомства Министерства Народного Просвещения（кроме начальных）по городам и селениям, СПб., 1912 ?. 一九〇五年以前は一〇校以下である。

（44） Kassow, S. D., *Students, Professors, and the State in Tsarist Russia*, University of California Press, 1989, p. 367.

（45） *Иванов, А. Е.* Высшая школа России в конце XIX-начале XX века, М., 1991, с. 22.

（46） *Эймонтова, Р. Г.* Университетская Реформа 1863 г., «Исторические Записки» №70, 1961, с. 182-185.

（47） *Модестов, В.* Русская наука в последние двадцать пять лет, «Русская Мысль», т. 11, №5, ч. 2, 1890.

（48） *Зайончковский, П. А.* Военные реформы 1860-70 годов в России, М., 1952, глава VI.

（49） *Лалаев* указ. соч., ч. 2, гл. VII.

（50） *Волков* указ. соч., с. 124.

（51） *Лалаев, М. С.* Исторический очерк Военно-учебных заведений, подведомственных Главному их управлению, ч. 3, 1881-1891, СПб., 1892, гл. 1, 2.

(52) *Михайлов, А. А.* Российские кадетские корпуса, «Вопросы Истории», 1997, №12, с. 124.
(53) *Волков* указ. соч., с. 333, таблица 36.
(54) *Воротинцев, Н. И.* (сост.) Полный сборник правил прием и программ высших, средних, и низших, общеобразрвательных и специальных и профессиональных учебных заведений России, мужских и женских правительственных и частных, Издание IV-ое, Пг., 1915, с. 188-191, 193-194.
(55) *Тишкин, Г. А.* К вопросу о «малых униветситетах» в России, *Фурсенко, А. А.* (ред.) Россия в XIX-XX вв., СПб., 1998, с. 127.
(56) Устав лицея цесаревича Николая §. 2, Сборник постановлений по Министерству Народного Просвещения, т. 4, царствование императора Александра II, 1865-1870, СПб., 1871, с. 1401.
(57) *Егоров, А. Д.* Лицеи России, книга четвертая, Лицей в памяти цесаревича Николая (Катковский лицей), ч. 2, Иваново, 1995, с. 152.
(58) *Иванов* указ. соч., с. 29. *Тишкин* указ. стат., с. 127.
(59) 商業学校は一八世紀まで遡る歴史を有するが、一八九六年の商業学校令の施行によって中等段階の商業学校の設置が活発化し、その数は一九一三～一四年に二六〇校に及んだ。Педагогическая Энциклопедия, т. 2, М., 1965, с. 458.
(60) *Воротинцев* указ. соч., с. 44-45.
(61) *Иванов* указ. соч., с. 159-160.
(62) Timberlake, C. E., "Higher learning, the state and the professionals in Russia", Jaraush, K. (ed.), *The Transformation of Higher Learning 1860-1930*, The University of Chicago Press, 1983, pp. 334-337. ヤーラオシュ編著、望田幸男・安原義仁・橋本伸也監訳『高等教育の変貌　一八六〇―一九三〇』昭和堂、二〇〇〇年、三三五頁。
(63) *Иванов* указ. соч., с. 100.
(64) *Булгакова, Л. А.* Сословная политика в сфере образования (XVIII- первая половина XIX века), «Сословия и Государственная Власть в России. XV-Середина XIX вв.», ч. 1, Москва, 1994, с. 48-49.
(65) フォン・ラウエ著、菅原崇光訳『セルゲイ・ウィッテとロシアの工業化』勁草書房、一九七七年、九七頁。帝制末期の技術教育の拡大と技師集団の形成をめぐっては次を参照のこと。中嶋毅『テクノクラートと革命権力――ソヴィエト技術政策史　一九一七―一九二九』岩波書店、一九九九年、第一章「ロシア革命と技術者集団」。

（66）*Витте, С. Ю.*, Избранные воспоминания 1849-1911 гг., М., 1991, с. 420. ヴィッテ著、大竹博吉監訳『ヴィッテ伯回想記・日露戦争と露西亜革命・上』南北書店、一九三一年（復刻版原書房、一九七二年）、三〇七～三〇九頁。

（67）*Иванов* указ. соч., с. 100.

（68）Там же, с. 139-147.

（69）См., *Иванов, А. Е.* Психоневрологический Институт в Петербурге, в кн. *Фурсенко, А. А.* (ред.), Россия в XIX-XX вв., СПб., 1998.

（70）一九一一年のプロイセンのギムナジウム・中等学校生徒数の合計は約二三万人、うちギムナジウムは一一万人弱であった。他方、一八六四年から一九一一年までの増加率はギムナジウムで二・三五倍、中等学校全体で三・四倍であった（ルントグレーン著、望田幸男監訳『ドイツ学校社会史概観』晃洋書房、一九九五年、七五頁）。一八九五年のプロイセンの人口は三一八四万人、それに対してロシア帝国中のヨーロッパ・ロシア五〇県は一八九七年に九三四四万人である。

（71）*Зайончковский* указ. соч., с. 334.

（72）*Волков* указ. соч., с. 119, 123.

（73）*Егоров, А. Д.* Лицеи России, книга пятая, Императорский Александровский (бывший Царскосельский) лицей, ч. 3, Иваново, 1995, с. 40.

（74）イヴァノフによれば、三校の総学生数は、上級・下級合わせて五〇〇名程度までであった。*Иванов, А. Е.* Высшая школа России в конце XIX-начале XX века, с. 28.

（75）*Рашин, А. Г.* Население России за 100 лет（1811-1913 гг.）Статистические Очерки, М., 1956, с. 122.

（76）例えば *Иванов* указ. соч., с. 258-259.

（77）Alston, P. L., "The dynamics of educational expansion in Russia", Jaraush（ed.）, *op. cit.*, p. 96. 前掲訳書、八七頁。

（78）Brower, D. R., "Social stratification in Russian higher education", Jaraush（ed.）, *op. cit.*, p. 249. 同前、二四七頁。

（79）一八八〇年に二三%を占めた世襲貴族出身学生が一九一四年には八%まで下落（絶対数は微増）したのに対し官吏子弟は一八五九年一九%、八〇年二三%、一九一四年二七%と推移した。Ibid., p. 247. 同前、二四五頁。

（80）Ibid. 同前。

（81）オーウェン著、野口建彦・栖原学訳『未完のブルジョアジー——帝政ロシア社会におけるモスクワ商人の軌跡、一八五五—一九〇五年』文眞堂、一九八八年、三六頁。

(82) 高等専門学校学生中のギムナジア出身者の比率は、一九世紀末以降二割強である。*Иванов* указ. соч., с. 260.
(83) 例えば、カレーエフ教授による「学部の選択」なる受験指南の小冊子は一八九七年に初版が刊行されていた。См., *Воротинцев* указ. соч.
(84) Новейший сборник программ и условий приема женщин в русские и заграничные высшие учебные заведения, СПб., 1910, с. 1.
(85) *Зайончковский, П. А.* Правительственный аппарат самодержавной России в XIX в., Москва 1978, с. 34.
(86) Там же, 208.
(87) Alston, P. L., "The dynamics of educational expansion in Russia", Jaraush (ed.), *op. cit.*, pp. 90-91. 前掲訳書、八二〜八三頁。
(88) *Иванов* указ. соч., с. 336.
(89) Там же, с. 346.
(90) Orlovsky, D. T., "Professionalism in the ministerial bureaucracy on the eve of the February Revolution of 1917", Balzer, H. D. (ed.), *Russia's Missing Middle Class: The Professions in Russian History*, M. E. Sharpe, 1996, p. 268.

〔付記〕 第四章および第八章は一九九八―二〇〇〇年度文部省・日本学術振興会科学研究費補助金・基盤研究(C)「帝制期ロシアのエリート教育システムと社会変動に関する総合的研究」（研究代表者・橋本伸也）による研究成果の一部である。

第Ⅱ部　エリートの学校　文化と紐帯

第5章

近代オックスフォード大学の教育と文化

——装置とエートス

安原義仁

「光の都」オックスフォード

オックスフォード大学は，19世紀を通じての内外からの改革を経て，近代イギリス社会におけるエリート教育機関として再生した。そしてカレッジ制度，チュートリアル・システム，優等学位試験制度，学生課外文化といった独自の教育装置により，学生を教養ある知的エリートに仕立てあげ，各界とくに官界を初めとする新興の世俗プロフェッションに輩出していった。「ノブレス・オブリージュ」が大学のエートスとなってゆく。

近代イギリスのエリート教育の仕組みに関するおおよその制度的枠組みは第Ⅰ部第1章でみたとおりである。これを受けて本章では、近代イギリス社会において誰がエリートであり、かれらはどこでどのような教育を受け、いかなる資質・能力を身につけて社会のエリート的職業・地位に就いていったのか、イギリスのエリートの特質・エートスは何かについて考えるひとつの手がかりとしてオックスフォード大学に焦点をあて、そこでの教育と文化のあり方をみてゆくことにしたい。まず最初に一九世紀後半の大改革による大学の変容を概観し、次いで改革を経て蘇った後の大学教育の装置と文化について考える。そしてその後、学生たちが進んだキャリアを検討し、最後に大学の知的伝統・エートスといったものについて考察を試みる。近代オックスフォードにおいてどのような大学教育が提供されたのか。そこで学んだ学生たちはいかなる資質や能力を身につけ、社会のどのような分野に進出し活躍したのか。これらの問題についての考察を通して、イギリスのエリート教育の実態とエートスを教育機関の側から照射することができればと思う。

1 一九世紀オックスフォード大学改革

中世の時代に主として教会の聖職者養成機関として誕生したオックスフォード大学は、ルネサンス・宗教改革期に「学寮制大学（Collegiate University）」としての体制を整え、イングランド国教会の牙城にしてかつジェントルマンの養成場となった。以後、オックスフォード大学は一六三六年に集大成されて公布されたロード学則のもとで浮沈の波にさらされれつつもずっと存続し、ケンブリッジ大学とともにイングランドの高等教育を長きにわたって独占してきた。だが、一九世紀に入るとその特権的閉鎖性と新たな時代への不適応をめぐって内外からの批判と攻撃を受けるようになり、ほぼ一世紀にもわたる大学改革の幕が切って落とされることとなった。とりわけ一八五〇年に始まった議会による大学改革は、内からの改革と相俟って大学のあり方を大きく変貌させ、現代につながる制度・慣行の多くを確立するに至る。たとえば一八六〇年代にオックスフォードを訪れたI・テーヌは、大学の有様を観察して「オックスフォードは貴族のクラブにして運動競技場かつ国教会の牙城であることを徐々にやめつつあり、近代的な学校であると同時に世俗的で自由なアカデミーとなりつつある」(1)と書きとどめている。このテーヌの観察も示しているように、一八五〇年から一九一四年にかけてのオックスフォード大学（のみならずイギリスの大学一般についても言えることだが）に生じた変化は、多岐にわたる未曾有の規模のものであった。そうした変化のうち、ここでは教養教育（liberal education）の変化と大学の世俗化・国民化の二点に絞ってその概要を通観しておこう。(2)

教養教育の変容

一六世紀におけるルネサンス新学芸の受容以来、オックスフォード大学の教育理念はいわゆるジェントルマン教育理念であった。ダブリンのカトリック大学の学長に就任するに先だっておこなわれた講演を基に、一八五二年に公刊されたJ・H・ニューマンの『大学の理念』(3)は、国教会と大学が内外からの危機にさらされる中にあって、この理念を受け継ぎ新たに再生させようとしたものであった。学生を「繊細な趣向」と「高貴で礼儀正しい立ち居振る舞い」そして「率直にして公正かつ平静なる精神」を体得したジェントルマンへ向けて教育し、同時に国教会体制の担い手である聖職者として世に送ること。一六世紀以来、オックスフォード大学がカレッジ制度とチューター制度を基盤に、ギリシア・ラテンの古典語を中心とした教養教育を通じて目指したのはこのことであった。だが、ニューマンの古典的大学論の刊行を契機として、一八五〇年代から一八八〇年代初めにかけての時期にわき起こった大々的な教養教育論争を通じて、教養教育の含意する意味内容・概念に大きな変化が生じた。S・ロスブラットのいう「社会的ないし社会・道徳的資質から知的資質へ[4]」という変化がそれである。すなわち教養教育はニューマン的なものから、学問の習得を通じて「合理的な思考・分析の態度・習慣」や「一般的な精神の力」を涵養するものへと変容し、理解されるに至るのである。[5]

H・スペンサー、J・S・ミル、T・H・ハクスレー、M・パッティソン、M・アーノルドなどが参画したこの大論争ではまた、「精神を研ぎ澄まし、豊かにするのにどのような学問がもっとも適しているのか、どの学問を重視するのか」について、オックスフォード（古典学）、ケンブリッジ（数学と古典学）、スコットランドの大学（哲学）がそれぞれ有する伝統をめぐって優劣が争われた。ただし、その決着はすぐにつく類のものではなかった。変容した教養教育がカリキュラムの幅広さとして捉えられたものではなかったことも留意しておかねばならない。当時にあって教養教育は非常に狭い範囲のもの、「狭い範囲内での精確さ」として考えられていた。M・サンダーソンの言葉を援用すれば、それは「幅広さではなく、古典と数学に関する深くつっこんだ学習において体得される、専門化した高度な卓越性と洗練さを目指すもの[6]」であった。オックスフォードが基礎に置いた学問は言うまでもなく古典学であった。

教養教育論争のもう一つの焦点となったのは、教養教育と専門職業教育との関係である。[7] この争点はむしろ、オックスブリッジの旧大学とロンドン大学や新たに勃興してきた市民カレッジとの間での理念をめぐって闘われた。どの学問に依拠するにせよ、教養教育はあらゆる職業に関しその優れた準備教育となるものであって、ある特定の職業に対し特別の準備を施すものではない、というのがオックスフォードの基本的立場であった。そして、この立場に立脚するオックスフォード大学はケンブリッジとともに強力な「規範的教育機関」となり、一九世紀後半のイングランドにおける「複線型分節化」した階層的な構造をもつ高等教育システムの形成を導くことになった。[8] もちろんオックスブリッジは高等教育システムの頂点に位置した。オックスブリッジ流の教養教育理念に沿ったカリキュラムをその一部に取り入れない限り、科学・技術教育に力点を置き地元産業界との密接なつながりをもつ新興の市民カレッジが大学への昇格を果たすことは困難であった。

後でみるようにオックスフォードでもやがて、教養教育の内実を為す学問として古典学以外に数学、自然科学、法学、歴史学などが取り入れられるようになり、専門職へ向けての教育も志向されるに至るが、この時期に再生され確立された教養教育理念の核心は、古典学を中心とした厳格な知的訓練を通して、あらゆる職業・問題に対処しうる有為の人材の育成をはかる、という点にあった。そしてこのことは確かに、第一次大戦までのイギリス社会では機能した。M・サンダーソンの言うように、「明らかに無用で非職業的な形態の教育が、大学での勉学を自分自身のキャリアおよび社会一般のために役立てうる実際的精神を涵養した(9)」のである。

大学の世俗化と国民化

オックスブリッジ両大学に対する外からの批判・攻撃の主たる標的となったのは、その宗教上の非寛容・排他性と、豊かな基本財産を独占し濫用する閉鎖的特権性であった。国教会体制の確立以降、とくにオックスフォードは「国教会の牙城」(「主はわが光」〔dominus illuminatio mea〕というのがそのモットーである)として存在し続け、非国教徒に対してその門戸を堅く閉ざしていた。大学への入学登録、学位取得の際には国教会信仰三九箇条への宣誓・署名が要求されたし、カレッジの礼拝への出席は義務づけられていた。またもちろん、非国教徒はカレッジのフェローシップへの選出からも閉め出されていた。フェローシップ自体、国教会の階梯の一段階として位置づけられており、その保有には独身制限や聖職位叙任義務をはじめ種々の制約が附されていた。後で詳しくみるように、学生の多くは国教会牧師の子弟で、大学で学んだ後かれらが進むキャリアも圧倒的に国教会牧師であった。

こうした国教会とオックスフォード大学との緊密な結びつきは、一八五四年オックスフォード大学法および一八七一年大学宗教審査法によって次第に緩められ、大学はその門戸を非国教徒に対して開くとともに、世俗化の度合いを強めていった。フェローシップ保有に関する種々の制約も撤廃されて、聖職から独立した独自のアカデミック・プロフェッションが創出された[10]。

大学の世俗化は同時に「国民化」でもあった。オックスフォード大学は国教会との絆を緩めるに反比例して、国民生活のあらゆる領域と密接な関わりをもつようになった。宗教上の制限の撤廃だけではない。カレッジ内へ居住することなく安価な学費で大学教育を受けることのできるカレッジ外学生の受け入れ、大学拡張運動を通しての地方都市の労働者成人学生との接触、女子学生の受け入れ、大学セツルメント運動による大都市貧困階級の人々との交流など、大学は社会経済上、地理上、性別上の種々の障壁を低くして大学の門戸を大きく開いた。中等教育制度との体系的な接続も徐々に整備されていった[11]。

産業・商業界との結びつきに関しては、オックスフォード大学はそれ程積極的ではなかったが[12]、医者、法曹職、中等学校（パブリック・スクール）教師、陸軍など専門職との新たな関係の構築には前向きの姿勢を示した。とりわけ大英帝国の拡大に伴って新たに開けたインド植民地官吏や本国行政官僚などの新興プロフェッションには深く参入してその中枢を独占するに至る。オックスフォード大学は帝国と密接に結びつき、「大英帝国大学」としての性格を帯びることにもなった[13]。中世の時代、パリ大学に次いで「教会第二の学校」と称されたオックスフォード大学は、その後の「島国大学」の時代を経て再び国際性を回復した。

2 大学教育の装置と文化

一九世紀の一大改革を経てオックスフォード大学は再生した。宗派主義から脱却し、国家的・国民的教育機関として近代産業社会に対応する新たな体制を構築した。では、改革後の新生したオックスフォード大学での教育はどのような内容・性格ものだったのだろうか。いかなる制度・装置のもとに学生の教育が展開され、そこにどのような大学文化が形成されたのだろうか。次にこの点について、いくつかの観点から見てゆこう。

カレッジ制度

オックスフォード大学（the University of Oxford）は、それぞれ別個の法人格であるユニヴァーシティ（university）とカレッジ（college）の二つの基本組織から成っている。全学としてのユニヴァーシティは大学の誕生以来、カレッジに先んじて存在していた。しかしカレッジの設立以来、オックスフォード大学は大陸の大学と異なって、カレッジを中心に独自の発展をとげてきた。オックスフォードの大学教育システムの第一の特徴はカレッジを基盤にしている点にある。

カレッジは大学誕生後まもなく、高位聖職者などの篤志家により、学位取得後も大学に留まってさらに上級の学位取得を志す貧困学徒が、規律正しい品位ある生活を送り立派な聖職者になるようにと企図して創設されたものである。学寮長（マスター、プリンシパル、プレジデント、ウォードン、プロヴォースト、ディーンなどカレッジの長の名称は様々である）とフェロー（fellow）とスカラー（scholar）から成る独自の基本財産をもった自治的生活・

図5－1　1911年当時のベリオル・カレッジ

方庭を囲んでチャペル（礼拝堂），ホール（大食堂），図書室，学寮長の邸宅，フェローおよび学生の居室，講義室などが配置されている。

出典：John Jones, *Balliol College : A History, second edition*, Oxford, 1997, p. 239.

教育共同体で、かれらに衣食住を提供する奨学機関というのがその当初の基本的性格であった。ユニヴァーシティ・カレッジ（一二四九年）を嚆矢としてベリオル・カレッジ（一二六三年）、マートン・カレッジ（一二六四年）、エクセター・カレッジ（一三一四年）、オリエル・カレッジ（一三二六年）と中世の時代を通じて次々に創設され、ルネサンス・宗教改革以降もカレッジはひとつひとつ数を増やしていった。そして大学改革前の一九世紀半ばの時点では、カレッジの数は二〇を数えるに至った。この間、ルネサンス・宗教改革の時代にカレッジは貴族やジェントリなどの子弟を私費生（commoner）として受け入れるとともに、第一学位取得を目指して学ぶアンダーグラデュエイト中心のものへと大きくその性格を変化させた。

　オックスフォード大学はこのようなカレッジの連合体であった。試験を実施し学位を授与する権限はカレッジとは別個の大学団としてのユニヴァーシティにあったが、学寮制大学の確立以降、大学の運営は学寮長による寡頭制によって行われるようになり、学生の生活・教育はカレッジを中心に展開されることとなった。だが、大学の中核に位置してその運営と教育に責任をもつべきカレッジは、国王や高位聖職者などを初めとする歴代篤志家の手厚い庇護を受けて次第に裕福になるとともに、やがて閉鎖的特権団体と化してゆく。一九世紀オックスフォード大学改革における基本的な課題の一つは、この閉鎖的特権団体化し既得権益の擁護に固執するカレッジに対してユニヴァーシティの復権・復興をはかり、正しい均衡を回復することであった。かくて、大学運営の民主化（学寮長による寡頭制支配の廃止）や、裕福なカレッジの財源を充当してのユニヴァーシティの教授組織である全学基金付き教師職（講座）の充実、学問を中心とした研究・教育組織である学部（faculty）の創設、科学を中心とした全学の研究教育施設設備の整備が順次進められてゆくことになる。

一九世紀の大学改革を経て、カレッジとユニヴァーシティとの然るべき均衡は回復された。その新しい大学体制においても、学生の生活と教育の中心としてのカレッジの位置づけは基本的には変わらなかった。むしろ強化されたといってよい。カレッジは大学の中の開かれたミクロコスモスとして再生し、あらためてオックスフォードの大学教育システム・装置の基盤となった。

カレッジは学寮長、フェロー、スカラーを中心にした教師と学生から成る自治的生活・教育共同体である。構成員が二四時間起居をともにするいわゆる「全制的施設（'Total Institution'）」であり、そこでは濃密な人間関係のもとに学生生活が営まれ、教育活動が展開された。カレッジの規模はさまざまであるが、たとえばベリオル・カレッジを例にとってみると、一八五〇年の時点では学生数八七人、一八八五年の時点では一六五人を数えた[14]（図5-1）。これに対し教師は一八八四年の時点でみるとフェロー一四人を含む計二七人が、チューター（tutor）や講師その他としてかれらの教育や生活指導にあたっていた[15]。教師対学生比率でいえば約一対六である。このミクロコスモスとしてのカレッジに、学生は通常一二学期三年間在住し学んだ。カレッジ在住とカレッジのホール（食堂）での正餐は重要な学位取得要件であった。この間、ユニヴァーシティ（全学）の教師による講義も提供されたが、学生は専らカレッジでチューターによる個人指導を受け、カレッジ講師の講義を聴いて学位試験に備えた。またこれに加え、学位試験準備対策として、プライヴェット・チューターと呼ばれる私的な個人指導教師に頼ることも多く行われた。

チュートリアル・システム

カレッジの教育の中核はチューターによる個人指導であった。いわゆるチュートリアルである。この中世に起源を有し、オックスフォードの教育の真髄とされて今日に至っているチュートリアル・システム（tutorial system）は、一人のチューターが個々の担当学生（pupil）に対して「親代わりの立場（in loco parentis）」に立ち、親密な学習指導と生活・道徳指導をおこなうというものであった。一八世紀を通じて機能不全に陥っていたが、一九世紀に入ってオリエル・カレッジなどいくつかの先駆的なカレッジでチューターとなるフェローを公開競争試験によって選出する試みが為されるようになってから活性化し、とくにB・ジョウエット指導下のベリオル・カレッジを中心に新たな伝統が形成されていった。ギリシア語やラテン語の課業（作文など）についての的確なコメントと手直し、食事やお茶・ワインへの招待、午後の散歩、スコットランドや湖水地方などへの夏期休暇読書旅行等々、チューターは学生指導に献身的情熱をもってあたった。当時のチューターの学生指導の様子は、後に著名人となる多くの人物の伝記や回想録から窺い知ることができる。たとえばジョウエットに私淑し詳細な伝記を著したH・アボットは次のように書き記している。(16)「ジョウエットはチューターとしての任務に、それがかれの人生の唯一の目的であるかのように精を出していた。他のすべての事柄はその任務を高貴なものにし豊かにするためであった。」また、ジョウエットの直接の学生ではない者も「一日のほとんどすべての時間、そして深更まで、かれの部屋のドアはいつも、援助を求めるカレッジの誰に対しても開かれていた」との証言を残している（図5－2）。

優等学位試験制度

カレッジ制度やチュートリアル・システムは中世以来存在していた。これに対して、もうひとつの重要なオックスフォードの大学教育システム・装置は、一八〇〇年に導入されたばかりの比較的新しいものであった。優等学位試験制度がそれである。E・ギボンやA・スミスの証言によってよく知られている従来の沈滞した大学教育の活性化を促進し、内からの大学改革の出発点・起爆剤になったのはこの新試験制度の創出であった。学位試験を茶番劇から脱却させて公正かつ厳格なものにする一方、新たに優等学位試験（honours examination）（旧来の学位は普通学位試験〔ordinary examination〕と呼ばれるようになる）を設けて意欲ある学生に挑戦させ、成績優秀者の氏名を公表して顕彰するというのがその眼目である。学位試験に競争的性格が付与されたのである[17]。

図5－2　ベンジャミン・ジョウエット（1893年）
プラトン学者として知られるジョウエットは，ベリオル・カレッジのフェロー，学寮長，オックスフォード大学の総長として大学改革に大きな足跡を残した。
出典：Geoffrey Faber, *Jowett: a portrait with background*, London, 1957, p. 425.

優等学位試験の内容・試験科目は、当初は普通学位試験と同じく、中世以来の教養諸科、哲学、宗教それにギリシア・ローマの古典というものであり、とくに宗教と古典に関する知識が重視されていた。一八〇七年、この優等学位試験から数学・物理学を中心とするものが分離独立して数学・物理学優等学位スクール（優等学位に至る教育課程はオナー・スクールと呼ばれた）となり、それまでのものは古典学を中心とした古典学優等学位スクール（Literae Humaniores）となってここに二つの優等学位スクールが誕生した。その後、優等学位スクールは学問の専門化・分化にしたがって自然科学スクール（一八五〇年）、法学・近代史スクール（一八五〇年。これは一八七二年に法学スクールと近代史スクールの二つに分離独立）、神学（一八七〇年）、東洋学（一八八六年）、英語英文学（一八九四年）と次々に設立されていった。[18]

しかし、これらの優等学位スクールのなかで、本章が対象とする時期、オックスフォードの大学教育の中心に位置づけられもっとも重視されたのは、「グレイツ（Greats）」と略称された古典学優等学位スクールであった。一八九二年版の『学生便覧』は古典学優等学位スクールについて次のように紹介している。

「古典学優等学位スクールは一番歴史の古いスクールであり、もっとも威信ある重要なスクールだと広く認められている。受験候補者の数も最大で、最も優秀な学生たちが一番多く集まるのもこのスクールである。幅広い学習領域をカバーし、試験委員と受験生双方に対しおそらくもっとも過酷な要求をするもので、このスクールでの栄誉は羨望の的となっている。このスクールの複合的な学習コースは、オックスフォードに独特かつ唯一のものである。古典学優等学位スクールはすぐれた精神の訓練を提供し、普遍的にして純粋な文化を育むものだと考えられている。このスクールに専門家の技能を期待する者はいない。しかし伝統に誇りを抱くオックスフォードの人間の大半は、このスクールが個々の専門職業的学習にとって健全な予備的訓練とならないような領域はほとんどないと信じている。[19]」

ここに表明されているのは古典学優等学位スクールに対する自負と自信である。先に述べた教養教育理念が『学生便覧』においても謳われている。大学教育における古典学の位置は、入学から優等学位試験受験に至るまでの間に設けられた中間試験（Responsions, First Public Examinations）において圧倒的な比重を占めたのは古典に関する知識であったことからも明らかであろう。受験候補者数も『学生便覧』が言うように実際多かった。たとえば、一八八六年から一八八九年の時期にベリオル・カレッジに入学した学生の専攻についてみると、全学生のうち約三分の二が優等学位スクールを専攻したが、その内訳は古典学四〇％、近代史二五％、法学一五％、自然科学一〇％、数学五％、東洋学、神学その他五％というものであった[20]。

試験の内容はどのようなものであったか。もう少し具体的にみてみよう[21]。『学生便覧』が「複合的学習コース」だという古典学優等学位スクールの試験科目は、大きくギリシア語とラテン語、古代ギリシア・ローマ史、論理学、道徳・政治哲学概要の三つに分かれていた。ギリシア語とラテン語の試験科目には文学を含み、ギリシア・ローマの古典の翻訳（英訳）、英文のギリシア・ラテン語散文への翻訳が課された。古代ギリシア・ローマ史ではギリシア史の一時期とローマ史の一時期を選択してそれぞれの時期における著作家を選び、その範囲内で地理、文物・故事、一般史に関する知識を問われた。ほぼ一般的な選択のパターンとなっていたのは、ギリシア史の場合、時期は歴史の始まりからペロポネソス戦争終結まで、著作家ではヘロドトゥス、トゥキディデス、クセノフォン『ギリシア史Ⅰ・Ⅱ』、ローマ史の場合には、第二次ポエニ戦争の終わりからヴェスパシアヌス帝の即位まで、著作ではプルタルコスの『英雄伝』、キケロの『書簡集』（ワトソンによる抜粋）、サルスティウスの『ユグルタ戦記』と『カティリナ戦記』、タキトゥス『歴史Ⅰ―Ⅵ』であった。

論理学、道徳・政治哲学概要は政治哲学、論理学、道徳哲学の三つから成っていた。政治哲学では社会の起源と発展、政治制度と政体（とくにギリシア・ローマ史に即して）、政府の領域と義務、政治経済学の指導原理に関する知識、論理学では知識の性格と起源、言語と思想との関係、アリストテレス論理学の基礎ならびにアリストテレスに至るギリシア論理学の歴史、三段論法の理論、科学の方法についての知識が問われた。また道徳哲学ではプラトンとアリストテレスが主たるテキストであった。

政治哲学にあってはJ・ロック（『人間悟性論』）、D・ヒューム（『人性論』）、カント、メイン、J・S・ミル、H・スペンサー、T・H・グリーンなど、また論理学ではF・ベーコン（『ノヴム・オルガヌム』）もテキストとして取り上げられたが、しかし古典学優等学位スクールの試験科目の中核に位置したのは何と言ってもギリシア・ローマの古典とりわけプラトン（『国家』『プロタゴラス』『パイドロス』『ゴルギアス』『法律』など）とアリストテレス（『政治学』『ニコマコス倫理学』など）の著作であった。

毎年夏学期の終わりに実施される試験は筆記試験と口頭試問（*viva voce*）から成り、まず筆記試験が行われた。それは一科目（試験問題）につき三時間で計一一科目、一日に通常二科目、計五日半（三三時間）に及ぶもので、『学生便覧』にあるように、受験生と試験委員双方にとって、精神的にも肉体的にも過酷な厳しい試練であった。口頭試問は筆記試験終了後約三週間（この間に試験委員は答案用紙を精読する）をおいて実施された。受験生は一人一人試験委員から問題全般にわたって質問を受け、これに対して的確に答えなければならなかった。一人の口頭試問に要する時間はさまざまで、数分の場合もあれば一時間かかる場合もあり、稀であるが時には二時間ということもあった（図5-3）。

試験の結果は成績にしたがっていくつかのクラスに分類され、公表され、記録して残された。これらの記録からわれわれは、試験で誰がどういう成績を収めたかを知ることができるのである。[22]優等学位試験が発足した直後には、これに挑戦する学生はわずかであったが、やがて軌道に乗り独自の試験文化を発展させた。試験は厳しい試練であるだけにいっそう学生の栄誉を求める心に訴え、競争心をあおった。そして、後年首相となるR・ピール（一八〇

図5-3　19世紀初頭から中葉の頃の優等学位試験風景

試験は精神的にも肉体的にも厳しい試錬であった。

出典：Decre Balsdon, *Oxford Now and Then*, London, 1970, p. 148.

八年、クライスト・チャーチ）を第一号として、古典学と数学・物理科学の二つの優等学位スクールで最優秀の成績（第一級 First Class）を収める超エリートも誕生するに至った。同じくクライスト・チャーチ出身で、政治家としてピールを師と仰ぎ同様に首相となるW・E・グラッドストン（一八三一年）も、「ダブル・ファースト」と呼ばれたこの超エリート組の一人である。[23] いわば戦前のわが国の「恩賜の銀時計」組であった。また、第一級合格者の数をめぐるカレッジ間の競争も始まって、優等学位試験制度は一九世紀半ばには完全にオックスフォードの大学教育の基本的装置の一つとなっていた。

学生課外文化

優等学位試験はオックスフォードの大学教育の正規のカリキュラムである。しかし

図5-4　オックスブリッジ対校ボートレース（1877年）
出典：R. D. Burnell, *The Oxford and Cambridge Boat Race 1829-1953*, London, 1954.

大学教育の装置は正規外の「隠れたカリキュラム」においてもしかけられており、学生の教育に重要な役割を果たした。

いし弓、フェンシング、闘鶏、闘犬、賭競馬、牛攻め、馬車駆け、飲酒、トランプなどなど娯楽・気晴らしには事欠かなかったオックスフォードの学生生活において、カレッジ・大学当局も関わって学生の課外生活を組織化する試みが始まったのは一八二〇年代頃のことであった。[24]それは優等学位試験の創設とも連動していた。それまでの無目的で怠惰・放縦に流れがちな、そして時に過激な行動に走りがちな学生生活に規律と秩序を与え、学生のエネルギーを水路づけ昇華させるための方策として奨励されたのが試験であり、統制のとれた学生課外活動だったのである。課外活動には大きく分けて文芸・社交を中心としたものと団体スポーツ競技など運動を中心にしたものの二種類があった。

スポーツ競技の組織化は一八二〇年代にクリケットとボートを皮切りに始まった。そして一九世紀中葉以降、次々と他の競技にも拡がってゆき、やがて各競技ごとにケンブリッジとの対校試合が大学の重要な年中行事として定着するに至る。たとえば、クリケットは一八二七年、ボートレースは一八二九年に第一回の対校試合が行われており、以後ラケット（一八五五年）、テニス（一八五九年）、陸上競技（一八六四年）、ラグビー（一八七二年）と続く（図5－4）。これらの新しいスポーツは、旧来のレクリエーションや娯楽が個人レベルの単なる趣味・気晴らしとして行われたのに比べ、いくつかの顕著な特徴を有していた。まず、それらはカレッジや大学当局による承認のもと、教師も積極的に関与するなかで実施された。また、種々のスポーツ競技の中でもとくに団体競技が重視された。団体スポーツ競技はパブリック・スクールの場合と同様に、集団連帯意識や競争本能、男らしさや士気を涵養する教育力をもったもの、「カレッジ精神」の表象として奨励されたのである。カレッジの各チームごとにユニフォームとマークが制定され、役職が置かれ、会計簿と記録がつけられて仲間意識・集団帰属意識が強調された。優等学位試験の場合と同様、優れた選手は賞賛の的となった。ケンブリッジとの対校試合にオックスフォードを代表して出場する選手は「ブルー」と呼ばれ、なかには二つの競技で代表選手になる「ダブル・ブルー」もいた。

社交・文化団体も同時期、これと同様の経過を辿って発展した。読書クラブ、詩人クラブ、文芸クラブなど種々のクラブが結成された。グラッドストンが中心となりかれの名前を冠したW・E・G・クラブ（一八二三年）もあった。数あるこれらの社交・文化団体の中でもっとも有名なものは「弁論ユニオン」（その前身の弁論クラブは一八二三年に結成されている）であろう。あらゆる問題について演説・討論するもので、ここで鍛えられて巣立っていった政治家は多く、将来の閣僚・首相の苗床ともなった。

コラム　エリートの学校　文化と紐帯1

弁論ユニオン

一九世紀前半にオックスフォードに誕生した多くの学生文化団体のうちで、最古最大にしてもっとも有名なものは弁論ユニオン（The Oxford Union Society）であろう。一八二三年にOxford United Debating Societyとして産声をあげ、一八二五年に弁論ユニオンとして設立された。学生のクラブといっても、討論ホールや図書室、レセプションならびにダンス用ホール、ダイニング・ルーム、バー、ビリアード・ルームなどを備えた独自の立派な建物をもち、そこでの弁論・討論は国内政治のみならず世界の政治の動向をも左右する場合があるというから尋常ではない。自身、弁論ユニオンの会長（President）を務めたハロルド・マクミラン元首相の言によれば、オックスフォード大学の弁論ユニオンは「議会での弁論スタイルの比類なき訓練の場で、どの民主主義国家のいかなる弁論クラブもこれに及ぶものではない」ということになる。

事実、弁論ユニオンの会長以下歴代の役員のなかからはグラッドストン、ソールズベリ、アスキス、マクミラン、ヒースといった元首相や閣僚、指導的政治家、裁判官、主教などが輩出した。現在、毎週木曜日の夜八時半に開催されている弁論ユニオンでの討論には、国内外の著名な政治

弁論ユニオン設立50周年記念弁論，1873年。テーマは国教会の解散について。

出典：Herbert Arthur Morrah, *The Oxford Union*, London, 1923, p. 239.

家もやってきて参加することもある。

ユニオンの弁論は機知に富むことで有名だが、弁論ユニオンの歴史上もっとも広く知られている有名な討論のテーマは、一九三三年二月九日におこなわれた「国王と国家」論争であろう。「本議会は今後いかなる状況下にあっても、国王と国家のためには戦わない」との提案動議について討論がなされ、動議は二七五票対一五三票で可決されて世間を驚ろかせたのであった。

ケンブリッジの弁論ユニオンとの対校討論会も早くからおこなわれ、一八二九年にはオックスフォードで「シェリー氏はバイロン卿より偉大な詩人なり」とのケンブリッジ側が提出した動議をめぐって討論しようとしたが、出迎えた若きグラッドストンを含むオックスフォード側がシェリーについて何も知らなかったので、ケンブリッジ側は大いに驚いたというエピソードも残っている。

女子学生に対して弁論ユニオンの門戸が開かれたのは一九六三年のことである。それまでにも女性がゲストとして討論に参加したことはあった。一九〇八年にはかの婦人参政権論者M・G・フォウセットが、女性として初めてユニオンで演説を行っている。それから六〇年後の一九六八年、初の女性会長が誕生した。パキスタンの元首相G・ブットも会長を務めている。一九八六年には弁論ユニオン史上初めて、会長以下三つの主要な役職をすべて女子学生が占めた。

3　オックスフォード大学出身者の進路

大学改革を経て一九世紀後半に再生したオックスフォードの大学教育のシステムと装置は、おおよそ以上のようなものであった。では、こうしたシステムと装置の下で学び教育を受けた学生たちは社会のどのような分野に進出していったのだろうか。一九世紀におけるオックスフォード大学出身者の進路に関しては最近、M・C・カートイスによって包括的で詳細な実証的研究が為され、多くのことが明らかになった。カートイスはオックスフォードの大学・カレッジの入学登録簿（Matriculation Register）を基礎史料として、一八〇〇年から一九一三年の間におけるオックスフォード大学入学登録者総数約六万三〇〇〇人のうち、一八一八年秋学期、一八四八年度、一八七八年度、一八九八年度の四時点をサンプルにとり、それぞれの年度の入学登録者の進路について分析し、その変化を明らかにしている。[25] 以下、主としてかれの研究成果に依拠しつつ内容を要約するかたちで、この点についてみてゆこう。

一八五〇年以前の状況——聖職への道

大学改革が本格的に始まる一八五〇年以前に入学したオックスフォードの学生にとってその第一の主要な進出分野は、言うまでもなく国教会の聖職であった。ケンブリッジと合わせ、両大学で学位を取得した学生は実に四分の三近くが聖職に就いていた。また、イングランドで一八三〇年から一八五〇年の間に聖職位に就いた者すべてのうち、約四分の三は両大学出身者であったという。国教会の聖職はまさに両大学の独占場であった。

オックスフォードで学んだ後、地元に帰ってカントリー・ジェントルマンとしての道を歩む者もいた。一例を挙

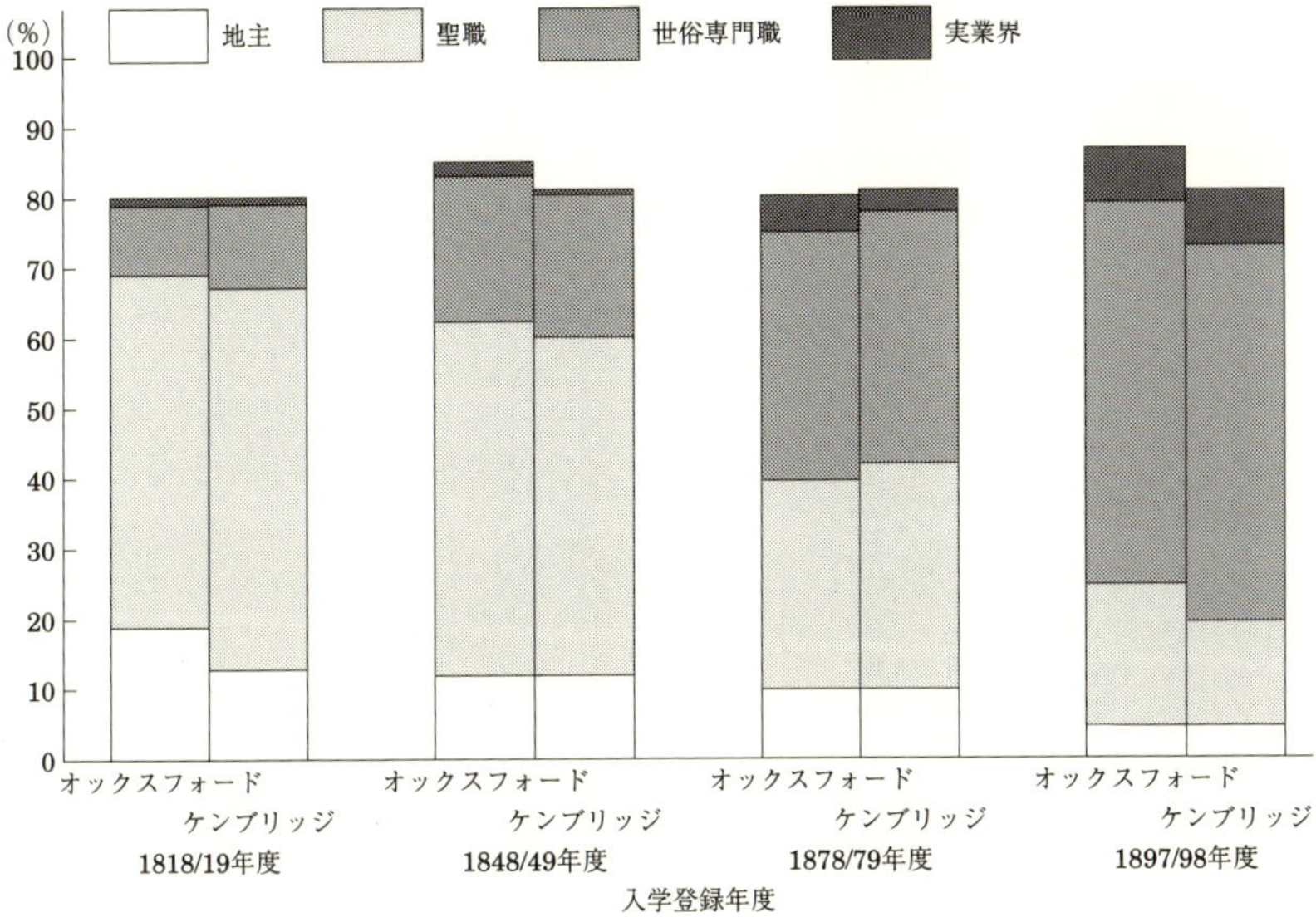

図5-5　オックスブリッジ卒業生の進路

出典：M. C. Curthoys, "The Careers of Oxford Men", in M. C. Brock and M. C. Curthoys (eds.), *The History of the University of Oxford, Volume VI, Nineteenth-Century Oxford*, Part I, Oxford, 1997, p. 482.

表5-1　オックスフォード大学卒業生の主な社会的経歴・職業

社会的経歴・職業	入学登録年度							
	1818/19年度		1848/49年度		1878/79年度		1897/98年度	
	人数	%	人数	%	人数	%	人数	%
地主・無職	71	18.8	52	11.7	75	10.2	39	4.9
聖　職	188	49.7	219	49.3	216	29.2	144	18.1
非国教会牧師	0	0.0	3	0.7	4	0.5	11	1.4
法　曹	19	5.0	22	5.0	89	12.0	86	10.8
医　業	3	0.8	6	1.4	16	2.2	21	2.6
高等教育	3	0.8	12	2.7	18	2.4	30	3.8
学校教師	3	0.8	14	3.2	68	9.2	94	11.8
研究，図書館	0	0.0	2	0.5	3	0.4	16	2.0
陸　軍	2	0.5	25	5.6	15	2.0	62	7.8
官　界	7	1.9	7	1.6	33	4.5	93	11.7
その他の専門職	0	0.0	0	0.0	3	0.4	8	1.4
芸術，文芸	2	0.5	2	0.5	11	1.5	14	1.8
商業，金融	2	0.5	7	1.6	22	3.0	38	4.8
産業，工業	1	0.3	1	0.2	14	1.9	24	3.0
死　亡	5	1.3	11	2.5	21	2.8	19	2.4
不　明	72	19.0	61	13.7	132	17.8	96	12.1
合　計	378		444		740		795	

出典：M. C. Curthoys, 'The Careers of Oxford Men', in M. C. Brock and M. C. Curthoys (eds.), *The History of the University of Oxford, Vol. VI, Nineteenth-Century Oxford, Part I*, Oxford, 1977, p. 503.

げれば、一八一五年から一八二〇年の時期にブレーズノーズ・カレッジに入学した学生のうちほぼ三分の一がカントリー・ジェントルマンになっていた。もちろん、地主の子弟たちが多く入学したカレッジとそうでないカレッジがあるわけで、ブレーズノーズは前者の上位に位置するカレッジであった。なお一八七三年の時点でのことだが、三〇〇〇エーカー以上の土地を所有し、年に三〇〇〇ポンド以上の地代収入を得る大地主のうち、約四分の一がオックスフォードに学んでいたという。

一八五〇年以前に、専門職および官界に進出したのはオックスフォード出身者のごく一部に過ぎなかった。しかもそれは、パトロネジ（縁故）を通じてのことであった。伝統的な専門職である法曹界（Bar）に進んだのは一〇％に満たず、しかも、そのうち実際に開業したのはその約半数であった。ちなみに、一八三五年の時点で、弁護士開業者の四〇％強は大学教育を受けていなかった。医療の世界でも、オックスフォード出身者の数は取るに足らず、開業医の大多数はスコットランドの大学やロンドン大学で教育を受けていた。また、陸軍士官職を購入する者も一部存在した。

一八五〇年代から一八九〇年代の変化——官僚制との結びつきの始まり

一八五〇年代以降のオックスフォード大学改革が議会の干渉を受けつつ、国政レベルで展開されたことは上述したとおりだが、それはまた同時に官僚制改革とも連動していた。オックスフォードに関する王立委員会報告書が出された翌年の一八五三年、インド法が成立し、これを受けたマコーレイ委員会の準備作業を経て一八五五年、インド高等文官採用のための公開競争試験が初めて実施された。本国の官僚制改革についても一八五四年に『ノースコート・トレヴェリアン報告書』がまとめられて、公開競争試験の導入がはかられた。それまでパトロネジによって任命していたインド高等文官および本国高等文官を、公開の競争試験によって採用しようという官僚制改革の動きは、オックスフォード大学にとって逸すべからざる好機であった。オックスフォード大学改革の若きリーダーの一人であったB・ジョウエットの、蔵相グラッドストン宛の次のような手紙はこの間の事情をよく物語っている。

「インド官吏の任命にあずかることが、大学に与えるであろう恩恵は測り知れないもので、これ以上に大きな恩恵をわたしは想像することができません。その刺激によってわれわれには新しい知識の一分野が開かれ、もう一本の根を社会の新しい土壌に植え込むことが可能になるでしょう。[26]」

ジョウエットは『ノースコート・トレヴェリアン報告書』および『マコーレイ報告書』（一八五四年）のとりまとめに参画し、T・B・マコーレイらとともにオックスブリッジ両大学と官僚制との橋渡しに最大限の努力を払った。かれらの主張はかの教養教育理念に対する自負と自信に基づくもの、すなわちインド高等文官を目指す者は「その母国が提供しうる最善かつもっともリベラルにしてもっとも完成された教育を受けておくべき[27]」だというものであった。その結果インド高等文官試験は、受験資格年齢や受験科目とその配点などにおいて、両大学とくにオックスフォード出身者に有利なものとなっていった。

かくて、オックスフォード出身者は一八五五年から一八五九年の間に公開競争試験に供されたインド高等文官ポストのうちの約三分の一を占めるに至った。また、公開競争試験が始まって最初の一四年間における大卒合格者の中にあっても、オックスフォード出身者は最大グループを形成した。本国高等文官の場合には改革は一八九五年に至るまで漸進的で、当初公開競争試験に供されたポストの数は限られ、それ程大きな進出先にはならなかった。とはいえ、たとえば一八五六年から一八七〇年の時期に大蔵省に入った者二二人のうち、オックスフォード出身者は九人を数えている。一八三四年から一八五五年の時期、大蔵省高級官僚で大学教育を受けた者はわずか六人のみであったことからすれば、状況は変化したといえよう。

一八九〇年代から一九一四年まで——新たな分野の開拓

オックスフォード大学出身者の進出先が大きく多様化し拡がったのはこの時期においてであった。H・パーキンのいう「専門職社会」(28)の到来とともに、オックスフォード大学は徐々に新たな社会の多様な需要に適応する体制を整え、それに伴ってその出身者もさまざまな分野に進出していった。伝統的な専門職、新興の専門職、帝国植民地、教職、アカデミック・プロフェッション、官界などその進出先は多岐にわたった。オックスフォード出身者の進出ぶりを、いくつかのカテゴリーに分けてみてみよう。

［専門職］

伝統的専門職のうちの最たるもので、長きにわたりオックスフォード出身者の最大かつ独占的マーケットであった聖職は、その魅力を喪失した唯一の進出先であった。大学の世俗機関化とともに進行した「聖職離れ」の趨勢は、一八九〇年以降、農業恐慌による教会の地代収入の減少、信仰についての疑念の増大（「信仰の喪失」）、大学・カレッジのポストに関する宗教的制限の撤廃などによって決定的となった。セント・ジョンズ・カレッジやエクセター・カレッジのように、一九一四年以前においてなお出身者の五人に一人以上を国教会へ送り続けるところもあったが、コーパス・クリスティ・カレッジでは一八八六年以降、国教会の聖職に就くのは約八人に一人、ベリオルに至っては世紀末の時点で二五人に一人のみ（最も顕著な減少）しか聖職に進出しないという状況となった。

世俗専門職のうち、オックスフォード出身者が最初に進出し始めるのは法曹職であった。その動きはすでに一八五〇年以前からみられたが、本格的な展開は一八七〇年代以降に開始された。一八八五年までには、大学教育を受けた法廷弁護士《バリスター》の比率の増加（七〇％を超える）という一般的背景の下に、オックスフォード出身者は法廷弁護士の約三〇％を占めるに至った（五〇年前には二一％）。なお、ケンブリッジを合わせての数字だが、世紀末の時点で、両大学において法学を専攻する学生は全体の約一一％を占めていた。両大学出身者の事務弁護士《ソリシター》への進出も新しい傾向で、オックスフォードの場合、一九〇〇年までに、その出身者で法曹界に進む者のうち約四〇％を事務弁護士が占めるようになった。もう一つの伝統的専門職である医師に関しては、オックスフォードでも医学部復興の努力が為されたが、出身者の進出先としてはなおマイナーなものであった。

これらの伝統的専門職に加えて、この時期には工学、建築などの分野に新興の専門職が誕生するが、オックスフォードの場合、これらの分野における整備は遅れ、みるべき学生の進出先とはならなかった。新興の専門職のなかで、オックスフォード出身者の活躍の場としてこの時期に確立をみたものの一つはジャーナリズムと演劇の世界であった。ただし、この分野におけるオックスフォード出身者の名声にもかかわらず、一九世紀後半において、プロとして演劇、新聞、著述の世界に進出する学生の割合は全体の二％にも満たなかった。

〔教育界、帝国植民地、官界〕

オックスフォード出身者に新たな進出先として大きく開けた新興専門職は教育界、帝国植民地、官界におけるそれであった。教職は一八六〇年代以降の二〇年間に、パブリック・スクールをモデルとして中等学校が新設ないし再編されるに伴って拡大し、俸給や待遇の良さもあって魅力的な進路となった。教職志望ブームが起こり、一八九〇年以降、オックスフォード出身者の八人に一人以上が進出するに至った。とりわけ、聖職ではなく世俗職としてみなされるようになったパブリック・スクールの教職は、オックスフォード出身者にとって人気の的となった。一八九〇年から一九三〇年の時期、パブリック・スクールの校長の大多数はオックスフォード出身者が占めていた。一八九〇年の時点で、五〇の指導的パブリック・スクールの校長のうち三二人がオックスフォード出身者であり、少し時代が下るが一九三〇年の時点では、一四八を数える パブリック・スクール校長会議加盟校（Headmasters' Conference schools）の校長のうち八二人がオックスフォード出身者であった。また、一九一〇年の時点でのパブリック・スクール校長会議加盟校の一八七三人を数える教師についてみると、七〇八人がオックスフォード出身という状況であった。ただし、後期ヴィクトリア時代において規模の点でオックスフォードの二大優等学位スクールであった古典学優等学位スクール（「グレイツ」）と近代史優等学位スクール専攻者のうち、教職を目指す者は少数派であった。

一九世紀後半に世俗プロフェッションとして新たに誕生した大学教師職（アカデミック・プロフェッション）も、オックスフォードの出身者とくに成績優秀者を惹きつけたキャリアである。オックスフォード出身者は、イングランドとウェールズの地方都市に次々に設立されたカレッジや大学のみならず、海を越えた植民地の大学・カレッジに教師として赴任していった。一九〇八年の時点では、イングランドと植民地の大学で教授職に就いているオックスフォード大学出身者は一〇五人を数えた。また一九一三年の場合には、ロンドン大学、市民大学、ウェールズ大学で教職に就いているオックスフォード出身者は一八〇人にのぼった（このうち数学、自然科学の担当者はわずか三三人）。大学の研究教育体制を反映して、オックスフォード出身者が進出したのは主として哲学・古典学・人文学の領域であった。たとえば、一九一〇年の時点におけるアカデミー会員（FBA）一〇〇人（そのほぼ四分の三が大学にポストを得ていた）のうち、オックスフォード出身者はほぼ半数を占めていた。

帝国の拡大につれて、海外植民地に就職先を見いだすオックスフォード出身者の数は次第に増加していき、帝国でのキャリアは一九一四年までに、就職委員会（Appointments Committee）が斡旋する職のうちの約二〇％を占め

表5-2　出身大学別合同高等文官試験合格者の比率（1895～1914年）

出身大学	合格者の比率（%）			
	1895-9年	1900-4年	1905-9年	1910-14年
オックスフォード	51.4	45.1	50.1	48.3
ケンブリッジ	29.6	31.2	31.1	29.1
トリニティ・カレッジ（ダブリン）	3.8	3.8	3.8	5.7
ロンドン	5.9	4.1	2.0	6.1
スコットランド	7.2	13.5	9.5	7.8
アイルランド王立大学	2.3	3.6	3.4	2.3
市民大学（含ウェールズ）	1.1	2.6	1.1	2.1
海　外	4.3	4.7	3.6	4.7
非大卒	3.6	0.9	1.6	0.9
（二つの大学）	（8.7）	（8.8）	（6.8）	（7.9）
計（四捨五入）	100	100	100	100
合計人数	470	468	443	559

出典：M. C. Curthoys, "The Careers of Oxford Men", in M. C. Brock and M. C. Curthoys (eds.), *The History of the University of Oxford, Vol. VI, Nineteenth-Century Oxford, Part I*, Oxford, 1977, p. 507.

るに至った。一九世紀中葉の時点では、大卒者の帝国での就職先としてはニュージーランドでの牧羊ぐらいしかなかったが、本国での農業恐慌を契機としてオックスフォード出身者は、布教伝道や大学・カレッジの教師職以外に、各地での多岐にわたる植民地経営事業に従事するようになっていった。東アフリカ、セイロン、マラヤでのコーヒー・茶・ゴムのプランテーション経営や、カリフォルニア、オーストラリアでの果樹園経営、北米および南米での牧場経営などである。とくに普通学位取得者たちがこの方面に進出したという。他の帝国関係の職では、たとえばスーダン行政官吏など、植民地官吏となる者の数も一九〇〇年以降増大した。

この時期、オックスフォード出身者には多様な進路が開けていったわけだが、なかでも本国官界は、とくに成績優秀者にとって、もっとも魅力的なキャリアとなった。一八五三年に始まった官僚制改革が徐々に進行し、試験・カリキュラムを通じて大学教育との結びつきは強まっていった。そして一八九〇年以降、受験資格年齢の引き上げによるインド高等文官（Indian Civil Service, ICS）試験への大学出身者の参入（一八九二年）、インド高等文官試験と本国高等文官試験との統合と全面的公開競争化（一八九五年）、東洋文官（Eastern cadetships）試験の創設（一八九六年）と改革が相次いで、大学教育は高級官僚へと至るルートとしてはっきりと確立をみた。一八九五年から一九一四年の時期、オックスブリッジ出身者合わせて、これらの官僚ポスト（平均して毎年、約九〇あった）全体の四分の三以上を占め、オックスフォード出身者だけでは四五％を占めるに至った（表5-2）。外交官試験が公開の競争に供された時も同様であった。一九〇八年から一九一三年の間に、外務省高等文官（Foreighn Office clerkships）に任命された一六人のうち一〇人、また外務アタッシェに任じられた二一人のうち一五人がオックスフォード出身者であった。また官庁のなかでも、パトロネジがかなり作用したといわれる教育院では、行政職ならびに視学官ポストのいずれの場合にも、オックスブリッジ両大学とくにオックスフォード出身者が占有する状況にあったという。なお、これら官界に進んだオックスフォード出身者の大学での専攻であるが、一八九七年から一九〇一年の時期に高等文官試験に合格した二四三人のうち一五四人が古典学優等学位スクール（「グレイツ」）を専攻していた。「グレイツ」はまさに官界への登竜門であった。

［陸軍、実業界］

オックスフォードでの教育は、陸軍での経歴にとって必ずしも必要ではなかった。一八八〇年代にはジョウエットにより大学と陸軍との結びつきを強化しようとする試みが為されたが、あまり成功はしなかった。その後、ボーア戦争の影響を受けて再び両者の結びつきをはかるべくいくつかの方策が導入された。しかし、オックスフォード出身者のキャリアとして、陸軍はそれ程重要なものではなかった。

周知のように、実業界は従来ずっと、オックスフォード出身者には無縁の存在であった。だが一八七〇年以降、事業の継承者たる子弟をオックスフォードに送る実業家が登場し始め、やがて徐々に実業界に入る者の数も増えていった。一八九七年にオックスフォードに入学した学生のうち約八％が実業界に進んでいたし、ベリオル・カレッジの場合についてみると、一八八〇年以降、出身者のほぼ一〇％が実業界に進出していた。ただし、大企業の幹部に占めるオックスフォード出身者の割合は小さなものであった。

以上をまとめて一言で言えば、一八五〇年から一九一四年の時期にかけて生じたオックスフォード大学出身者の進路の変化は、国教会聖職者から新興の世俗専門職へということになろう。新興の世俗専門職には種々あったが、なかでも官界（本国および植民地における行政官僚）が、かれらにとって重要な新しい進路となった。

4 「エリート」の性格・属性と大学のエートス

上述したようなシステム・装置の下で教育を受けて社会に進出したオックスフォードの学生が、果たしてどこまで「エリート」であったかどうかについての詳細な検討はまた別の作業を必要とする。しかしそのことは留保しておくとしても、オックスフォード大学がケンブリッジとともに、イギリスの国家・社会の枢要な「エリート的地位・職業」に多くの人材を送り込んだことは従来繰り返し指摘されてきたことであり、このことは上にみたかれらの社会的経歴からもある程度窺えよう。

最後に、念のためにこの点についてまずいちおうの確認をし、その後、オックスフォードで学び教育を受けた「エリート」たちの性格と属性および大学教育の文化・エートスといったものについて考えてみることにしたい。

コラム　エリートの学校　文化と紐帯2

大学選出下院議員

イギリスの大学は一六〇四年に始まって一九四八年に廃止されるまでの約三世紀半の間、下院に議席をもっていた。大学による下院議員の選出は、国王ジェームズ一世が勅許状により特権としてオックスフォードとケンブリッジ両大学にそれぞれ二つの議席を与えたことから始まった。その後、同様の特権はダブリンのトリニティ・カレッジ（二議席、一六一三年）、ロンドン大学（一議席、一八六七年）、エディンバラ大学とセント・アンドリューズ大学（併せて一議席、一八六八年）、グラスゴー大学とアバディーン大学（併せて一議席、一八六八年）、イングランド市民大学連合（ダラム、マンチェスター、バーミンガム、リヴァプール、リーズ、シェフィールド、ブリストル併せて二議席、一九一八年）、ウェールズ大学（一議席、一九一八年）、ベルファースト・クィーンズ・カレッジ（一議席、一九一九年）にも与えられてゆく。

大学選出下院議員には「思慮深く有能な人物」であることが期待されていた。そして実際、歴代議員のなかにはイギリス史を彩る著名な人物がみられる。たとえば、かの哲学者にして政治家であるフランシス・ベーコンはケンブリッジ大学の第二代下院議員のひとりであった。アイザック・ニュートンも一六八九年にケンブリッジ大学から選出されてわずか一年間であったが議会に出た。もっとも、議会でのかれの発言は、議場案内係に対して述べた「窓を閉めてくれ」という言葉だけだったという。政治家ではウィリアム・ピット（小ピット）もケンブリッジ大学から出ている。オックスフォード大学の方では、ともに首相を歴任

1603年，ジェームズⅠ世からオックスフォード大学に与えられた，下院議院２名を選出することを認める勅許状。

出典：T. Lloyd Humberstone, *University Representation*, London, 1951, 扉頁。

したロバート・ピールとウィリアム・グラッドストンが相前後して幾たびか当選し、長期間にわたって下院議員を務めた。

ロンドン大学からは辣腕教育行政家として教育史に勇名を馳せるロバート・ロウ（一八六八～八〇年、ロンドン大学初代）や、世界的な生理学者マイケル・フォスター（一九〇〇～〇六年）が、またスコットランドのエディンバラ大学とセント・アンドリューズ大学選挙区からは科学技術の振興に幅広い活動を展開したライアン・プレイフェア（一八六八年、初代）が下院に入っている。その他、イギリス最初の労働党内閣の首相を務めたラムゼイ・マクドナルドはスコットランド大学連合区から、また歴史家で教育院総裁のH・A・L・フィッシャーはイングランド市民大学連合区から選出された下院議員であった。

しかしそのいっぽうで、大学選出議員が下院で行った活動は、概して「公共の必要に関するほとんどすべての事柄について最も慨嘆すべき無知」をさらけだす類のものだとの見解もあった。「大学での成功にみちた経歴というものは時として、巨大な暗闇が人間の精神をおおいつくし、人間に関するあらゆる関心事から目をそらせてしまったことをさし示すものである。」マクドナルド自身、このように述べていた。

「エリート」とオックスフォード大学

一八六一年、あるオックスフォード大学人は「オックスフォード大学は枢要な専門職における地歩を一つ一つ喪失していった」[29]と嘆いたが、その四〇年後、別のオックスフォード大学人は、オックスブリッジ両大学が「静かなる革命」[30]を経て、かつての地位と影響力を復活・拡大させていると書き記した。オックスフォード大学はどの分野で地歩を喪失しかつまた復活したのか。いくつか典型的な「エリート」的地位を例を挙げてみてみよう。

一八三〇―四〇年代には全体の三〇％を超えていたオックスフォード大学出身の下院議員の割合は、二〇世紀初頭には二〇％前後へと減少した。上院議員の場合にもその比率は低下し、一七九九年に三分の一以上を数えたオックスフォード出身者は、一九一一年にはずっと規模の拡大した上院において四分の一を占めるに留まった。内閣閣僚に関してはそれ程大きな変化は見られず、一八二〇年代から一九二〇年代にかけてオックスフォード出身者は一貫して閣僚のほぼ半数を占め続けた。国教会主教についても、国教会の影響力の全般的な低下という状況のなか、二〇世紀初頭の時点で、オックスフォード出身者はその大半を占めていた[31]。総じて、内閣、上院、下院、国教会などオックスフォードの旧来の地歩は、一部で多少の後退はあったにせよ基本的にはずっと維持され、それと同時に官界を中心に新たな進出分野が広く開拓された、ということであろう。イギリスの「エリート」の養成におけるオックスフォード大学の位置と役割は、養成する「エリート」の中味・種類は変化したとしても、ずっと継受されていったのである。

エートスと文化

イギリスの「エリート」の属性と性格に関してまず思い起こされるのは「ノブレス・オブリージュ」という言葉であろう。この言葉は広く人口に膾炙し、「高貴なるものの義務」とも訳されて、「特権を有し恵まれた地位にある者が果たすべき義務・責務」というような意味で用いられている。「エリート」はその地位に付随する富や権力などを私するのではなく、恵まれない人々をはじめ広く国家・社会のために奉仕すべきだというのがその含意するところであろう。この「ノブレス・オブリージュ」という言葉は確かに、われわれが対象とした時期のオックスフォード出身者（集団としての）の「エリート」としての性格・属性をよく言い表している。かれらが学びかれらを育てたオックスフォードの大学教育・文化には「エリート」を「エリート」たらしめる何か、「ノブレス・オブリージュ」の精神のようなものが確かにみられる。

一八五〇年代以降、議会による外からの改革と内からの大学改革が相互に影響しつつ併行して進行してゆくなかで、オックスフォードには新たなタイプ、新しい世代の教師が徐々に誕生していった。高度な知性と学問的能力を有するのみならず、国家・社会の問題に対しても強い関心をもち熱心に改革に取り組む「リベラル派大学教師」[32]である。後に「自由主義の光」[33]と呼ばれたこれら新しい世代・タイプの教師群の誕生は、やがて「大学教師の革命」[34]を招来し、オックスフォードのエートスを変える大きな原動力となってゆく。[35]

「リベラル派大学教師」にはいくつか共通点があった。まず、かれらはドイツの学問に学び、そこから大きな影響を受けていた。宗教的には自由・寛容を標榜する広教会に近い立場に立ち、学問の自由と信仰との葛藤に苦悩した。「信仰の喪失」という危機にも直面した。学問研究・大学教師の仕事を聖職から独立したアカデミック・プロフェッションとして確立する強い志向をもち、また幅広い社会階層への大学の門戸開放、大学と国民生活との結びつきの強化を訴えその促進に尽力した。「自己犠牲」「献身的奉仕」「公平無私」がかれらの行動を規定する基本原理であった。

そのいっぽうで、「改革派教師」の間には教育、研究、試験に対する態度、カレッジの位置づけ、社会に対する姿勢などの点で立場と見解の相違もみられた。それは「自己犠牲」「献身的奉仕」の対象の相違からくるものであった。ヴィクトリア時代の知性史（intellectual history）に関する研究をおこなったT・ハイクの分類にしたがって言えば、かれらは大きく三つのグループに分かれた[36]。M・パッティソンに率いられた「研究理念派」、B・ジョウエットに代表される「教養知識人派」、そしてT・H・グリーンを祖とする「社会活動派」である。このうち研究理念派が献身的奉仕の第一の対象としたのは研究（research）であった。かれらは「知識のための知識」「純粋な研究」を標榜し、ドイツ・ヴィッセンシャフト理念の導入をはかって「研究促進運動」を展開した。「知の狩人」というのがかれらにとっての大学人の理想であった。

これに対し「教養知識人派」が大学の主要な目的として掲げたのは「教養ある献身的国家エリート」の育成である。カレッジでの親密な人間的接触を基盤に、古典学を中心とした体系化されたカリキュラムと試験制度、それに団体スポーツ競技などを通して、有能かつ勤勉で、責任感の強い国家・社会の指導者たりうる人材を世に送ること。これがかれらにとってのあるべきオックスフォードの姿であった。この立場はパブリック・スクール改革を主導したラグビー校のアーノルドの伝統の延長線上にあるといってよい。実際、ラグビー校とオックスフォード大学（とくにベリオル・カレッジ）との間には太い人的ネットワークが形成された。研究理念派のパッティソンなどの眼からみれば、ジョウエットたちは研究をないがしろにして「大学の学校（パブリック・スクール）化」をはかる者と映った。「ジョウエットと私自身とを隔てるものは、大学政策の基本問題についての見解の相違です。すなわち科学・学問対学校的訓練という対立・葛藤です[37]。」パッティソン自身このように述べて立場・見解の相違を自覚していたし、ジョウエットもまた次のように考えていた。

「人々は多くの場合、あるいはいつも、知識を有効に活用できないでいます。知識は人々を静かにさせます。知識は人々を努力に駆り立てます。知識は立派なものであり、好奇心を満たします。しかし、人間の精神の向上という観点からすれば、思想なき知識、創造性を伴わない知識は無駄であることよりさらにたちの悪いものです[38]。」

この「教養知識人派」から派生してもう一つの独自のグループを形成する「社会活動派」が献身的奉仕の対象としたのは現実の社会問題であった。社会の現実に目を向け、その学問的究明に従事すると同時に、理想社会の実現に向け改革運動に挺身すること。これをかれらは重視した。

いま一度確認すれば、ニューマンの大学理念・教養教育理念の後、オックスフォードには以上三つの新しい大学理念を奉じる改革派大学教師集団が登場し、旧来の理念（ニューマンの理念は形骸化した実態に対し、過去の理念を正しく再確認しようと美しく蘇生させたものである）と体制に対しては共同戦線を張り、また相互に対抗し競合しながら、新しいオックスフォードの大学文化・エートスを創造していったのである。

この大学文化・エートスの体現者としてよく知られているのは、教養知識人派の影響下にあって政界・官界に進み、最盛期大英帝国の中枢を担った人材であろう。その典型的な例が「政治

図5-6　アーノルド・トインビー

最初の大学セツルメントであるトインビー・ホールは，30歳の若さで死去したA. トインビーを記念して設立された。

出典：J. A. R. Pimlott, *Toynbee Hall: Fifty Years of Social Progress 1884-1934*, London, 1935, 扉頁。

における使命感」[39]をもち「神と民に仕えた議会政治家」[40]グラッドストンである。オックスフォード大学選出下院議員を二度にわたって努めたグラッドストンはまさしく「オックスフォードの偉大なる息子」であった。しかしオックスフォード出身「エリート」の「ノブレス・オブリージュ」の精神は、かれら程には知られていないが、より端的には社会活動派の系譜に見出すことができる。ベリオルなどオックスフォードでも名門のカレッジに学び、古典学優等学位スクールで優秀な成績を収めた「エリート中のエリート」が、たとえば労働者成人教育運動や大学セツルメント運動などの先頭に立って社会改革に挺身していった。大学拡張講義の講師として地方を巡回したり、ロンドンの貧民街イーストエンドの民衆の中にボランティアとして住み込み、そこで社会福祉活動を実践した。A・トインビー、M・サドラー、A・D・リンゼイ、R・H・トーニーなどそれぞれの学問分野で学者・教育者（そしてまた思想家）として大きな足跡を残した人々は、いずれもこの伝統のなかで育ち、この系譜に連なっているのである。

最近、オックスフォード大学とイングランドの成人教育の歴史に関する優れた研究をまとめたL・ゴルドマンは、大学内部では周縁的位置にある成人教育だが、イングランドの成人教育の歴史においてオックスフォードが占める位置の重要性と果たした役割の大きさに言及して、これを「オックスフォードの逆説」と呼んだ[41]。ゴルドマンのこの言葉を援用してさらに言うならば、「エリート中のエリート」が、恵まれない人々、社会の底辺に位置する人々の福祉と安寧に思いを致し、社会改革の理想を掲げて現実社会のただ中に飛び込んでいったこと、これもまた「オックスフォードの逆説」に違いない。作家T・ハーディの小説『日陰者ジュード』において、貧しいが向学心あふれる主人公ジュードは輝く「光の都」オックスフォードに憧れた。ジュード自身はその光の恩恵に浴することはかなわなかったけれども、オックスフォードが「使徒トインビー」のような息子たちを通して、その光明（たとえその一端であったとしても）を広く社会にゆきわたらせようとしたことは疑いない（図5-6）。

本章では、ケンブリッジとともにイギリスを代表する名門大学オックスフォードに焦点をあて、教育の場という観点から「エリート教育」について考察を試みた。まず一九世紀大学改革の流れを概観し、一九世紀後半において近代的な大学教育のかたちが確立されたことを確認した。次いで、新生した大学における教育の装置と文化をカレッジ制度、チュートリアル・システム、優等学位試験制度、学生課外文化の四つの側面から探ってみた。続いてオックスフォード出身者の進路について検討し、最後に近代オックスフォードの大学文化・エートスといったものに迫るべく模索した。近代イギリスにおける「エリート教育」の姿の一端が、多少とも明らかになっていればと思う。

扉図 詩人マシュー・アーノルドが「夢見る尖塔の町」とうたった学都オックスフォードは、学問の好きな貧しい「日陰者ジュード」にとっても輝ける「光の都」であった。出典：Charles Edward Mallet, *A History of the University of Oxford, Volume III, Modern Oxford*, London, 1927（Reprinted, 1968），扉頁。

注

（1） Hippolyte Taine, *Notes on England*（*translated by Edward Hyams*）, London, 1957, p. 157. quoted by Michael Sanderson（ed.）, *The Universities in the Nineteenth Century*, London, 1975, pp. 9-10.

（2） 一九世紀イギリスの大学改革史を通観するにはさしあたり Michael Sanderson（ed.）前掲書（とくに pp. 1-26 の Introduction）, R. D. Anderson, *Universities and Elites in Britain since 1800*, London, 1992, T. W. Heyck, *The Transformation of Intellectual Life in Victorian England*, London, 1982（pp. 155-189 の第六章 The Reform of the University System）が参考になる。一九世紀オックスフォード大学史に関する最新の基本文献は M. G. Brock and M. C. Curthoys（ed.）, *The History of the University of Oxford, Volume VI Nineteenth-Century Oxford, Part I*, Oxford, 1997 である。続編の *Part II* は近刊予定であり、これをもってオックスフォード大学史全八巻が完結する。なお、オックスフォードに関するあらゆる事項を集めて簡潔な説明を施している Christopher Hibbert（ed.）, *The Encyclopedia of Oxford*, London, 1988 は非常に便利かつ有用である。

（3） John Henry Newman, *Discourses on the Scope and Nature of University Education Addressed to the Catholics of*

Dublin, Dublin, 1852. その後ニューマンは大学教育に関する講演やエッセイを追加・修正して幾たびか一書に編集し、さらにそれらを集大成して *The Idea of a University Defined and Illustrated*, London, 1873 として公刊した。以後かれの大学論は『大学の理念』として広く知られるようになる。

（4）Sheldon Rothblatt, *Tradition and Change in English Liberal Education : An Essay in History and Culture*, London, 1976 および Michael Sanderson, *op. cit.*, pp. 1-2.

（5）教養教育論争と教養教育の変容についてはさしあたり Michael Sanderson の前掲書 pp. 1-9, 115-141 を参照。なお、近代史と教養教育との関係について論じたものだが Peter R. Slee, *The Study of Modern History in the Universities of Oxford, Cambridge and Manchester 1800-1914*, Manchester, 1986 も参考になる。古典学と教養教育に関しては最近 Christopher Stray, *Classics Transformed : Schools, Universities and Society in England 1830-1960*, Oxford, 1998 が公刊された。

（6）Michael Sanderson, *op. cit.*, pp. 7-8.

（7）*Ibid.*, pp. 2-5.

（8）「規範的教育機関」、「複線型分節化」の概念はそれぞれH・スティードマンとF・リンガーによって提示されたもので、D・ミュラーによる「システム化」モデルをあわせ、これらの概念・仮説を援用して近代ヨーロッパの教育システムを比較史の観点から研究した成果として D. K. Müller, F. Ringer and B. Simon（ed.), *The Rise of the Modern Educational System : Structural Change and Social Reproduction 1870-1920*, Cambridge, 1987（望田幸男監訳『現代教育システムの形成――構造変動と社会的再生産　一八七〇―一九二〇』晃洋書房、一九八九年）がある。

（9）Michael Sanderson, *op. cit.*, p. 3.

（10）国教会と大学の関係については A. G. L. Haig, 'The Church, the Universities and Learning in Later Victorian England', *Historical Journal*, XXIX, 1986 が詳しい。またオックスフォード大学改革とアカデミック・プロフェッションの創出については A. J. Engel, *From Clergyman to Don : The Rise of the Academic Profession in Nineteenth-Century Oxford*, Oxford, 1983 がスタンダード・ワークである。

（11）オックスブリッジの「国民化」に関しては古くは Lewis Campbell, *On the Nationalisation of the Old English Universities, London*, 1901 があり、最近の研究では Lawrence Goldman, *Dons and Workers : Oxford and Adult Education since 1850*, Oxford, 1995 が基本文献である。

(12) 大学と産業との関係については Michael Sanderson, *The Universities and British Industry 1850-1970*, London, 1972 がもっとも詳しい。

(13) オックスフォード大学と大英帝国との関係をとりあげたものに Richard Symonds, *Oxford and Empire : The Last Lost Cause ?*, London, 1986 がある。

(14) John Jones, *Balliol College : A History, second edition*, Oxford, 1997, p. 331.

(15) *Oxford University Calendar 1884*, Oxford, 1884, pp. 83-84.

(16) Evelyn Abbott and Lewis Campbell, *The Life and Letters of Benjamin Jowett, M. A. Master of Balliol College, Oxford, Vol. I*, London, 1897, pp. 198, 202.

(17) 優等学位試験制度については Sheldon Rothblatt, 'The Student Sub-culture and the Examination System in Early 19th Century Oxbridge' in Lawrence Stone (ed.), *The University in Society Volume I : Oxford and Cambridge from the 14th to the Early 19th Century*, Princeton, 1974, pp. 247-303, M. C. Curthoys, 'The Examination System' in M. G. Brock and M. C. Curthoys (ed.), *op. cit.*, Oxford, 1997, pp. 339-374, および拙稿「オックスフォード大学優等学位試験制度の成立」『大学史研究』第二号、大学史研究会、一九八一年、四～五七頁、大中勝美「オックスフォード大学における近代史優等学位試験の成立」『教育学研究紀要』第四〇巻、第一部、中四国教育学会、一九九四年、七一～七六頁を参照。

(18) *The Historical Register of the University of Oxford : Being a Supplement to the Oxford University Calendar with an Alphabetical Record of University Honours and Distinctions completed to the End of Trinity Term 1900*, Oxford, 1900, pp. 191-193.

(19) *The Student's Handbook to the University and Colleges of Oxford, Twelfth Edition, Revised to August 1892*, Oxford, 1892, p. 154.

(20) John Jones, *op. cit.*, p. 215.

(21) 以下の記述は *The Student's Handbook to the University and Colleges of Oxford, Twelfth Edition, Revised to August 1892*, Oxford, 1892, pp. 154-160 による。

(22) 上掲の *The Historical Register of the University of Oxford* の大半の頁はこの Honour Lists からなっている。

(23) C. E. Mallet, *A History of the University of Oxford, Vol. III*, London, 1927 (repr. 1968), pp. 169, 221.

(24) 学生課外文化に関する以下の記述は主として上掲の Sheldon Rothblatt, 'The Student Sub-culture and the Examina-

tion System in Early 19th Century Oxbridge' による。

(25) M. C. Curthoys, 'The Careers of Oxford Men' in M. G. Brock and M. C. Curthoys (eds.), *op. cit.*, pp. 477-510.

(26) 村岡健次『ヴィクトリア時代の政治と社会』ミネルヴァ書房、一九八〇年、一四五頁の訳より。同書はジェントルマン理念の変容という観点から教育や官僚制改革の問題も取りあげており示唆に富む。なおインド官僚制改革と教育に関しては浜渦哲雄『英国紳士の植民地統治——インド高等文官への道』(中公新書) 中央公論新社、一九九一年がある。

(27) The Macaulay Report (reprinted in *Papers Relating to the Selection and Training of Candidates for the Indian Civil Service*, Pirliamentary Papers 1876 lv. 300-306), quoted by M. C. Curthoys, 'The Careers of Oxford Men', *op. cit.*, p. 488.

(28) Harold Perkin, *The Rise of Professional Society: England since 1880*, London, 1989.

(29) J. E. T. Rogers, *Education in Oxford*, Oxford, 1861, p. 197.

(30) L. Campbell, *On the Nationalisation of the Old English Universities*, London, 1901, p. 5.

(31) M. C. Curthoys, 'The Careers of Oxford Men', in M. G. Brock and M. C. Curthoys (eds.), *op. cit.*, pp. 477-481.

(32) Lewis Campbell, *op. cit.*, p. 235. Lawrence Goldman, *op. cit.*, p. 17.

(33) Christopher Harvie, *The Lights of Liberalism: University Liberals and the Challenge of Democracy 1860-1886*, London, 1976.

(34) Sheldon Rothblatt, *The Revolution of the Dons: Cambridge and Society in Victorian England*, Cambridge, 1968.

(35) 新たな大学理念、新しいタイプの大学教師の誕生とその類型化に関する以下の記述は主に T. W. Heyck, *op. cit.*, pp. 155-189. Standish Mieacham, *Toynbee Hall and Social Reform 1880-1914: The Search for Community*, New Haven and London, 1987, pp. ix-23. Lawrence Goldman, *op. cit.*, pp. 1-60 による。

(36) T. W. Heyck, *op. cit.*, pp. 155-189.

(37) Quoted by Michael Sanderson (ed.), *The Universities in the Nineteenth Century*, London, 1975, p. 120.

(38) Evelyn Abbott and Lewis Campbell, *op. cit.*, Vol. II, p. 133.

(39) 神川信彦『グラッドストン——政治における使命感』上・下、(潮新書) 潮新出版社、一九六七年。

(40) 尾鍋輝彦『グラッドストン——神と民に仕えた政治家』清水書院、一九七一年。

(41) Lawrence Goldman, *op. cit.*, p. 1.

第6章

近代フランス高等教育における エリートの再生産

――ファキュルテと高等師範学校

渡辺和行

大学エリートのポイエーシス

近代フランスの高等教育システムの特徴は，ファキュルテとグランド・ゼコールの二重構造にある。本章では，フランスのエリート養成がファキュルテではなくて，グランド・ゼコールに特化した状況を明らかにし，グランド・ゼコールの中でも教授養成を任務とした高等師範学校に焦点を当てて，高等師範の歴史をたどる中からエリートの再生産構造を抽出し，フランス型のエリートのポイエーシスを明らかにしよう。

1　高等教育の二重構造

普仏戦争の衝撃と高等教育

エリートの条件の一つは稀少性と卓越性だろう。この意味でも、一九世紀フランスのバカロレア取得者はエリートであった。リセの課程を終えてバカロレアを取得した生徒が、高等教育をめざすことになる。しかし一九世紀前半のフランス社会では、いまだ学歴エリートは重視されなかった。なぜなら、制限選挙制下の名望家社会かつ初期工業化段階の社会では、政治エリートに高等教育は不要であり、経済エリートにとっても教育は投資すべき価値がなかったからである。第二帝政期のフランス銀行理事の八五％が高等教育を受けていない(1)。学問水準の低い時代には大学エリートの需要も少ない上に地位も低かった。このような状況が大きく転換するのは、第二帝政から第三共和政にかけてのことだ。普仏戦争がフランス教育制度の欠陥を満天下にさらけ出す。敗戦は、フランスの知性の敗北、知を生産する教育制度の敗北にほかならなかった。エリート養成システムにもメスが入れられる。

第三共和政は誕生の経緯からして二つの課題をもった。フランスの学問を振い興してドイツに追いつくこと、共和主義的な国民形成や共和派エリートの育成によってフランスの統一を図ることの二つである。とくに後者の課題は喫緊の事柄であった。一八七〇年代末には、「道徳秩序」派の政治・行政・司法エリートが更迭され、政治における「新しい社会層」（ガンベッタ）の到来が告げられていた(2)。かくして前期第三共和政の教育改革は、共和主義的な文化統合にむけた知の制度化たらざるをえない。そこでは工業化と民主化に見あう教育が求められた。このために奮闘したのが、「科学・祖国・自由」を信奉する共和派の教授と政治家であった。彼らの多くはノルマリアン

（高等師範の出身者）であり、改革はもっぱら中等教育とファキュルテ（単科大学）に収斂した。

一九世紀フランスに存在した高等教育組織は、グランド・ゼコールとファキュルテである。この制度的二重構造は、機能と役割の二重構造をも意味した。実用的な職業教育と一般的な教養教育を行うファキュルテと、研究に専念し少数のスーパー・エリートを養成するグランド・ゼコールという高等教育の分業が確立した。たしかに、グランド・ゼコールは教授・官僚・軍人などの国家に枢要な人材養成という点では成功を収めたと言いうる。したがって、リセからグランド・ゼコールというスーパー・エリートの養成方法それ自体について反省の声は聞かれない。改革を求める声はファキュルテに集中した。一八八四年から一八年間高等教育局長を務めたルイ・リアールは、第二帝政末のファキュルテの状態を次のように要約した。「みすぼらしい建物、不十分な予算、みじめな実験室、第一級の研究器具の欠如、麻痺状態にある諸制度、才能はあるが憔悴した人々。[3]」このように、制度・予算・設備・研究のどれをとってもファキュルテには満足ゆくものはなかった。第一帝政期に作られたファキュルテは有機的なつながりを欠き、学問研究はグランド・ゼコールに任せるという空気が支配的であった。

ところが、研究機能を任されたグランド・ゼコールの実態も貧弱であった。なるほど高等師範学校、理工科学校、コレージュ・ド・フランス、自然史博物館などの研究機関は、予算や給与などの面で地方ファキュルテよりも優遇されていた。しかし、ルイ・パストゥールやクロード・ベルナールといった著名な科学者でさえ、満足な研究室や実験室を持たず、劣悪な研究条件をよぎなくされていた。パストゥールが『科学の予算』（一八五八年）を公表して窮状を訴え、ベルナールが「実験室は学者の墓場である」と述べざるをえない状況が存在した。[4]貧弱な設備と劣悪な教育研究環境は、乏しい予算にその原因があった。[5]国家の教育投資に対する消極性は、社会における教育の低評価を意味していた。それでは、ファキュルテの実態と改革の行方を概観し、グランド・ゼコールの代表として高等師範学校の歴史とアカデミック・エリートの再生産を見てみよう。

2　ファキュルテの実態

ファキュルテの誕生

一八〇八年にファキュルテは誕生した。[6]神・法・医・文・理の五つがあった。法科大学（J）と医科大学（M）は旧制度下の法学校や医学校の名称替えにすぎず、文科大学（L）と理科大学（S）は新設ではあるがその前身は旧制度下の学芸学部であった。一八六〇年以前にLとSは一五の大学区に一つずつあったが、JとMはそれぞれ八つと三つしかなかった。一八七〇年以前に五つのファキュルテを擁したのはパリのみである。神・法・医の三ファキュルテは、それぞれ司祭・法曹家・医師を養成する職業専門学校であった。文・理の二ファキュルテはリセの延長であり、下級大学と見なされた。したがって、ファキュルテの存在理由かつ主要機能は、JやMのように職業資格証明を与えることか、LやSのように学位を授与することにあった。ファキュルテは、グランド・ゼコールがもたないバカロレア（大学入学資格）・リサンス（学士号）・ドクトラ（博士号）などの学位授与権を独占していた。とくにバカロレアの審査に携わるLとSは、まさに試験機関であり、バカロレアをとおして中等教育と密接に結びついていた。LとSの教授数はバカロレアの試験科目数とほぼ同じであり、一八七〇年頃ですら文系リセとLには、哲学・歴史・外国語・文学・文法の「標準的な五教科」しかなかった。[7]

このことは教授数に反映されている。一八六五年の高等教育機関の教授数は、高等師範が二三名、コレージュ・ド・フランスが三〇名であるのに対して、Jで八～九名、Mで二〇名、Sで七名、Lで五名である。パリ文科大学すら、発足時にはコレージュ・ド・フランスの教授三名とリセの文学教授三名の六名しかいなかった。同大学の教授数は、一八一四年に八名、一八三〇年に一二名となるがこの後半世紀変わらない。講座も政治的思惑や縁故によって設けられたり廃されたりした時代である[8]。パリ文科大学でも、七月革命までの講義数は六〜九、一八七五年でも講座数と講義数はともに一二しかなく、その半数を古典が占めた。しかもこれらの講義とは、堅実な学問よりも雄弁に喝采を送る一般市民を対象とした公開講義であり、その水準は低かった。ファキュルテの教育が変貌を遂げるには、大学の増設・助教授職の設置・講座の新設といった第三共和政の改革を待たねばならない。

ファキュルテの学生

教育の送り手だけでなく受け手も貧血状態にあった。LとSには今日的意味での学生は存在せず、当時の学生とは学位試験の受験届を提出した者のことをさしていた。L全体で一五〇名ほど、S全体では約一〇〇名しかいない。これら学生の大半がリセの教師であった。これに対してJとMは固有の学生を持ち、一八七五年の学生数はJで五二三九名、Mで二六二九名である。もっとも、一八六七年のデータにあるように、法学生の四分の一は法曹に就く意志のない学生であった[9]。

これらの学生は、いかなる階層の出身であったのであろうか。一八六五年のデータによると、JとMでは土地や資本の所有者が前者で三五・二%、後者で二一・八%とトップを占め、ついでJでは法曹家二二・九%、Mでは医者が二〇・六%と第二位のカテゴリーであった。このように、土地や資本の所有者と自由業者などの比較的豊かな階層出身の学生が多かった。またファキュルテの間でも階層差が存在し、LとSの学生よりJとMの学生が上の階層に属した。この階層差は学位取得の受験料にも反映されている。一八五四年以後のデータによると、医学博士号を取得するには一二六〇フラン、法学博士号で五六〇フラン、文・理の博士号で一四〇フラン必要であった[10]。

正規の学生登録が、ソルボンヌ（パリ大学）で制度化されるのは一八八三年のことだ。四年前のパリ文科大学の学生は一二〇名であったが、一八八三年には七三八名となった。L全体で一五四七名、S全体でも一〇八九名と著増した。学生の誕生は、教授に後継者と協力者を与えることを意味した。一八八二年には、正規の学生を対象とした閉鎖講義がソルボンヌに導入され、ファキュルテの教育は変貌を遂げつつあった。歴史家のエルネスト・ラヴィスが、パリのジェルソン街に設けられた板張りの仮校舎で始まった「真の学生」を対象とした閉鎖講義を讃え、「この青年たちがソルボンヌを若返らせる」と記したのはこの頃のことだ。一八八四年にはジェルソン街から三六名のアグレガシオン（教授資格試験）合格者を出すに至り、研究者養成という点でも、ファキュルテは高等師範の独占を突き崩しつつあった。とはいえ、ソルボンヌ出身者が研究職市場でノルマリアンを脅かすまでには至らない。歴史・哲学・数学・物理という伝統的教科や、社会学・教育学・実験心理学・人文地理といった新設教科の多くのポストを占めたのはノルマリアンだ。一八七五年のパリ文科大学一二名の正教授のうち、一〇名がノルマリアンであった。(11)

大学のバビロン捕囚

第二帝政期には教育への統制が強まる。ある同時代人は、ファルー法の時代を「大学のバビロン捕囚」の時代と呼んでいる。その例をいくつか挙げよう。第二帝政は、「ルイ・ボナパルトのブリュメール一八日」に反対した五四名の教授と一〇六名の教諭の逮捕から始まった。ファキュルテがそれまで持っていた自治の権限のいくつかは国家に取りあげられた。たとえば、教授任免権が公教育大臣の権限とされ、諮問機関である公教育評議会の構成が変わって大学人は少数派となり（二八名中の八名）、その指導権は宗教人や視学総監や大学区長の手に移され、第一帝政下では所有を許されていた資本や不動産も国家に没収された。また自由主義の一掃という政治的理由で、著名な哲学者や歴史家が教壇を逐われ、思想的偏向という理由で哲学講座が比較文法講座に、憲法学講座がローマ法講座にそれぞれ変更され、Lの教授は毎年講義要目を大学区長に報告して認可を求めることが義務づけられた。六種類あったアグレガシオン（文学・文法・科学・哲学・歴史・近代語）が、一八五二年に文学と科学の二つに再編されたのも、分岐制導入という理由だけでなく、政治的な理由も働いていた。[12]

産業の発展を見た第二帝政期には、産業界を中心に職業的な技術教育への期待が高まっていたが、古典優位という大学人の意識は変わらなかった。一八八〇年代になっても、高等教育局長のデュモンとコレージュ・ド・フランスの化学教授ベルトロは、ドイツとの比較で次のように述べざるをえなかった。デュモンはドイツの大学は「ドイツ精神にたえず生命を吹きこみ、同時に商工業の富のために働く」と述べ、ベルトロは高等教育はフランス産業の物質的利益とも関係があり、ドイツの研究所や実験室（「一種の知的工場」）は科学的発見と学生の育成を主な目的としており、その成果は私企業にすぐに活かされると語った。このように、大学の実験室から生まれる研究成果が産業に利益をもたらすことを、すなわち「科学の経済的役割」をベルトロが説かねばならない状況があったのである。[13]

デュリュイの改革

一八六〇年代初めまでの「知的貧困の時代」（ラヴィス）に終止符を打つべく登場したのが、ヴィクトル・デュリュイである。一八六三年六月に公教育大臣に就任し、教育行政の転換が図られた。デュリュイは現状を確認するために実態調査に乗り出す。一八六五年から翌年にかけてフランスだけでなく、比較検討するために英・独・ベルギーにも情報収集の手はのばされた。その成果が、一八六八年に公表された『高等教育統計』だ。この調査は、フランスの高等教育の惨状を明らかにした。

デュリュイは、高等教育の研究環境を整備し大学に自治を与える方向で行動を開始する。自治の面では、大臣就任直後の一八六三年七月に、教授の任命と解任という大臣権限を自ら制限した(14)。研究面では、教授に実験室と真の学生を与える努力がなされた。当時実験室は「科学の兵器廠」と位置づけられ、研究所の建設や実験室の設置が推進された。一八六九年に彼は、教授給与の改善のために四三万九〇〇〇フランを当てて大学エリートの地位向上を図った。大臣は『高等教育統計』の中で、農学・園芸・気象学・古生物学などの自然科学と経済学の講座数の増加と図書館や学術雑誌の予算の増額、それに研究者に外国留学の機会を増やすことの必要性を論じていた。しかし財政逼迫ゆえに、彼はこれらの方針にそって行動しえなかった。それに穏健とはいえ、リベラルで反教権的な彼の信条に対して保守派の抵抗もあった。

学生を生みだす努力も報いられない。「危険な科目」と言われた哲学のアグレガシオンが一八六三年に再導入されたのも、学生を生み出すためであった。デュリュイは、学生を創出すべく中等師範学校を作るようにファキュルテに訴えた。その目的は、地方にも学士号やアグレガシオンの受験生を生みだし、大学教育を活性化することであった。しかしファキュルテは聞きいれない。パリ大学もその課題は高等師範で十分だと考えていた。この時期、パリ文科大学の一二名の教授はその倍ほどの人数でしかない奨学生のために何もしなかった(15)。ファキュルテには、ノルマリアンが享受しえた学士号やアグレガシオンのための課程、すなわち大学エリートを養成する制度がなかったのである。

高等教育の分野におけるデュリュイの最大の功績は、一八六八年の高等研究院の設置である。大学エリートの養成を目的とした高等研究院は、自然科学三部門と歴史・文献学の四部門体制でスタートした。古典や文学部門がなかったことに注目すべきだろう。高等研究院が創立一年を迎えた一八六九年七月に大臣を解任され、デュリュイの改革は中断した。彼の実験は、改革には公教育省と大学人の協力が不可欠なことを示した。大臣は自ら主催する夜会にノルマリアンを招待し、未来のエリートと現役の統治エリートとを接触させる機会を設けていた。このようなソシアビリテが、第三共和政前期の教育改革を軌道に乗せる。しかしそれには、帝政の瓦解という大激動を必要とした。

以上、一般エリートを養成したファキュルテの実状と改革が立ち上がる様子を概観してきた。次節でスーパー・エリートを養成した高等師範学校の実態を検討しよう。

3 高等師範学校の歴史

エスプリ・ノルマリアン

グランド・ゼコールとして著名なのは高等師範学校と理工科学校である。前者は教授養成に、後者は軍人や官僚や技術者の養成に特色があった。高等師範の歴史を振り返りつつ、フランスにおけるエリートのポイエーシス（作り方）の現場を訪れよう。

フランスのエリート養成の中軸は、リセの進学準備級からグランド・ゼコールに至るコースにあった。一八八六年に高等師範に入学した文系合格者二四名のうちの一五名の学生が、ルイ・ル・グランの出身者だ。その一人がロマン・ロランである。(16) 地方のリセを終えてルイ・ル・グランやアンリ四世の進学準備級に籍を置く生徒が多かった。ルイ・ル・グラン出身者には文学者ではモリエール、ユゴー、ボードレールがおり、数学者のガロア、哲学者のディドロ、サルトル、メルロ＝ポンティ、画家のドガ、ドラクロワ、映画監督のルネ・クレールなどもいた。政治家ではロベスピエール、ジャン・ジョレス、ポンピドゥー元大統領、最近のフランス政界では社会党のミシェル・ロカールとローラン・ファビウス、ジャック・シラク大統領とアラン・ジュペ前首相も卒業生だ。以上の名を列挙するだけでも、令名が高いリセのエリート養成は成功していると言うことができるだろう。

高等師範精神《エスプリ・ノルマリアン》と称される生徒の協同性や連帯感は、名門リセの進学準備級から高等師範に至る六年間の寄宿生活をとおして培われた。進学準備級は文系がカーニュ、理系がトープと呼ばれ、ノルマリアンになるためには、進学準備級で三年ほど勉学する必要があった。入学後は、一年生は一階の六人部屋に、二年生は二階の三～四人部屋に、三年生は三階の二～三人部屋に入った。彼らは、寄宿生活を送ることで競争心を燃やして互いに向上し、知的交流を楽しみ、卒業後まで続く友情の輪を育んだ。ノルマリアンのモノーは、「無意識のこの相互教育が高等師範の教育の最も豊かな部分であった」と記し、コレージュ・ド・フランスのラテン文学教授ガストン・ボワシエも、「寄宿生こそが高等師範にその特性を付与し力を生み出した」と語っている。このような共同生活と高等師範の教育が、高等師範精神《エスプリ・ノルマリアン》を生み出す。高等師範精神《エスプリ・ノルマリアン》とは、しなやかな知性と真理への情熱のことであり、あらゆるドグマを拒否し自由と寛容を尊ぶ校風の中で、ノルマリアンは批判精神と討論のマナーを培った。批判精神は、知性・明晰・論理・理性・多様な意見の尊重と、自由検討の精神にもとづく高等師範の教育から養われたのである(17)。

高等師範の誕生

固有の学生を持つ高等師範は、文学部と理学部の機能を果たした学校だ。「高等師範がまず教育改革を受け入れなければ、いかなる教育改革も成立しない(18)」とシモン公教育大臣に言わしめた高等師範は、教育改革やエリート養成にどう関与したのであろうか。

高等師範学校は、コンドルセの弟子で公教育委員のドミニク・ガラのリーダーシップのもと、一七九四年一〇月三〇日のデクレで設立が決定された(19)。創設の目的は、共和国の市民育成と共和国の知的幹部養成のために、教員養成を任務とする教授を四カ月で育成することであった。哲学・文学・文法・人文学を試験科目とするアグレガシオンは、一七六六年五月に導入されていた。教育界に影響力を持ったイエズス会はその五年前に追放されていたが、革命まで教師の養成は基本的には修道会の手中にあった。革命が非キリスト教化をおし進め、啓蒙主義を広める教職員の必要性が痛感された。

高等師範は、一四〇〇名を集めて一七九五年一月に開学したが、校舎もなく七〇〇名が収容できる自然史博物館

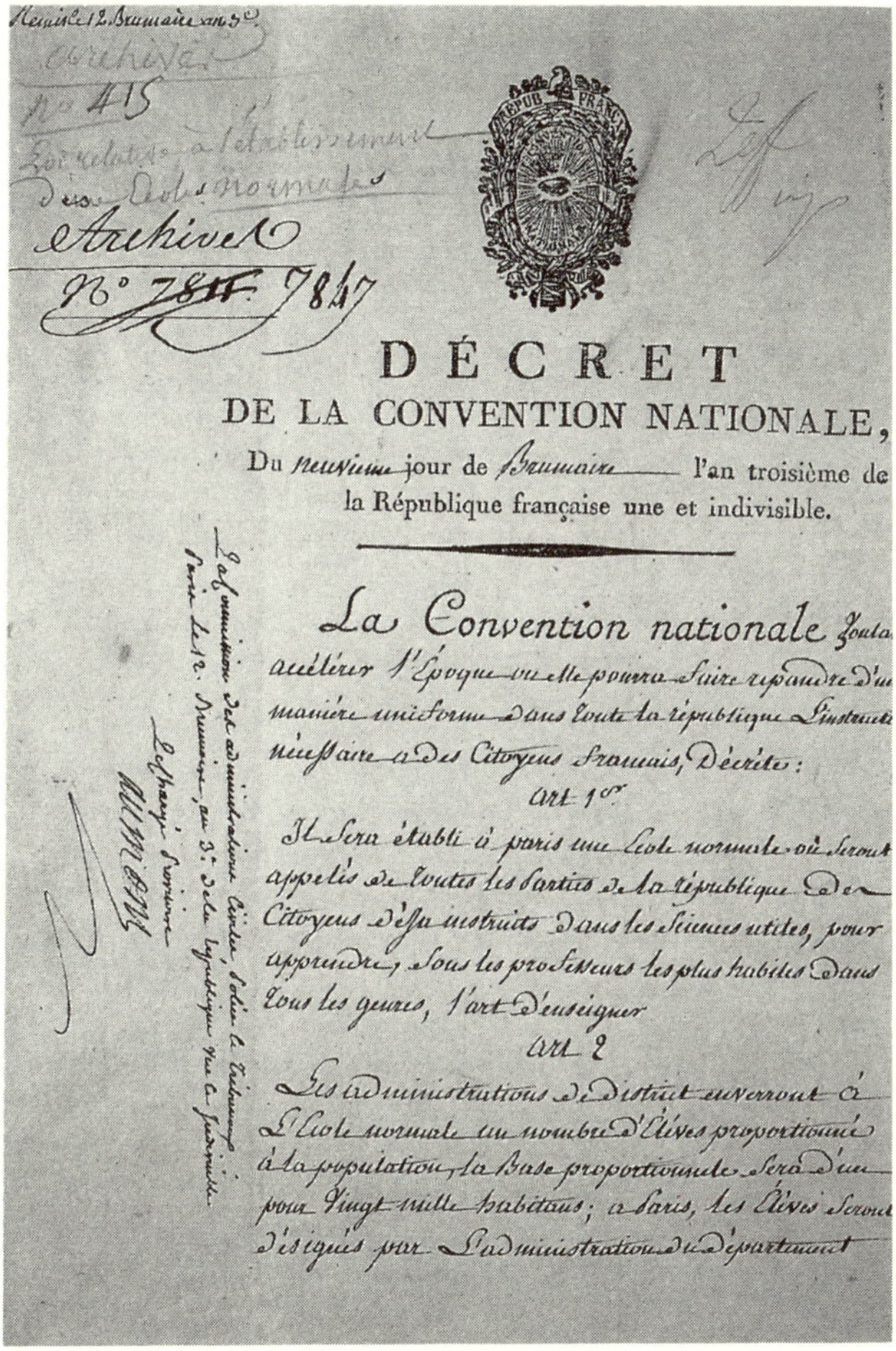

DÉCRET
DE LA CONVENTION NATIONALE,
Du neuvième jour de Brumaire l'an troisième de la République française une et indivisible.

La Convention nationale voulant accélérer l'époque où elle pourra faire répandre d'une manière uniforme dans toute la république l'instruction nécessaire à des citoyens français, décrète:

Art 1er

Il sera établi à paris une école normale où seront appelés de toutes les parties de la république des citoyens déjà instruits dans les sciences utiles, pour apprendre, sous les professeurs les plus habiles dans tous les genres, l'art d'enseigner

Art 2

Les administrations de district enverront à l'école normale un nombre d'élèves proportionné à la population, la base proportionnelle sera d'un pour vingt mille habitans; à paris, les élèves seront désignés par l'administration de département

図6－1　高等師範の設立を告げる国民公会のデクレ（1794年10月30日）
出典：Nicole Masson, *L'Ecole normale supérieure*, Paris, 1994, p. 10.

の階段教室を間借りした。デクレには学生の年齢は二一歳とあったが、半分は三〇歳以上、最年長者は六六歳の有名な旅行家ブーガンヴィルだ。一四〇〇名の学生の職業は、初等教師、中等コレージュの教師かつ司祭、地方の役人がほぼ三分の一ずつであった。講義科目には、博物学・化学・物理・数学・文学・文法・道徳などがあった。伝統的な人文学よりも自然科学が上位に置かれ、数学のラプラスやモンジュ、化学のベルトレ、道徳のサン＝ピエールなど著名な一四名の教授陣が配された。

しかし、準備不足のままに見切り発車したことや革命の激動期ということもあり、この実験は五カ月で頓挫した。失敗因として、財政難という物質的理由と教育目的の曖昧性というプラニングの問題を挙げることができる。高等師範は、教師養成・初等教育の拡大・共和国の学者を養成して科学的精神を普及させるという三重の目的を持って設立されたが、この三目的は初等教育と高等教育という次元の違う問題を内包していた。このズレは時とともに広がる。一四〇〇名の生徒の間にも学力差があり、講義が理解できる生徒とそうでない生徒という「二種類の生徒」について、議会でも論じられたほどである。

第一帝政から復古王政

グランド・ゼコールも、ナポレオンの帝国大学局《ユニヴェルシテ》の中で再編される。一八〇八年三月のデクレで、三〇万フランの予算と三〇〇名の学生定員を持って高等師範は再出発することになったが、実際には一八一〇年三月に五〇名（文系四二名、理系八名）の学生とともに再建された。(20) 国家に奉仕するエリートの養成が目的であった。高等師範の歴史を総括した一八六八年の報告書の中でも、「エリートの質が高いほど大衆の質も向上する」と述べられていた。このため大学区視学官がリセを巡回して、優れた資質や才能の持ち主を積極的にリクルートした。フランスの教育システムは、初めから国家介入型のエリート養成システムとしてスタートしたのである。生徒は競争試験で選抜され、二年間高等師範で学び、一年次でバカロレア、二年次で学士号に合格することが求められた。一八一四年一一月には、ノルマリアンは入学後三年でアグレガシオンに受験できることとされた。その後、自己の専攻に応じてコレージュ・ド・フランスや理工科学校や自然史博物館で勉学を続けたのである。

復古王政下の一八一五年一二月に、助教授と復習教師の職が設けられ、優秀な学生は復習教師として高等師範に残りアグレジェ（教授資格者）をめざす。修学期間は三年となり、一年次は文理ともにギリシア語・ラテン語・フランス語・論理学・数学・統計学を学び、二年次でそれぞれの専攻に分かれた。理系の学生でも一年次で文学バカロレア、二年次で理科バカロレア、三年次で理学士号の取得が期待された。古典の優位をここにも看取できる。一八一八年九月から筆記と口述の入試制度が導入され、試験は各大学区の県庁所在地で四日間の日程で行われた。四～六名の試験官は、視学官・教授・リセの校長と副校長の中から大学区長によって選ばれた。試験の初日には、ギリシア・ラテンの説明問題があり、二日目に修辞学・哲学・歴史・数学の試問があった。理系の学生には物理や高等数学も出題された。三日目と四日目に、六時間のラテン語作文とフランス語作文の筆記試験があった[21]。文系科目に偏った出題であることが分かる。

高等師範は復古王政によって疑惑の目で見られた。というのも、そこで教えられる哲学はリベラルな啓蒙思想に近く、正統王朝主義と相いれないからである。哲学者のヴィクトル・クーザンのように解任される教授も出てきた。「道徳秩序」を重んじる保守派にとって、百科全書派の精神が生徒に注入されることはぜひとも避けたかった。保守派は、世俗教師団の育成には関心がなかった。このため、フレシヌー猊下が王立大学局《ユニヴェルシテ》の局長に就任した翌一八二二年九月に高等師範は廃校となる。大学局《ユニヴェルシテ》が教会に最も従属した時期だ。フレシヌーは後に公教育大臣となり、一八二四年には公教育を教会の影響下におこうとした。しかし、教育の崩壊を悟った彼は軌道修正に乗り出す。かくして、四年も経たないうちに高等師範は再建された（一八二六年九月）。保守派も青少年に「健全な教養」を教え、臣下を育成するためにリセの教授を養成する学校の必要性を理解したのである。ただし、校名は高等師範ではなくて「準備学校」として再建された。生徒は、宗教や道徳や学力を問う試験の後に大臣の報告にもとづいて国王によって選抜された。受験生の親の身分や資産が調べられたことは言うまでもない。修学期間は二年に短縮される。理系の受験生は、文学と理科の二つのバカロレアの取得が必要とされた(22)。

ノルマリアンもリセ同様に修道士のような生活をよぎなくされた。学校付き司祭がおかれ、朝晩と食前の祈禱、日曜と祭日のミサ、および制服着用と沈黙が強制された。外出もままならず、夏場は午前五時、冬場は午前六時起床と午後一〇時消灯という日課であった。生徒監督の許可がなければ退室もできなかった。政治的道徳的に危険な本や軽薄な本は言うまでもなく、『両世界評論』や政府系の新聞すら禁止された。木曜と日曜は来客との面会が許されたが、両親かパリにいる親の代理人としか認められなかった。一般社会から隔離され、厳しい規律を課せられた日常生活と規律違反を楽しむ学生文化（外出時間の違反や屋根の雨樋歩き等）こそ、ノルマリアンの同志的結合やエスプリ・ノルマリアンをもたらした一因であった(23)。

七月王政

七月革命後、校名も高等師範に復し三年制となる。七月王政期に高等師範は校長クーザンのもとで発展し、質の高さゆえに知的威信を帯びフランス教育制度の中軸機関となった。とくに文系がその恩恵にあずかった。この後一九〇三年まで大きな変更は加えられない。クーザンは校舎や食事の改善に取り組むだけでなく、カリキュラムを改革して三年次のノルマリアンにソルボンヌの講義を自由に聴講させた。規律の緩和によって日曜の祈禱時間が四五分に短縮され、月二回しか許されなかった外出が週一回認められるようになる(24)。

この時代に試験や履修コースなどの高等師範の制度が整う。一八三〇年にリセの最上級生（一七～二三歳）は、高等師範を受験できるようになり、毎年八月初めに全国の大学区で同一時間に同一の試験問題が課せられた。文系の筆記試験科目は、哲学小論文（仏語）・ラテン語作文・仏語作文・羅文仏訳・ラテン語詩・仏文ギリシア語訳だ。理系の試験科目には哲学小論文と羅文仏訳のほかに物理と数学があった。口述試験（一八四三年に廃止）は高等師範で行われ、ここでも古典が重視された。合格者には一年次から文理別々のカリキュラムが組まれた。文系では一年目で学士号を取得し、二年次は専攻科目決定のために生徒の自主性に任され、最終学年は、文法・古典・哲学・歴史の専攻に分かれてアグレガシオンをめざした。理系では、初めは二年次以降を数学・物理コースと化学・博物学コースに分けることも決められたが、結局、一八三一年一一月には共通科目を三年間提供することが命じられた。一八四〇年まで、理系ノルマリアンは三年間で化学・物理・数学・博物学の学士号を取得し、三年次末にアグレガシオンに挑んだ。一八四〇年に高等師範校長から公教育大臣に転じたクーザンは、理科のアグレガシオンを数学と物理・博物学に二分し、高等師範の三年次をそれに対応する二つのコースに分けた。また、一八三四年に自由科目として導入されていた英語やドイツ語の講座が正式に設けられたのも一八四〇年代である。一八三八年には、リセでの二週間の教育実習が三年生に義務づけられた[25]。

奨学金の半額給費は、クーザンが校長になった一八三五年から制度化された。同一予算でも支給人数が増やせるという利点があった。それまでのノルマリアンには、一〇年間教職につくことを誓約すれば部屋と食事と授業料の全額が支給されていた。一八三三年入学のジュール・シモンは、毎年文科には約一二名が入学し、六名が全額給費生、六名が半額給費生であったという。支給方法は、文理ともに上位二分の一の入学生に全額、下位二分の一が半額とされた。一八四二年に一四位の成績をとったパストゥールは、全額支給を得るために上位入学を狙って浪人したほどである[26]。半額給費制は、結果的に受験生の競争を激化させることになり、二月革命後には無償の原則に立ち返って全額支給に戻された。

一八四一年に高等師範再建法案が可決され、新校舎への移転が決まった。一八三五年以来、老朽化して不衛生な校舎の改築が叫ばれていた。当時の校舎は、コレージュ・ド・フランスに最も近いがルイ・ル・グランの最も荒れた袖にあり、屋根裏部屋の学習室と冬場にはベッドにまで水が滴り落ちる寝室という悲惨な状態にあった。建物は陰気で「芳しくない兵営や病院と間違えられる」体のものであり、ジュール・シモンがまっすぐに建っていることは「奇跡」だと皮肉った正門は、事実崩れ落ちてしまった。[27] かくして、二月革命直前の一八四七年一一月に、高等師範はユルム街に新校舎を持つことができた。

第二帝政

一八五二年に政府内で高等師範の休校措置が検討されたこともあったが、結局存続を許された。[28] しかし、「危険な科目」の哲学が廃止されて論理学に変えられ、アグレガシオンに代わって簡単な卒業試験が導入された。体制に誓約しなかった教授は停職処分にされる。図書館の開館時間が減らされ、読書時間も監視されるようになる。当時高等師範の学生であったフュステル・ド・クーランジュやイポリット・テーヌは、学校の息づまる雰囲気を糾弾した。受験生の高等師範離れが始まる。一八五〇年にはまだ一八四名いた受験生も一八五六年には一三一名となり、翌年には定員三〇名に対して七〇名の受験生しか集まらなかった。受験生が減った原因の一つは、一八四九～五六年まで高等師範の予算が二五％削減され、学生定員も減らされたことにある。[29] このような状況は、フランスの学術の発展やエリート養成にとってゆゆしき事態を惹起した。高等師範を敵視し凡庸化しようとする試みは失敗し、状況の建て直しが求められる。

高等師範をセンター・オヴ・エクセランスとすべく、一八五七～六三年にかけて文法・数学・物理・歴史・哲学のアグレガシオンが再建された。この措置は、それぞれの科目の学習に専念する学生を生み出し、研究の進展につながった。高等師範の任務は、アグレジェを産出して大学エリートを養成することであった。一八五八〜六四年に九〇名が文系アグレガシオンに挑み五〇名が合格した。合格者の過半数を占めたのは、文学（二二名）と文法（一二名）である。同時期に理系アグレガシオンを受験した学生は六四名おり、合格者は二三名（数学と物理が一一名ずつ、その他一名）であった。理系のノルマリアンは、産業の利益に奉仕すべく応用科学に邁進する。一八五四年にアンリ・ドヴィルが、アルミニウムの工業的処理方法を発見したこともこの趨勢に棹さすことになる。

一八五四年に導入が決定されていた上級コースが、一八五六年から動き出す。このコースは、元パリ理科大学部長で上院議員のジャン＝バチスト・デュマの努力で実現したものだ。博士号取得をめざす二年間の上級コースは、通常の三年の課程を修了した成績優秀者の中から文理六名ずつ選抜された。上級コースは有給（年六〇〇フラン）で指導教官制が取られたが、一八五六年には一名の学生しか登録されていない。一八五八年から一八六四年にかけて高等師範に四五万フランが投入され、奨学生の増員（一〇〇名）や建物と施設の改善に当てられた。こうした改革によって受験生も増え、一八五九年に一九七名、一八六一年に二二六名、一八六三年に二八七名、一八六五年には三二八名が受験した(30)。

図6－2　1848年のミリタリー調の制服

出典：Nicole Masson, *op. cit.*, p. 20.

パストゥールの高等師範

高等師範が研究機関としての名声を確立するには、パストゥールの着任を待たねばならない。一八五二年に分岐制を導入したデュマは、パストゥールの保護者の一人

コラム　エリートの学校　文化と紐帯3

ユルム街の僧院にて

『ユルム街の僧院』とは、『ベートーヴェンの生涯』や『ジャン・クリストフ』で著名なロマン・ロランが、高等師範の学生時代の日記につけた題だ。ユルム街は、高等師範の所在地である。彼は、学生としてだけでなく芸術史の講師として、ここユルム街で生活した。ロマン・ロランの日記や回想録を手がかりに、当時の高等師範の一端に迫ろう。

豊かな公証人の家庭に生まれたロランは、一八八〇年にブルゴーニュ地方の中学からパリのリセ・サン・ルイへ転校した。三年後にルイ・ル・グランの修辞学級に編入する。哲学と古典をみっちり勉強した彼は、スピノザに魅了され、『オイディプス』の全文をギリシア語で、ホラティウスの詩をラテン語で暗唱することができたほどであった。それでもロランは、二浪の末に、二〇歳で高等師範に入学できた。

「ユルム街の僧院」という形容句に、修道院なみの規律に対する嫌悪だけを読み取ってはならない。たしかに外出も自由ではなく、「囚われの身」と感じて「僧院風の回廊」を歩き回ったこともあったが、ロランは、校庭の緑の絨毯の上に寝ころんで青空を見上げながら空想の世界に遊ぶとき、幽閉されているとは毫も思わず「幸せ」すら感じていた。初めての寄宿生活をとおして親友もでき、「友達のいない通学生当時よりも孤独を感じなかった」からである。さらに彼は、ノルマリアンとしての特権を享受して、観劇やコンサートや美術館に通いつめ、音楽や絵画への造詣を深めることができた。

　しかも、高等師範には最高の教授陣がいた。歴史ではガブリエル・モノーとポール・ギロー、地理のヴィダル・ド・ラ・ブラーシュ、文学のブリュンティエール、哲学のブロシャールなどだ。これらの教授陣の下で、一年次は学士号の試験準備、二年次はアグレガシオンの受験やルイ・ル・グランでの教育実習とハードな生活であったが、何もない三年次は「天国」であった。ユルム街の僧院は、「汝の欲するところをなせ」をモットーとしたテレームの僧院（『ガルガンチュア物語』）と変じた。高等師範は、このような僧院でもあった。

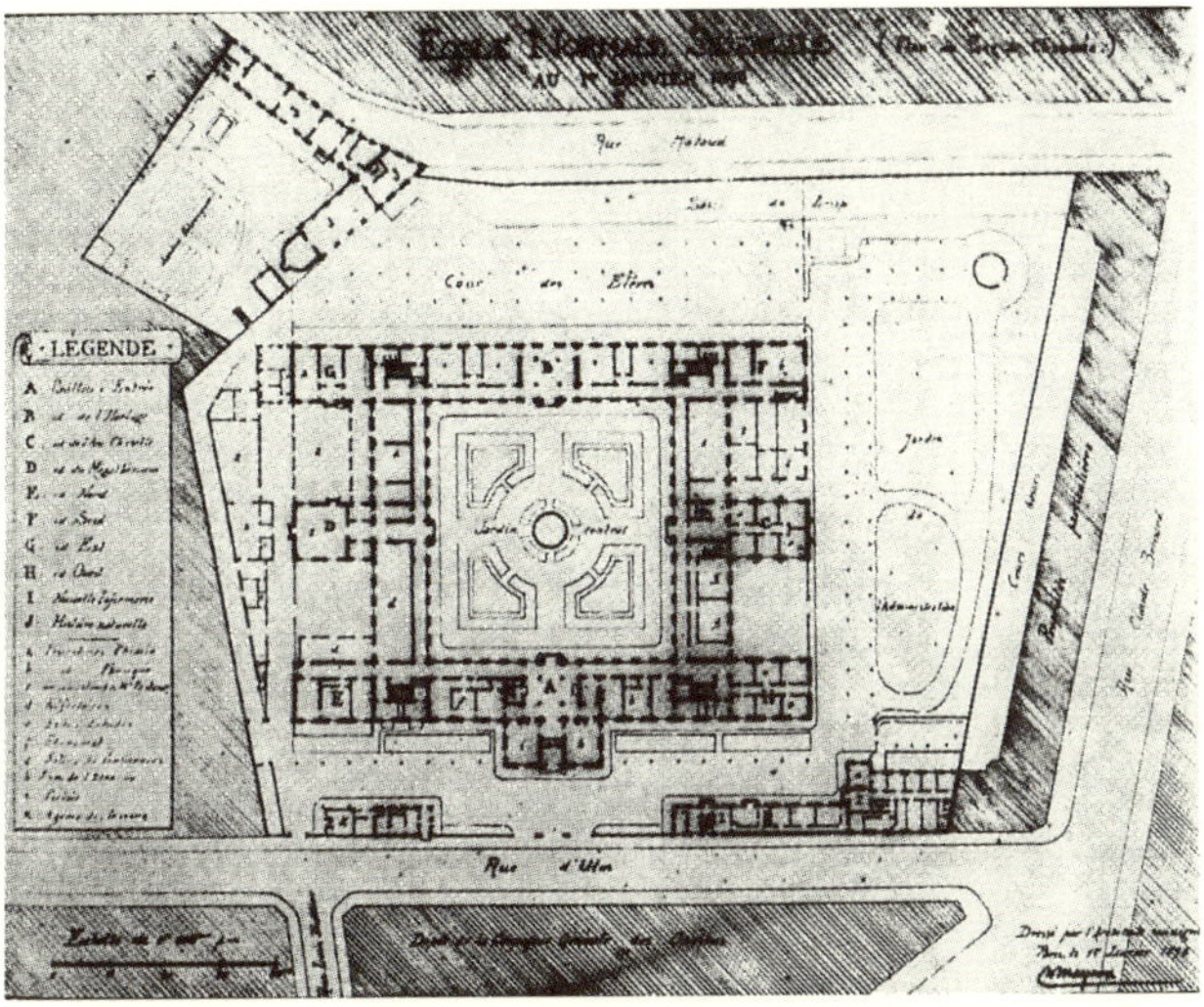

ロマン・ロランが住んでいた頃の学校の平面図（1895年）

出典：Pierre Jeannin, *École Normale Supérieure*, Paris, 1963, p. 105.

　高等師範の教育で最も有益なものは歴史の原典批判の方法だと語るロランは、バロック時代のオペラ史で博士号を取得し、私生活でもコレージュ・ド・フランスの言語学教授ミシェル・ブレアルの娘と結婚し、学歴エリートとして順風満帆の船出をしたかに見えた。しかし、彼の内奥には小説への抑えがたい衝動が存在した。『ベートーヴェンの生涯』になぞらえれば、離婚と辞職という「苦悩」を経て、作家という「歓喜」を闘い取ったのである。

参考文献：蛯原徳夫他訳『ロマン・ロラン全集26日記I　ユルム街の僧院』みすず書房、一九八二年。宮本正清他訳『ロマン・ロラン全集17自伝　内面の旅路』みすず書房、一九八〇年。

だ。分岐制は高等師範の理学科の強化につながった。パストゥールは、一八五七年にリール理科大学部長から高等師範の理学科長兼副校長に転任し、そこに「真の学生」を見いだして喜んだ。彼は、高等師範を自然科学の研究センターとするべく努めた。アグレガシオンに合格した若手の研究継続を可能にするために、一八四六年に設けられていたアグレジェ助手というポストを活用した。一八六四年には『高等師範学校科学年報』を発刊して、彼らの研究成果を発表する場を確保した。かくして、科学の制度化にとって重要なポストや機関誌などが整備された。この頃を境にして、高等師範の理系学生の就職パターンが変化し研究者志望の学生が増える。一八五六年までは、彼らの八割が教育職につき研究職は二割であったのに対して、一八六七〜一九〇三年には四分の三が研究職、四分の一が教育職と逆転した。

パストゥールによって高等師範の知的輝きが増したことは疑いない。それは、一八〇〇〜四〇年まで科学者の四〇%が理工科学校で学び、高等師範で学んだ科学者は五%以下であったのに、一八四〇〜一九〇〇年までには理工科学校が一五%、ノルマリアンが三〇%と逆転したところにも表れている。高等師範の学生定員が理工科学校の一〇分の一であることを考えると、逆転の事実の中に高等師範の威信の増大を読み取ることができる。高等師範が少数精鋭でマンツーマンの指導体制を確立していたことや、受験生を送り出すリセの教授もノルマリアンであったように、師弟関係的ネットワークが存在したことが理工科学校よりも高等師範に優秀な学生を引きつけた理由である。一八四三〜六三年の高等師範卒業生六六〇名のうちの四三七名が、一八六四年にリセで教鞭をとっていた（リセ以外では、公立コレージュ一五名、高等教育機関五二名、死亡その他の職が一五六名）。こうして高等師範は、優秀な学生を理工科学校から奪うことになる。一八六一年に、両校にトップ合格した未来のパリ大学理学部長のガストン・ダルブーがノルマリアンになったことは、高等師範の理工科学校に対する勝利を印象づけた。

このように、高等師範の地位向上に努めたパストゥールであったが、彼は管理職にある者として細部にこだわり、制服をはじめとした軍隊的秩序に執着し、生徒の規律違反を見逃さなかった。持ち物検査や外出時の服装検査が行われ、禁書目録や宗教的義務が課せられた。ラブレーの本、『若きウェルテルの悩み』、ミシュレの『魔女』などが禁書本であった。祈禱への出席が自由になったのは一八六六年のことであるが、カトリックの生徒にはミサへの出席は義務のままであった。規律違反には禁足処分がつきものであり、とくに喫煙は停学処分であった。パストゥールは、喫煙者を見つけ出すために部屋履きのまま忍び足で校舎を巡回するほど「規律」にとりつかれていた。地下室や屋根裏で喫煙者をつきとめ、建物に監禁したこともあった。彼は学生の違反行為の統計表すら作成している。まさに、パストゥールは「恐るべき懲治隊兵士であった」（ラヴィス）。こうした厳しい校則と管理は生徒の反発を生み、生徒と学校当局との衝突も起きた[31]。一八六三年のポーランド連帯デモ事件に端を発した「インゲン豆騒動」や、一八六七年のサント‐ブーヴ事件が有名である。

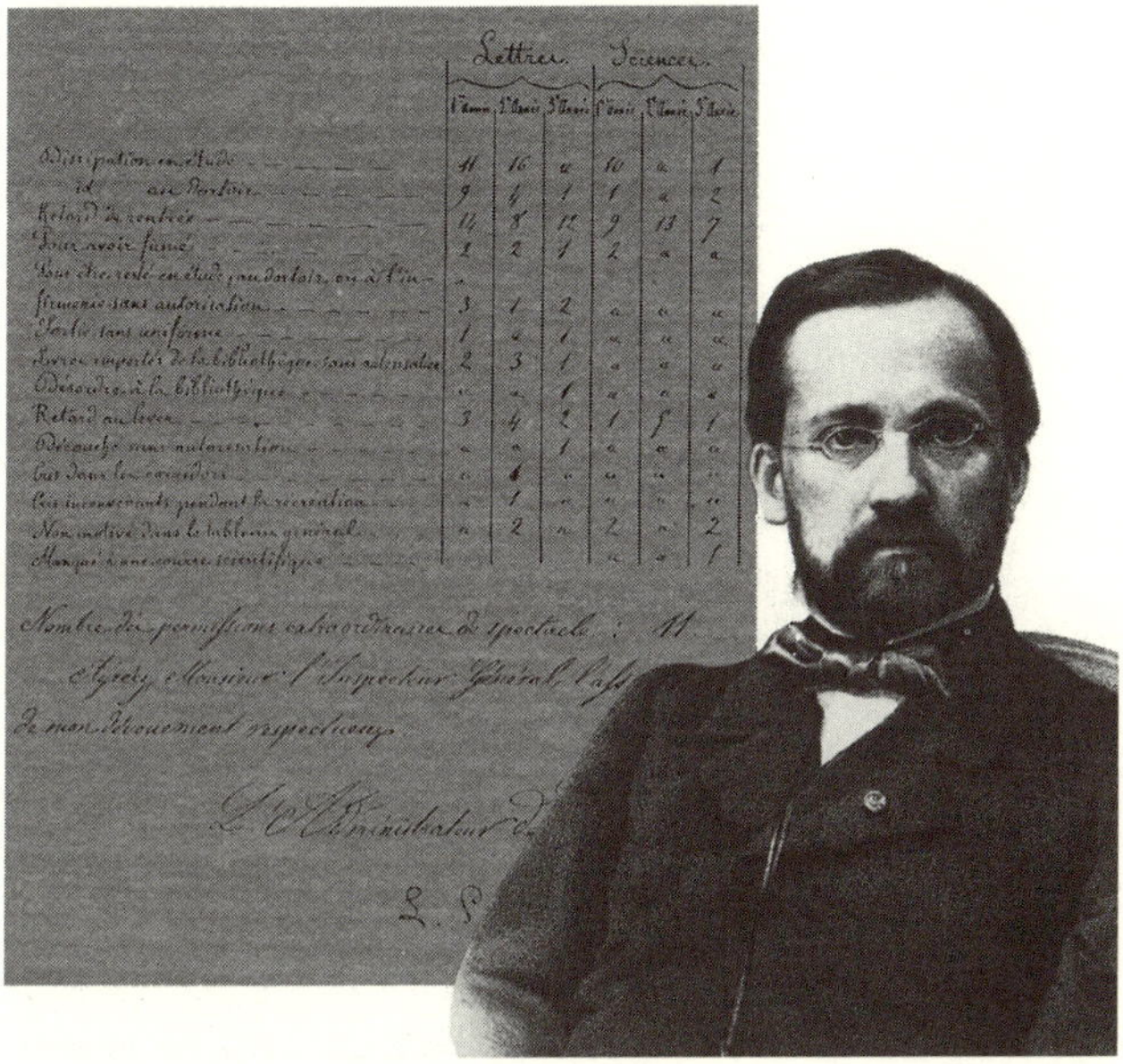

図6－3　「恐るべき懲治隊兵士」と化したパストゥールと閻魔帳
出典：Nicole Masson, *op. cit.*, p. 29.

第三共和政の改革

第三共和政になって教育制度の全面的改革が行われるが、グランド・ゼコールの改変は微修正にとどまった。高等教育の分野ではファキュルテの改革が急務であった上に、中等教育の実学教育や女子教育、初等教育の義務化・無償化・世俗化など問題が山積していたからである。それに何よりも、グランド・ゼコールのエリート養成は成功しているほうだと評価されたことも大きいだろう。教育改革に携わった教授や行政官は大半がノルマリアンであった。一八六〇年代から七〇年代にかけて高等師範に入学した著名人に、ヴィダル・ド・ラ・ブラーシュ、ラヴィス、ガブリエル・モノー、ルイ・リアール、フェルディナン・ビュイッソン、デュルケーム、シャルル・セニョボス、ジョレス、ベルクソンなどがいる。彼らは、高等師範やソルボンヌの教授として、また高等師範校長や高等教育局長や政治家として文部行政に積極的に関与した。かくして、高等師範と共和政の同盟が成立する。校長のエルネスト・ベルソも一八七八年に、「高等師範は大学局《ユニヴェルシテ》の養成所」であり、高等師範の精神はフランス革命の娘たる大学局《ユニヴェルシテ》のそれであり、大学局《ユニヴェルシテ》は思慮分別のある自由主義によってフランスを代表するのだと語っている。(32)

一八八一年に学校付き司祭ポストが廃止され、二つのチャペルも閉鎖された。一八八三年に校長となったジョルジュ・ペローのもとで、高等師範は大きな改革もなしに自由化の道を歩む。冬場の午前六時起床はとりやめられ、消灯時間も午後一一時まで延長され、観劇のための外出許可回数は倍になった。さまざまな新聞も入手できた。助手による監視も目立たなくなる。(33) ＬとＳによる正規の学生と実験室を得る努力も実を結び始めていた。一八七七年と八〇年に、ＬとＳの学生の学士号受験者三〇〇名とアグレガシオン受験者二〇〇名に奨学金が支給された。一八八〇年に文学士号の試験が、共通試験と専門試験に分かたれ、専門によって文学士・哲学士・史学士と三分された。この共通試験が古典語中心であることは言うまでもないが、専門試験の導入は専門科目を学ぶ誘因になった。かくして大学エリートの養成が組織化されていく。一八九六年七月にファキュルテが再編されて総合大学が誕生する。社会の教育へのアスピレーションが加熱し始め、教育職が魅力ある職業となるにつれて高等師範の志願倍率も上昇した。一八九二年に四六五名が受験し、四二名が合格した。しかし一九〇〇年には二一二名と半減し、一九〇六年に二四八名に増えるも、一九一〇年に一七〇名と受験者は減少していった[34]。高等師範の試験が難関であることと、ソルボンヌでも研究者の養成を始めたことがその理由だろう。新生ソルボンヌの中等教授の養成も軌道に乗り出し、教授養成という同じ機能を果たす機関が二つも必要であるのか否かに議論が集中した[35]。この頃の高等師範は、教授養成よりもジャーナリストや作家や政治家を輩出する組織として知られていた。すでに一八六〇年代に、教授の養成を目的とした高等師範が学者よりはジャーナリストや博識家を多く輩出し、そこでの教育は文学が優位を占め、ドイツのような科学運動の中心ではないと批判される状態に陥っていた。一九世紀末には、大学局《ユニヴェルシテ》の外で職を終える文系ノルマリアンが三割近くに達した[36]。ラヴィスが、「教育者になることが諸君の義務」であり、「教育者になることは、フランスの建設に邁進することだ」と、高等師範の学生と教職員に語ったのは一九〇四年一一月のことである。

一九〇三年の改革

第2章で述べたように高等師範が創立百周年を祝った一八九四年から一〇年ほどの間は、中等教育の改革をめぐって古典派と近代派の論争があった時期である。高等師範もこの新旧論争と無縁ではありえない。この結果が一九〇三年の改革につながる。

新生ソルボンヌの旗頭は近代派のラヴィスだ。彼は、高等師範百周年のときに校長のペローから、「ラテン語詩をそれが廃止されてからでも常に憎悪し責め立てた」人物と公に非難された。ペローは「高等師範の原理と教養とは、堅固な古典的教養の有用性と必要性である」と語る[37]。このように、ラヴィスにとって高等師範は古典カリキュラムの牙城であった。彼は、高等師範をソルボンヌの学生も聴講できる教育機関にしたかった。ラヴィスは、未来の教授は共通の訓練を受けねばならず、共通の演習や教育学と専門教育を受けるべきだと考えた。彼は、二校の統合という「変革以外の変革はありえない」と語っている。ペローの反対はあったものの、一九〇三年一一月に高等師範は名称や予算や法人格を保持しつつもソルボンヌに統合され、ノルマリアンはソルボンヌの学生といっしょに勉強することになった。この改革の影響をまともに受けたのは文系である。理系学生はパリ大学理学部の講義に以前から出ており、改革の影響をあまり受けなかった。かくしてソルボンヌは、古典派から古典的人文主義を否定する功利的近代精神の砦と見なされた。

ともあれ改革によって、文系ノルマリアンの一年次のカリキュラムはソルボンヌでも開かれた。二年次には教育学が、三年次にはソルボンヌ教授による演習もあった。教育学を担当したのがデュルケームである。また高等師範の教授組織は廃止され、教官はソルボンヌかコレージュ・ド・フランスに所属した。一九〇四年に高等師範の校長が古典派のペローからラヴィスに代わり、改革派の意気も上がった[38]。たしかに僧院的規律はなくなったが、閉ざされた空間における共同生活が育んだ友愛や同志愛が薄れるのも不可避であった。寄宿生と生活を共有しない通学生が、今や存在したからである。

一九〇二年の中等教育の改革を受けて高等師範の入試も変えられる。一九〇四年の入試から、文系でも仏語作文・歴史・哲学・羅文仏訳・仏文羅訳以外に、A＝ギリシア語、B＝外国語、C＝科学の三つから選択できるようになった。ラテン語が重視されていることに変わりはない。これ以前の文系の入試は六日間で六科目あった。六時間の試験が哲学・ラテン語作文・歴史・仏語作文であり、四時間の試験が羅文仏訳と仏文ギリシア語訳の二科目である。理系の入試では、数学・物理・フランス語作文が六時間ずつ、一八九〇年には四時間の羅文仏訳があった。一九〇一年には理系学生にラテン語は不要となったが、その代わり二つの近代外国語が必要であった。しかし古典語の威信はなかなか衰えない。一九二八年の文系受験者二〇八名の内訳は、A＝一四八名、B＝三四名、C＝二二名であり、合格者はA＝二一名、B＝三名、C＝五名であった(39)。ギリシア・ラテン語コースの受験生が依然として多かった。以上が、大学エリートを養成してきた高等師範の歴史である。

4　再生産の歴史社会学

高等師範学校

リセ同様に高等教育においても、中産階級上層以上の子弟が多かった。JやMの学生には親が自由業である場合が多く、世襲的再生産構造が働いていた。ノルマリアンにも同じことが言いうる。それでも大学エリートを産出する高等師範は、経済エリートや行政エリートを主に養成する他の高等教育機関と異なり、小ブルジョアや民衆層にも開かれていた点を忘れてはならない。表6－1は、第三共和政期の高等師範学校学生の出身階層のデータである。二つの時期を比べると、初等教師の子弟が約一〇％から一六％に増えていること、逆に企業家や土地所有者・金利生活者・農民が二〇％から一一％に減ったことが分かる。小規模な変化ではあるが、一九一〇年を境にリクルートが下層に広まったことが理解できる。土地所有者や金融家や工業家などの大富豪が少ないのは、彼らにとって教育が価値ある対象ではなかったからだ。大富豪の子弟は、法学部や医学部や理工科学校に向かう。

文系と理系でともに多いのが教授と行政官である。教授集団が高等師範に過剰に子弟を送り込んでいることは、社会職業集団ごとの高等師範への接近可能性を調べたカラディの研究に詳しい。一八七二年のデータによると、全男性就業人口に占める教授層の割合は〇・一％、初等教師は〇・五％、自由業〇・八％、職人・商人六・七％となるが、ノルマリアンに占める教授の子弟は三一・四％、初等教師の子弟七・六％、自由業の子弟一一・五％、職

表6－1　高等師範学校の学生の社会的出自（1880～1941年）

（単位：％）

	入学年（1880～1909年）			入学年（1910～41年）		
父の職業	文科	理科	文理合計	文科	理科	文理合計
1．自由業	14.9	6.9	11.7	13.1	10.3	12.0
2．上級公務員・政治家	6.6	4.4	5.7	4.7	3.0	4.0
3．中等・高等教授	20.2	14.1	17.8	17.6	18.5	18.0
1－3小計	41.7	25.4	35.2	35.4	31.8	34.0
4．将　校	3.3	3.0	3.2	4.7	5.6	5.0
5．中級公務員	5.4	4.0	4.8	4.4	4.4	4.4
6．下級公務員	9.0	8.9	9.0	8.7	10.1	9.2
7．初等教師	9.9	9.4	9.7	17.1	14.3	16.0
5－7小計	24.3	22.2	23.5	30.2	28.8	29.7
8．土地所有者・金利生活者	7.6	9.4	8.3	2.5	3.0	2.7
9．企業家	10.5	13.1	11.5	9.5	6.0	8.1
10．商店主・職人	4.1	9.4	6.2	3.8	3.8	3.8
11．下層ホワイトカラー	5.4	8.4	6.6	10.0	11.3	10.5
12．熟練労働者	3.1	9.1	5.5	3.5	7.6	5.1
13．非熟練	—	—	—	0.5	2.0	1.1
職業判明学生数（100％）	609	405	1,014	771	497	1,268
14．職業不明学生数	114	100	214	216	141	357
合計学生数	723	505	1,228	987	638	1,625

出典：Fritz K. Ringer, *Education and Society in Modern Europe*, Bloomington, 1979, p. 175.

人・商人の子弟九・七％である。後者の数値を前者の数値で割ると、社会職業集団ごとの高等師範への到達度指数が出る。順に、三一四、一五・二、一四・四、一・四となる。つまり、教授集団の子弟が高等師範に入学する可能性は、職人・商人集団の二二四倍、初等教師や自由業者の二〇～二一倍に達している。(40) 第三共和政前期には、過剰代表の教授集団の中でもパリの名門リセと地方大学の教授の子弟が高等師範に多い集団であり、ついでソルボンヌや高等師範や高等研究院の教授の子弟が漸増しているのも特徴である。(41) しかも第三共和政期の四分の三のノルマリアンは、教育職や教育行政職についており、再生産が構造化されていることが分かる。

　次に表6－1の理系と文系を比べてみよう。一九一〇年以前には、理系は文系より実業界の各集団から子弟を集めたのに対して、文系は自由業や中等・高等教授の子弟を多く集めた。一九一〇年以降は文理ともに似たような階層からリクルートしているが、理系より文系のほうが都会的で社会的地位も高かった。理系には文系の倍の下層出身者がいた。なぜなら、文系の学問は趣味や教養といった出身家庭の文化資本の多寡に左右される度合が高いのに対して、理系の学問は数学に典型的なように、家族の文化資本量にかかわりなく本人の発想や直観に依存する度合が高いからである。それに上流階級の理系学生は、理工科学校その他の理系のグランド・ゼコールに進学したことも一因だろう。

一九〇五～四一年までのノルマリアンのデータを集計したR・スミスによれば、地理的にはノルマリアンは、パリ、リヨン、マルセイユなどの都市出身者が多く、パリがあるセーヌ県の出身者が三割を占めた。これは、ノルマリアンを多く輩出する自由業者や教授がパリ地域に集住していることや、名門リセがパリに集中していることと相関しているだろう。社会学的にはノルマリアンの家庭は小規模家族で、データの上では一人子か次男の合格率が高い。父方の親戚にノルマリアンがいた家庭は四・八％であり、父親自身がノルマリアンであるケースは三・七％であった。この数値自体は小さいが自己再生産的な視点からすれば、ノルマリアンが子孫を高等師範に送る可能性は、非ノルマリアンがそうする可能性より四三〇倍も高いことを示している。またノルマリアンには、プロテスタントとユダヤ教徒が多いのも特徴である。一八七〇年から一八九〇年代までのノルマリアンの一七％が宗教実践をしていると宣言していたが、そのうちの九・九％がプロテスタントであり、九・二％がユダヤ教徒であった。プロテスタントとユダヤ教徒が全国で占める割合は、それぞれ三％と一％であることを考慮すると、高等師範に占める率が高いことが分かる。(42)

理工科学校

高等師範との比較の意味でも理工科学校学生の社会的出自を一瞥しておこう。理工科学校は高等師範と同じ一七

表6－2　理工科学校の学生の社会的出自（1815～1914年）

（単位：％）

父の職業	1815～30	1830～47	1848～79	1880～1914
自由業	12	15-16	19	11
上級公務員	17-20	14-17	18	9
中級公務員	15-16	12	6	10
下級公務員	11	4	1	10
土地所有者・金利生活者	29-31	35-37	32	13
企業家	10-11	13	20	25
商店主（職人）	2-3	4	4	10
下層階級	—	—	1	11
職業判明学生数（100％）	883	1,088	2,034	2,717
職業不明学生数	146	201	257	259
合計学生数	1,029	1,289	2,291	2,976

出典：Ringer, *op. cit.*, p. 170.

九四年に創立され、一九世紀初頭で一二五～一七五名、世紀後半で二二五～二七五名の定員を持ち、理工系の専門教育を行っていた。一八三〇～八〇年まで、一二名の教授と二四名の復習教師がいた。表6－2のデータから、一八八〇年までの理工科学校がブルジョア的性格を色濃く持っていたことが分かる。(43) 一九世紀フランスのエリート教育とブルジョア支配との関係を、よりよく示す学校が理工科学校だ。土地所有者と上級公務員で過半数を占めており、上層中産階級の占める割合は一八一五年以後の七割から一八八〇年以前には九割に達している。この期間に自由業と企業家がそれぞれ約一割伸びたが、中級・下級公務員が二六％から七％へと激減した。一八八〇年以前の理工科学校には、小商人や小生産者などの下層中産階級の子弟はいない。逆にパリの大商人にとって、卒業生が進む軍や官庁の給料が魅力ある額でないので、子弟を入学させる動機づけは弱かった。(44) 経済資本を十二分に持つブルジョアにとって、理工科学校への入学は、文化資本を新たに得ることで既得の社会的地位を強固にするためにのみ意味があった。

しかし表にも明らかなように、第三共和政の教育改革が軌道に乗り出した一八八〇年以降に、理工科学校の学生の親の社会職業構成が変化した。中級と下級の公務員が七％から二〇％に増え、商店主・職人・従業員などの下層中産階級や下層階級の子弟が五％から二一％へと四倍強も増えたのである。その分、経済的上層中産階級は五二％から三八％へと縮小した。自由業と上級公務員は、三七％から二〇％へと減少した。かつては九割を占めていたブルジョア層が六割以下になったのである。

この理由は何であろうか。一つは理工科学校への接近可能性の問題、つまり奨学金のあり方である。一年に一六〇〇フランの授業料が要る上に、入試に合格するためには経費のかかる有名リセの進学級に数年通わせねばならない。このため政府は、とくに上級公務員の子弟に奨学金を給付した。第二帝政期には、奨学金は優秀な生徒への支援というよりは政府への忠勤に対する報償であった。理工科学校の任務が官僚の養成にあったことを想起しよう。一八三〇年から一八八〇年の奨学金の受給生は合格者の三一％に当たり、多くは上層中産階級出身の学生である。一八八〇年から一九一四年の時期には奨学金の給費生は合格者の五七％に増えたが、下層中産階級の学生も奨学金を得ることができた。これが、ブルジョア出身学生の減少をもたらした一因である。このことは第三共和政の民主化の進展と相関しているだろう。

今一つの理由は世紀転換期の中等教育の発展である。一八七六～九八年に、バカロレア取得者が一七歳の年齢集団に占める率は〇・八％から一・二％へと拡大したが、増加分のほとんどは近代教育課程の出身者だ。この課程出身者は古典課程出身者より階層的には低い。それに一八九〇年以後、近代派が公教育省のヘゲモニーを掌握したこともこのような流れに棹さした。理工科学校の関係者の多数は古典課程の擁護派であり、近代中等教育を否認し続けたとはいえ、中小ブルジョア出身者が多い理学部での技術者養成を目にするにつけ、理工科学校も近代バカロレアへのエリート主義的敵意を再考せざるをえない[45]。

本節の最後に、高等師範と理工科学校のリクルートの特徴を見ておこう。前者に教育界や教育行政官の子弟が多いのに対して、後者では軍を含む上級と中級の公務員が多い。土地所有者が理工科学校に多いのも特徴である。高等師範には鉄道員などの熟練労働者の子弟が六％存在する。たしかに、高等師範は民衆的色彩が理工科学校より強いと言うことができる。しかしそれも神話の領域に属する事柄であり、実際には学者を除くと一八八〇年から一九〇九年の高等師範在学生の四割近くはブルジョア出身である。理工科学校の九割と比べると高等師範のブルジョア出身者数が少ないことは瞭然であるが、グランド・ゼコールに子弟を送り出すことができるのは教養ある上層中産階級であった。教職関係者が多いという高等師範の学生の社会的出自と同様の現象が、一九〇一年のパリ大学やその他の高等研究機関にも生じていた。

5　エリートの再生産

再生産とフランス

独身制のカトリック教会は世襲がありえない点で、逆説的にもある程度下層にも開かれたエリート養成を行っていた。旧体制下の静態的な階層社会にあって、教会は唯一社会的流動性を刺激する装置であった。一九世紀に、この教会の地位に取って代わったのが学校だ。その恩恵に最もあずかり、エリートを多く輩出したのが上層中産階級である。一九世紀末までのフランスのエリート養成には三つのパターンがあった。人数的に最多なのがリセの課程を終えて社会に出る一般エリート・コース、ついで法科や医科に進んで自由業をめざす専門職コース、最後にグランド・ゼコールに進学する少数のスーパー・エリート養成コースである。近代フランスのエリート養成の特色は、リセからグランド・ゼコールに至るスーパー・エリート養成コースにあった。法科と医科を除けば、ファキュルテのエリート養成は一九世紀末まで軌道に乗らない。ファキュルテにおけるエリート養成の不備を補っていたのが、グランド・ゼコールである。これらのエリートは、古典教養によって他のフランス社会との間に文化的社会的障壁を築き上げていた。古典教養が、エリートを結びつける文化的紐帯の機能を果たしたのである。

リセの教授養成を一手に引き受けていたのは高等師範だ。高等師範は質量ともに中等教育と関係していた。高等師範の学生定員は、リセで必要とされる教授数に対応し、両校のカリキュラムの間には相同性があった。リセで将来担当する科目をノルマリアンは学んだからである。リセの増設とともに、高等師範の学生定員は一九世紀前半の二〇〜三〇名から後半の三五〜四五名へと増え、研究機関としても名声を博するようになった。

ところが、産業化の進展や植民地帝国への発展は、エリート教育も含めた教育課程の全般的見直しを迫るに至った。自然科学や近代語や地理学の必要性が高まる。社会的にも、公務員制度の発達に見られるように、職業資格と教育資格とがダイレクトに結びつくようになり、フランス人の間に教育へのアスピレーションが加熱する。一九世紀末に、財界・政界・学界エリートの社会的出自がいっそう多様で相互の隔たりが大きくなっていったのは、このような社会変容の結果である。この傾向はグランド・ゼコールにも表れていた。とはいえ、社会的出自がまったく問題とならない平等主義的なエリート養成の社会になったということではない。社会的出自は、依然として職業生活にとって決定的要素であり、とりわけ世襲財産が重要であることに変わりはなかった。

ノルマリアンの社会的出自は、教授職や教育行政官の世襲的再生産が構造化されていることを示した。それでも世紀転換期にかけて、高等師範の知的独占が新生ソルボンヌの登場とともに崩れていったことも確かである。幾分、下層にも開かれた複線的なエリート養成システムが成立したのである。他のグランド・ゼコールと比べると高等師範では、理想主義や民主主義、平等志向が強いということはできる。しかし、高等師範に象徴されるエリート主義と、平等という民主的公理とを両立させることはむずかしかった。というのは、個々人のメリットの承認は必然的にメリトクラシーの受容にたどり着くからである。(46) 高等師範は、フランスのエリート主義的伝統と民主主義的伝統という、二律背反的な政治文化の緊張の中で発展したエリート養成機関であった。

扉図　一八五〇年頃の高等師範学校。出典：Robert J. Smith, *Ecole Normale Supérieure and the Third Republic*, New York, 1982, p. 15.

注

（1）Christophe Charle, *Les Élites de la République 1880-1900*, Paris, 1987, p. 109.

（2）Guy Chaussinand-Nogaret, *Histoire des élites en France du XVIe au XXe siècle*, Éditions Tallandier, 1991, pp. 414, 419.

（3）Louis Liard, *Universités et Facultés*, Paris, 1890, p. 13.

（4）Antoine Prost, *Histoire de l'enseignement en France 1800-1967*, Paris, 1968, p. 228.

（5）Liard, *op. cit.*, pp. 34, 45-46 ; George Weisz, *The Emergence of Modern Universeties in France 1863-1914*, Princeton, 1983, p. 41. 以下、*Emergence* と略記。

（6）ファキュルテの詳細については、渡辺和行「一九世紀フランスのファキュルテ」『香川法学』第一〇巻第三・四号、一九九一年、を参照されたい。

（7）Victor Karady, "Recherches sur la morphologie du corps universitaire littéraire sous la Troisième République", *Mouvement Social*, no. 96, 1976, pp. 47-48. 以下、"Recherches" と略記。

（8）Christophe Charle, "La faculté des lettres de Paris et le pouvoir 1809-1906", in Colloque, *Le personnel de l'enseignement supérieur en France aux XIXe et XXe siècles*, Paris, 1985, pp. 153-154.

（9）Jacques Verger dir., *Histoire des universités en France*, Toulouse, 1986, p. 307.

（10）Weisz, *Emergence*, pp. 24-27 ; Paul Raphael/Maurice Gontard, *Hippolyte Fortoul 1851-1856, Un ministre de l'instruction publique sous l'Empire autoritaire*, Paris, 1975, p. 231.

（11）Ernest Lavisse, "L'enseignement historique en Sorbonne et l'éducation nationale", *Revue des deux mondes*, t. 49, 1882, p. 885 ; Albert Duruy, "La réforme de l'enseignement supérieur", *Revue des deux mondes*, 15 mars 1885, pp. 342-344 ; Victor Karady, "Lettres et sciences, effets de structure dans la sélection et la carrière des professeurs de faculté 1810-1914", in Colloque, *Le personnel de l'enseignement supérieur en France aux XIXe et XXe siècles*, Paris, 1985, p. 43 ; Paul Gerbod, "Le personnel enseignant des facultés des lettres et sa contribution à la recherche et au changement culturel 1870-1939", in Colloque, *ibid.*, p. 189.

（12） Sandra Horvath-Peterson, *Victor Duruy and French Education*, Baton Rouge, 1984, pp. 41, 180-181 ; Liard, *L'enseignement supérieur en France 1789-1893*, t. 2, Paris, 1894, pp. 242-245 ; G. Weisz, "Le corps professoral de l'enseignement supérieur et l'idéologie de la réforme universitaire en France 1860-1885", *Revue française de sociologie*, t. 18, 1977, pp. 203-205 ; Raphael et Gontard, *op. cit.*, pp. 66-69, 103-106, 165-170 ; André Chervel, *Histoire de l'agrégation*, Paris, 1993, pp. 67, 91.

（13） Albert Dumont, "Notes sur l'enseignement supérieur en France", *Revue internationale de l'enseignement*, t. 8, 1884, p. 219 ; M. Berthelot, "L'enseignement supérieur et son outillage", *Revue internationale de l'enseignement*, t. 5, 1883, pp. 391-392.

（14） Weisz, *Emergence*, p. 60 ; Horvath-Peterson, *op. cit.*, pp. 187-192 ; Albert Duruy, "La réforme des études classiques", *Revue des deux mondes*, t. 61, 15 février 1884, p. 857 ; R. Fox/G. Weisz eds., *The Organization of Science and Technology in France 1808-1914*, Cambridge, 1980, p. 64 ; *Statistique de l'enseignement supérieur 1865-1868*, Paris, 1868, pp. xii-xxxi.

（15） Liard, *L'Université de Paris*, Paris, 1909, pp. 101-102.

（16） 蛯原徳夫他訳『ロマン・ロラン全集26　日記Ⅰ　ユルム街の僧院』みすず書房、一九八二年、二七頁。一八九〇〜一九〇四年の期間で見ると、文系合格者数はルイ・ル・グラン七六名、アンリ四世一〇二名となるが、一九二〇年代には前者が一三四名、後者が四二名と逆転した。一九二〇年代の文系合格者の四五％がルイ・ル・グランの出身だ。J.-F. Sirinelli, *Génération intellectuelle, Khâgneux et normaliens dans l'entre-deux-guerres*, Paris, 1988, pp. 69, 86 ; Paul Deheuvels, *Le lycée Louis-Le-Grand*, Paris, 1997, pp. 64-91.

（17） Diane Rubenstein, *What's Left? The Ecole Normale Supérieure and the Right*, Madison, 1990, p. 7 ; Gabriel Monod, "Bulletin historique, France, La réforme de l'École normale", *Revue Hitorique*, t. 84, 1904, p. 83 ; Alain Peyrefitte, *Rue d'Ulm, Chroniques de la vie normalienne*, Paris, 1994, pp. 37, 469-495 ; Gustave Lanson, "Nos grandes écoles, L'École normale supérieure", *Revue des deux mondes*, t. 31, 1926, pp. 527-534. なお、ジュール・ルメートルは、高等師範精神《エスプリ・ノルマリアン》は卒業後に校外で身につくものだと述べるが、この発言もルメートル自身語った皮肉や逆説好みのノルマリアンの自画像の例だろう。彼は、高等師範精神《エスプリ・ノルマリアン》を、繊細さや批判を失わない英知や慎重さの精神と位置づけ、

それはいわば大学の精神であってノルマリアンに特有なものではないと語っている。これに対してランソンは、「大学精神とは希釈され緩和された高等師範精神《エスプリ・ノルマリアン》だ」と反論した（*Le Centenaire de l'École normale 1795-1895*, Paris, 1895, pp. 569-571 ; Lanson, *op. cit.*, p. 527）。

（18） Jules Simon, *La réforme de l'enseignement secondaire*, Paris, 1874, p. 226.

（19） 以下、Chervel, *op. cit.*, pp. 15-19 ; Hugues Moussy, "L'Ecole normale de l'an III", in J.-F. Sirinelli dir., *Ecole normale supérieure*, Paris, 1994, pp. 14-22 ; Craig S. Zwerling, *The Emergence of the Ecole Normale Supérieure as a Center of Scientific Education in Nineteenth-Century France*, New York, 1990, p. 37.

（20） 以下、*Statistique de l'enseignement supérieur 1865-1868*, p. 508 ; Paul Dupuy, "Résumé de l'histoire de l'École normale de 1810 à 1895", in *Le Centenaire de l'École normale 1795-1895*, Paris, 1895, pp. 211-220 ; Zwerling, *op. cit.*, p. 37.

（21） 以上、*Statistique de l'enseignement supérieur 1865-1868*, p. 498 ; Zwerling, *op. cit.*, pp. 51-52, 54 ; Felix Ponteil, *Histoire de l'enseignement en France*, Tours, 1966, pp. 168-169.

（22） *Statistique de l'enseignement supérieur 1865-1868*, p. 486 ; Dupuy, *op. cit.*, pp. 221-228 ; Zwerling, *op. cit.*, p. 58.

（23） Dupuy, *op. cit.*, p. 236 ; Pierre Jeannin, *École Normale Supérieure*, Paris, 1963, pp. 30-31 ; Zwerling, *op. cit.*, pp. 69-70 ; Robert J. Smith, *The Ecole Normale Supérieure and the Third Republic*, New York, 1982, p. 80.

（24） 一八一五年には月一回、一八二六年には月二回、一八三六年には木曜日午後の特別外出を含めて週二回の外出が認められた。Peyrefitte, *op. cit.*, pp. 26-27 ; Smith, *op. cit.*, p. 14.

（25） *Statistique de l'enseignement supérieur 1865-1868*, pp. 501-504 ; Dupuy, *op. cit.*, pp. 233-239 ; Sirinelli, *op. cit.*, p. 24 ; Smith, *op. cit.*, p. 13.

（26） Zwerling, *op. cit.*, pp. 60-66, 72, 199, 211. 翌年パストゥールは二二名中四位で合格した。

（27） Jeannin, *op. cit.*, p. 51.

（28） *Le Centenaire de l'École normale 1795-1895*, pp. xxii-xxiv.

（29） Zwerling, *op. cit.*, pp. 201-203. 講師の給与、寄宿費や食費なども節約の対象となった。

（30） 以上、Jeannin, *op. cit.*, pp. 59-65 ; Emile Bourgeois, "L'enseignement classique et le recrutement de l'enseignement supérieur", *Revue internationale de l'enseignement*, t. 6, 1883, p. 723 ; *Statistique de l'enseignement supérieur 1865-*

1868, p. 506.

(31) Lavisse, "A l'École normale, l'ancienne discipline", *Revue de Paris*, 15 mars 1914, pp. 230-239 ; Zwerling, *op. cit.*, pp. 2, 14, 87, 188, 204-208, 215, 222-225, 267 ; Jeannin, *op. cit.*, pp. 65-75.

(32) É. Zola/E. Bersot/S. Reinach, *Notre École Normale*, Paris, 1994, pp. 132-133.

(33) Jeannin, *op. cit.*, pp. 90-91.

(34) Paul Gerbod, *La vie quotidienne dans les lycées et collèges au XIXe siècle*, Paris, 1968, p. 94 ; Rubenstein, *op. cit.*, p. 60.

(35) Ernest Lavisse, "Université de Paris, École normale supérieure", *Revue internationale de l'enseignement*, t. 48, 1904, pp. 481-494 ; Smith, *op. cit.*, pp. 72-75.

(36) Gaston Boissier, "Les réformes de l'enseignement, l'enseignement supérieur", *Revue des deux mondes*, t. 75, 1868, pp. 875-877 ; Liard, *L'Université de Paris*, pp. 120-121 ; Karady, "Recherches", p. 51. ジャーナリストと作家は、一八七二年から一九〇六年の間に三倍に増え、全体で九一四八名になった（Christophe Charle, *Naissance des ≪intellectuels≫ 1880-1900*, Paris, 1990, pp. 41, 237）。

(37) *Le Centenaire de l'École normale 1795-1895*, pp. xxxii, xxxiv.

(38) ラヴィスの弟子の一人は、「第一級の学校のトップに国の第一級の教育者を据えることほど、たしかに理にかなったことはなかった」と語って、ラヴィスの校長就任を讃えた。Ch.-V. Langlois, "Ernest Lavisse", *Revue de France*, t. 5, 1922, p. 482.

(39) Smith, *op. cit.*, pp. 23-24 ; Jeannin, *op. cit.*, p. 110.

(40) Victor Karady, "Normaliens et autres enseignants à la Belle Époque", *Revue française de sociologie*, t. 13, 1972, pp. 40-41. 労働者の到達度指数は、〇・〇八と極端に低く、資本家・土地所有者・金利生活者も〇・六と低いことが分かる。この二集団は過少代表の集団だ。

(41) Victor Karady, "L'expansion universitaire et l'évolution des inégalités devant la carrière d'enseignant au début de la IIIe République", *Revue française de sociologie*, t. 14, 1973, p. 447.

(42) Smith, *op. cit.*, ch. 3 ; Karady, "Normaliens et autres enseignants à la Belle Époque", pp. 46-53. 一八九〇～一九〇四年入学のノルマリアンのうち、社会主義者になった三六人の大半が非キリスト教化したカトリックとリベラルなユダヤ人であり、プロテスタントは二名しかいなかった（Christophe Charle, "Les normaliens et le socialisme 1867-1914", in Madeleine Rebérioux et Gilles Candar dir., *Jaurès et les intellectuels*, Paris, 1994, pp. 146-147）。

（43） F. K. Ringer, *Education and Society in Modern Europe*, Bloomington, 1979, pp. 170-173.

（44） 理工科学校の卒業生の進路について、軍に入る者が復古王政期の五六％から第三共和政期の七四％に増えた。植民地の拡大と関係があるだろう。逆に同時期に政府の技術官僚として入省した者は、二七％から一三％に減り、一〇～一五％は民間に流れた。*Ibid.*, p. 173.

（45） Terry Shinn, *L'École polytechnique 1794-1914*, Paris, 1980, pp. 102, 112-122.

（46） Michalina Vaughan, "The Grandes Ecoles", in R. Wilkinson ed., *Governing Elites, Studies in Training and Selection*, New York, 1969, pp. 74, 79; Pierre Albertini, "La réforme de 1903: un assassinat manqué?", in Sirinelli dir., *Ecole normale supérieure*, Paris, 1994, pp. 42-45.

第7章

ドイツエリートのエートス

――ドイツの大学生活における決闘

進藤修一

大学生の名誉

ドイツ大学生のエリート性の根拠は「名誉」の思想であり，これは「決闘」によって証明されると考えられていた。19世紀後半になり教育機会が拡大することによって大学生数が増加し，それにともなって学生集団の構成も大きく変化したが，決闘をおこなう学生たちは学生集団の中のエリートであり続けた。そして，決闘と名誉の思想は直接それにかかわらない学生にも影響をあたえる原理であり続けたのである。

1　はじめに――課題の設定

フンボルトの大学理念によれば、大学生とは成熟した人格をもち、あくまでも独立した一人の研究者として考えられていた。すなわち、大学は学問研究を極める場所であって、人格の陶冶を視野に入れた「学校」とは一線を画すものであった。この思想は今日にまで受け継がれている。そのため、大学の基本姿勢とされた「学問と研究の統合」という考えには、学生の人格形成は最初から視野に入れられていなかった。それは大学が果たすべき使命ではなかったのである。そのため、大学生の心性やエートスを考察しようとするならば、大学の理念ではなく、彼らが過ごした私生活に着目しなければならない。この若者文化が涵養された場とは、各大学で結成されていた種々の学生団体である。本章では当時の学生団体の姿を描写し、そのなかで支配的であった思想や運動を考察することによって、ドイツ・エリートのエートスをあきらかにすることを目的としている。

ドイツ大学の学生団体

ドイツの学生団にかんする過去の研究では「学生団」（邦訳では「学友会」が用いられる場合もある）が主として考察の対象となったせいもあり、これがあたかも大学唯一の学生団体であったかのような印象を受ける。しかし、実際には学生団自体が多種多様であったし、その他さまざまな種類の学生集団もみられたのである。そこで、まず学生団体の種類を整理することによって混乱を避けたいと思う。一九世紀ドイツの学生団体は以下のように区分される。

㈠　大学に在籍する同郷の学生が集まって相互扶助的な団体を結成しはじめたのが起源だといわれているもの。これがいわゆる「学生団」だが、そのなかにも「コーア」や「ブルシェンシャフト」、「ランヅマンシャフト」、「ゼンガーシャフト」などの区別があった。
㈡　学生団とほぼ同様の性格をもつが、所属学生の宗教的結合を基盤とする「宗教系学生団」。そのため、活動上、宗教に基づく一定の制限があり、これが一般の学生団とのもっとも大きな相違であった。
㈢　いわゆる「趣味」活動を中心にした「学術クラブ」。一九世紀後半になってから多く見られる。
㈣　政治活動を主眼とした政治団体。
㈤　社会奉仕活動のためのクラブ。

このなかで学生文化形成の核をなしていたのは㈠と㈡にあげた学生団や宗教系学生団である。一九世紀前半にはこれらの団体以外のものはほとんど存在していなかった。逆に、一九世紀後半になると学生団それ自体も一枚岩の存在ではなくなり、ある階層性のもとに構成されるようになった。また、㈢〜㈤の団体も一定の勢力をもつようになった。その結果、「学生団」を中心に構成されていた学生団体の世界にも一定の変化があたえられはしたが、学生団内部でも、また旧来の学生団とまったく関係のない団体でも、学生を支配する原理が貫徹していた。それが「決闘と名誉」である。そこで、まずこの学生世界で、この原理をもっとも具現していた団体を考察することによって、エリートのエートスを考える手がかりを探ってみよう。

学生団の性格

一八世紀末頃になると、ドイツの大学では同郷出身の学生による団体が結成されはじめる。学生団の多くがその名に地名を冠しているのはこのせいであろう。一九世紀初頭のある学生団の儀礼書には「学生団に所属できるものは、その団が所属する地方に出生したものに限られる」[1]と記されている。当時の学生団はこのような同郷出身者による相互扶助的な面をもち、その精神は「友情」という言葉であらわされていた。[2]つまりこのころは、故郷をともにする学生が、出自や家庭の財産、宗教などを超えた平等な共同体が理想とされ、その実現が「友情」という形でみられるものだと考えられていたのである。この学生たちが抱いた理想像は、個人の人格形成においても重要だと考えられ、当時力をもちはじめていた新人文主義的思想にも合致するものであった。

ナポレオンの侵略とそれに対する諸国民戦争の直後に、ドイツの大学では学生団が次々に設立された。この活動を担った大学生たちのメンタリティーや、この時代に端を発するブルシェンシャフト運動とは、対ナポレオン戦争を経験し、反フランスイデオロギーとしてドイツ民族の統一という精神をもつにいたった結果、生まれてきたものと理解されている。これにのっとれば、学生たちがドイツ統一思想を標榜する限り、既存の学生団がもっていた同郷集団という性格はある程度否定的にとらえられざるを得なかった。こうしてあらたにおこった学生団体運動は「原ブルシェンシャフト」と呼ばれた。この新しい学生運動を結集せしめたスローガンは「名誉・自由・祖国」であり、ナポレオン前への復帰を目指すウィーン体制下において、ドイツ統一を標榜するこの学生団運動は当局により反体制的活動とみなされた。社会史家ハルトヴィヒはしかしながら、この原ブルシェンシャフト期を境にした学生団の性格転換はなかったと指摘している。[3]一八一五年六月一二日、イェナにおける原ブルシェンシャフト設立がこの運動の始まりとされているが、ここでは以前からの同郷団規則や儀礼がほぼそのまま引き継がれており、学生団の連続性が推察できる。[4]

そのため、学生団の本質的な変化は、一九世紀後半にみられた二度目の設立ブームにあると考えることができる。教育史研究者ヤーラフォシュもいうとおり、一八七〇年以後、大規模な学生団の新設や、各大学学生団を横断的に組織する上部団体の設立、あるいは学生団員向けの専門雑誌の創刊などが見られたのである。[5]同じように、一八七〇

図7-1　19世紀初頭の学生の様子

出典：Brunck, Helma, *Studentische Verbindungen in Frankfurt am Main*, Frankfurt/M., 1986, S. 32.

年の普仏戦争が学生団の発展史における転換点だという指摘もある。(6) そして、この設立ブームによって学生団が拡大した結果、各団体間にさまざまな相違が見られるようになった。そうしたなかで、もっとも古くから存在した伝統的な学生団は「コーア」と呼ばれるようになった。

コーア

一八世紀末より存続していた伝統ある学生団は、一九世紀に入ると「コーア」と呼ばれるようになり、後発学生団のモデル的存在となった。一八五五年になると、各大学にあるコーアを統括する上部団体として「ケーゼン学生組合連絡委員会会議連盟」が結成された。これは、ゲッティンゲンなど七大学のコーアが、ドイツ中部ザクセン地方にあるケーゼンという地に参集してこの連盟を結成したことからこの名称がとられた。このケーゼン連盟

表7-1　コーア所属学生の社会的出自（1890～1900年）

	パルティア エアランゲン	トイトニア マールブルク	ヴァンダリア ハイデルベルク	レナニア テュービンゲン	スエヴィア テュービンゲン
1．高級官僚	20	34	45	37	41
2．将　校	2	2	7	4	9
3．教養市民層	15	19	5	22	15
4．商　業	33	16	12	59	33
5．重役（商業分野）	2	2	1	5	9
6．大土地所有	0	6	31	11	9
7．利子生活者	3	0	0	0	3
8．教会関係者	6	9	0	1	3
9．中流階層	12	1	4	0	1
10．農業経営	2	4	1	1	2
11．手工業者	3	0	0	2	0
12．記録なし	0	30	0	0	1

注：1＝大臣・大学教授・裁判長等，3＝医師・弁護士・薬剤師・芸術家・物理学者・化学者等，4＝企業家・工場経営者・不動産業・船主等，9＝中級官吏・小作人・林野官等。
出典：Studier, Manfred, *Der Corpsstudent als Idealbild der wilhelminischen Ära*, Schernfeld, 1990, S. 46.

に所属するコーアは総称してケーゼン・コーアと呼ばれ、ドイツ大学のなかでも名門中の名門コーアという評価を得ていた。これら学生団にかんする詳しい統計は少ないが、ケーゼン・コーアに属する名門学生団の構成員は貴族や高級官僚家庭出身の人間が多かった。一八九九年のある統計によると、ドイツ帝国でコーアに所属する学生のうち、約八％が貴族階層出身者であったという指摘もある。(7)ケーゼン・コーアに所属する学生団の所属学生の社会的出自を一部例示しよう。

表7-1によれば、会員の社会的出自において圧倒的に多いのは高級官僚および自由業の教養市民である。ただし、実業家層の出身者がどの学生団においても高級官僚と肩をならべている。一九世紀末ギムナジウム生徒をみると、絶対数では中間層出身者がもっとも多いことはすでに第3章で示した。名門学生団には、古参会員の親類や子弟が多数みられたことも指摘されてはいるが、(8)学生の出身階層に変化がみられるようになった結果、これら名門学生団も従来の出身階層以外からの入会者があらわれるようになってきた。しかし、コーアへの入会希望者は二つの条件をクリアしなければならなかった。ひとつは経済的な問題であり、コーアに所属すると、活動費としてなにかと出

費を強いられた。このものいりは親の大きな経済的負担となった。この出費に耐えられない場合はコーアへの所属をあきらめなければならなかった。そして、経済的に余裕のある家庭の出身者でも、多くのコーアでは父親の身分を理由に入会希望を拒否することがあった(9)。すなわち「コーア学生としてふさわしい身分の家庭出身者」のみに入会が許されたのである。この場合「ふさわしくない」家庭とされたのは中級官吏や手工業者であった。この「身分原則」とコーア活動に必要な経済コストが防波堤となって、中・下層出身学生は名門学生団から閉め出されていた。逆にいえることは、この身分原則によって選別されたコーア学生のなかに、相当数の企業家層の子弟が存在したことで、この階層が社会上層階級として認知され始めていたことである。

このようにして、名門学生団は大学においてすでに社会上層のネットワークの素地作りに貢献した。ドイツ帝国宰相ビスマルクや皇帝ヴィルヘルム二世も学生時代は名門学生団に所属し、皇帝は生涯にわたって名門学生団（ボン大学のコーア・ボルシア）出身であることに誇りを抱いていたという。この排他的・特権的コーアを筆頭に学生団の間にはヒエラルヒーが存在した。これは当時のドイツ社会の構成をおおよそ反映していたと考えられるが、その序列を決定していたのは「決闘」と「名誉」に対する各学生団の関係であった。

2 学生団と決闘

学生団の種別

個別の学生団史や上部団体の歴史を記録したものはこれまでに相当数残されているが、一つの大学で学生団全体の構成を俯瞰したものはほとんど存在しない。そのため、テュービンゲン大学のケーススタディであるビアシュトホの研究は示唆に富んでいる。[10] それによると、同大学の学生団は、設立ブームから世紀末までの約三〇年間に大体以下のような種類に分化していったようだ。[11]

- 団のシンボルとなるオリジナルカラーをもち、学生決闘と名誉回復が義務である団体（「コーア」「ブルシェンシャフト」「ランツマンシャフト」など）
- オリジナルカラーをもつが、学生決闘は行わない。しかし、名誉回復は義務である団体
- オリジナルカラーをもち、学生決闘と名誉回復を禁止するもの（「宗教系学生団」）
- オリジナルカラーをもつが、学生決闘の義務はない。しかし、会議の議決によっては名誉回復を行う団体
- オリジナルカラーをもたず、学生決闘の義務もない。しかし、団内会議の議決によっては名誉回復を行う（「疑似学生団」）

このように、学生団ではオリジナルカラー・学生決闘・名誉回復が重要な三要素であった。本来の決闘は、学生団で特有の発展・区分がなされ、一九世紀後半には学生決闘と名誉回復という二つに分類されるようになった。この二つが学生団の特色を決定づけるさらに重要な要素である。第二の学生団設立ブーム直前の一八六〇年代には、学生団における学生決闘や名誉回復の扱いを巡って学生団同士で紛争が続出し、上部団体の設立をめぐって学生団の離合集散が繰り返されるが、その際に問題となるのは必ずといっていいほど「決闘」にかんするもめごとであった。[12]

それでは、当時の学生団にとって決闘はどのような意味をもっていたのか。その根底には「名誉」を重んじる思想があった。学生団ではこの点にかんして一八世紀末頃から成文化されるようになった。一七九八年のフランクフルト・アン・デア・オーダーのある学生団の儀礼書は「真の侮辱に対して名誉回復を行わない者は卑怯者とみなされうる」[13] としている。また、ほぼ同時期の一八〇三年、エアランゲン大学のランヅマンシャフト・パルティアの

図7－2　ある学生団の新入生（1910年）

出典：Scherer, Emil Clemens, *Eckart*, Köln, 1930, S. 38.

「規則」は「当団に加盟した者は勤勉、品行方正、秩序をまもるよう心がけねばならない。すなわち教養と名誉をもつ男子という理想にできるだけ近づくためにである。特に当団員は卑怯な方法で行われた他学生からの侮辱を放置してはならない。その名誉のために力の限り剣をもち正当な方法で名誉を守ることに邁進しなければならない[14]」と定めているのである。

学生生活における決闘と「名誉」の観念については、イェナでの原ブルシェンシャフト成立や、ギーセン大学での「エーレンシュピーゲル」（学生団の規則集）編纂などを通じてさまざまな議論がなされ、その理論的水準が高まった。この成文化によって、学生団員が社会においてどのような地位にあるのかを認識する機能と、団内部で団員を統合する機能が生まれた。そして、この議論の過程で、当時の大学生は「名誉」という概念に、青年世代の存在意義や価値を求めていったのである[15]。学生たちは、自らがこの価値の担い手たるべ

コラム

エリートの学校　文化と紐帯4

決闘医師

学生決闘が制度化されると、医師が決闘に立ち会い、学生が受けた傷《シュミッセ》を治療することが通例となりました。学生決闘儀礼書にも「医師が立ち会うこと」と定められていたのです。ただし、これは正式な免許をもった医師である必要はなく、医学部に在籍する上級生がその代わりをつとめることも多かったようです。各学生団は学生決闘については詳細な記録を残しているため、そのような代理医師をつとめた医学生が存在したことも証明されています。学生決闘は当時しばしば風刺画の対象になりましたが、なかには、お互いに切り落とした相手の鼻をまちがって自分に縫い付けてしまったという笑えない話もあります。

この治療の際、恐らく麻酔もなしで傷口を縫っていたことでしょう。その痛みをこらえることがまた「男らしさ」の証左と考えられていたに違いありません。実際に痛み止めの薬が開発された後も、それは決闘の「本質」を損なうものとみなされ、使用されなかったそうです。また、抗生物質ができる以前は傷口から感染症を起こす可能性もあったため、決闘が儀式化したにもかかわらず、かなりの生命の危険を伴っていたことは事実です。そして、このような危険な状態を、学友が夜通し看病することによって「友情」が深まったのだともいわれています。

われわれは学校の名物教師を永く記憶にとどめていることがありますが、テュービンゲンの医師、クラウス博士はおそらく当時のテュービンゲン大学の学生団員にとって終生忘れられない存在であったでしょう。彼はテュービンゲンでほぼ五〇年あまり、「決闘医師」としての職務についていました。職務といっても最低週に一度は決闘に立ち会う程度のものでしたから、決闘医師の職はあくまでも彼の副業だったことでしょう。しかし、学生団に残っている資料によれば、彼に謝礼として支払われた金額は決して少なくありません。ビアシュトホの調査によると「一八八七年六月二一日四九三・二五マルク、一八八八年三月一二日六〇七マルク、一八八八年一一月一三日七三八マルク、一八八九年七月四日五七五マルク、一八八九年八月八日五二八マルク」という記述が記録されているそうです。おおまかに計算しても、クラウス博士はこの副業で、年間一〇〇〇マルクを超える収入があったようです。これは、当時の大学生一人の生活に一年あたり約一〇〇〇マルクの支出が必要であったことを考えれば、少ない金額ではありません。そして、学生の「名誉の傷」は、顔に刻まれた痛みをこらえることだけではなく、懐の痛みもまたこらえなければならなかったのです。

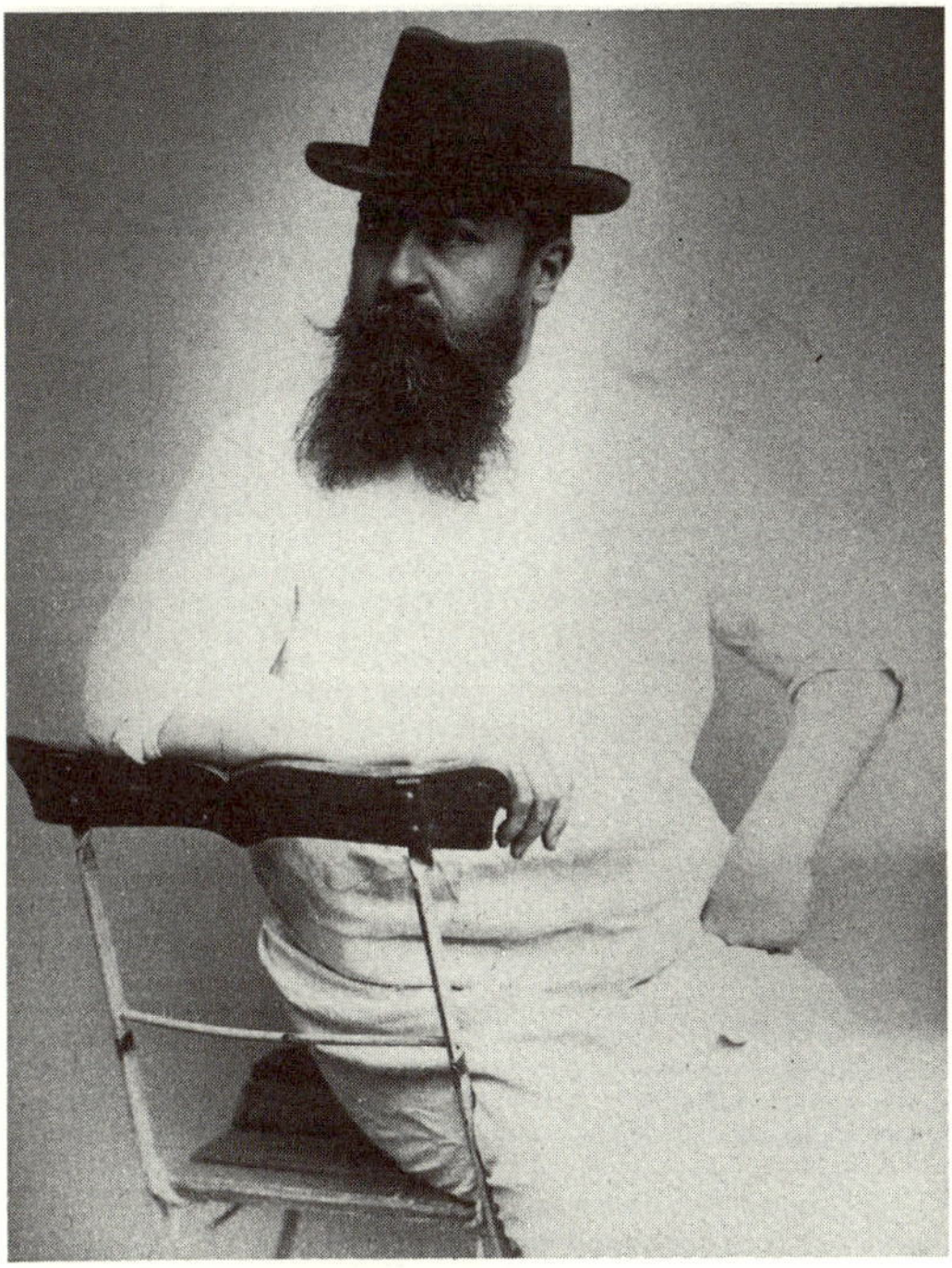

決闘医師　クラウス博士

出典：Biastoch, *Duell und Mensur*, S. 35.

参考文献：M. Biastoch, *Duell und Mensur im Kaiserreich*, Vierow, 1995.

きことを自覚していた。その意識は「教養層を、勇敢で闘争能力にすぐれ、名誉ある人間にしたてあげる男性ならではの騎士道精神は……学生のなかに常に保たれ護られている(16)」という当時の言葉に象徴的にあらわれている。

この名誉は陶冶された人格に宿ると考えられた。「自覚こそが名誉の根元である。もっとも価値があり、もっとも高貴なものを常に求める努力、自らを生かそうと努力する力を認識すること。そして自らの価値を示すこと。これらの営みの自覚が、若者に名誉を与えるのである。(17)」では、この名誉はどのようなかたちで示されたのか。その表現方法こそが「決闘」であった。

将校団と学生団は、当時のドイツ社会において決闘を代表する集団であったが、学生団が先行して名誉と決闘にかんする規程を成文化した。それは、軍隊に比して学生集団の場合は構成員の流動性が激しく、これらの思想やしきたりを徹底するために、厳密に成文化による伝達が必要とされていたためである。この当時の学生は、平均すれば三年あまり大学に在籍したに過ぎなかった。この成文化が徹底した結果、ひとたびコーアに所属した者は、自らに備わった陶冶された人格と名誉を示すために、必ず決闘に臨まなければならなくなった。一八八四年、テュービンゲン大学学生団連合の儀礼書には、名誉と決闘の関係が次のように定められていた。「名誉ある若者は、互いに敬意を表することが定められている。この敬意を拒絶するものには、名誉毀損による決闘が求められ、この決闘は無条件に施行されなければならない(18)」。さらに、同学生団連合はコーアと決闘の関係を次のように規定した。「(コーアとは)大学に登録した学生の集団であり、これは決闘の義務に無条件で従うものである。(19)」

学生決闘の発展

いわゆる私闘である決闘は、一八七一年に制定されたドイツ刑法(第二〇一条～第二一〇条)で禁止された。大学の学則でも同様に、決闘とみなされるものは禁止措置がなされていた。テュービンゲン大学の学則第五〇条では

図7－3　ビスマルクの誕生日に参集した学生団員

出典：Studier, Manfred, *Der Korpsstudent als Idealbild der wilhelminischen Ära*, Schernfeld, 1990, S. 195.

「学生には以下のことが禁止される……剣撃練習場以外における剣撃練習、すなわち個人の居室などでの練習、居酒屋等においての剣撃練習[20]」と定められている。しかしこれらの規定を無視するかのように学生の間では決闘が行われた。森鷗外は「そもそも独逸の国法決闘を厳禁して、而して実は随所にこれを行うものは、官黙して問わざることの致す所なり[21]」と記している。ただし、大学生の世界では、本来の名誉回復のための「決闘《デュエル》」（私闘）と区別された、「学生決闘規則《バウクコマン》」にしたがった「学生決闘《メンズーア》」が発展した。これは、生命をかけた果たし合いの決闘ではなく、形式のみを踏襲し、防具を着用して決闘者の身体的安全を確保した独自のスタイルであった。学生団の性格を区分する三つの指標を前述したが、そのなかの「名誉回復」とは従来の決闘方式によって名誉を回復するものであり、学生決闘が制度化することによって、学生の世界では決闘にかんする二重の規範が確立したのである。

　当時のドイツ社会では、指導的立場にある多くの人物が学生決闘に好意的立場をとっていた。皇帝ヴィルヘルム二世もその例外ではなかったが、学生時代皇太子であった彼には、危険防止のため決闘が許されなかったというのが皮肉である。その他にも、バイエルン内務大臣ファイリッチュは「名誉をめぐる行為が、信頼のおける男子にふさわしくない他の方法でではなく、現在の方法で維持されることが望ましい[22]」と発言し、ヴュルテンベルクの代議士・神学者フォン・ヴァイツゼッカーは「ドイツの男子たるものあらゆる意味で戦う能力を備えるべきであり、そのように教育されねばならない[23]」と述べた。「コーア、あるいは学生決闘を行う学生団に所属したものは、学生決闘を繰り返すが、私の考えによれば、彼らは後の人生で、受けた重い侮辱を決闘なしにすませるという安全性を、他のものよりも身につけている[24]」といったのは国民自由党首ベニクセンである。このように、社会の指導的人物が学生決闘を容認・肯定した。一九世紀後半のドイツ学術振興の立役者であった文部官僚アルトホーフもまた「学生決闘のよい部分は注目して然るべきである[25]」と考えていた。このように、決闘は若きエリート予備軍の教育手段として、その有用性が公に認識されていたのである。

当時「若者は自由だ」と謳われ、決闘は、学生団が主催する酒宴とならんでその自由で放埓な生活を典型的に示すものだと考えられていた。しかしながら、学生生活を彩っていた華やかな行事は、実際には学生を強力に統制する手段であった。学生決闘は「学生決闘儀礼書《バウクコマン》[26]」にのっとって行われ（図7-4）、学生決闘が制度化されると、団体の対抗戦形式が中心となり、各学生団の仲介役が日程（毎週決まった「決闘日」があった）をあらかじめ設定するようになった。そして、実施場所、決闘者氏名、決闘者が受けた傷の数まで「学生決闘記録《パウクビューヒャー》」（図7-5）に詳細な記録が残された。こうして、学生団員が決闘から逃れるという選択肢は閉ざされた。エリアスも学生団の厳密な規律と、団体の行動規範が構成員に強制されるしくみによって、団員が強力に統制されていることを指摘している[27]。このような統制を経験した人間がエリートにふさわしい鍛錬を受けたものだと考えられたのである。

図 7 - 4　ドイツ学生儀礼書表紙（1904年）

出典：Brunck, Helma, *Studentische Verbindungen in Frankfurt am Main*, Frankfurt/M., 1986, S. 10.

3 学生集団の変化と決闘

決闘原理の貫徹

決闘がエリートの原理であるということは、コーア以外の学生団体にも大きな影響を与えていた。それは、どのような団体も決闘と名誉の思想からは無縁ではありえず、その関係の強弱によって学生団体内での地位も定まっていたことからもうかがわれる。すなわち、決闘からの距離が遠ざかるほど、学生の世界での、ひいては社会での認知が低下したのである。それは学生団の内部でも同じであった。一年志願兵制度を例に挙げれば、若者の間に高い人気があった予備役将校任官の場合も、コーア学生はとりわけ良いポジションに推薦されることが多かった。逆にコーアより格下とみなされていたブルシェンシャフトに所属していたマックス・ウェーバーのように、コーア学生でないものは大きな不利をこうむったのである。彼は母親への私信でこの不利益にかんする記述を残している。

「とくに運が悪くなければ秋にはおそらく昇進するだろうとおもいます。中隊においてこの有利な地位を獲得するためには、努力とそれに金もずいぶんかかりました。それは、とくに二人の、当然（eo ipso）優遇されている学生組合員との競争のためでもあったのです。[28]」

このコーア学生との格差を少しでも縮めるのに投資した金以外に役立ったのは、彼の決闘好きな性格であったといわれている。[29] また、宗教系学生団のうち、カトリックの学生団は宗教上の理由から名誉回復と学生決闘を行っていなかった。それ以外の活動は他の学生団となんら相違はなかったにもかかわらず、カトリック学生団出身者はしばしば予備役将校への任官を拒否されたのである。その理由はもちろん「決闘団体に所属していないため」であった。[30]

一九世紀の後半には、学生団とはまったく縁のない学生団体も出現した。その代表的なものは、前述した「学術クラブ」に区分されるものである。一九世紀ドイツ社会では、市民の間でさまざまな趣味活動を目的とする「クラブ」が結成されていて、これがドイツ人の日常生活に大きな特色を与えていたもののひとつであった。大学で結成されたクラブは、活動上市民クラブとほとんど異なる点はなかった。大学のクラブは常にその名称に「学術《アカデーミッシュ》」と冠していたが、これは市民クラブに比べてその活動が学術的だったわけではなく、この名称によって社会一般のクラブとはあくまでも一線を画しているのだという、学生の特権意識のあらわれであった。テュービンゲン大学を例にとると、第二帝政成立期（一八七一年）から第一次大戦勃発（一九一四年）までのあいだに少なくとも三五の「学術クラブ」団体が成立した。その構成員はわずかな例外を除いて学生団には所属しない学生であったことからも、この学術クラブは既存の学生団とはまったく関係のもたない新しい団体であることがわかる。[31] 学生団体の勢力地図をドイツ帝国

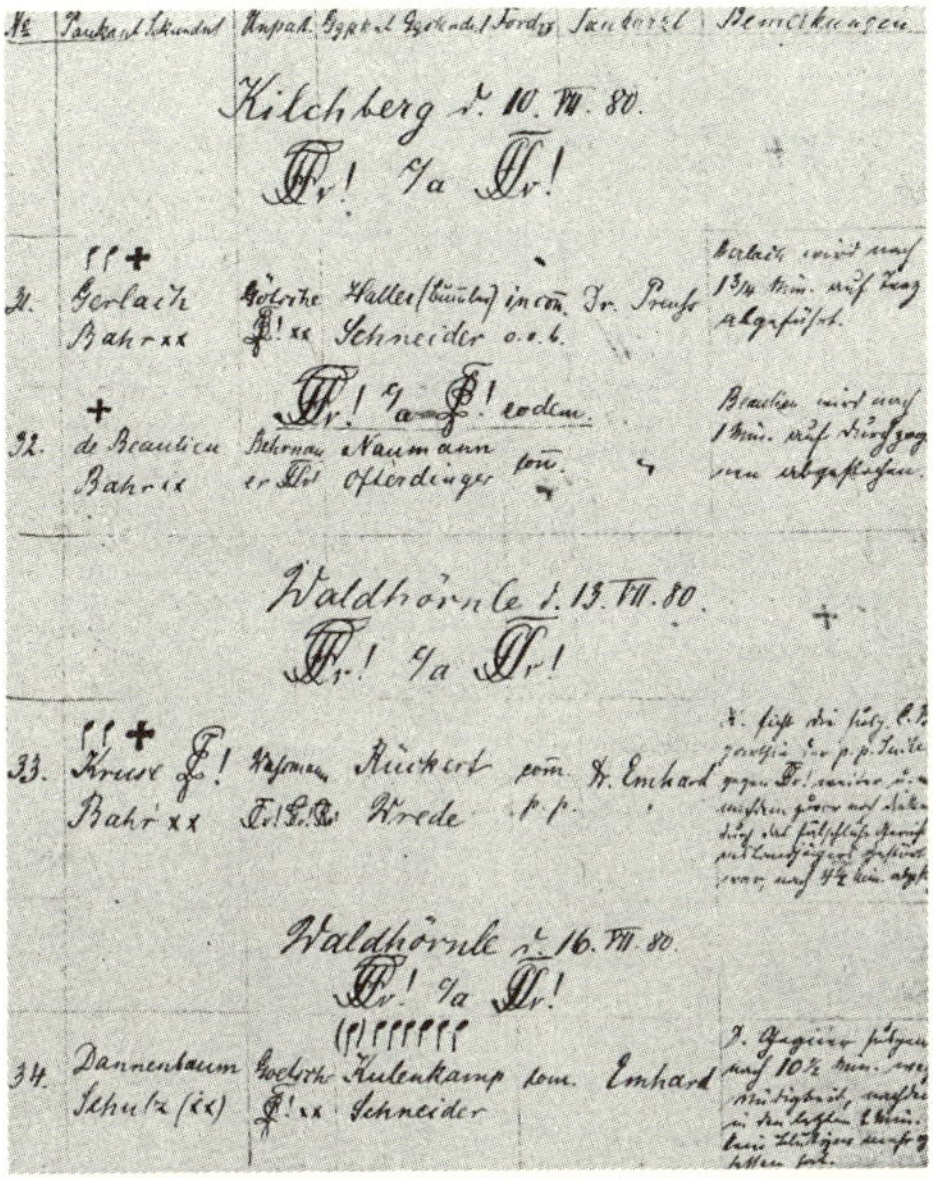

図7－5　テュービンゲン大学，フランコニア学生団に残る決闘記録

出典：Biastoch, *Duell und Mensur*, S. 68.

図7－6　カトリック学生団の戯画
——乾杯！　アーメン！
出典：McAleer, Kevin, *Dueling*, Princeton, 1994, p. 153.

全体で見てみると、学生決闘を行う学生団とコーアは、数的には急速な拡大をみたにもかかわらず、学生団体全体のなかで占めるその割合は急落している（表7－2）。

しかし、それが学生団の没落を意味したわけではない。逆に、学生団と関係をもたないこれらの新しい団体も学生決闘や名誉の概念を肯定的にとらえたり、活動内容に取り入れたりしたのである。[32] 世紀転換期になると、決闘に基づく学生界の序列に反発した動きもみられたが、これもまた決闘とは無縁ではいられなかった。この動きは大学改革団体の結成というかたちであらわれたが、そのなかで中心的存在だったのがドイツ自由学生同盟である。この団体は、学生団に所属しない学生を代表して、学生による大学自治を確立しようとした。さらには経済的に貧しい家庭出身学生を代弁するというスタンスをとり、それらの学生のために住居やアルバイトの紹介など、さまざまな扶助組織を設立した。しかし、この自由学生同盟ですら決闘とは無縁ではいられなかった。学生団式の決闘を避けるためとはいえ、この同盟も構成員向けに自ら決闘具を購入していたのであった。[33]

表7－2　大学の学生団体（ドイツ帝国全体）

年	学生決闘を行う学生団				オリジナルカラーをもつ学生団	
	数	全団体中の割合（%）	内コーア		数	割合（%）
			数	割合（%）		
1870	89	70.6	69	54.8	18	14.3
1880	110	56.1	82	41.8	24	12.2
1890	168	46.8	80	22.8	51	14.2
1900	197	40.8	87	18.0	80	16.6
1914	255	29.6	93	10.8	132	15.3

年	宗教系団体		政治系団体		学術クラブ		体育系団体	
	数	割合(%)	数	割合(%)	数	割合(%)	数	割合(%)
1870	8	6.3	—	—	6	4.8	—	—
1880	22	11.2	—	—	33	16.8	—	—
1890	27	7.5	15	4.2	72	20.0	12	3.3
1900	46	9.5	21	4.3	95	19.7	24	5.0
1914	102	11.8	53	6.1	124	14.4	75	8.7

年	社会系団体		改革団体		総計
	数	割合(%)	数	割合(%)	
1870	5	4.0			126
1880	7	3.6			196
1890	14	3.9			359
1900	16	3.3	4	0.8	483
1914	21	2.4	40 ＋60(自由学生同盟)	11.6	862

出典：Jarausch, Konrad, “Universität und Hochschule”, in: Berg, Christa (Hrsg.), *Handbuch der deutschen Bildungsgeschichte Bd. IV*, München, 1991, S. 334 より抜粋。

おわりに

本来は貴族階層に特有であった決闘原理が、学生団体で、すなわち教養層や市民階層で貫徹していったことをどう理解すべきか。これは決闘原理が市民・教養階層によって市民的価値観のなかにとりこまれていったもの（フレーフェルト）ととらえるべきであろうか、あるいは学生や市民・教養階層が保守化していったもの（ヤーラオシュ、マッカレア）と考えるべきであろうか。[34] 少なくともここでいえることは、学生団体の世界では決闘との関係によってその位置づけが確定されたことである。この序列は社会での声望を反映しており、その意味でとりわけ世紀末のコーア学生は「ヴィルヘルム時代の理想像」（シュトゥディーア）と考えられていたのである。

扉図　テュービンゲンの学生決闘の一場面。出典：Biastoch, *Duell und Mensur* 表紙より。

注

（1）Helfer, Christian, "Formen und Funktionen studentischen Brauchtums im 19. Jahrhundert", in : ders/Rassem, Mohammed（Hrsg.), *Student und Hochschule im 19. Jahrhundert*, Göttingen, 1975, S. 166.

（2）Vgl., Hardtwig, Wolfgang, "Studentische Mentalität — Politische Jugendbewegung — Nationalismus", in : ders, *Nationalismus und Bürgerkultur in Deutschland 1500-1914*, Göttingen, 1994, S. 112.

（3）Vgl., *ibid.*, S. 115.

（4）Vgl., Haupt, Herman, "Zur Geschichte des Gießener Ehrenspiegels", in : ders（Hrsg.), *Quellen und Darstellungen zur Geschichte der Burschenschaft und der deutschen Einheitsbewegung Bd. II*, Heidelberg, 1911, S. 206ff.

（5）コンラート・H・ヤーラォシュ著、雨宮昭彦訳「二〇世紀におけるドイツ『教養市民層』の解体」『経済と経済学』第六七号、一九九〇年、七六頁参照。

（6）ノルベルト・エリアス著、青木隆嘉訳『ドイツ人論』法政大学出版局、一九九六年、一一七頁以下参照。

（7）Grieswelle, Detrev, "Zur Soziologie des Kösener Corps 1870-1914", in : Helfer/Rassem, *op. cit.*, S. 347.

(8) *Ibid.*, S. 48.

(9) Vgl., *ibid.*, S. 51.

(10) Biastoch, Martin, *Tübinger Studenten im Kaiserreich*, Sigmaringen, 1996.

(11) Vgl., Biastoch, *Tübinger Studenten im Kaiserreich*, S. 140.

(12) Vgl., Heer, Georg, *Geschichte der Deutschen Burschenschaft Bd. IV*, Heidelberg, 1939, S. 1ff.

(13) Frevert, Ute, *Ehrenmänner*, München, 1991, S. 168ff.

(14) *Ibid.*, S. 168.

(15) Vgl., Hardtwig, *op. cit.*, S. 116.

(16) Haupt, Herman, "Verfassungskunde der Jenaischen Buschenschaft vom 12. Juni 1815", in: ders (Hrsg.), *Quellen und Darstellungen zur Geschichte der Burschenschaft und der deutschen Einheitsbewegung Bd. I*, Heidelberg, 1910, S. 121.

(17) Haupt, "Verfassungskunde der Jenaischen Buschenschaft vom 12. Juni 1815", S. 121.

(18) Biastoch, Martin, *Duell und Mensur im Kaiserreich*, Vierow, 1995, S. 27.

(19) Biastoch, *Duell und Mensur*, S. 28.

(20) Biastoch, *Duell und Mensur*, S. 18.

(21) 森鷗外『独逸日記・小倉日記』筑摩書房、一九九六年、一一五頁。

(22) Frevert, *op. cit.*, S. 191.

(23) Frevert, *op. cit.*, S. 190.

(24) Frevert, *op. cit.*, S. 191.

(25) Frevert, *op. cit.*, S. 191.

(26) 例を挙げれば、一八八四年のテュービンゲン学生団の「学生決闘儀礼書」は全九条、細目は六〇項目以上にわたり、学生決闘の進行が厳密に規定されている。Vgl., Biastoch, *Duell und Mensur*, S. 53ff.

(27) ノルベルト・エリアス著、青木隆嘉訳『ドイツ人論』法政大学出版局、一九九六年、一〇九頁以下参照。

(28) マリアンネ・ウェーバー編、阿閉吉男・佐藤自郎訳『マックス・ウェーバー青年時代の手紙』上、文化書房博文社、一九九五年、一三二頁。

（29） Vgl., Frevert, *op. cit.*, S. 200.
（30） Vgl., Frevert, *op. cit.*, S. 201.
（31） Vgl., Biastoch, *Tübinger Studenten im Kaiserreich*, S. 148ff.
（32） Vgl., Frevert, *op. cit.*, S. 192.
（33） Vgl., Frevert, *op. cit.*, S. 193.
（34） Vgl., Kühne, Thomas, "Das Deutsche Kaiserreich 1871-1918 und seine politische Kultur", in: *Neue Politische Literatur*, XLIII Jahrgang, Heft2, 1998, S. 239ff.

第8章

帝制期ロシアにおける古典語教育の運命

——微弱な伝統と「上から」の導入

橋本伸也

古典語移入の意図と帰結

西欧と異なり，古典陶冶の堅固な伝統をもたなかったロシア。そのロシアでも，19世紀を通じて中等教育に古典陶冶が導入され，生徒たちの学校生活を支配するようになった。ロシアの教育システムにおける「上から」の古典陶冶の導入は，しばしば指摘される革命思想への対抗という思想問題の文脈にくわえて，伝統的な身分制秩序と貴族制の動揺・再編のなかで着意されたものだったのである。

序——問題としての古典語

近代ヨーロッパにおいて古典教養がエリート必須の要件として自明視されていたことは、改めて論じるまでもない。前近代からの官吏・聖職者・学者の言語としての伝統を受け継いだラテン語と、新人文主義運動のなかで陶冶価値を再確認されたギリシア語は、一九世紀を通じてエリート必須の教養としての地位を保持したのである。

ひるがえって帝制期ロシアでは、エリートの要件としての古典語なる観念は自明のものであったとは言いがたい。中世に遡る大学の伝統とそれに接続する教育機関をもたずにいたロシアでは、そもそも人文的教養が自生的に発展する前提を欠いたし、ピョートル大帝以降の西欧化の進展のなかでも、貴族エリートが好んだのはフランスやドイツ諸邦の宮廷的貴族文化の模倣であった。かれらは、一八世紀を通じてこみいった文化的象徴体系を編み出して身分的文化を成熟させたが、(1) そこには古典教養の介在する余地はあまり存在しなかった。

そうした事情には、一九世紀になっていきなり変化が生じたわけではない。ロシア貴族、とりわけその上位の人びとが身分的文化の核心やエリートとしてのアイデンティティの証左とみなして愛好したのはフランス語やドイツ語などの近代外国語を巧みに美しく操ることであり、あるいは馬術やフェンシング、舞踏などの貴族趣味の身体文化、さらに西欧の貴族を模した邸宅建築や贅を尽くした装飾品や美術の数々、そして広間で奏でられる西欧風の音楽だったのである。(2) そうした意識を反映して、リツェイその他の貴族のための特権的教育機関では、一九世紀を通じて近代外国語が大きな比重を占めるとともに、正課外でもフェンシングや舞踏が重視され、それとは対照的に古典語にはさほどの意味づけがなされなかった。(3) このことは、帝制期ロシアにおいてエリート文化の何たるかを考察しようとする際にまず第一に止目されるべき点のように思われる。身分制原理によって上位に位置づけられた教育機関では、貴族の身分的文化がエリートの要件としてコード化されていたのである。

他方で、ギムナジアから大学にいたるルートでは古典語を核とした人文的教養がしだいに重要視され、カリキュラム上の位置づけを高めていた。特に、大改革期からドミトリー・トルストイによるギムナジア改革にいたる一連の動向は、二古典語を義務づけた古典ギムナジアと、近代外国語や自然科学を重視した実科学校との複線化という同時期の西欧にも見られた学校類型の創出をもたらし、大学進学権は、古典語を履修した者に限定的に与えられた。エリートの資格としての古典教養というイメージがいやが応にも印象づけられ、逆にギムナジアにおける古典語学修の不首尾は、エリートへの道からの脱落を意味するものと観念されるようになった(4)。

以上のような簡単なスケッチからも、帝制期ロシアにおいて古典語の有する社会的含意が西欧のそれと重なり合う部分と大きくずれる部分とを併せもつことが予感されるが、本章では、ロシアにおいて古典教養が中等教育に定着させられる経緯を追いながら、それがロシアの歴史的文脈において有した意味と社会的機能を析出することを試みたい。はたしてロシアにおいてギリシア・ラテンは西欧的な意味でのエリートの教養として定着しえたのか、それらをロシアに移入し定着させようとする動機はいったいどこにあったのか、そうしたことを探るのがここでの目論見である。

1 古典教養の微弱な伝統

正教会と古典語

ロシアにおいて古典語が移入されたのは、まずはロシア正教会を通じてのことであった。とはいえ、その移入のプロセスは問題や葛藤をはらんでいた。というのは、ロシア正教会はギリシア正教の流れを引きつつ、そこからの自立を果たした経緯を有するとともに、他方でカトリック的西方世界に対抗する真正なる信仰の擁護者としての自意識を保ち、さらに独自の教会言語として教会スラヴ語を有していたことから、ギリシア語・ラテン語のもつ意味あいは微妙なものとならざるを得なかったからである。

正教会によるラテン語の移入は一七世紀前半にさかのぼる。当時、ポーランド領にあったキエフ府主教ピョートル・モギラが、東方への攻勢を強めていたカトリック教団の影響と対抗するにはラテン神学に倣って正教教義の確立をはかる必要があるとして、みずからラテン語による教義書として『正教の信仰告白』を著したのである(5)。さらにモギラは、一六三一年にキエフの洞窟修道院にキエフ・モギラ・アカデミー（後のキエフ神学大学）を興して神学教育の場とし、ラテン語・ギリシア語による教授を行った。これがロシア教育史上、ラテン語受容にとって最重要の契機とみなされる事件である(6)。一八世紀には、キエフ・アカデミー下級段階の教授の中心はラテン語におかれており、アカデミー全体でも教授言語として採用されたのはラテン語であった(7)。

ラテン語受容は抵抗なく進んだわけではない。スコラ哲学と一体となったカトリック神学の教える合理的知識よりも、むしろ瞑想的祈りへの沈潜を好んだモスクワの正教的伝統のなかでは、ローマのことばであるラテン語への嫌悪が強く、「ラテン語で学ぶ者は、正しい道から逸れて道を踏み外す(8)」と語る者さえ生んだのである。一七世紀

図8-1　キエフ・モギラ・アカデミーの学生
ギリシア語とラテン語の論題を手にしている。
出典：*Пономарева и др.* Университет для России, М., 1997, с. 33.

末にはモスクワにも、後の神学大学の前身であるスラヴ・ギリシア・ラテン・アカデミーが設けられたが、その際もラテン語の扱いは重大な争点となっていた。ピョートル大帝期のアカデミーでは西欧化の手段の一つとしてラテン語が重視され、教授言語としてのみならず日常会話でも使用が求められるなど[9]、ラテン語の定着が進行したが、その一方でギリシア語を重視する動きも根強く続けられた。このように、ロシア正教会ではラテン語とギリシア語の扱いをめぐっては長く動揺が繰り返されたのである。

さらに、アカデミーにおけるギリシア語・ラテン語教育の定着も、それ自体としてはエリートの教養としての古典語の地位を安定させるものではなかった。確かにモスクワのアカデミーは、聖職者身分と並んで有爵者を含む一部の開明的貴族や雑階級人と称される諸身分の生徒を受け入れて、一般教育機関として機能しており、教育内容でも正教神学だけでなく西欧伝来の世俗的な新しい知識を多く講じていた。一八世紀の学者や知識人の多くはこの学校から輩出された。だが、一七三六年に陸軍貴族幼年学校が設けられた後は、貴族の志向はむしろこれら軍事教育機関に向かい、名門貴族家庭では外国人家庭教師や外国人の経営する私塾的な寄宿学校も好まれた。他方、神学アカデミーが本来対象とした聖職者についていえば、かれらはピョートル改革のなかで国家機構末端に奉仕する閉鎖的身分集団にとどめられ、カトリックやプロテスタントの聖職者のように高い社会的威信を享受しうるような存在ではなかったし、教育水準もけっして高くなかった[10]。このように、ロシアにおいてギリシア・ラテンの導入は、西欧とはいささか別次元で進んだものだったのである。

世俗学校における古典語

他方、世俗学校において古典語はどのような扱いを受けていたのであろうか。

西欧的学問の移植を目的に、一七二四年サンクト・ペテルブルグに設けられた科学アカデミーに付設された大学

図8-2　ネヴァ川対岸から見たサンクト・ペテルブルグ科学アカデミー（18世紀末）

1724年設立の科学アカデミーには学者養成を目的に大学とギムナジアも付設された。ロシア国家が最初に設けた大学である。

出典：*Хартанович, М. Ф.* Ученое сословие России : Императорская Академия наук второй четверти XIX в., СПб., 1999, с. 29.

では、ドイツ人教授がラテン語による講義を行うのを通例としており、大学進学者の準備教育の場である附属ギムナジアでもラテン語とドイツ語の教育が重視された[11]。しかし、この学校はいたって不人気で生徒数も乏しく、中等教育機関としての機能を十全に果たしうるものではなかったし、ラテン語よりもドイツ語の比重を高くせざるをえなかったから[12]、古典教養の定着にあたってなしえたところは微弱であったといわざるをえない。

同様のことは、一七五五年創設のモスクワ大学に附設されたモスクワの二校のギムナジア（貴族ギムナジアと雑階級人向けギムナジア）とカザンのギムナジアについても言えた。モスクワ大学附属ギムナジアは科学アカデミーのそれと比べれば人気を博しており、大学との接続の必要上古典語教授も行われたものの、そこで重視されたのは貴族的文化、わけても近代外国語であり、カザンでは教師不足から十全な教育を期待しえなかった[13]。準備教育がそのような状況では大学教育が上首尾にいくはずもなく、一九世紀初頭に及んでなお窮状を呈していた。学生のラテン語の準備の不十分さゆえに、ロシア語を解さぬ外国人教授はラテン語で講じた後にフランス語やドイツ語で復唱することを強いられ、あるいは講義を聴いた通訳がロシア語に訳するといった光景が常態化していたというのである。もっとも、それでも講義内容は受講者にとって了解不能であったらしい(14)。

さらに、一八世紀前半以来、貴族子弟の教育の場として威信を高めた陸軍幼年学校の場合は、数学、絵画、砲術、築城術、フェンシング、騎乗などが教授課程の主座を占め、あるいは近代外国語や歴史、地理、ダンス、音楽などが重視されたのであって、ラテン語は補助科目として希望者を対象に講じられたにすぎない(15)。

表8-1　1804年学校令にもとづく週当たり総授業時数

	科　目	時数
第一上級教師	純粋数学・応用数学・実験物理学	18
第二上級教師	歴史・地理・統計	18
第三上級教師	哲学・美学・政治経済学	20
第四上級教師	自然史・工学・商学	16
第一下級教師	ラテン語	16
第二下級教師	フランス語	16
第三下級教師	ドイツ語	16
第四下級教師	絵　画	4
合　計		124

備考：教員毎の各学年における週当たり授業時数の合計を示した。
出典：*Алешинцев, К.* Гимназическое образование в России, СПб., 1912, с. 27.

一九世紀になって本格的整備の開始された国民教育省管下ギムナジアでも、依然として古典語の位置づけは低かった。一八〇四年大学管下諸学校令によって教育課程に盛られたのは、ラテン語、ドイツ語、フランス語、地理・歴史、神話学と古代学、一般統計学およびロシア国家統計、哲学・美学の初級課程、政治経済学初歩、純粋数学と応用数学、実験物理学と自然史、商業に関する学問、工学、絵画といった多岐にわたる科目群であり（第五条）、その該博さゆえにしばしば「百科全書」的課程と称されていた。週当たり総授業時数にラテン語の占める割合は一割強で、しかも最上級の第四学年ではラテン語の授業は行われず、ギリシア語はそもそも課程中に含まれていない（表8-1参照）。教員の処遇でも、諸学の教師は上級教師とされて九等官待遇であったのにたいして、ラテン語を含む語学教師は下級教師で一〇等官相当であった（第九条(16)）。

このように、一九世紀初頭までは世俗的教育機関でも、主として西欧型大学の形成と学問の移入を動機としてラテン語の修得がある程度課されたとはいえ、実態はきわめて貧相にとどまったと言わざるをえないのである。

2　ウヴァーロフと古典陶冶主義の導入

ウヴァーロフと古典語

ロシアにおける人文的古典陶冶の脆弱さを問題とし、ギムナジア教育の古典化をすすめるのにもっとも功があったのはセルゲイ・ウヴァーロフである。

この時代の名門貴族子弟の通例に倣って、一八〇一年、一五歳の若さで外務コレーギヤに名目上任官したかれは、相前後してゲッティンゲン大学で古典語とドイツ語を学んだ後にロシアに帰国して本格的勤務を開始した[17]。一八〇六年にはウィーンの大使館勤務を命じられて、この地やイタリア諸都市で西欧文化の粋をあつめた環境に暮らす機会を与えられ、ゲーテやフンボルト兄弟、スタール夫人ら当時のヨーロッパの学術文化の精華ともいうべき人びとの知己を得るきっかけをつかんでいた[18]。稀代の教養を備えた教育・文化の改革者として自己形成を果たす条件が与えられたのである。かれの修得した言語が、ギリシア・ラテンを含めて七つに及び[19]、みずから古典研究でデルプト大学から修士の学位を得ていたことは銘記されてしかるべきであろう。

ウヴァーロフがギリシア語の本格的な学習に手を染めたのは、一八一一年のサンクト・ペテルブルグ教育管区監督官就任後のことである。かれは、この年から一五年間にわたって古典学者フリードリヒ・グリェフについてギリシア語を学ぶとともに、ヨーロッパ文明の原型としての古代ギリシア文化の復興をめざした新人文主義運動のロシアにおける唱導者となった。いにしえからのギリシアとの宗教的紐帯が西欧諸国以上にロシアに文化的優位を与え、西欧文化の表層の模倣に堕することなき、古代文化に根ざしたロシア的民族文化の創造が可能になるとも考えた[20]。一見西欧的な古典陶冶の唱導者であったウヴァーロフが、同時にロシアの官製ナショナリズムの発案者やスラヴ民俗研究のパトロンたりえたのは、古代ギリシアとロシア文化との類縁性に関するこうした理解によるものだったのである。

ギムナジアにおける古典陶冶主義の導入

ウヴァーロフは、サンクト・ペテルブルグ管区監督官就任とともにはやくも古典語を中軸に据えた新教授プランの提案を行ったが、これは同年一一月七日に承認を得て、他に先駆けてサンクト・ペテルブルグ・ギムナジアに適用された。提案に際してかれが示した立場は、一八〇四年学校令の百科全書的な多教科編成がもたらした過重負担を軽減し、それに代えて「教育の第一にして真正の基礎」たる古典教養を格段に重視するものであった。かれは、「これまで古典語は課程中で補助的科目としてのみ講じられてまいりましたが、いまや……新プランでは、それがつねに至るところで占めてきた地位にあらためて就いたのであります[21]」と述べているのである。この改革の成果は顕著で、その功績にたいしてウヴァーロフは聖ヴラジーミル第二級勲章を授与されている[22]。

さらにウヴァーロフは、自管区での成功を梃子に帝国のすべてのギムナジアで同様の改革を行うことを提起して、一八一九年には国民教育省学校管理総局の承認を得た。そこで示された教育課程は、一八〇四年課程に含まれた社会科学や実業的科目を削除して、ラテン語、ギリシア語、ドイツ語、フランス語、地理・歴史を補強したものであった。もっともこれは、ギリシア語教師が圧倒的に不足し、ラテン語教師も十分な能力を備えていなかったため、ごく一部で実行されるにとどまった。ウヴァーロフ自身も、適格な能力を備えた教員確保などの条件整備が進まぬなかで、中途半端なままに古典語教育を強行することには慎重な姿勢をとっていた。

図8-3　セルゲイ・ウヴァーロフ（1786-1855）
西欧的教養豊かな国民教育大臣として知られるウヴァーロフは，ニコライ１世のもと狡猾にたちまわりながら古典陶冶の導入や学術の発展に尽力したが，次第に皇帝から疎んじられ，1848年革命を機に更迭された。
出典：Whittaker, C. H., *The Origins of Modern Russian Education*, De Kalb, 1984.

一八〇四年諸学校令の規定を全面的に見直して、全国規模でギムナジア改革がなされたのは一八二八年の大学管下諸学校令の改正によってである。この学校令の制定過程には、すでに教育管区監督官を退いていたとはいえ、ウヴァーロフも関与した。ここでは、すでに第4章で見た学校制度総体の改編とならんで教育内容の見直しが試みられ、サンクト・ペテルブルグ管区の事例に倣って百科全書主義を排し、古典陶冶主義の導入が図られた。

新学校令は、神の法・聖史・教会史、ロシア語文法・文学・論理学、ラテン語・ドイツ語・フランス語、数学、地理学・統計学、歴史学、物理学、習字・彫刻・絵画（一四四条）を教授課程として定め（表8-2）、それに加えて大学所在地のギムナジアにはギリシア語の教授を義務づけ、その他のギムナジアでも「必要性と可能性に応じて」ギリシア語を導入することを求めていた（第一四五条）[23]。ギリシア語の位置づけが曖昧なままに留められたのは、皇帝ニコライ一世がギリシア語教授に消極的であり、また上述の通り条件が必ずしも整っていなかったことによるものである。

一八二八年諸学校令について帝制期の教育史家ロジェストヴェンスキーは、「一八二八年のギムナジア教授プランとそれに基づいて作られた一八三二年のプログラムは、国民教育省がこれ以上この方向に進む必要があるとは考えないほどに古典語の教授を確たるものとした」[24]との評言を与えたが、その言の通り、古典陶冶を中軸に据えた中等教育がロシア教育史上はじめて確たる地位を得ることになった。さらに一八三四年にウヴァーロフが国民教育大臣に任じられるや、漸次、条件に応じて設けるとされた二古典語型ギムナジアの数も増加し、当初想定された大学都市の枠を大きく超えて、一八四九年にはギムナジア七四校中四七校に及んだ[25]。

表8－2　1828年学校令にもとづくギムナジア週当たり総授業時数

	タイプ1	タイプ2
神の法	16.5	16.5
ロシア文学・論理学	34.5	34.5
ラテン語	39	39
ギリシア語	30	—
ドイツ語・フランス語	27	45
数　学	22.5	34.5
地理学・統計学	15	15
歴史学	19.5	19.5
物理学	6	6
習　字	15	15
絵　画	15	15
合　　計	240	240

備考：教科毎の各学年における週当たり授業時数の合計を示した。なお，タイプ1はギリシア語・ラテン語を教授するギムナジア，タイプ2はラテン語のみのギムナジア。

出典：Брокгауз и Ефрон Энциклопедический словарь, т. 16 (VIII^{А}), СПб., 1893, с. 700.

ウヴァーロフ文政と古典教養の意義

このようにウヴァーロフは、サンクト・ペテルブルグ管区監督官就任以降一貫してギムナジアの古典学校化を学校政策の根幹に据えたのであるが、かれがそのような政策を推進した意図はどこにあったのであろうか。ウヴァーロフは教育相在任一〇周年を機にニコライ一世に提出した上奏報告のなかで次のようにみずからの文政、とりわけ大学政策の意図について述べている。

帝国内の最上位の階級の子弟を大学に引き入れ、

外国人による歪んだ家庭教育に終止符を打ち、見かけ上は華やかだが徹底性や真の学識とは無縁な、外国風の陶冶に熱中するのが支配的になっているのを緩和し、そして最後に、最高の諸身分の人びとのあいだにも、大学の若者たちにも、民族的な独立した陶冶への志向を植えつけること。(26)

ここから明らかなように、ウヴァーロフは、必ずしも質をともなわない外国人家庭教師や外国人の経営する私塾的寄宿学校の教育を好んで、西欧文化の表層の軽佻浮薄な模倣に身をやつす貴族に、それらに代わる大学レベルの高度で真正の学術的陶冶を与えてヨーロッパ的な普遍的文化を根源から修得させ、それに基礎づけられた民族文化を創造しうる教養階級へと転身させることをもくろんだのである。そのためにかれは、大学教育充実にも尽力し、実際それはかなりの成果をおさめたが、それとならんで大学教育への予備教育機関であるギムナジアを貴族にとって魅力ある教育の場に改造して、「真の学識」の中核たる古典陶冶を徹底することが不可欠だとした。すでに第4章で見たとおり、この時期、ギムナジアを貴族の排他的な陶冶の場とする方向が強められたが、これは、古典語教育の充実・強化と一体となって、教養階級としての貴族身分の創出をはかる政策として提起されたものだったのである。貴族以外の諸身分出身の生徒を対象とした実科系クラスの併設による古典―実科間の身分的差異化、私立パンシオンの新規開設禁止や家庭教師の国家資格化による私教育への国家統制も進められたが、これらも同様の意図から推進されたものである。ウヴァーロフにとってギムナジアの貴族特権化と古典陶冶の重視とは、教育の身分制原理の枠内で貴族の教養階級化をはかるべく、ひとつのコロラリーとして把握されたのである。

ウヴァーロフの更迭と古典陶冶の後退

こうして、古典陶冶を貴族の身分特権としてのギムナジア教育の中核に据えようとしたウヴァーロフ的政策はしばし成功裏に推進され、ロシアの貴族エリートの教養としての古典語という観念が定着したかのように見えたのであるが、それがきわめて脆弱な基盤しかもたなかったことがまもなく明るみに出ることになった。一八四八年ヨーロッパ革命という激震への恐怖にとらわれたニコライ一世とその周辺が古典陶冶への疑義を表明し、一八四九年にはウヴァーロフを国民教育大臣の職から退けるとともに、古典中等教育の変質をはかったのである。

古典陶冶、とりわけギリシア的なそれが古代ギリシア的「民主主義」精神を若者のあいだに蔓延させ思想の急進化をもたらしかねないとする懐疑は、一八四八年革命に前後してドイツなどでも見られたものである。しかし、幼少時代から軍人としての教育を受けて人文的教養への理解に乏しく、当初からギリシア語教授に消極的であったニコライ一世のもとでは、そうした反応がひときわ極端なかたちで噴出した。いち早く一八四七年にキエフ県知事ビビコフは、知的能力の空費であり好ましからざる夢想の原因となりかねない古典語学習に代えて「即事的な方向性」への教育の転回を求めたが、これはそうした態度の最初の一例であった。また、サンクト・ペテルブルグ管区監督官のムーシン＝プーシキンがギムナジアへの二分岐制導入を提起、さらに一八四九年にウヴァーロフが更迭されるに及んで、ギムナジアにおける古典陶冶は著しい後退をみた。そこでは、ウヴァーロフがギムナジアから大学への進学を前提に、文化的存在としての貴族の教養を強調したのに対して、貴族特権であると同時に義務でもあった国家勤務にむけて生徒をどう準備するかが問題とされた。学校令に定められたギムナジアの二重目的、すなわち大学進学への準備と直接任官する者の教育という二重性のうち前者ばかりが強調されたのに対して、後者の視点から、過剰な教養よりもむしろ実際の勤務に有用な専門的知識の教授にシフトすることが求められたのである。これは、貴族に必要なのは大学教育にまで接続する西欧的教養かそれとも勤務上の実務的な能力かとの問題から、ひいては国力の発展と国威の強大化にとって知識や教養がいかほどの意義をもちうるかとの国制上の展望や、ロシアにおいて貴族のなんたるかとの自意識の相違に由来するものであった。その点で、古典陶冶に対する反動が大学縮小政策と一体となって提起されたことは示唆的である。コルフは回想録のなかで、武官勤務を嫌いギムナジアから大学を経由して文士のごとく遊民化する貴族若者が増加しつつあったことへのニコライ一世のいらだちを指摘したが、この改革はこうしたこととも関連したのである[28]。

ウヴァーロフ的ギムナジア体制の改編は、一八二八年諸学校令の一部改正を命じた一八四九年三月二一日および一八五一年一〇月一二日付の勅令[29]と、それにもとづいてギムナジアの教授課程を定めた一八五二年三月一四日付の大臣通達[30]によってなされた。ギリシア語・ラテン語の教授は大学進学を前提とするごく一部のギムナジアにとどめられ、主として直接任官する者を教育するその他のギムナジアでは、古典語に代えてロシア法や自然科学の授業を置くこととされた。二古典語を教授する場合も、時数はラテン語で二二時間、ギリシア語では一九時間まで削減され、ギリシア語の履修は大学の歴史文献学部進学希望者に限定された。ギリシア語を教授するギムナジアは九校まで激減した。この後退は、後にドミトリー・トルストイによって、「悲しむべき無思慮と意想外の出来事」がもたらした「壊滅的ともいうべき帰結[31]」だと指弾されるほどに著しいものであった。

3　トルストイ教育相と古典陶冶主義

大改革期の中等教育改革と古典陶冶

ニコライ的体制からの脱却と国家と社会の全般的近代化がめざされた大改革期の教育改革論議のなかでは、古典陶冶の扱いが中等教育問題の焦点に再浮上した。ニコライ一世治世末期に導入された、官吏のための専門陶冶の場としてのギムナジアという観念の見直しが迫られたのである。国民教育省によって組織された討論には外国も含めて三六五件の意見が寄せられたが、そこでは一般陶冶こそ中等教育の主たる任務であるとする主張が大勢を占め、そのうえで一般陶冶の目的をより上首尾に達成しうるのは古典陶冶かそれとも近代外国語や自然科学を中核とした実学的陶冶かという陶冶価値をめぐる論争が展開された。(32) これは、同時期に西欧諸国で繰り広げられた論争がロシアに投影されたものでもあった。成長を遂げつつあった公論の場でも、古典―実科問題は重大な論争的テーマであった。大改革期の教育改革論議を方向づけた論文「生活の諸問題」のなかで著名な外科医にして教育行政官であったピロゴーフが主題としたのは、人文的な一般陶冶と専門陶冶との関連如何との問題であったし、(33) ウヴァーロフのもとでモスクワ大学歴史学教授として活躍したグラノフスキーは、一八五五年に執筆し没後一八六〇年に公表された小論のなかでニコライ的反動を論難し、西欧の経験を回顧しながら実学的陶冶に優越する古典文献学の陶冶価値を語っていた。(34) 他方、西欧の教育事情を視察した教育学者ウシンスキーが強調したのは実学的陶冶の優位であった。中等教育の性格は、時代の重要な論点のひとつと化していたのである。

このような論争のなかで制定された一八六四年ギムナジア令において、古典語の扱いは折衷的なものであった。ギムナジアの目的は「そこで教育される若者に一般陶冶を与えるとともに、大学やその他の高等専門学校への準備機関としての役割を果たすこと」(第一条)とされ、そのうえで「一般陶冶を促進する科目の違いとギムナジアの教授の目的の違いによって、古典ギムナジアと実科ギムナジアに分かつ」(第二

表 8-3　1864年ギムナジア令による科目別週当たり総授業時数

	2古典語	1古典語	実科
神　学	14	14	14
ロシア語	24	24	25
ラテン語	34	39	—
ギリシア語	24	—	—
ドイツ語・フランス語	19	38	46
数　学	22	22	25
歴　史	14	14	14
地　理	8	8	8
自然史	6	6	23
物理・天文	6	6	9
習字・絵画・製図	13	13	20
計	184	184	184

備考：ロシア語には教会スラヴ語・文学を含む。2古典語ギムナジアではフランス語またはドイツ語を選択。
出典：«ЖМНП» ч. 124, 1864, отд. 1, 72-74.

条）ことが定められた。修学期間は古典・実科ともに七年とされて（第三条）、古典ギムナジアには大学および高等専門学校への進学権、実科ギムナジアには高等専門学校への進学権のみが与えられた（第一二二条）。古典ギムナジアと実科ギムナジアを形式的には同格としながら、実質的な権利の点では古典ギムナジアを優位に据えたのである。ただし、ラテン語を追加的に履修した場合には、実科ギムナジア卒業生にも大学進学資格が認められた。また、古典ギムナジアについては、ギリシア・ラテンの二古典語の教授を行うことを正則としながらも、ギリシア語教師の不足を理由に、過渡的な措置としてギリシア語に代えてドイツ語またはフランス語を置いた一古典語タイプの古典ギムナジアの存在を認めていた（第三九条付則一）。教授時数では、二古典語型では古典語が週当たり計五八時限（一時限は一時間一五分）で全体の三割強を占め、一八年ギムナジア令よりも若干の増加であった（表8-3参照）。かくして、二元的で三類型からなるギムナジアが発足したのである。(35)

一八六四年ギムナジア令の見直しと複線型体系の創出

こうした新たな出発をしたロシアのギムナジアであるが、その実施過程にはおおきく二つの問題があった。ひとつは各ギムナジアを三類型中のいずれにするのか、いまひとつは実際の就学状況の問題である。

まず前者については、地域毎に大学進学実績や地域社会の希望などを勘案しつつ、実科ギムナジアの校数を全ギムナジア中の四分の一程度に抑えた全国規準に照らして決定するとされ、ギムナジア令制定翌年にはヴィリノ、ワルシャワ、デルプトを除く六つの教育管区の六七校のうち、実科ギムナジアは一六校、未定が二校、その他はいずれかのタイプの古典ギムナジアとされた。ところが、実際に制度が動き始めるや、実科ギムナジアを請願した地域でも一古典語型ギムナジアへの改組を求めるようになり、結局、一六校中一一校が古典ギムナジアに転換、実科ギムナジアとして残ったのは五校にすぎなかった。(36)

こうした転換運動の動機は、古典か実科かとの論争点それ自体ではなく、卒業後の権利すなわち大学進学権の有無にあった。トルストイが教育相に就任した直後の一八六六年に行った管区監督官に対する意見聴取の結果は、まさにそのことを示していた。各地から伝えられたところでは、古典陶冶と実科陶冶への評価では意見が分かれたものの、実科を含む全ギムナジアから大学への入学を認めるように求める声が大勢を占め(37)、それが認められない限り古典ギムナジアへの改組が進み、実科ギムナジアが消失しかねないことが明らかになったのである。

　他方、時期を同じくして行われた一八五七年から一八六六年までの就学状況調査では、課程修了までギムナジアに在学する者はごく少数で、下級四学年ですでに少なからぬ生徒が離学、その後はさらに多くの中途退学者がみられたことが明らかになった。国民教育省はこの事実を、ギムナジアとは別にドイツの「市民学校」に類する学校を設立する必要を示したものと理解した(38)。このように一八六四年ギムナジア令は、制度発足の直後から問題含みであることを露呈し、たちまち見直しを要することとなったのである。

　国民教育大臣ドミトリー・トルストイによる中等教育改革は、一八七一年のギムナジア令改正と翌七二年の実科学校令の公布によって実行に移された。

　まずギムナジア令改正では、古典ギムナジアを単にギムナジアに改称した上で、実科ギムナジアに関する全条項を削除し、実科部門のギムナジアからの分離が果たされた。また、第七学年の履修

表 8-4　1871年ギムナジア令による科目別週当たり時数

	2古典語	1古典語
神　学	13	13
ロシア語	24	28
論理学基礎	1	1
ラテン語	49	49
ギリシア語	36	—
数　学	37	37
地　理	10	10
歴　史	12	12
フランス語・ドイツ語	19	51
習　字	5	5
計	206	206

備考：各教科の予備級を除く7学年8年間の週当たり授業時数を合計した。ロシア語には教会スラヴ語を含む。数学には物理，数理地理，簡易自然科学を含む。ドイツ語・フランス語は2古典語ギムナジアではいずれかを選択。2古典語ギムナジアでもフランス語・ドイツ語をともに履修することができたが，その場合の総時数は225時間になる。

出典：«ЖМНП» ч. 155, 1871, отд. 1, с. 142-143.

図8－4　カ・イ・マイの私立ギムナジア・実科学校

1860年代以降，官立中等教育機関に加えて私立学校の設立も始まるが，ドイツ人マイがサンクト・ペテルブルグに設けた学校もそのひとつである。立派な設備を備えたこの学校は，ギムナジアと実科学校の二つのタイプを併設し，ペテルブルグでもっとも充実した一つであった。

出典：*Лихачев, Д. С. и др.* Школа на Васильевском, М., 1990.

年限を二年として，実質八年制への修学年限延長を行い，ギムナジア教育の充実がめざされた。古典語の扱いでは，六四年規程の場合と同様，教員確保が進み次第すべてのギムナジアにギリシア語を開講することとし，ラテン語と二近代外国語を必修とするギムナジアが暫定的に認められた。あわせて，ギムナジア入学者の質の向上のために予備級が設けられた(39)。教科課程もかなりの変更を受け，古典語にあてられる時間数は，二古典語ギムナジアの場合で六四年ギムナジア令の三一・五％から四一・三％へと大幅な増加をみせ，一古典語型でも二一・二％から二三・八％に微増した。古典語と並んで形式陶冶の主たる手段とみなされた数学の時数も大幅に増えた。対照的に，自然科学系科目は大幅に削減され，一部は数学に吸収された（表8－4参照）。

他方，翌年五月に公布された実科学校令

では、その目的は「実践的必要ならびに技術的知識修得に適した一般陶冶を授けること」(第一条)とされ、修学年限も地域の事情に応じて二年から六年と幅のある編成が認められた(第二条)。上級二学年は基本課程と商業課程の二部門またはそのいずれかを持ち(第三条)、基本課程では六年課程に加えて補習級として一般・機械技術・化学技術の三部門をおくことができた(第四条)[40]。このうち、一般部門は高等専門学校進学者を対象とし、他は実業に向けた技術教育的性格を与えられた。実科学校が一般教育機関とされながら、商業や技術など実業教育的性格を併せもたされた理由は、工業学校等の「実践的で有用な目的にできるだけかなった十分な完成陶冶」[41]を与える学校が不在であるところに求められた。この学校の成長ぶりは、すでに第4章で指摘したとおりである。

トルストイ改革の含意

このように、トルストイの中等教育改革は、古典系と実科系の制度上の分離およびギムナジアにおける古典陶冶のいっそうの強化、実科学校の実業学校への傾斜といった特徴を見せたのであるが、これらを通じて大臣は、一体何を狙おうとしたのであろうか。

トルストイが改革に託した目的の第一は、堅固な古典陶冶を通じて生徒の思想の穏健化をはかり、この時代の若者に顕著であった「唯物論やニヒリズム、そして身を滅ぼしかねないうぬぼれ」などの偏向を正すことであった。古典語・古典文学は、「人間精神のあらゆる側面に働きかけて、それを活性化させて高める」[42]最良の教材であり、「若者のあいだの自由思想を根絶し、かれらに政治的な思想穏健と信頼性をうえつける手段」[43]とみなされたのである。こうした見方は、元モスクワ大学教授で、ドイツのギムナジウム教育学の口吻をまねて極端な形式陶冶説に立ち、もっぱら古典語と数学に中等段階の陶冶価値を認めた「保守的西欧主義者」[44]カトコーフらの陶冶論に支えられたものである。ツァールスコエセロー・リツェイ出身で、自身は古典教養の造詣の深くなかったトルストイの改革は、その誘導のもとでなされたのである。

いうまでもなく、古典陶冶に対するこのような把握は、ほんの一昔前に示されたニコライ一世的な古典語への危惧、すなわち古代ギリシア的民主主義への夢想のもたらす思想的弊害という認識とは対極的なものである。同じく反動とみなされたツァーリと国民教育大臣が示した認識がこれほど極端な差異を示したことは、双方の見解がともに著しく根拠を欠くことの証左として同時代人による回顧的な論難の的となったが[45]、そこに語られた通り、ロシアにおいて古典陶冶が政治的文脈ですぐれて恣意的に扱われたことを示すものでもあろう。これはまさに、エリートの教養としての古典語に対する社会的承認の脆弱さの反映といわなければならない。

しかし、トルストイ改革の趣旨を、このような「思想問題」のコンテクストでのみ説明するのは必ずしも妥当ではない。ギムナジアの古典化の徹底と並んで実科ギムナジアの実科学校への再編が進んだことを説明できないからである。西欧型の複線型中等学校システムへの移行には、それ以上の含意があったと見なければならない。

この点をめぐって、従来はもっぱら、強化された難解な古典教授によって中下層からのギムナジアおよび大学への進学を阻止し、かれらを実科学校に向かわせることで社会の安定化がめざされたことばかり強調されてきた[46]。むろん、トルストイ改革において、主眼は大学進学を前提とした古典陶冶の強化によって知識水準の向上をはかるために、早期離学者など本来ギムナジア教育を必要としない者を排除するところにあり、その受け皿として実科学校の活用が考えられたのは明らかで、こうした見方はそれなりに正当なものとして承認されねばならない。だが焦点は、大改革を経たこの時期にあって、中下層排除の論理がウヴァーロフらの場合と同様に身分制原理の枠内で構想されたのか、それともそれとは異なる次元から提起されたのかにあるように思われる。トルストイ改革において公然たる身分的制限策が打ち出されていないことも、これと関連する。

この点でトルストイの立場はいささか微妙なものに見える。ギムナジア令改正提案のなかでかれは、一八六四年

図8－5　サンクト・ペテルブルグのピョートル大帝ギムナジアの教師と生徒（1900年）

出典：Iroshnikov, M. P., *Before the Revolution: St. Petersburg in Photographs, 1890-1914*, New York, Leningrad, 1991, p. 242.

に身分要件廃止にあわせて担税身分出身者の身分団体離脱証明提出義務を撤廃したことによって「遺憾なことであるが、児童がギムナジア一年次に受け入れられる際の知識水準要件もひきさげられた」と述べ、身分的開放が質の低下をもたらしたことを指摘しながらも、他方では、貴族以外の者がギムナジア名誉監督官に就任してその発展に貢献するのを歓迎したのである。ただしその場合もトルストイは、貴族以外がこの職務に就くことが、職務そのものの意義の低下につながったとして、否定的な態度をくずしていない(47)。

他方トルストイは、実科学校設立提案のなかでは、次のように述べていた。

> 中流の商人、小規模の地主貴族、財産はないが中程度の俸給を得ていて、教育の価値のわかっている官吏などもそれ［実科学校の教育を必要とする人々のグループ――引用者］に属するであろう。これらの人々はいずれも、一六～一七歳の息子の稼ぎを特に必要とするわけではないのが通例だか

ら、実科学校の商業部門や二つの技術系部門が提供してくれる、将来の価値と生産力をかなり高めるための方策を喜んで利用することは疑いない。しかもそれらには、課程を完全に修了した場合には、若干の権利や特権が授けられるし、軍役についての特権も提案されているのである。(48)

ここでは、弱小貴族や中下級官吏の子弟も実科学校のクライエントとなりうることを明言し、実業中産階級を生み出す母体としてこの層を想定するとともに、それに加えて、特権付与による振興を狙っていることが示唆されている。トルストイは、ギムナジアと実科学校との身分による差異化をはかろうとしたのではなく、むしろ身分とは異なる規準で両者の区分を考えたのである。

さらにトルストイは、一八七五年にオデッサ教育管区への視察旅行を行った際に、ヘルソン市長が主催した歓迎祝宴の場で、居並ぶ市民代表を前に答礼の辞のなかで次のように語っていた。

貴下がまさしく仰ったとおり、わが国政府は宗派や身分によって学校内でいかなる差別をも行っておりません。……わが国の学校にはひとつだけ差別がありますが、それは能力による差別なのであります。もちろん貴下たちは教育改革以降、私に対してなされてきた非難を読んだり聞いたりされてきたことでありましょう。あたかも私が、貴族《アリストクラート》以外のすべての者に対してギムナジアや大学への道を閉ざすためにのみ古典陶冶システムを提案したかのように言うのであります。これはまさしくその通りであります。わが国のギムナジアは貴族を生み出さねばならないのであります。しかしそれは、いかなる貴族でありましょうか。知性の貴族であり、知識の貴族であり、労働の貴族なのであります。願わくば、わが国においてそのような貴族のますます増えることをと願う次第であります。(49)

参会者の「ブラボー」という声に迎えられたこの発言は、トルストイ改革の意図が旧来の身分制原理の復活・強化ではなく、むしろ知識と教養による「貴族」の創出という、メリトクラシー的な階層秩序への移行を展望したものであったことをはっきりと示している。むろん、それは既存の貴族を解体することを狙ったものではなく、新しい教養貴族の主力に想定されたのが旧来からの貴族であることは言うまでもない。だが、その一部が実科学校を介してエリート圏外の実業社会に転進し、逆に他身分出身者が学歴とそこで得た教養を梃子に「知性の貴族、知識の貴族」に参入することが許容されていた。ここに見られるように、トルストイ改革は、大改革期に追求された法の下の平等がもたらしかねない秩序崩壊を食い止めながら、農奴制に依拠した身分制的秩序に代わりうる階層秩序原理を導入して社会再編のソフトランディングをはかるとともに、その不在が問題視された実業中産階級を育成する装置の開発をめざしたのである。トルストイの盟友カトコーフの設立した皇太子ニコライ記念リツェイが特権的教育機関として扱われながら、身分要件を定めなかったのもこのことと関連する。古典語は、トルストイやその盟友によって、知識と教養による階層化装置として位置づけられたのである。

改革の帰結

このように専制体制の側からの社会変動への対応として取り組まれたトルストイ改革がもたらしたのはいかなるものであったのか、そのことの判断はきわめて込み入ったものとならざるをえない。

複線化された中等教育がその後半世紀にわたって維持され、若干の曲折を経たとはいえ双方で持続的成長を続けて、大学や高等専門学校の隆盛と社会の専門職化をもたらし、新しいタイプのエリート・准エリートを生み出す基盤となったことはすでに第4章で見た通りである。学歴と知識をよすぎの資とし、専制の官僚機構や社会諸機関を支える階層が確かに生み出されたのである。古典語が選別のためのフィルターとして機能したこともすでに指摘した。その限りでは、トルストイの生み出したシステムは、同時代人の呪詛にもかかわらず、それなりの成果をあげたようにも思われる。だが、もっと分け入ってみたときには、より分節化した評価が必要となろう。

中等教育複線化に際してトルストイが前提とした新たな階層的秩序への転換に関して言えば、すでに第4章で見たように、ギムナジアと実科学校は身分的に峻別されたわけではなく、若干の程度の差を伴いながらも、いずれも身分を超えた生徒確保を行っていた。世紀転換期には実科学校への大学進学権の付与を求める運動も強まりを見せており、二つのタイプの中等学校間の確執が階層的な葛藤を呼んでいたようにも思われる。その意味では、身分に代わる階層化の進行したことが予想されよう。ただ、ロシアにおいて教育統計が、法的には明確でも一九世紀後半以降社会的には茫漠とした基準と化した身分を指標としたことから、親の職業などの細部に分け入った資料を得ることができず、古典―実科という区分が、西欧のように教養中産階級と実業中産階級の区分、あるいは中産階級の上層と下層の区別に截然と対応したかどうかは留保せざるをえない。とりわけ、実科学校から高等専門学校を経由して国家勤務にいたる道が開かれたことは、この区分を曖昧にした可能性がある。ここには、ロシアにおける近代的な中産階級の不在ないし脆弱さと教育システムとの関連、さらには身分制に代わりうる近代的な階層秩序を構築しえたのかという、ロシア近代史の基本問題が伏在することを指摘しておこう。

また、知的能力を根拠とした中下層からのギムナジアへの参入の困難化と実科学校への誘導というトルストイの意図に関して言えば、ギムナジア・実科学校の整備によって中等教育機会が著しく拡大されるなかで、かれの想定した範囲を超えた進学要求が喚起され、その結果、八〇年代のデリャーノフ的「反改革」へと帰結したことを想起しておかねばなるまい。トルストイの期待したもう一つの効果についても、古典語を学んだギムナジア生徒がことに穏健化したという事実はない。その点ではむしろ、古典語を必ずしも重視しなかった特権的教育機関の生徒のほうが政府にとってはるかに信頼するにたる存在だったのであり、難解な古典語教育のもたらす緊縛的雰囲気が、生徒の反学校的気分と思想急進化の土壌となった可能性も指摘できよう。この点は、デリャーノフ教育相の下でモスクワ教育管区監督官を務め、古典陶冶と実科陶冶の複線型システムを擁護する立場にあった、いわば身内のパーヴェル・カプニストからもつとに非難されたところであった[50]。学校的強制に反抗しえた生徒は、それでも幸福であったかもしれない。圧迫に耐えかねて自死を選ぶ生徒の波がこの国を襲ったのである。親に向けて、ギムナジア生徒の身近に火器を置かないように求めた通達をトルストイ自身が発したともいう[51]。

また、教育課程上堅固なものとして確定されたかに見えた古典語の教授は、実際にはさまざまに弱点を露呈し続けた。それはたとえば教員確保の困難に現れた。全ギムナジアでのギリシア語教授の実施を急いだトルストイは、ロシア人教師の不足を補うために外国人教師の活用をはかったのであるが、こうした無理のあるやり方はひとびとの不満や教授の不毛化の原因となった(コラム参照)。古典語の授業が古典文化の内容理解に立ち入ることなく、もっぱら空虚な文法事項と訳読・作文の機械的反復に終始したことも指摘されねばならない。そこに生まれた抑圧的で没個性的な学校の雰囲気に対しては、西欧から流入した新教育と称される進歩主義的教育理論もしきりに非難の声をあげたが、生徒が古典語を嫌悪するばかりで期待するような教育効果をあげられずにいたことには、古典語教師からも糾弾の声があげられたほどである[52]。こうした非難に国民教育省も若干の譲歩を余儀なくされ、一八九一年のギムナジア教授プラン改革やその後のギムナジア令の全般的な見直し作業がなされるにいたった。その過程では、一八六〇年代の古典―実科論争が再現され、古典語の比重はしだいに後退した。やみくもな古典重視に対しては、愛国的ナショナリズムからも論難が加えられた。元陸相で日露戦争時の極東軍司令官を務めたクロパトキンは『ロシア軍の課題』と称する大著の中で、ギムナジアが無益な死語の学習に汲々とし「ロシアに関する十分な知識と祖国への愛情を伝えていない[53]」と語っていた。また、これと符合するように、ギムナジア出身者にも門戸を開いた将校養成機関である軍学校の入学要件には、ことさらに「古典語の成績が不可であっても、そのことは軍学校への入学を

コラム　エリートの学校　文化と紐帯5

「ロシアと日本と月」
――外国人古典語教師の顚末

カープテレフ
出典：*Каптерев, П. Ф.* Избранные педагогические сочинения, М., 1982.

一八六四年ギムナジア令で、四〇年代末以降一時途絶えていた古典陶冶の振興が再開された際にネックとなったのは、古典語教師の確保である。ニコライ一世治世末期の古典陶冶の衰退、とりわけギリシア語教育が一部を除いてほぼ放逐されたことによって、ロシア国内では必要な古典語教員を得られなくなっていたためである。六四年ギムナジア令の一古典語型ギムナジアは、そうした実際的な理由から編み出された苦肉の策という性格を有していた。

不足する教員の確保、この焦眉の課題を急ぎ解決するために、古典語教員養成機関である歴史文献学院（ペテルブルグおよびネージン）の設立に加えて、外国人教師が急遽招聘され、さらにドイツのライプツィヒ大学でロシアのための古典語教員養成の試みも始められた。

外国人教師の招聘は一八六五年に開始された。ドイツやオーストリアの大学に学ぶ西スラヴ系民族の学生に奨学金を与えて簡単なロシア語教育を施し、教師として採用したのである。その数は、七三年には一〇〇名程度に達したという。ギムナジア一・五校に一人の割合である。六四年ギムナジア定数規程では一校あたり古典語教員数は二名と定められていたから、古典語教員の三分の一以上が外国人教師によって占められたと推定される。七〇年代にはギムナジアの校数がさらに大幅に増えたから、それに見合う教員を確保する必要もあった。七八年にはオーストリアとドイツに居住するドイツ人教師の招聘も行われた。これは、外国学位のみを所持する者のロシアでの教授資格を認めていない国内法に反する違法なものであった。

他方、ライプツィヒ大学付属ロシア文献学師範学校は、一八七三年に著名な古典文献学教授であるリートシェルの協力を得て開設された。ここでは、ロシア人とロシア帝国内の沿バルト諸県出身のドイツ人で古典語学習に特にすぐれた成績を修めた者の入学が予定されたが、実際には西スラヴ人、特にチェコ人学生が多数を占め、次いでバルト・ドイツ人であった。かれらは、三年間の課程を修了後、各地のギムナジアの空きポストに配属されたのである。この師範学校は一八九〇年まで存続した。

古典陶冶主義の復活を無理矢理進めるために採用されたこの彌縫策は、その後、しばしば辛辣な非難の対象となった。わけても帝制期末期の教育学者カープテレフは、口をきわめてこの措置を論難した。ロシア語を十分に解さないチェコ人やドイツ人を教師としたために、文法の丸暗記や形式的な作文練習に終始し、古典陶冶の本来的目的であるテクストの内容的理解と古典古代の世界観の摂取にまで授業を深められなくなったというのである。「こうした手法の反教育性を理解できなかったのはトルストイ伯爵と彼の手先たちだけであった」と手厳しく断を下したかれの筆は、僻遠の地ロシアまでわざわざやってきて古典語を教授する外国人教師への人格攻撃にまで及んだ。ドイツで問題視されたアカデミック・プロレタリアートのなれのはてが外国人教師であるかのように、こう述べたのである。「やってきたのは、母国ではどこにも腰を落ちつけられず、高額の報酬のためならロシアや日本、それどころか月ででも教える覚悟のある、くずのような教師たちであった。」

おくれて近代化を開始し、西欧型学問の移入に躍起になったという点で、確かにロシアと日本はある種の共通性を有したと言えるのだろうが、それにしても、明治前期、はるばる東洋の果て日本に赴いた御雇外国人教師たちは、この言葉をどのように聞くだろうか？

参考文献：*Каптерев. П. Ф.* История Русской Педагогии, СПб., 1909. Русская филологическая семинария при Лейпцихском университете с 1873 по 1877 год, «ЖМНП», ч. 191, 1877, июнь, отд. IV.

妨げるものではない」[54]と明記されていた。国家中枢でも、エリートの教養としての古典語に対する合意は形成されていなかったのである。これは、特権的エリート教育機関で古典陶冶が軽視されてきたこととも関連しよう。ここにもまた、古典陶冶の基盤の脆弱さが姿をみせている。

　このように、帝制期ロシアにおいて古典陶冶は、制度上は堅固に位置づけられながらも、西欧の場合のような確たる社会的威信を得るにはいたらず、ロシア革命にいたるまで動揺を繰り返すこととなった。西欧伝来の古典教養を定着させることは、ロシアにとって一貫して至難の課題だったのである。

扉図　ドミトリー・トルストイ（一八二三～八九年）。出典：*Институт Российской Истории РАН* Российские Консерваторы, М., 1997.

注

（1）См., *Лотман, Ю. М.* Беседы о русской культуре: Быт и традиции русского дворянства（XVIII-начало XIX века), СПб., 1994. ロートマン著、桑野隆他訳『ロシア貴族』筑摩書房、一九九七年、参照。

（2）Cf. Roosevelt, P., *Life on the Russian Country Estate: A Social and Cultural History*, Yale University Press, 1995.

（3）ツァールスコエセロー（アレクサンドル）・リツェイでは、一八一一年の週当たり授業時数四七時間中ラテン語六時間に対してフランス語・ドイツ語は各一〇時間、一九世紀末には上級三学年を除く中等段階の週当たり授業時数計二〇一時間中、ラテン語三〇時間に対して近代外国語は六七時間であった。ギリシア語は教育課程に位置づけられていない。*Егоров, А. Д.* Лицеи России, книга пятая, Императорский Александровский（бывший Царскосельский）Лицей（в 3 ч.), Иваново, 1995, ч. 1 с. 95, ч. 3, с. 65-66.

（4）拙稿「一九世紀後半ロシアの学校――アントン・チェーホフの小品を手がかりとして」中内敏夫他編『人間形成の全体史――比較発達社会史への道』大月書店、一九九八年、所収を参照。

（5）森安達也『世界宗教史叢書3　キリスト教史Ⅲ』山川出版社、一九七八年、四一二～四一四頁。

（6） *Каптерев, П. Ф.* История Русской Педагогии, СПб., 1909, с. 449-450. ロシアにおけるラテン文化の移入については、土肥恒之「ロシア帝国とヨーロッパ」『岩波講座・世界歴史16　主権国家と啓蒙』岩波書店、一九九九年、所収を参照。

（7） См., *Вишневский, Д.* Киевская Академия в первой половине XVIII столетия, Киев, 1903, с. 105, *Серебренников, В.* Киевская Академия с половины XVIII века до преобразования ее в 1819 году, Киев, 1897, с. 153.

（8） *Милюков, П. Н.* Очерки по истории русской культулы, 2-II, М., 1994, с. 214.

（9） См., *Пономарева, В. В. и Л. Б. Хорошилова*（ред.）Университет для России, М., 1997, с. 37-42, *Смолич, И. К.* История русской церкви 1700-1917, часть первая, История русской церкви : книга восьмая, часть первая, М., 1996, с. 411.

（10） 一七七五年のモスクワの司祭三〇三名中神学や哲学を修めた者は九五名であった。*Пономарева и др.*（ред.）указ. соч., с. 41.

（11） *Владимирский-Буданов, М.* Из истории русского просвещения : Первая гимназия в России, «Педагогический музей» 1878, №2, с. 97.

（12） См. *Толстой, Д.* Академическая гимназия в XVIII столетии по рукописным документам архива Академии наук, СПб., 1885.

（13） *Милюков* указ. соч., с. 261. *Шевырев, С. П.* История императорского московского университета, М., 1855, с. 15. *Артемьев, А.* Казанские гимназии в России в XVIII столетии, «ЖМНП», ч. 173, 1874 Май, отд. 2, с. 70-71.

（14） *Милюков* указ. соч., с. 289. *Шевырев* указ. соч.

（15） *Лалаев*（сост.）Исторический очерк военно-учебных заведений подведомственных Главному их управлению, ч. 1, 1700-1825, СПб., 1880, с. 26-29.

（16） Полное Собрание Законов,（в след. ПСЗ）, соб. 1, т. 28（1804-1805）, №21.501, с. 626-627.

（17） Whittaker, C. H., *The Origins of Modern Russian Education : An Intellectural Biography of Count Sergei Uvarov, 1786-1855*, Northern Illinois University Press, 1984, p. 13.

（18） Брокгауз и Ефрон Энциклопедический словарь, т. 67（XXXIV）, СПб., 1902, с. 419.

（19） Whittaker, *op. cit.*, p. 247n.

（20） *Ibid.*, pp. 25-26.

（21） *Шмидт, Е.*（перевод с немец. А. Ф. Нейлисова）История средних учебных заведений в России, СПб., 1878, с. 86-87.

（22） *Воронов, А.*, Историко-статистическое обозрение учебных заведений С.-Петербургского учебного округа с 1715 по 1828 год включительно, СПб., 1849, с. 215-216.

（23） ПСЗ, соб. 2, т. 3（1828）, с. 1111.

（24） *Рождественский, С. В.* Исторический обзор деятельности Министерства народного просвещения 1802-1902, СПб., 1902, с. 273.

（25） Об изменениях и дополнениях в уставе Гимназий и Прогимназий 19-го Ноября 1864., Сборник постановлений по Министерства Народного Просвещения, т. 5, 1871-1873гг., СПб., 1877, с. 253.

（26） *Уваров, С. С.* Десятилетие Министерства Народного Просвещения 1833-1843, СПб., 1864, с. 18.

（27） *Рождественский* указ. соч., с. 277.

（28） *Корф М. А.* Из записки барона（впоследствии графа）М. А. Корфа, XVIII, «Русская Старина», т. 102, 1900, Апрель, с. 43-45.

（29） Об изменении §§ 145 и 235 Устава Гимназий и Училищ Уездных и Приходских, «ЖМНП» ч. 62, 1849, отд. 1, с. 184-185. Об отмене преподавания в некоторых Гимназиях Греческого языка и о введении преподавания Наук Естественных, «ЖМНП» ч. 73, 1852, отд. 1, с. 1-2.

（30） Циркулярное предложение о введении в руководство новых распределений учебных предметов и уроков по классам и особого распределения преподавания Математики, «ЖМНП» ч. 75, 1852, отд. 1, с. 27-55.

（31） Сборник постановлений по Министерства Народного Просвещения, Том 5, 1871-1873гг., с. 269.

（32） *Рождественский* указ. соч., с. 430.

（33） *Пирогов, Н. И.* Вопросы жизни, Н. И. Пирогов, Избранные Педагогические Сочинения, М., 1985, с. 29-

51.

（34） *Грановский, Т. Н.* Ославление классического преподавания в гимназиях и неизбежные последствия этой системы, в кн. *Катков, М. Н.* Наша учебная реформа, М., 1890, с. 151-166.

（35） Устав гимназий и прогимназий ведомства Министерства Народного Просвещения, «ЖМНП» ч. 124, 1864, отд. 1, с. 45-75.

（36） Об уставе и штатах Реальных училищ ведомства Министерства Народного Просвещения, Сборник постановлений по Министерства Народного Просвещения, т. 5, 1871-1873гг., с. 965.

（37） Мнения и соображения попечителей и попечительских советов учебных округов о применении устава гимназий и прогимназий 19-го ноября 1864 года, «ЖМНП» ч. 134, 1867, отд. III, с. 2-14.

（38） Сведения о числе учившихся в наших гимназиях с 1857 по 1866 год, «ЖМНП» ч. 139, 1868, отд. III, с. 129.

（39） Правительственные распоряжения об изменениях и дополнениях в уставе гимназий и прогимназий, «ЖМНП» ч. 155, 1871, отд. 1, с. 121-123.

（40） Устав Реальных училищ ведомства Министерства Народного Просвещения, «ЖМНП» ч. 161, 1872, отд. 1, с. 52-53.

（41） По вопросу о преобразовании реальных гимназий, «ЖМНП» ч. 155, 1871, отд. 4, с. 22.

（42） Об изменениях и дополнениях в уставе Гимназий и Прогимназий 19-го Ноября 1864., Сборник постановлений по Министерства Народного Просвещения, т. 5, 1871-1873гг., с. 270.

（43） *Каптерев, П. Ф.* указ. соч., с. 480.

（44） Cf. Katz, M., *Mikhail N. Katkov: A Political Bibliography 1818-1887*, Mouton & Co., 1966. カトコーフの極端な形式陶冶主義および古典陶冶の意義に関する議論については、以下を参照のこと。*Катков, М. Н.* Наша учебная реформа, М., 1890. *Он же* О женском образовании, М., 1897.

（45） *Николай, А. Н.* Pia Desideria, «Русский Архив» 1899, №8, с. 614. この論文の著者ニコライは八〇年代初頭に一年間国民教育大臣を務め、一八八四～九四年には国家評議会法律部会長の任にあった。

（46） Ex. Sinel. A., *The Classroom and the Chancellery: State Educational Reform in Russia under Count Dmitri*

Tolstoi, Harvard University Press, 1973, pp. 131-132.

(47) Об изменениях и дополнениях в уставе Гимназий и Прогимназий 19-го Ноября 1864., Сборник постановлений по Министерства Народного Просвещения, т. 5, 1871-1873гг., с. 274-275.

(48) Об уставе и штатах Реальных училищ ведомства Министерства Народного Просвещения, Там же, с. 946.

(49) Посещение министром народного просвещения одесского учебного округа, «ЖМНП» ч. 182, 1875, отд. 4, с. 131-132.

(50) *Капнист, П.* К вопросу о реорганизации среднего образования, СПб., 1901, с. 68-69.

(51) *Степанов, В. Л.* Дмитрий Андреевич ТОЛСТОЙ, в кн. *Институт Истории России РАН* Российские консерваторы, М., 1997, с. 235.

(52) *Кулаковский, Ю.* Классические языки в Русских гимназиях, статья 1-ая, «Русская Школа» 1890, №1, с. 64-65.

(53) *Куропаткин, А. Н.* Задачи русской армии, т. III-й, СПб., 1910, с. 290.

(54) *Воротинцев, Н. И.* (сост.) Полный сборник правил прием и программ высших, средних, и низших, общеобразовательных и специальных и профессиональных учебных заведений Россий, мужских и женских, правительственных и частных, Издание IV-ое, Пг., 1915, с. 274.

あとがき

本書の企画が最初にもちあがったのは一九九五年秋のことである。ミネルヴァ書房が新たにもうけるシリーズ『近代ヨーロッパの探究』中の一巻に「近代ヨーロッパの学校」を加えるので、プロモーターとして企画立案するようにとの委嘱が、監修者および出版社からなされたのである。その際の監修者の提起では、近代ヨーロッパの学校教育の構造と機能の解明を通じて、シリーズ全体の意図である個別国家を超えた次元で「近代ヨーロッパの探究」に貢献することが期待されていた。

こうした一般的な提議を実現可能な共同研究のテーマに収斂させるには、対象の絞り込みが必要であった。たとえば、初等国民教育の成立・普及とその義務化が国民国家形成と国民統合に果たした役割は、教育と学校という視点から近代ヨーロッパの探究を試みる際にこのうえなく魅力的で重要なテーマであることは間違いないし、現にそうした研究の蓄積もなされている。また、序章でも少し触れたように、近代ヨーロッパの女子教育史は、テーマの重要性にもかかわらずスタンダードな概説的著作がいまだ存在しないという立ち遅れた状況にあり、その克服が教育史にとって大きな課題として残されているという意識もあった。このように、企画にあたってはいくつかのテーマがただちに念頭に浮かんだのであるが、しかし限られた紙幅ですべてを論じることは不可能だから、結局、ちょうどこの時期に社会的関心事として浮上しつつあったエリートの教育に限定して、「近代エリートの比較教育社会史」へと焦点化することとした。その際、すでにしばらく以前に監修者の組織した共同研究によって中等教育に関する比較社会史的研究の成果が世に問われていたので、それらを継承しつつも、中等教育に限定されない、より包括的なエリート教育の社会史をめざすことが目標となった。

「エリート教育」という題名を本書に与えることについては、ためらいがなかったわけではない。ことの是非はおくとして、現に日本社会ではエリートという語になにがしかの違和感が根強く存在することは否定できないし、おそらくそうした違和感の土壌をなしている「平等志向」に否定的態度をとり、時には悪罵さえ投げかける昨今はやりのエリート教育論に付和雷同するものと受けとられかねないとの危惧もあったからである。だが、エリートの教育は社会のあり方（「支配の構造」や「権力関係」と言い替えてもよい）の一翼をなす重要な要因のひとつであり、近代ヨーロッパとひいては近現代の世界に思いをめぐらす際に避けて通ることのできない直視すべき対象であることは間違いないから、敢えてこのような主題を正面に押し出すことにした。あわせて、叙述に際しては安易な規範的言辞を弄さず、分析的・記述的な歴史研究としての態度を堅持することで、疑念に対する応答としたいというのが、本書を編む際の基本的な考え方であった。

本書を準備するなかでは、英仏独三カ国（とロシア）をもって近代ヨーロッパを代表させるこれまでの慣行に対して、これら諸国に加えて東中欧や北欧、南欧の多様な地域をも含めることで、近代ヨーロッパ教育史の理解に厚みを加えることも意図したが、残念ながらそれは、現在の研究上の到達点のもとではかなわぬ夢であった。いたるところで国際化が叫ばれ、文化の多様性への関心が高まりを見せているのとうらはらに、これら多様な地域についてテーマにふさわしい執筆者を得ることができず、結局、本書でも英仏独露というオーソドックスな構成を採用せざるをえなかったのである。これは、上記四カ国を近代化や変革のモデルとみなしてきた日本の教育史認識が必然的に抱え込んだ限界を示すものであり、いまやその克服が急務になっているように思われる。例えば、東中欧の従属・半従属地域の民族エリート形成とその際の中等・高等教育の役割が解明されるならば、本書で描いた像とはかなり異なったエリートの世界が開示されるであろう。このように、解明しえないままに残されている課題は、あまりに多いと言わねばならない。ただしその反面で、これら四カ国については十分な紙数を割くことができたので、統計的資料をはじめ、従来日本では必ずしも十分に紹介されてこなかった点を丁寧に論じる余裕が得られたのも事実であろう。

他方、日本では伝統的に教育学の一分科として形成され、それゆえ規範的な思想・学説史研究と制度史研究に傾斜しがちの（西洋）教育史の壁を超えて、広く社会史や地域研究のコンテクストに教育史を位置づけることも本書を準備するなかで狙いのひとつとなった。幸いなことにこの点に関しては、少なくとも執筆者の顔ぶれに限ってはいささかの成果を得られたのではないか、と思う。歴史学と教育史学とを架橋する努力はすでに以前から進められつつあったけれども、本書でもそうした流れに棹さすこととし、実際、異なるディシプリンを出自とする研究者の共同研究を組織しえたからである。もっとも、そうした布陣で編まれた本書の描く歴史像がどれほどの成功をおさめたのかはおのずとまた別の問題であって、この点については、言うまでもなく読者の厳しい判断をまたねばなるまい。

本書を準備するなかでわれわれは、一九九六年春から九八年秋にかけて京都と松山で半年に一回程度のペースで集まりをもって共同の討議を重ねてきた。また、大学史研究会のご厚意により、共同研究の成果を報告し、助言を頂戴する機会も与えられた。こうしたプロセスを通じて、それぞれの分担する部分の交流に加えて、内外の研究成果を広く摂取して共通の認識とするとともに、それらの成果を本書の叙述に反映させることにも努めたが、そうしたなかから副産物も生まれることになった。コンラート・ヤーラオシュ編、望田幸男・安原義仁・橋本伸也監訳『高等教育の変貌　一八六〇―一九三〇』（昭和堂、二〇〇〇年）の刊行がそれである。翻訳の作業は本書のための共同研究とは別にチームを組んで進めることとしたけれども、翻訳を思いたったのは、本書を準備する討議のなかで、内容の充実度にもかかわらず日本では必ずしも注視されずにきた原著の意義を再確認したことによるものである。本書ともども併読いただけると幸いである。

最初の企画から数えてまる五年を経過してやっと刊行にたどりつくことができたが、その間、シリーズの監修者である望田幸男先生、村岡健次先生から多大の援助を受けた。特に望田先生には、京都で開催した研究会に何度かご足労いただいたばかりでなく、さまざまの予期せぬ事情もあって滞りがちのわれわれの作業を励まし、数々の示唆や助言をいただいたことに心より感謝申し上げる。また、ミネルヴァ書房編集部の杉田啓三氏、冨永雅史氏も編集者の視点から、われわれの共同研究に援助を惜しまれなかった。当初の予定からすると二年もの遅れがあったとはいえ、本書がこうして日の目を見ることができたのは、ひとえにこれらの方々の支えがあってのことである。

二〇〇〇年九月一七日

橋本伸也

近代ヨーロッパの探究 ④
エリート教育

2001年1月20日　初版第1刷発行　〈検印省略〉
2014年6月20日　初版第2刷発行

定価はカバーに
表示しています

著　者　橋本伸也・藤井　泰
渡辺和行・進藤修一
安原義仁
発行者　杉　田　啓　三
印刷者　江　戸　宏　介

発行所　株式会社　ミネルヴァ書房
607-8494　京都市山科区日ノ岡堤谷町1
電話代表　(075)581-5191
振替口座　01020-0-8076

共同印刷工業・新生製本

ISBN978-4-623-03282-2
Printed in Japan

著者紹介（執筆順）

橋本　伸也（はしもと・のぶや）　序章・第4章・第8章

1959年　京都市生まれ。
1988年　京都大学大学院教育学研究科博士後期課程学修認定退学。
2006年　博士（教育学）。
現　在　関西学院大学文学部教授。
主　著　『エカテリーナの夢 ソフィアの旅——帝制期ロシア女子教育の社会史』ミネルヴァ書房，2004年。
『帝国・身分・学校——帝制期ロシアにおける教育の社会文化史』名古屋大学出版会，2010年。
『福祉国家と教育——比較教育社会史の新たな展開に向けて』（共編著）昭和堂，2013年。
『ロシア帝国の民族知識人——大学・学知・ネットワーク』（編著）昭和堂，2014年。

藤井　泰（ふじい・やすし）　第1章

1954年　山口市生まれ。
1981年　広島大学大学院教育学研究科博士課程中退。
1993年　博士（教育学）。
現　在　松山大学経営学部教授。
主　著　『イギリス中等教育制度史研究』風間書房，1995年。
『帝国社会の諸相』（共著）研究社，1996年。
『21世紀の社会と学校』（共著）協同出版，2000年。
『新版　世界の学校』（共著）学事出版，2014年。
主訳書　ルービンステイン，W. 著『衰退しない大英帝国』（共訳）晃洋書房，1997年。
サンダーソン，M. 著『イギリスの経済衰退と教育』（監訳）晃洋書房，2010年。

渡辺　和行（わたなべ・かずゆき）　第2章・第6章

1952年　岐阜県大垣市生まれ。
1983年　京都大学大学院法学研究科博士後期課程単位取得退学。
2003年　博士（法学）。
現　在　奈良女子大学文学部教授。
主　著　『ナチ占領下のフランス』講談社，1994年。
『ホロコーストのフランス』人文書院，1998年。
『フランス人とスペイン内戦』ミネルヴァ書房，2003年。
『エトランジェのフランス史』山川出版社，2007年。
『近代フランスの歴史学と歴史家』ミネルヴァ書房，2009年。
『ド・ゴール』山川出版社，2013年。
『フランス人民戦線』人文書院，2013年。

進藤　修一（しんどう・しゅういち）　**第3章・第7章**

1965年　秋田県秋田市生まれ。
1995年　同志社大学大学院文学研究科博士後期課程退学。
現　在　大阪大学大学院言語文化研究科教授。
主　著　『中央ヨーロッパの可能性』（共著）昭和堂，2006年。
『ヨーロッパ　ことばと文化』（共著）大阪大学出版会，2013年。
『ドイツ史研究入門』（共著）山川出版社，2014年。
主訳書　グルーナー，W. D. 著『ヨーロッパのなかのドイツ　1800～2002』（共訳）ミネルヴァ書房，2008年。
リッター，G. A. 著『ドイツ社会保障の危機』（共訳）ミネルヴァ書房，2013年。

安原　義仁（やすはら・よしひと）　**第5章**

1948年　広島県福山市生まれ。
1975年　広島大学大学院教育学研究科博士課程中退。
現　在　放送大学特任教授（広島学習センター所長）。
主　著　『イギリス・デモクラシーの擁護者　A. D. リンゼイ――その人と思想』（共著）聖学院大学出版会，1998年。
『国家・共同体・教師の戦略――教師の比較社会史』（共編著）昭和堂，2006年。
『知と学びのヨーロッパ史――人文学・人文主義の歴史的展開』（共著）ミネルヴァ書房，2007年。
主訳書　ヤーラオシュ，K. H. 編『高等教育の変貌　1860-1930――拡張・多様化・機会開放・専門職化』（共監訳）昭和堂，2000年。
オルドリッチ，R.『イギリスの教育――歴史との対話』（共監訳）玉川大学出版部，2001年。
サンダーソン，M.『イギリスの大学改革　1809-1914』（編訳）玉川大学出版部，2003年。
アンダーソン，R. O.『近代ヨーロッパ大学史――啓蒙期から1914年まで』（共監訳）昭和堂，2012年。

文 献 解 題

イ ギ リ ス

⑴E・アシュビー著，島田雄次郎訳『科学革命と大学』中央公論社，1967年（玉川大学出版部，1995年）。

19世紀を通じて旧来のイギリスの大学が，大陸で生じた科学革命と研究理念および技術の衝撃を受けるなかで近代大学へとダイナミックに変貌・脱皮してゆく過程を生態学的手法によって鮮やかに描く。19世紀イギリス大学史の必読文献。


⑵池田潔『自由と規律』（岩波新書）岩波書店，1949年。

著者自身のケンブリッジのリース校の体験（戦前の）に基づいて，日本人生徒の目で古き良き時代のパブリック・スクールの生活を臨場感溢れるタッチで描いている。日本人のパブリック・スクール観を決定づけた古典的な著作であり，現在も読み継がれている。


⑶伊村元道『英国パブリック・スクール物語』丸善，1993年。

トマス・ヒューズの『トム・ブラウンの学校生活』をテキストに，日英の先行研究の成果を駆使して，アーノルド校長のラグビー校改革を中心に19世紀パブリック・スクールの姿を分かりやすく論述したもの。


⑷ヴィヴィアン・H・H・グリーン著，安原義仁・成定薫訳『イギリスの大学——その歴史と生態』法政大学出版局，1994年。

中世におけるオックスブリッジの誕生から1960年代の新大学やオープン・ユニヴァーシティまで，イギリスの大学の歴史を彩り豊かに概観した手頃な通史。一部と二部からなり，一部では各時代ごとに大学の歩みを辿り，二部では管理運営，政治や科学との関係，学問・教育，学生生活など多角的な問題史的観点から大学の生態をヴィヴィッドに描いている。原著は1969年の出版で少し古いが，日本語で読めるイギリス大学史への格好の案内書として便利。


⑸竹内洋『パブリック・スクール——英国式受験とエリート』（講談社現代新書）講談社，1993年。

19世紀に再生したパブリック・スクールは，今でもエリート養成機関として健在である。「受験」という切り口から，エリートの学校としてのパブリック・スクールの強さとその秘密を解読した好著。G・ウォルフォード著，竹内洋・

海部優子訳『パブリック・スクールの社会学』世界思想社，1996年も現代のパブリック・スクールの世界を活き活きと描く。

(6) H・J・パーキン著，有本章・安原義仁編訳『イギリス高等教育と専門職社会』玉川大学出版部，1994年。
専門職社会という概念を軸にイギリスの高等教育と社会との関係を国際比較史的に通観しようとしたもの。パーキン教授来日の折りの講演を一書にまとめたもので，イギリス高等教育史の見方を大局的に考えるうえで示唆に富む。「イギリス病」と大学教育との関係やサッチャー高等教育政策によるイギリス大学の危機，さらには新大学の成果についても論じている。

(7) 浜渦哲雄『英国紳士の植民地統治——インド高等文官への道』（中公新書）中央公論新社，1991年。
大英帝国の植民地統治に要求されるエリート人材の養成や選抜に，パブリック・スクールやオックスブリッジがどのように関与したかについて論じている。著者には，続編の『大英帝国のインド総督列伝』中央公論新社，1999年もある。

(8) トマス・ヒューズ著，前川俊一訳『トム・ブラウンの学校生活』（岩波文庫）岩波書店，1952年。
パブリック・スクール小説として最もよく知られたもの。著者はアーノルド校長下のラグビー校で学んだ人物。19世紀のパブリック・スクールの世界を少年の目を通じて知るのには格好の文献である。原著 Hughes, T., *Tom Brown's School Days*, Macmillan, 1857 は，解説付きの復刻版がオックスフォード大学出版会から出されている。なお，J・ヒルトン著，菊池重三郎訳『チップス先生さようなら』（新潮文庫） 新潮社，1952年も楽しく読めるパブリック・スクール小説。

(9) 藤井泰『イギリス中等教育制度史研究』風間書房，1995年。
19世紀から20世紀前半までの中等教育の展開を制度史の観点から論述したもの。19世紀のパブリック・スクール改革に１章をあてている。日英の先行研究リストがあり便利。また同著者には帝国主義の温床という観点からパブリック・スクールの展開を論じたもの（村岡健次他編『帝国社会の諸相』研究社，1996年所載）もある。

(10) 藤原正彦『遙かなるケンブリッジ——一数学者のイギリス』（新潮文庫）新潮社，1991年。
研究者としてケンブリッジに滞在した感性豊かな数学者による大学観察エッセイ。優れた留学記は大学の実態を内側からヴィヴィッドに浮き彫りにしてくれる。学士課程コースを履修する正規の学生の目を通してオックスフォードの大学教育の姿を明らかにしたものに川上あかね『わたしのオックスフォード』晶文社，1995年がある。

(11) D・ミューラー他編，望田幸男監訳『現代教育システムの形成』晃洋書房，1989

年。

英独仏の三カ国が取り上げられているが，イギリス編が最も充実している。総説をB・サイモン教授が執筆し，各論として「イギリスにおける構造変動と社会的再生産」に関わって，中等教育に3論文，高等教育に1論文があてられている。J・ハニーは，文献解題に掲載した著作のエッセンスを「『システム』としてのパブリック・スクール」にまとめている。

⑿村岡健次『ヴィクトリア時代の政治と社会』ミネルヴァ書房，1980年。

「中流階級のジェントルマン化」という視点から教育の問題も取り上げ，1850年から1870年代にかけてのジェントルマン教育改革の諸相とその歴史的意義を描き出している。教育改革を19世紀イギリス史全体の中に明快に位置づけ，その後のわが国のイギリス教育史研究の展開に大きな影響を与えた。「ヴィクトリア時代イギリスの光と影」谷川稔・北原敦・鈴木健夫・村岡健次『世界の歴史22　近代ヨーロッパの情熱と苦悩』中央公論新社，1999年は著者の最近の研究成果。

⒀———「近代イギリス中等教育の形成と展開」望田幸男編『国際比較・近代中等教育の構造と機能』名古屋大学出版会，1990年。

近代イギリスにおける中等教育の展開について，「19世紀前半における中等教育事情」「19世紀におけるパブリック・スクールの動向」「『上からの改革』」「集団スポーツについて」という4節構成で論述されており，日本語で読める最も基本的な文献である。なお，同氏による論文「『アスレティシズム』とジェントルマン」村岡健次他編『ジェントルマン』ミネルヴァ書房，1987年は，パブリック・スクールの団体スポーツ競技の歴史的意義について取り上げたものである。

⒁W・D・ルービンステイン著，藤井泰・平田雅博・村田邦夫・千石好郎訳『衰退しない大英帝国』晃洋書房，1995年。

著者は「ジェントルマン資本主義」論の立場の社会経済史家であるが，19世紀パブリック・スクールの生徒の社会的出自と卒業生の職業について徹底した史料調査を行い，新たな知見を提出している。この詳細なデータに基づき，よく知られたM・ウィーナー（原剛訳『英国産業精神の衰退』勁草書房，1984年）の「才能の流出」論は史実に反することを論証しようとした。

⒂Anderson, R. D., *Universities and Elites in Britain since 1800*, London, 1992.

スコットランド，ウェールズ，アイルランドを含む近代イギリスの大学史をエリートとの関係を軸に，システム形成，国民文化，中産階級的価値観，社会的出自と卒業後の進路，エリートと大衆の5つの観点から考察したもの。これまでの研究成果を手際よく整理するとともに著者独自の視点も提示。「イギリスの大学とエリートの歴史」に関する最新の成果を盛り込んだ手頃な必読の通史。詳細な文献リストも付されていて有益。

(16) Aston, T. S. (General Editor), *A History of the University of Oxford*, 8 volumes, Oxford, 1984〜.

オックスフォード大学史については膨大な文献があるが，そのうちの最新かつ決定的スタンダード・ワーク。19世紀後半を取り扱った第7巻の刊行が待望されており，これをもって質量ともに読む者を圧倒するオックスフォード大学史は全巻完結となる。これに対応するケンブリッジ大学史が Brooke, C. N. L. (General Editor), *A History of the University of Cambridge*, 4 volumes, Cambridge, 1988〜。16世紀中葉から18世紀中葉を取り扱った第2巻のみ未刊行。

(17) Bamford, T. W., *Rise of the Public Schools*, London, 1967.

1960年代に出版されたものであるが，19世紀のパブリック・スクール改革および発展史に関する古典的な著作である。なお，バムフォードには "Public Schools and Social Class, 1801-1850", *British Journal of Sociology*, Vol. 12, 1961 という論文もある。同論文は19世紀前半のパブリック・スクール入学生の社会的出自について調査した，先駆的な研究の成果である。

(18) Bishop, T. / Wilkinson, R., *Winchester and the Public School Elite*, London, 1967.

名門パブリック・スクール，ウィンチェスター校の膨大な同窓会名簿や学籍簿を調査し，同校に入学した生徒たちの社会的出自とキャリアについて分析したもの。職業が判明しないケースがあるといった限界はあるものの，19世紀パブリック・スクールの個別学校の悉皆調査としては，この研究を超えるものは今のところ存在しない。

(19) Boyd, D., *Elites and their Education*, Windsor, Berks, and New York, 1973.

エリートの学歴調査に関する先行研究を検討し，『英国紳士・淑女録（Who's Who)』の1939，1950，1960，1971年の各版を基礎資料として各界のエリートの学歴を社会学的に調査・分析。

(20) Gardner, B., *The Public Schools*, London, 1973.

パブリック・スクールに関する優れた通史のひとつ。数多くのパブリック・スクールの歴史に論及しており，図版も豊富である。学術書ではないので，注が明記されていないのが惜しまれる。なお，やや古いとはいえ同書の参考文献に掲げられている個別学校史の情報は有益。

(21) Honey, J., *Tom Brown's Universe: The Development of the Public School in the 19th Century*, London, 1977.

19世紀のパブリック・スクールについて書かれた最も優れた教育史の著作。論述の中心は19世紀後半のパブリック・スクールであるが，社会史の手法を取り入れ，その諸相を生き生きと描き出している。独自の方法論でパブリック・スクールの具体的なリストを作成。

(22) Leinster-Mackay, D., *The Rise of the English Prep School*, London, 1984.
エリート私立小学校であるプレパラトリー・スクールの歴史に関する初めて（おそらく唯一）の本格的な著作。著者は別の書物で，19世紀のプレパラトリー・スクールは「帝国の託児所」であったと述べている。あまり知られていないプレパラトリー・スクールの世界を知るうえで貴重。

(23) MacDonald, M. (ed.), *The Education of Elites, Revision IV* (*Educational Studies: A Second Level Course, E202, Schooling and Society, Units 29 & 30, Block V, Culture and Class*), The Open University, 1977.
オープン・ユニヴァーシティの教育学コース用印刷教材。パブリック・スクールとオックスブリッジでの教育を含め，エリートと教育との関係，エリートの養成，再生産の構造について社会学的に概観。

(24) Mangan, J. A., *Athleticism in Victorian and Edwardian Public School*, London, 1981.
イギリスのエリート教育の特色に「スポーツが人間形成に不可欠である」（「アスレティシズム」）との理念があり，活発なスポーツ活動が展開されているが，この重要なテーマに関するまとまった研究業績として最初のもの。

(25) Perkin, H. J., "The Recruitment of Elites in British Society since 1880" in *Journal of Social History*, 12, 1978-9.
大臣，高級官僚，大地主，大企業の会長，学長など3277人のエリートの社会的出自や学歴などについて調査した画期的な業績（全文は公刊されていないが，大英図書館で読むことができる）のエッセンスをまとめたもの。

(26) Roach, R., *A History of Secondary Education in England, 1800-1870*, London, 1986. Roach, R., *Secondary Education in England 1870-1902*, London, 1991.
19世紀イギリス中等教育史の通史としては，1921年に刊行されたアーチャーの著作（Archer, R. L., *Secondary Education in the Nineteenth Century*, Cambridge, 1921. 1966年に復刻版が出た）が唯一のものであった。長い空白期間を経て，ようやくローチ教授による二部作が完成した。19世紀の中等教育全体の中でのパブリック・スクールの位置づけを知るのには格好の著作。

(27) Rothblatt, S., *Tradition and Change in English Liberal Education: An Essay in History and Culture*, London, 1976.
18世紀イングランドにおける教養教育の性格と変容を文化との関係において考察した論集。同じ著者による *The Revolution of the Dons: Cambridge and Society in Victorian England*, Cambridge, 1968 はヴィクトリア時代のケンブリッジ大学の変容を，大学教師のアイデンティティ・クライシスの問題を軸に社会変化との関係の相の下に浮き彫りにする。ともにオックスブリッジの教養教育の歴史的性格を知るうえで必読の文献。

(28) Lowe, R., "English elite education in the nineeteenth and twentieth centuries" in Conze, W. / Kocka, J., *Bildungsbürgertum im 19 Jahrhundert*, Stuttgart, 1985.

19～20世紀転換期におけるエリート（主に専門職）の養成の変化を，高等教育の変動と関連づけて論じたもの。このテーマに関連したロウ教授の論文は，「高等教育における構造変動　1870～1920年」『現代教育システムの形成』晃洋書房，1989年および「イングランドにおける高等教育の拡張」ヤーラオシュ編『高等教育の変貌1860～1930――拡張・多様化・機会開放・専門職化』昭和堂，2000年で読むことができる。

(29) Rubinstein, W. D., "Education and the Social Origins of British Elites 1880-1970", *Past and Present*, No. 112, 1986.

さまざまな分野のエリートの社会的出自およびかれらの中等・高等教育学歴についての実証的な研究の成果。この論文は，同著者による *Elites and the Wealty in Modern British History*, Sussex, 1987 に収録されている。

(30) Sanderson, M. (ed.), *The Universities in the ninettenth century*, London, 1975.

19世紀におけるイギリスの大学のダイナミックな発展と変容の有様を，史料を通して浮き彫りにするという意図で編集された19世紀イギリス大学史料集。全体の序章に続く6つの章はそれぞれ序論，史料解題，抜粋史料本文という構成になっている。取り上げられている史料は多種多様で，議会の法令や王立委員会報告書といった公的文書から私信や小説・詩にまで及んでいる。非常に有益かつ便利な書物。全体の序章と各章序論をつなぐと自ずから興味深い19世紀イギリス大学通史になる（私家版の翻訳がある。安原義仁編訳『19世紀イギリスの大学と社会』広島大学教育学部教育学科西洋教育史研究室，1994年。同書は玉川大学出版部より近刊予定）。なお，パブリック・スクールを対象にしたいわゆるクラレンドン報告書やオックスブリッジ，ダラム，ロンドンなど個別の大学を取り上げて調査したものなど各種の膨大な王立委員会報告書はイギリス教育史研究の基礎史料群だが，それらからの抜粋を編集したものに Maclure, J. S., *Educational Documents: England and Wales 1816 to the present day*, Fourth edition, London, 1979 があり便利。

(31) Simon, B. / Bradley, I. (eds.), *The Victorian Public School*, Dublin, 1975.

1973年にレスター大学成人教育部主催で開かれた「ヴィクトリア朝期パブリック・スクール」研究会議での報告を収録した画期的な論文集。トマス・アーノルド論，カリキュラム論，アスレティシズム，学校建築などさまざまな観点から19世紀のパブリック・スクールを論じている。

(32) Stone, L. (ed.), *The University in Society, Vol. 1: Oxford and Cambridge from the 14th to the Early 19th Century*, Princeton, 1974.

社会史的手法を導入して大学史研究に一つの画期をもたらしたL・ストーン編の二巻からなる論文集の一巻。「社会のなかの大学」を探求すべく，14世紀から19世紀初頭までのオックスブリッジに関する諸テーマ（学生群の規模と構成，カレッジとパトロネジ・パターン，奨学生と私費生，大学と地域社会，学生課外文化と試験制度，アカデミック・プロフェッションの創出の7つ）を取り上げて論究。

フランス

⑴梅根悟監修『世界教育史大系９　フランス教育史』講談社，1975年。

⑵―――『世界教育史大系10　フランス教育史』講談社，1975年。

⑶―――『世界教育史大系25　中等教育史Ⅱ』講談社，1976年。

以上の３冊は，1970年代に出版されたシリーズ『世界教育史大系』のフランスに関わる巻と中等教育の国際比較史の巻である。フランス教育史研究の出発点になる文献ではあるが，やはり初等教育が中心であり，しかもスタティックな制度史という感が強い。第25巻も，フランスに割かれている分量は必ずしも多いとは言えず，トータルに把握しようとする読者には不満が残るだろう。

⑷小山勉『教育闘争と知のヘゲモニー』御茶の水書房，1998年。

本書は，フランス革命から20世紀初めの政教分離までの時代を，学校をめぐる国家と教会の知のヘゲモニー争奪戦として描く力作である。ただし，初等教育に力点が置かれていることや，著者が政治思想史を専門にしていることもあって，中等教育をめぐる攻防や教育社会史的な視点はやや弱いと言わざるをえない。索引がないのが惜しまれる。

⑸宮脇陽三『フランス大学入学資格試験制度史』風間書房，1981年。

本書は，J.-B. Piobetta, *Le Baccalauréat*（Paris, 1937）に導かれつつ執筆されたバカロレアに関する制度史研究である。1040頁からなるピオベッタの浩瀚な書物は，本文332頁以外の約６割近い分量が法規や規定やバカロレアのプログラムに当てられているが，本書にもそれがふんだんに取り入れられており史料的にも有益である。ただ，日本の社会史研究がファースト・ステージを迎えた時点での出版ゆえ，知の社会史という動態的視点がないことはやむをえないだろう。

⑹堀内達夫「フランス近代中等教育の成立と展開」望田幸男編『国際比較・近代中等教育の構造と機能』名古屋大学出版会，1990年。

本論文は，教育ヒエラルヒーと社会的ヒエラルヒーとの接合関係を問うという問題意識から始まった近代中等教育の共同研究から生まれた。フランス中等教育史研究の欠落を埋めるという点では，意義のある論文であり，ミュラー，リ

ンガー，サイモンたちの新しい歴史社会学的な教育社会史の成果である共同研究『現代教育システムの形成』（1989年）の刺激を受けて執筆された好論である。なお堀内氏には，理工科学校を論じた『フランス技術教育成立史の研究』（多賀出版）1997年がある。

(7)梅根悟監修『世界教育史大系26　大学史』講談社，1974年。

大学史を集めた第26巻ではフランスにも数章あてられているが，その中味は薄いと言わざるをえない。それは，1970年代の大学史研究の状況を逆に反映しており，ドイツを中心になされてきたわが国の高等教育史研究においては，依然としてフランスの大学史研究は手薄な領域である。

(8)柏倉康夫『エリートのつくり方』（ちくま新書）筑摩書房，1996年。

本書は，高等師範学校と理工科学校の創立200周年に触発されて執筆された書物である。バカロレアやリセの準備級の実情を体験を交えて記した後に，グランド・ゼコールの歴史をフォローしつつ，現代フランスのエリート養成に迫った。新書ではあるが，フランス型エリート養成の概観を得るには便利な書物である。

(9)田原音和『歴史のなかの社会学』木鐸社，1983年。

本書は論文集ではあるが，デュルケーム社会学の制度化過程を研究してきた氏が，社会学的知の形成とフランス近代大学の停滞および変革の動向とが密接不可分であったことを描いた注目すべき著書である。新科学の導入に対する学部間の争いや，大学改革の論理と二つの理念，教育改革に携わった共和派知識人のプロソポグラフィーや知識人社会主義などをも俎上に載せた19世紀のフランス高等教育史研究の基本的な邦語文献である。

(10)渡辺和行「一九世紀フランスのファキュルテ」『香川法学』第10巻第３・４号，1991年。

拙論は，グランド・ゼコールと並んで19世紀フランスの高等教育の一翼を占めたファキュルテ（単科大学）の実態とファキュルテの改革が立ち上がる過程を明らかにした論文である。ファキュルテは，講座数や講義数などの教育面においても予算面においても貧弱であり，正規の学生をもたない文理ファキュルテの教授は公開講義しかせず，いきおい研究面でも劣位に立ち，第二帝政期にデュリュイ公教育大臣のもとで改革が始まる様子を描いた。

(11)―――「一九世紀後半フランスの歴史家と高等教育改革」『思想』第798号，1991年。

拙論は，フランスの高等教育改革を主導した共和派知識人に焦点を当てて，第三共和政前期の教育改革を描く。教育行政官と大学人のフォーラムとなった高等教育協会の役割を押さえた上で，歴史家が歴史学の制度化のために奮闘した様をガブリエル・モノーとエルネスト・ラヴィスの二人を取りあげて，両者の改革構想を吟味し，そのもとで行われた歴史教育の改革を詳細に検討した。

(12) Anderson, R. D., *Education in France 1848-1870*, Oxford, 1975.
本書は，第二共和政から第二帝政期のフランスにおける教育社会史である。初等教育にも一章さかれているが，基本的にはこの時期の中等教育に焦点が当てられている。分岐制などの中等教育改革，教育の場をめぐる教会と国家の攻防や教育と産業との関係，古典教育や技術教育の諸問題が検討される。30頁に及ぶ参考文献は現在でも有益である。

(13) Falcucci, Clément, *L'humanisme dans l'enseignement secondaire en France au XIXe siècle*, Toulouse, 1939.
社会学者のポール・フォーコンネとモーリス・アルヴァクスに謝辞が記された本書は，19世紀フランスの中等教育における人文主義をテーマとした浩瀚な研究である。19世紀初めの古典的人文主義と科学的人文主義の二種類のユマニスムが，世紀を経る中で，分岐制の導入や古典課程と近代課程との対立を随伴しつつ，1902年に二課程が融合する様を詳細に分析した。第二次大戦前の研究であるが，依然として重要な文献であり続けていることは疑いない。法令や参考文献のリストも充実している。

(14) Gerbod, Paul, *La vie quotidienne dans les lycées et collèges au XIXe siècle*, Paris, 1968.
本書は，19世紀フランスの中等教育の日常生活を丹念に掘り起こした労作である。著者のジェルボーは，*La condition universitaire en France au XIXe siècle* (Paris, 1965) という浩瀚な学位論文をすでに公表しており，学位論文では，教師団が組織された1842年から改革が始まる1880年までのフランス中等公教育における教授と行政官という社会職業集団に研究対象を絞ったが，本書の対象は，時間の上では19世紀全体に及び，内容の上でも中等教育のハードとソフトの両面にわたって論を進めている。学校数や生徒数のデータはもとより，教師の給料，寄宿生と通学生の学費，授業科目の変遷，規律と監視の学校文化まで詳細に調べ上げた教育生活史になっている。有益な基本図書である。

(15) Gontard, Maurice, *L'enseignement secondaire en France de la fin de l'Ancien régime à la loi Falloux 1750-1850*, La Calade, 1984.
本書は，18世紀半ばからファルー法までの約一世紀にわたる中等教育の通史であり，全体の４分の３のページ数がナポレオン以後の19世紀にさかれている。しかし，基本的には教育法制度史的色彩が強く，教育社会史的要素や歴史社会学的視座は弱いと言わざるをえない。

(16) Harrigan, Patrick J., *Mobility, Elites, and Education in French Society of the Second Empire*, Waterloo, 1980.
本書は第二帝政下のフランスの教育システムを論じた歴史社会学の文献である。産業革命をやり遂げた第二帝政期は，教育ないし科学の経済的効用を知らしめた時代であり，教育に対する眼差しが大きく変化するときである。著者は，デ

ュリュイ公教育大臣のもとで行われた教育の実態調査を史料として，中等生徒の職業志向や親の期待，キャリア・パターンやサンマロ・ジュネーブ線による地域的差異を析出して，学校を媒介とした社会的上昇移動や流動性が増したことを明らかにした。

(17) Horvath-Peterson, Sandra, *Victor Duruy and French Education*, Baton Rouge, 1984.

本書は，自由帝政期の公教育大臣デュリュイの教育政策を体系的に論じた研究である。民衆のための初等教育の改革，技術教育を含む中等教育の近代化や女子中等教育の導入，高等教育改革，教職の改革等，さまざまな自由主義的施策を跡づけた。第三共和政の抜本的な教育改革はデュリュイの路線と関わるだけに重要なテーマである。

(18) Hulin-Jung, Nicole, *L'Organisation de l'enseignement des sciences*, Paris, 1989.

本書は，19世紀の理科教育の制度化に関する研究である。19世紀前半の理科教育の進展が古典教育との対抗関係の中で描かれ，フォルトゥルによる分岐制の導入とその失敗が検討される。そして理系教授の養成の問題が理科ファキュルテと高等師範を対象に分析された。史料や図表がふんだんに用いられ視覚的にも楽しませてくれる図書である。

(19) Müller, D. K. / Ringer, F. / Simon, B., *The Rise of the Modern Educational System*, Cambridge, 1987. 望田幸男監訳『現代教育システムの形成』晃洋書房，1989年。

本書は，英・独・仏の近代教育システムの比較研究である。1870年から第一次大戦にかけての時期は，英・独・仏の国々がともに教育改革を行って近代国家装置を発達させた時期であり，この時期の比較研究によって，各国の教育システムの構造変動の類似点や基本パターン，教育システムをとおした社会的再生産が構造化された様を明らかにした。とくに，フランスの教育システムを論じて「複線型分節化」を明らかにしたリンガー論文が興味深い。

(20) Prost, Antoine, *Histoire de l'enseignement en France 1800-1967*, Paris, 1968.

本書は，一世代前の著作であるがいまだに価値を減じていない基本図書である。問題史的な視角からアプローチした通史であり，初等・中等・高等教育はいうまでもなく，技術教育や教師団の育成と現在の課題にまで論及した目配りの効いた好著だ。著者は，フェリー改革までの時期を名士の学校と民衆の学校に分けて論じ，共和政と教会の教育の場におけるヘゲモニー闘争の過程で世俗化と民主化の進行が学制に及ぼす影響を検討している。本書は，図表や法令の索引，それに101点の史料の抜粋も収めており有益な書物である。

(21) Ringer, Fritz K., *Education and Society in Modern Europe*, Bloomington, 1979.

本書は，独仏の教育システムを中心に英米との比較を織り交ぜて実証的に論じ

たヨーロッパの比較教育社会史である。19世紀以降の独仏の中等以上の教育制度の発達を押さえた上で，教育の社会的機能が明らかにされた。比較の視点が随所に見られる歴史社会学の労作と言ってよいだろう。読者は，近代ヨーロッパ社会の専門職化や学歴社会化の進行，およびエリートの再生産のデータを得ることができる。収められている参考文献は今日ではやや古くなったが，付録として収められた独仏の中等と高等教育の社会的出自のデータは貴重だ。

(22)———, *Fields of Knowledge, French Academic Culture in Comparative Perspective 1890-1920*, Cambridge, 1992. 筒井清忠他訳『知の歴史社会学』名古屋大学出版会，1996年。

本書は，1890年から1920年までのフランスの知識社会の変貌を，教育制度の改革のみならず，「教養」理念をめぐる論争を中心にドイツとの比較を交えて論じた知識社会学の書物である。いわゆるオーソドックスな教育史の書物ではないが，方法的にブルデュー社会学を摂取した本書は，教育社会史が目指す一つの方向を指し示していると言うことができるだろう。古典派と近代派との新旧論争など，裨益するところ大の書物である。

(23) *Le Centenaire de l'École normale 1795-1895*, Paris, 1895.

高等師範学校創立100周年の記念論集である。約700頁の書物は内容の上では三部から成り立っており，ポール・デュピュイによる高等師範の歴史が全体の3分の1を占め，次いで歴代校長のプロフィールとミシュレやパストゥールなどの名物教授や科学教育その他のトピックが続き，最後にノルマリアンが思い出を綴った雑録となっている。巻末には教職員と入学生の全リストがあり，プロソポグラフィー研究にとって貴重な資料である。

(24) Charle, Christophe, *Les Élites de la République 1880-1900*, Paris, 1987.

本書は，フランスにおけるエリート研究の第一人者シャルルの主著である。シャルルの方法の特徴は比較歴史社会学にあるが，ブルデューの再生産論に示唆を受けて前期第三共和政の新エリート，とりわけ実業エリート，高級官僚，大学エリートを対象に分析した画期的研究である。彼には，ドレフュス事件から生まれた左右の「知識人」を論じた *Naissance des «intellectuels» 1880-1900*（Paris, 1990）や，大学エリートを論じた *La République des universitaires 1870-1940*（Seuil, 1994），国際的な比較知識人論とも言うべき *Les intellectuels en Europe au XIXe siècle*（Seuil, 1996）がある。

(25) Fox, R. / Weisz, G. (eds.), *The Organization of Science and Technology in France 1808-1914*, Cambridge, 1980.

本書は，19世紀フランスの科学教育や技術教育の組織化を論じた論文集である。ズワーリングの高等師範論，ワイスの医学教育論，カラディの理学部の教育資格やキャリアに関する論文，シンの工学の成立に関する論文など，物質と関わる自然科学の制度化の諸問題が論じられた。

(26) Jeannin, Pierre, *École Normale Supérieure*, Paris, 1963.
本書は，公教育省の後援のもとに編集されたグランド・ゼコール叢書の一冊であり，1794年から1963年までの高等師範学校の通史である。同窓会長フランソワ-ポンセや校長の序文が載せられていることからも察せられるように，いわば高等師範公認の通史と言ってよい。図像や写真を多用して視角に訴える手法が採られているが，参考文献もついておらず書誌学的には不満が残る書物である。
(27) Karady, Victor, "Normaliens et autres enseignants à la Belle Époque", *Revue française de sociologie*, t. 13, 1972.
(28) ———, "L'expansion universitaire et l'évolution des inégalités devant la carrière d'enseignant au début de la IIIe République", *Revue française de sociologie*, t. 14, 1973.
(29) ———, "Recherches sur la morphologie du corps universitaire littéraire sous la Troisième République", *Mouvement Social*, no. 96, 1976.
カラディの一連の論文は，第三共和政前期の大学人やノルマリアンの社会学的研究であり，知的職業に就くチャンスなどの実証的データにもとづき，社会的再生産や機会の不平等を明らかにした労作である。
(30) Liard, Louis, *L'enseignement supérieur en France 1789-1893*, 2 tomes, Paris, 1888-1894.
本書は，高等教育局長を永年にわたって務めたルイ・リアールの手になる高等教育史であり，著者が教育行政官として改革を直接指揮した人物であるがゆえに，価値ある文献と言いうる。第1巻がフランス革命期の議論を扱い，第2巻は，共和暦10年の統領政府から1890年代の改革まで言及している。第2巻末に収められた10法案は，史料としても重要である。リアールには，*Universités et Facultés*（Paris, 1890）; *L'Université de Paris*（Paris, 1909）などの重要な文献がある。
(31) Masson, Nicole, *L'École normale supérieure*, Paris, 1994.
本書は，高等師範200周年の年に出版された高等師範の通史である。ポケット・サイズであるため内容は薄いが，図版が豊富に収められており楽しく読める入門書である。
(32) Peyrefitte, Alain, *Rue d'Ulm, Chroniques de la vie normalienne*, Paris, 1994.
本書は，1950年に出版された同書の改訂版である。本書の特色はノルマリアン自身が語った文章を集めたアンソロジーにある。集められた事項は，ノルマリアンの全生活に及んでいる。高等師範の歴史，学校の地誌，試験，寮生活，食堂，図書館，卒業生の進路，科学的業績，高等師範精神，政治活動，高等師範の敵対者，悪ふざけ，隠語，異議申し立てなどさまざまである。学校文化を知る上でも価値のある書物だ。

(33) Rubenstein, Diane, *What's Left? The Ecole Normale Supérieure and the Right*, Madison, 1990.
本書は，高等師範の脱神話化に挑む刺激的な書物である。高等師範の神話の一つにその左翼性，ないし民衆的性格がある。民衆性は，ノルマリアンの出身階級が理工科学校より下層であることに示され，左翼性はドレフュス事件で遺憾なく発揮された。本書は，高等師範の右翼性をも指摘し，高等師範の実像に迫ろうとする。

(34) Sirinelli dir., Jean-François, *Ecole normale supérieure*, Paris, 1994.
高等師範創立200周年記念出版論集である。制度史・社会との結びつき・知的威信の三部構成で，本書との関わりでは，共和暦３年の創立を論じた論文と20世紀のノルマリアンの社会的出自を論じた論文，および1903年の改革を論じた論文が興味深い。なお編者のシリネリは，戦間期のノルマリアンを論じた *Génération intellectuelle, Khâgneux et normaliens dans l'entre-deux-guerres*（Paris, 1988）の著者でもある。

(35) Smith, Robert J., *The Ecole Normale Supérieure and the Third Republic*, New York, 1982.
本書は高等師範の政治社会史といってよいだろう。本書は大部の書物ではないが，密度の濃い研究である。ノルマリアンの出自の統計データを駆使して彼らの実像に迫るという社会学的アプローチの章があるかと思えば，ドレフュス事件といった政治問題にいかに対応し，知識人社会主義とどう関わったのかという政治史ないし思想史的アプローチの章があるといった具合で，それらの分析をとおして，第三共和政期に高等師範が果たした役割がクリアに描かれた。

(36) Shinn, Terry, *L'École polytechnique 1794-1914*, Paris, 1980.
「科学的知と社会権力」という副題にあるように，フーコー的な視角から高等師範と並ぶグランド・ゼコールの理工科学校の歴史に切り込んだ。クロノロジカルに論を展開しつつも，それぞれの時代の課題や理工科学校生の出自やキャリアにも目配りした好著である。付録の統計データや参考文献は有益だ。

(37) Weisz, George, *The Emergence of Modern Universeties in France 1863-1914*, Princeton, 1983.
本書は，フランスの高等教育改革が始まる第二帝政期のデュリュイの改革から，新ソルボンヌ体制への反発が出た第一次大戦までの時期をフォローした基本文献である。教育改革がファキュルテに集中したがゆえに，グランド・ゼコールへの言及が少ないのはやむをえないが，34枚も収められた表のみならず，引用索引と人名事項索引は非常に有益である。

(38) Zwerling, Craig S., *The Emergence of the Ecole Normale Supérieure as a Center of Scientific Education in Nineteenth-Century France*, New York, 1990.

本書は，高等師範学校が19世紀を経る中で，科学教育の一大センターとして誕生したことを跡づけた労作である。著者はすでに1980年に同じテーマの論説を発表していたが，それをさらに発展させたのが本書である。本書は，理系ノルマリアンのデータを理工科学校学生のデータと比較し，ノルマリアンのキャリア・パターンの変化を実証した。

ド　イ　ツ

⑴潮木守一『ドイツの大学』（講談社学術文庫）講談社，1992年。
19世紀ドイツの大学を，教授の人事問題や，学生団体の揉め事など，研究書とは異なったやわらかい題材をもとに検討。副題に「文化史的考察」とあるように，大学の日常生活の社会史を描き出している。非常に読みやすい作りとなっており，入門書として好適。

⑵――『ドイツ近代科学を支えた官僚』（中公新書）中央公論新社，1993年。
ドイツ帝政期にプロイセン文部省で絶大な権力を握っていた官僚，フリードリヒ・アルトホーフについての著作。毀誉褒貶の激しかったアルトホーフがさまざまな角度から描かれているが，そのなかでも，ドイツが科学大国として発展していった裏方としての彼の役割に焦点をあてている。

⑶上山安敏『世紀末ドイツの若者』（講談社学術文庫）講談社，1994年。
ワンダーフォーゲルから，当時の大学生気質，若者の性からボヘミアンにいたるまでの幅広いテーマをもちいて19世紀末以降のドイツ若者文化を紹介。さまざまなエピソードにも富み，入門書として好適。

⑷ノルベルト・エリアス著，青木隆嘉訳『ドイツ人論』法政大学出版局，1996年。
独立した論文を集めて編まれた本書の通奏低音は「ドイツ人のハビトゥスをあきらかにすること」である。そのためのキーワードが，本書の副題となっている「文明化」と「暴力」ということになる。前者にかんしては『文明化の過程』（法政大学出版局）で触れられている。本書においてエリアスは，暴力をドイツ人の国民的な体質ととらえ，この体質が表出する好例として「決闘」をとりあげ，ドイツ社会におけるそのメカニズムを論じている。

⑸マルガレート・クラウル著，望田幸男他訳『ドイツ・ギムナジウム200年史』ミネルヴァ書房，1986年。
書名では「ドイツ」と銘打っているが，実際にはプロイセンにおけるギムナジウムの発展を，18世紀末より現代にいたる長期間を対象時代とし，その変遷を描いている。考察の主眼となる点は，ギムナジウムの発展と，教育学的理念・教育政策的関心・行政上の政策との関係である。そして，全国的傾向の叙述とあわせて，ヴェストファーレンの地方都市ミンデンのケーススタディが示され

ており，個別の学校のレベルでの各時代の状況や雰囲気が描かれている。

(6)高橋秀行『近代ドイツ工業政策史』有斐閣，1986年。

19世紀初頭のプロイセンにおける工業育成振興政策をテーマにした研究。工業技術委員会や工業奨励教会の発展史や，プロイセンにおける工科系諸学校の生成と発展について，そしてプロイセン工業博覧会や，商工務省の成立過程を扱っている。また，第三章で扱った工科系諸学校の歴史について，工業インスティテュートの組織や，学生の就業状況など，初期工業化の時期の工科系学校の状況を詳述している。

(7)西村稔『文士と官僚』木鐸社，1998年。

一般的に見て，取り扱う時代や研究対象などが狭隘になっていく傾向が強まるなかで，本書は中世から20世紀初頭までという長期的期間を視野に入れ，さらに，知識社会史観点から浩瀚な内容を提供している。「文士と官僚」という一見矛盾しているように思える本書の題名は，ドイツにおいて，文芸的素養が官僚たることの「資格」を付与しており，本来は対立する概念ではなかったという事実をあらわしている。本書では，取り扱われている各時代において，この文士であり官僚であるという二重性がどのようにあらわれているのか，そして，現在われわれの通念となっている，文士と官僚という概念の対立性がどのように成立していったのかを描いている。

(8)リン・ブラットマン著「決闘，酒，仲間とスイス学生連合」トーマス・キューネ編著，星野治彦訳『男の歴史』柏書房，1997年。

本論文は，スイスの学生団体がおこなっていた学生決闘を題材にして，近代における「男らしさ」という考えの成立について取り組んだものである。その限りにおいて，ここで紹介する文献としてはあまりふさわしいものではない。しかし，学生決闘について記述した邦語文献はまだ少なく，また，ドイツ以外の国においても，同じような学生決闘が行われていたという事実を知るという意味においては興味深いものである。

(9)ハンス＝ヴェルナー・プラール著，山本尤訳『大学制度の社会史』法政大学出版局，1988年。

中世から現代にいたるまでの大学制度についての考察。プラールは本書をたんなる大学制度の通史として描いているのではない。主に大学自身が主体となって作成された「式典大学史」のもつ政治性に目を向け，これに対抗する「批判的大学史」を目指しているのである。また，著者は独立した存在としての大学という構図を考えてはおらず，あくまでも社会と大学との関係に注目している。それは各章に「大学と社会構造」という項目が設けられていることからもあきらかである。

(10)望田幸男『ドイツ・エリート養成の社会史』ミネルヴァ書房，1998年。

ドイツにおける大学入学資格であるアビトゥーアと，その資格を授与するギム

ナジウムを考察対象に据え，教育社会史観点からドイツ近代社会を解明しようとしている。著者はこのギムナジウムを基軸にして成立したドイツ・エリートのメカニズムを「ギムナジウム体制」ととらえ，この体制の成立，社会的文化的機能，そして，アビトゥーアを取得したものたちが，その後どのような道を辿っていったかを描いている。

(11) フリッツ・リンガー著，西村稔訳『読書人の没落』名古屋大学出版会，1991年。
リンガーは「読書人」を「知識人」，さらには当時の「大学教授」を指すのだとしている。そして，この大学教授に代表される知識人階層のイデオロギーを，「ドイツ社会に占める読書人の位置」の結果として扱っている。この考察をすすめるにあたってリンガーは読書人を「世襲の権利や富ではなく，主として教育上の資格証明によって身分を得た社会的，文化的エリート」（同書iii頁）という仮説を立てている。この読書人階層が，急速に進展したドイツ近代化のなかで，自分たちの存在に対する危機感を抱くようになった。リンガーによればこの際の読書人の態度は「伝統派」と「近代派」に二分される。すなわち「伝統派」は近代化に抵抗する姿勢を示すものたちであり，他方「近代派」は近代化の流れにのったかたちで，読書人の社会における存在をなんとか確保しようというものたちであった。しかしながら，この流れのどちらに立つものにとっても，世紀末以降のドイツの自然科学・工学の発展は，通俗的な「パンのための学問」にすぎず，古典語的「教養」を重視するという点では，この二者にそれほど大きな違いはなかったのである。

(12) ペーター・ルントグレーン著，望田幸男監訳『ドイツ学校社会史概観』晃洋書房，1995年。
ルントグレーンは学校が関係する社会領域を「国家・政治」「経済」「社会構造」「文化」といったキーワードで提示し，ここから学校に対してさまざまな要求がなされ，その要求に対する学校や教育からの応答するという相互作用的関係を設定する。そしてこれを基に，中世以降現在にいたるまでのプロイセン＝ドイツにおける教育を概観している。

(13) Berg, Christa (Hrsg.), *Handbuch der deutschen Bildungsgeschichte*, Bd. IV, München, 1991.
「ドイツ教育史ハンドブック」第4巻は第二帝政期（1871～1914）を対象とした論集である。本書は「教育史」と銘打ちつつも，「工業社会と文化の危機」「生活世界」「家族」などの項目も見られ，いわゆる教育制度のみではなく，教育に関係する隣接領域についての論考も収められている。章によってばらつきもあるが，各項目の冒頭に簡潔に研究史がまとめられており，入門者にも向いている。

(14) Biastoch, Martin, *Duell und Mensur im Kaiserreich*, Vierow, 1995.
テュービンゲン大学で19世紀後半に活動をしていた学生団に残されている一次

資料をもとにした，学生決闘についての詳細な研究。現代ドイツの学生団には右翼的な性格をもつものもあり，また，上述のブラットマンの研究にも見られるように，学生団の営み自体が批判的な対象にされるという事情ともあいまって，これまで学生団は学術研究の対象とされにくかった。本書の著者に，このような批判的姿勢は強くはないが，当時の学生決闘の実像を描きだしたという点では大いに評価できるであろう。

(15) ———, *Tübinger Studenten im Kaiserreich*, Sigmaringen, 1996.

第二帝政期のテュービンゲン大学における学生生活を克明に描いた研究。ビアシュトホの研究スタイルは，既存の歴史研究の流れを継承してそこにあらたな一面を付け加えるというものではなく，これまであまり目を向けられてこなかった歴史的事実の掘り起こすことに重点をおいている。その意味では好事家的な仕事といえる。これをどう評価するかは読者次第だが，本書を資料として読むのならばその価値は高い。

(16) Frevert, Ute, *Ehrenmänner*, München, 1991.

決闘のもつ社会的意義を，初期近代より20世紀までを対象にして検討。従来，野蛮で過去のものと考えられてきた決闘を，社会史研究の題材として俎上にのせた。本書のなかで考察の主眼となっているのは，18世紀以降市民社会において，決闘行為によって示されるドイツ社会の特性の描写である。第５章「『学者の名誉』と学問世界の決闘作法」が「エリート教育」にはもっとも関係のある項目である。

(17) Jeismann, Karl-Ernst, *Das preußische Gymnasium in Staat und Gesellschaft*, 2 Bde., Stuttgart, 1996.

第１巻は，1973年に発行された同名の書物の再版である。ここでは新人文主義的理念が行政上の政策と関連して考察されており，この理念と現実のなかでの新人文主義的改革の可能性の限界が示されている。第２巻はこの第１巻を補完する存在で，ギムナジウムの教師や生徒の社会史的側面を中心に叙述している。両巻で1787年から1859年までの時期をカバーしている。

(18) Herrlitz, Hans-Georg u. a., *Deutsche Schulgeschichte seit 1800*, Weinheim / München, 1993.

1800年以後のドイツ教育史を扱う（本書も「ドイツ」を標榜しているが，やはりプロイセンが中心である）。本書は1981年に発行された第一版に，その後のあらたな研究成果や，Ｅ・クレアによる旧東独にかんする章を付加した新版である。学校制度の発展を政治，法律，経済的条件から考察している。図や表を多用して非常に理解しやすい本作りをしている。

(19) Jarausch, Konrad, *Students, Society, and Politics in Imperial Germany*, New Jersey, 1982.

第二帝政期ドイツ学生層の社会史的，心性史的研究。先駆的業績であるが，そ

れゆえに資料的な問題もあり，「大学生の社会史」といいつつも，わずか4大学の統計しか用いられていない部分もある。詳細な統計集（“Datenhandbuch zur deutschen Bildungsgeschichte” 文献解題(28)・(29)・(30)）が刊行されている現在では，この研究の再検討が可能かも知れない。しかし，本書のように，学生の出自，学生層の政治思想，学生団の動向など様々なパラメーターをもちいて，学生層を総合的に考察しようとした著作は少なく，本書の価値が減じられることはない。

(20) Lexis, Wilhelm (Hrsg.), *Die Universitäten im Deutschen Reich*, Berlin, 1904 (Das Unterrichtswesen im Deutschen Reich; Bd. 1).

(21) ——— (Hrsg.), *Die Technischen Hochschulen im Deutschen Reich*, Berlin, 1904 (Das Unterrichtswesen im Deutschen Reich; Bd. 4, Teil 1/3).

(22) ——— (Hrsg.), *Die höheren Lehranstalten und das Mädchenschulwesen im Deutschen Reich*, Berlin, 1904 (Das Unterrichtswesen im Deutschen Reich; Bd. 2).

レクシスが編纂したこの『ドイツ帝国の教育制度』は，当時の教育制度全体を対象としているが，ここでは高等教育（第1巻＝総合大学，第4巻＝工科大学）および中等教育（第2巻＝中等教育および女子教育）のみを紹介する。第3章でも紹介したように，レクシスはこの当時の教育問題に積極的に発言をした人物であるが，その根拠となったのは，ここに紹介する膨大な調査の結果であった。パウルゼンの著作とは違った性格をもつ。すなわち，統計が多用され概観を得やすい。

(23) Paschke, Robert, *Studentenhistorisches Lexikon*, Vierow, 2000.

「学生史事典」と銘打っているが，学生団出身の著名人（「ビスマルク」など）や，大学行政に関係した人物（「アルトホーフ」など），大学生活用語，学生の隠語など多岐にわたる分野について掲載。学生団には専門用語が多いため，研究にはこの種の事典が必要。特殊な略語についての表が掲載されておりこれも至便。

(24) Paulsen, Friedrich, *Geschichte des gelehrten Unterrichts*, 2 Bde., Leipzig, 1919/1921 (Original), Berlin, 1965 (Nachdruck).

20世紀初頭に出版されたパウルゼンの著作が1965年に復刻され，現在はそれが入手可能。第1巻では1450年より1740年まで，第2巻では1740年から1914年までの教養学校の歴史が扱われている。この大部の書物は教養学校の歴史の細部にまで目を配らせており，とりわけ，著者パウルゼンが生きた19世紀後半の中等教育改革については，同時代的資料として価値が高い。

(25) ———, *Die Deutschen Universitäten und das Universitätsstudium*, Berlin, 1902 (Original), Hildesheim, 1966 (Nachdruck).

同じく20世紀初頭に出版されたパウルゼンの大学史にかんする著作が1966年に

復刻されたもの。第1部では中世から19世紀までの大学の歴史的発展を叙述し，第2部では19世紀の大学と国家，社会，教会との関係，第3部では大学教員と大学の授業，教授の自由について，第4部では学生生活について，第5部では大学の各学部についての叙述がある。第2部以降は，やはり同時代的資料として価値が高い。

(26) Titze, Hartmut, *Akademikerzyklus*, Göttingen, 1990.

本書の著者ティッツェは学術プロジェクト「教育システムの資格付与問題と構造変化」の中心的人物のひとりであり，この研究も教育に関する数量データをもとにまとめられている。本書の特徴は，大学における各学部学生数に一定の「サイクル」があることを描き出し，しかもそれが労働市場における学卒者需要の動きに連動していることをあきらかにした点にある。すなわち，労働市場で，見込まれる卒業者数以上の需要があれば，その学部は「就職に有利」とみなされて学生数の増加を招き，その傾向がしばらく続くと，卒業者の「過剰供給」状態になり志願者が減少する。このメカニズムが学生数の変動を生じさせることをティッツェは指摘している。

(27) Studier, Manfred, *Der Corpsstudent als Idealbild der Wilhelminischen Ära*, Schernfeld, 1990.

ヴィルヘルム期の学生団についての研究。1965年エアランゲン大学に提出された博士論文が，25年後にようやく出版されたもの。著者によると，本書はヴィルヘルム時代（1888～1918）の「時代精神」を解明しようとする研究である。学生団についての資料としての価値は高い。

(28) Titze, Hartmut, *Das Hochschulstudium in Preußen und Deutschland 1820-1944* (Datenhandbuch zur deutschen Bildungsgeschichte, Bd. 1, 1. Teil), Göttingen, 1987.

(29) ———, *Wachstum und Differenzierung der deutschen Universitäten 1830-1945* (Datenhandbuch zur deutschen Bildungsgeschichte, Bd. 1, 2. Teil), Göttingen, 1995.

(30) Müller, Detlef K. / Zymek, Bernd, *Sozialgeschichte und Statistik des Schulsystems in den Staaten des Deutschen Reiches, 1800-1945* (Datenhandbuch zur deutschen Bildungsgeschichte, Bd. 2, 1. Teil), Göttingen, 1987.

1977年より進められた学術プロジェクト「教育システムの資格付与問題と構造変化」（QUAKRI-Projekt）の研究結果がまとめられたもの。「基礎研究がもはや個人ではなしえないことはあきらかである」と序文にもあるが，1800年より1960年代まで，すなわちフンボルトによる大学改革より60年代の改革大学の時期までを対象に，教育制度について大量のデータ解析をおこない，学生数，学生の年齢，学部の選択等さまざまなパラメーターによる資料をまとめている。第1巻は高等教育をとりあげ，その第1部は高等教育全体の趨勢を，第2部は

各大学個別の統計をまとめている。第2巻は中等教育をとりあげている。研究対象となっている時代のうち，19世紀の前半は資料的制限のせいかやや詳細さにかける。また，教育史データと銘打ちつつも，その中心となるのは学生にかんするデータであり，教員についてのデータは掲載されていない。

ロ シ ア

I．ロシアでの研究

▶通　史

まず通史的試みをあげよう。

(1)*Королев, Ф. Ф. и др.* Очерки истории школы и педагогической мысли народов СССР, в 6 кн., М., 1973-1991.（カラリョーフ他編『ソ連邦諸民族の学校と教育思想の概史』全6巻，1973～91年）
太古から1986年までを概観したロシア・ソビエト教育の包括的通史。ソビエト的偏向を免れないとはいえ，現時点でもこれを超える通史的試みはなく，基本的事実を参照する手引きとしていまなお無視できないスタンダードな文献であろう。各時代のロシア・ソビエト中央部の政策動向と教育思想の概観に加えて，連邦構成共和国ごとの「地方」教育史を含み，不十分ながら両首都中心の一面的教育史像の修正をはかっている点が注目される。ペレストロイカ期以降に刊行された巻では，従来の教育史叙述を超え出る努力も一部でなされている。

(2)*Милюков, П. Н.* Очерки по истории русской культуры, в. 3 ч. (4 кн.), М., 1994.（ミリュコーフ『ロシア文化史概論』全3部4巻，モスクワ，1994年）
帝制期史学の泰斗の一人でカデットの政治家でもあり，臨時政府では外務大臣を務めたパーヴェル・ミリュコーフの『ロシア文化史概論』の新版（旧版は1896～1903年，新版は1930年代から没後60年代に刊行）の再刊。第2部に教会史や文学史・芸術史と並んで教育史を収めている。旧版の古代ルーシから説き起こした通史的叙述に加えて，新版では帝制末期から臨時政府時代の教育政策に関する記述，さらに1920年代のソビエト学校・教育に関する批判的分析もなされている。国家学派の系譜を引く歴史家らしく，ロシア教育史における国家の役割とそれに拮抗する社会の自発性を強調する点に特徴がある。

(3)*Рождественский, С. В.* Исторический обзор деятельности Министерства Народного Просвещения 1802-1902, СПб., 1902.（ロジェストヴェンスキー『国民教育省の活動の歴史的概観1802-1902年』サンクト・ペテルブルグ，1902年）

(4)*Рождественский, С. В.* Очерки по истории систем народного просвещения в России в XVIII-XIX веках, т. 1, СПб., 1912.（ロジェストヴェンスキー『18-19世紀ロシアの国民教育システム史概観』第1巻，サンクト・ペテルブルグ，1912年）

(5)*Рождественский, С. В.* Материалы для истории учебных реформ в России XVIII-XIX веках, СПб., 1910.（ロジェストヴェンスキー『18-19世紀ロシアの教育改革史料』サンクト・ペテルブルグ，1910年）

帝制期の教育史家セルゲイ・ロジェストヴェンスキーによる通史的著作を3点。(3)は省制度創設100周年を記念する国民教育省正史で，省と管下教育機関をめぐる推移が分野別，経時的に示されている。政策策定上の論争点も丁寧に示され，記念出版の域を超えた通史的研究のスタンダードな文献であり，19世紀教育史研究に際して必ず参照されねばならない。他方(4)は18～19世紀の包括的叙述を試みようとしたものであるが，残念ながら18世紀をあつかった第1巻しか刊行されなかった。ピョートル大帝以来の近代的教育システムの形成過程が追跡されるが，重点はエカテリーナ二世期の教育改革案や国民学校整備委員会の活動である。さらに(5)は，(4)の付録として18世紀から19世紀初頭までの教育改革案や改革提言をまとめた史料集である。

▶特権的教育機関

ソ連邦崩壊以降のロシアでは，革命前の国家と社会を憧憬する復古主義が強まり，教育機関のなかにはリツェイ，ギムナジアと名のるものも少なからず登場した。そうした雰囲気に呼応して歴史研究でも，かつての特権的教育機関への関心が強まりを見せている。

(6)*Егоров А. Д.* Лицей России : Опыт исторической хронологии в 8 кн., Иваново, 1993-1998.（エゴーロフ『ロシアのリツェイ――年代記の試み』全8巻，イヴァノヴォ，1993-98年）

「リツェイ」と命名された5校，すなわちツァールスコエセロー（アレクサンドル）・リツェイ，リシェリー・リツェイ（後のノヴォロシア大学），ベズボロートコ公爵リツェイ（後のネージン歴史文献学院），デミドフ・リツェイ，皇太子ニコライ記念リツェイの年代記的史料群をおさめた諸巻と，これらリツェイと関係の深い官界の構造，生徒と教師に関するデータ，あるいはその他の教育機関も鳥瞰してリツェイの位置づけを与えた巻など，全8巻16分冊からなる浩瀚な冊子体の著作。著者は工業高専の力学教授で歴史学的考察には多々問題を残すが，ファナティックとも思える熱意がもたらした厖大な史料群はリツェイ研究の基礎資料として外国人研究者にとって簡便である。ただし，1830年の蜂起を契機に廃校されたポーランド系のヴォルイニ・リツェイが無視されているように，伝統を誇示し過去を美化する愛国主義的心情には注意が必要。

(7)*Грот, К. Я.* Пушкинский Лицей, СПб., 1998.（グロート『プーシキンのリツェイ』サンクト・ペテルブルグ，1998年）

(8)*Руденская, С. А.* Царскосельский — Александровский Лицей 1811-1917, СПб., 1999.（ルードネヴァ『ツァールスコエセロー――アレクサンドル・リツェイ　1811-1917』サンクト・ペテルブルグ，1999年）
ツァールスコエセロー・リツェイについてはここ数年，冊子体のものも含めればかなりの数の著作が出版されているが，そのなかから装丁も美しい2冊をとりあげた。(7)はリツェイ第6期生でロシア文献学やスカンディナヴィア・フォークロア研究で名高いヤコヴ・グロートが残した回想を，息子コンスタンチンがリツェイ創立100周年を記念して出版したものの再刊。ロシア文学の巨人アレクサンドル・プーシキンを一期生に擁したツァールスコエセロー・リツェイ初期の文学的雰囲気を再現することに主眼がある。他方，(8)もプーシキン研究のなかから生まれたものであるが，叙述はリツェイの本記列伝ともいうべきで，一世紀以上におよぶ歴史の概要とそれに連なる人びとの事績，さらに学舎や祝祭，日常生活といった文化史的考察も加えられている。巻末には教師と学生・生徒の全名簿も付され，その一覧はリツェイのエリート性をいやが応にも印象づけるであろう。

(9)Памятная книжка Императорского Училища Правоведения к столетию со дня его основания 1835-1935, Париж, 1935.（『帝立法学校創立100周年記念誌』パリ，1935年）
パリ在住の亡命ロシア人社会で，帝立法学校創立100周年に際してゆかりの人びとによって出版された記念誌。帝制期エリートの記憶をとどめる人びとが，法学校とその学監であったピョートル・オルデンブルグスキー大公，アレクサンドル・オルデンブルグスキー大公父子の事績の顕彰を目的に刊行したものであり，法学校で形成されたエートスと紐帯，そして卒業者が帝制期ロシアの国家と社会で占めた高い地位が誇示されている。

(10)*Галушко, Ю.* и *Колесников, А.* Школа Российского Офецерства: Исторический справочник, М., 1993.（ガルシコ／コレスニコフ『ロシアの将校の学校』モスクワ，1993年）

(11)*Волков, С. В.* Русский Офицерский Корпус, М., 1993.（ヴォルコフ『ロシアの将校団』モスクワ，1993年）

(12)*Лалаев* Исторический Очерк Военно — Учебных Заведений подведомственных Главному их Управлению, в 3 ч., СПб., 1880-1892.（ララーエフ『軍事教育機関総監部管下教育機関の概史』全3巻，サンクト・ペテルブルグ，1880-1892年）
帝制期の将校団も回想と顕彰の的になっているが，そのうち将校養成を扱った文献を2点。(10)は，ピョートル大帝の幼少期に起源を持つ各種軍事教育の概史。

18世紀，18世紀末から19世紀前半，19世紀後半から20世紀初頭の三つに時期区分した上で，校種別，個別学校ごとに沿革を示したオーソドックスな手法によるもので，概要を知るのに簡便であろう。革命以降に亡命ロシア人が母国の伝統を維持すべく各地に設けた「軍事教育機関」や卒業生団体についての記述もある。他方⑾はロシア帝国の将校団の編成上の特徴を軍制史上の変化に注目して論じたモノグラフで，軍事教育機関のあり方にかなり多くの比重を与えている。将校団に関する数量的把握にも力点が置かれて，巻末の多数の表によって将校団の数量的動態があざやかに示されるであろう。

これらに対して⑿は，19世紀末にまとめられた軍事教育機関の正史ともいうべきもの。ピョートル大帝から1891年までの約二世紀におよぶ軍事教育機関の制度史を包括的に示している。現代的問題関心に直接応えるものではないが，ロシアの軍事教育機関の全体像を把握する際に必ず参照されるべきであることは間違いない。

▶大学史・ギムナジア史

大学史でも近年，社会史・文化史的なアプローチによる新たな研究が見られるようになった。

⒀*Пономарева и др.* Университет для России, М., 1997.（ポノマリョーヴァ他『ロシアのための大学』モスクワ，1997年）

⒁*Андреев, А. Ю.* Московский университет в общественной и культурной жизни России начала XIX века, М., 2000.（アンドレーエフ『19世紀初頭ロシアの社会・文化生活のなかのモスクワ大学』モスクワ，2000年）

どの社会でも大学設立は文化史上の事件だが，ロシアも例外ではない。ところが従来のロシア大学史では，そうした視角は十分ではなかった。特にソビエト期には革命思想・運動に注目し，政府の抑圧的政策とそれに抗議する学生運動の高揚に重心がおかれてきたのである。ところが最近になって，文化史的アプローチからの新たな大学史の試みが散見されるようになった。その嚆矢と目されるのが⒀で，これは18世紀のモスクワ大学創立を，大学都市，大学空間，文化の中の大学，教授と学生の生活など新たな視点から多角的に論じたものである。続けて⒁も刊行されたが，ここでは19世紀初頭のモスクワ大学のあり方が社会史的・文化史的連関のなかで論じられている。世紀初頭のモスクワ大学改革，教授や学生のポートレイト，日常生活などが記述の中心をなす。

⒂*Иванов, А. Е.* Высшая школа России в конце XIX-начале XX века, М., 1991.（イヴァノフ『19世紀末～20世紀初頭のロシアの高等教育学校』モスクワ，1991年）

⒃*Иванов, А. Е.* Студенчество России конца XIX-начала XX века: социально-историческая судьба, М., 1999.（イヴァノフ『19世紀末～20

世紀初頭のロシアの学生』モスクワ，1999年）

帝制末期の高等教育機関とそこで学ぶ学生たちの実像にせまる社会史的研究を行っているのがアナトリー・イヴァノフである。かれは，⒂のなかで当時の複雑な高等教育システムの全容を手際よく示した上で，厖大な統計資料を駆使し高等教育機関の規模や学生と教授たちの状況を多面的に描き出し，さらに⒃では学生に焦点化して，この時期の男女の学生たちの相貌をみごとに再現した。ポーランド人やユダヤ人など非ロシア系の学生，外国大学に学ぶ留学生たち，女子学生たちの生活と学問，住居・食事・健康といった日常生活の実際等々，ステレオタイプな学生像を超えた多岐にわたる論点が示され，革命的学生運動に収斂しない多様な姿が描かれている。これらによって初めて，近年の比較教育社会史の動向に対応するロシア大学史を得ることができたといえよう。

⒄*Алешинцев, И.* Гимназическое образование в России, СПб., 1911.（アレシンツェフ『ロシアのギムナジア教育』サンクト・ペテルブルグ，1911年）

⒅*Лихачев, Д. С. и др.* Школа на Васильевском, М., 1990.（リハチョーフ他『ヴァシリー島の学校』モスクワ，1990年）

残念ながら中等教育史では，特権的機関や大学の場合のような新たな研究動向は今のところ見られない。そこで帝制期の研究と回想録的性格を合わせ持った個別学校史を紹介する。⒄は，帝制末期に出版されたギムナジア史のスタンダードな概説的著作である。著者の描く歴史像は，改革の時代に導入される新機軸とそれを掘り崩す保守的反改革の継起，ギムナジア入学資格における身分的制約と時代遅れの古典陶冶の強化というスタティックなものであるが，そこに示された包括的叙述はロシア・ギムナジア史にとって基本的なものであろう。他方⒅は，日本でもよく知られた碩学ドミトリー・リハチョーフを中心に，みずから学んだサンクト・ペテルブルグのワシリー島の私立ギムナジア（マイのギムナジア）の歩みの概略と元生徒たちの回想を編んだ小冊子である。そこには，ドイツ人校長マイのもとで醸成された，官立ギムナジアとは異なる独特の学校文化が看取されるであろう。

Ⅱ．欧米の研究

⒆ Leary, D. B., *Education and Autocracy in Russia*, University of Buffalo, 1919.

⒇ Hans, N., *History of Russian Educational Policy 1701 - 1917*, Russell & Russell, 1964 (first published in 1931).

(21) Alston, P. L., *Education and the State in Tsarist Russia*, Stanford University Press, 1969.

英語圏でロシア教育史研究の嚆矢となった古典的な通史的著作を3点。まず⒆は，ロシア革命勃発に驚愕するアメリカで，ロシアの何たるかを教育面から示

そうとする野心的で時論的性格もあわせもった試みである。ただし，わずかの紙幅で古代からロシア革命までの1000年におよぶ歴史を提示しようとする無理のある構成を取り，時期区分等にも問題をはらんでいる。それに対して(20)は，比較教育学の泰斗の手になる，ピョートル大帝の時代からロシア革命までの包括的な通史である。改革と反改革が交互に現れるロシア教育史という帝制期以来ロシアでもみられた像を踏襲しているが，他の研究では見のがされがちのユダヤ人学校にも触れていて，行き届いた内容となっている。さらに(21)は，18世紀初頭から20世紀初頭までのロシアの近代化における学校教育をめぐる国家と社会との相克を通史的に描き出しているが，その主眼は政策史の展開にある。

次に対象とする時期の順にモノグラフを何点か紹介しよう。

(22) Black, J. L., *Citizens for the Fatherland: Education, Educators, and Pedagogical Ideals in Eighteenth Century Russia*, Columbia University Press, 1979.
エカテリーナ二世の時代を中心に18世紀のロシアの教育思想と実態を明らかにし，そこに形成されたロシアの教育的伝統を描き出そうとしたもの。ピョートル以来の幾多の教育計画案と改革案が西欧伝来の陶冶理想に依拠しながらも，ロシア固有の環境のなかで歪められたと主張する。しかしそうした主張にもかかわらず結論では，18世紀に啓蒙主義の影響のもとに育まれた教育理想は，19世紀の保守・反動的なそれよりは進歩的であり，19世紀を通じてロシアは18世紀的理念を超えることができなかったという大胆な主張もなされている。

(23) Flynn, J. T., *The University Reform of Tsar Alexander I 1802-1835*, The Catholic University of America Press, 1988.
1802年の国民教育省創設と1804年の個別大学令発布から新大学令の公布された1835年までの大学史。アレクサンドル一世による啓蒙主義的改革の中核に据えられた大学システムの創設がロシアにとって有した意義と限界を，西欧伝来のこの制度に対するロシア社会の態度とともに描き出すことが試みられている。その際に方法的には主として政策分析が採用され，為政者あるいは教育行政官たちによる政策上の選択とその根拠を問うことがめざされているが，そこにはロシア大学史を「政治史の部分集合」とみなす著者の基本的認識がある。

(24) Whittaker, C. H., *The Origins of Modern Russian Education*, Northern Illinois University Press, 1984.
国民教育大臣ウヴァーロフの伝記的研究という形を取りながら，1830～40年代の教育システムの発展のプロセスを明らかにするもの。従来，いわゆる三位一体の官製国民性理念（正教・専制・国民性）の唱導者としてニコライ一世的反動の典型のように理解されてきたウヴァーロフの教養人的相貌を明らかにし，その人物像と教育政策の書き換えもはかられている。

(25) Sinel, A., *The Classroom and the Chancellery: State Educational Reform in*

Russia under Count Dmitry Tolstoi, Harvard University Press, 1973.
1860年代後半から80年にいたるドミトリー・トルストイの文政の全体像を描くことを目的としたもの。専制護持を至上の目的として官僚的手法を駆使しつつ，かつてない手腕で教育システムの拡大強化に成功したトルストイは，結局，そのことを通じて体制解体につながる要素を生み出したといういう意味で，「19世紀後半のロシア政府の失敗を体現」したとされる。

(26) Kassow, S. D., *Students, Professors, and the State in Tsarist Russia*, University of California Press, 1989.
帝制最末期の大学史を，学生運動や教授たちの社会的・政治的行動に主眼をおいて描いたもの。ただしそこに示される学生運動の像は，ソビエト史学の描くそれとはおおいに異なり，革命的運動というよりもむしろ，教養専門職者としての大学教授と，とりわけ「学生団」という独特の社会階層が国家と対峙するなかで有した集合的心性や社会的地位をめぐるアイデンティティの危機の表現として描かれる。

(27) Wartenweiler, D., *Civil Society and Academic Debate in Russia 1905-1914*, Clarendon Press, 1999.
近年とみに注目されるロシアのリベラルの思想と活動や市民社会論のなかに大学問題を位置づけて論じる試み。第一次革命以降を対象に論じていて，特に，この時期隆盛をみた私立高等教育機関や人民大学運動にもかなりの紙幅を割いているのが特徴といえよう。

(28) Maurer, T., *Hochschullehrer im Zarenreich*, Böhlau Verlag, 1998.
ロシアの高等教育機関の教授団をめぐる社会史の試み。ドイツ社会史派が蓄積してきた教育社会史の方法上の豊かな成果をロシア高等教育史に適用して得られたものといえよう。18世紀のモスクワ大学設立から20世紀にいたる教授たちの集合的伝記を中心としたロシア高等教育史の包括的記述を通じて，「国家の官吏」と「インテリゲンツィア」との間で苦悩する教授たちの姿を描き出すことがめざされている。1000頁近い，きわめて浩瀚な書物である。

(29) Raeff, M., *Origins of Russian Intelligentsia: The Eighteenth-Century Nobility*, Harcour Brace & Company, 1966.

(30) Becker, S., *Nobility and Privilige in Late Imperial Russia*, Northern Illinois University Press, 1988.

(31) Lieven D., *Russia's Rulers under the Old Regime*, Yale University Press, 1989.
最後に，英語圏におけるロシア貴族エリート研究の著作を何点か紹介しておこう。まず(29)は，欧米のロシア史研究の泰斗マルク・ラエフによるロシア貴族研究の古典的著作。18世紀のロシア貴族の勤務と家庭生活，さらに学校について論じている。ロシアエリートを研究する際の基本文献である。他方(30)では，帝

制末期にロシアの身分制が空洞化し貴族の社会的地位の危機が深まるなかで，彼らがみずからの特権維持にいかに取り組んだのかが論じられる。さらに(31)では，帝制最末期の統治エリートたち——その主力は貴族エリート——のプロフィールや教育，権力の座へのルートとメンタリティなどが解明され，エリートたちの「名誉回復」が試みられている。